KB041002

# 혐오를 넘어 관용으로

관용: 혐오주의에 대항하는 윤리

# 혐오를 넘어 관용으로

관용: 혐오주의에 대항하는 윤리

김용환 · 김성호 · 김성환 · 김은주
박삼열 · 이경희 · 이재영 · 임건태 지음

서광사

이 저서는 2015년 대한민국 교육부와 한국연구재단의 지원을 받아 수행된 연구임.
과제번호: NRF-2015S1A5A2A03049355

# 혐오를 넘어 관용으로

– 관용: 혐오주의에 대항하는 윤리

김용환·김성호·김성환·김은주
박삼열·이경희·이재영·임건태 지음

펴낸이 | 김신혁, 이숙
펴낸곳 | 도서출판 서광사
출판등록일 | 1977. 6. 30.
출판등록번호 | 제 406-2006-000010호

(10881) 경기도 파주시 회동길 77-12 (문발동)
대표전화 (031) 955-4331  팩시밀리 (031) 955-4336
E-mail : phil6161@chol.com
http://www.seokwangsa.co.kr | http://www.seokwangsa.kr

제1판 제1쇄 펴낸날 — 2019년 2월 20일

ISBN 978-89-306-2563-0    93190

: 머리말

[길앗인들은 에프라임으로 가는 요르단 건널목들을 점령하였다. 도망가는 에
프라임인들이 "강을 건너게 해 주시오." 하면, 길앗 사람들은 그에게 "너는 에
프라임인이냐?" 하고 물었다. 그가 "아니오." 하고 대답하면, 그에게 "'쉬뽈렛'
하고 말해 봐." 하였다. 그 사람이 제대로 발음하지 못하여 '시뽈렛' 이라고 하
면, 그를 붙들어 그 요르단 건널목에서 죽였다. 이렇게 하여 그때에 에프라임
에서 사만 이천 명이 죽었다.]

— 판관(사사)기 12장 5-6절


## 1. 차별과 배제의 언어

어릴 적 들었던 이야기라 사실 여부는 확인한 바 없지만 위의 구약성경
에 나오는 이야기와 비슷한 일이 6·25 한국전쟁 시기에 있었다고 한
다. 전쟁 중 민간인 피난민들 속에 숨어 있던 적을 식별해 내기 위해
'주기도문' 을 외워 보라고 해서 한 두 줄이라도 말하면 살려 주고 모르
면 공산주의자로 처형했다는 이야기였다. '강가' 를 뜻하는 '쉬뽈렛' 과
'주기도문' 은 식별과 구별의 언어였으며, 동시에 차별과 배제의 언어
였다. 탈북 주민이나 연변에서 온 중국 동포의 말투와 발음에서 우리는
그들이 금방 이방인임을 알아챌 수 있다. 그리고는 조금 전까지 없었던
새로운 이미지들이 그들에게 덧씌워진다. 피부색이나 얼굴 모습으로는

구분되지 않았던 그들이 이방인이라는 사실이 드러나는 순간 약간의 경계심이 작동하고 노골적인 무시는 아니지만 우리가 기피하는 노동 현장의 대체 인력 정도로 보려는 경시의 눈길을 거두지 않는다.

우리보다 훨씬 앞서서 다문화사회를 경험하고 있는 유럽이나 미국 사회를 타산지석으로 삼을 만한 이유는 그들이 수백 년 동안 관용이 정신을 체득하며 다양성을 존중해 왔음에도 불구하고 지금 이런 전통이 심각한 도전에 직면하고 있기 때문이다. 미국이 이민자 문제에 대해 취하고 있는 무관용 정책(zero tolerance policy)이나 유럽의 여러 나라들이 난민을 수용하는 일에 난색을 보이거나 거부하려는 움직임 등은 그들 나라들이 지켜 왔던 관용 정책의 포기처럼 보이기 때문이다. 우리가 이제 막 다문화사회로 진입하고 다양성의 가치가 소중하다는 인식의 지평을 넓혀 가고 있는 상황에서 유럽과 미국 사회가 도전받고 있는 문제들이 역시 우리 사회의 수면 위로 올라오고 있기 때문이다.

유럽과 미국 사회에서 혐오와 증오 그리고 불관용의 대상은 주로 종교, 인종, 난민, 성소수자들이 주류를 이룬다. 그리스도교 내에서의 종교적 불관용보다는 이슬람에 대한 적대감과 불관용의 태도가 더 강화되고 있다. 인종에 관해서도 오랫동안 지속된 반유대주의(anti-Semitism) 전통이 여전히 남아 있기는 하지만 흑인이나 유색인들에 대한 혐오와 증오의 감정이 점차 증폭되고 있는 것이 현실이다. 또 최근 난민 문제는 서유럽 전체를 흔들어 놓고 있다. 동성결혼을 합법화한 나라들도 있지만 여전히 동성애자들에 대한 사회적 배제와 혐오, 차별의 시선은 차갑기만 하다.

우리 사회 역시 이슬람교와 무슬림에 대한 편견과 오해들이 아직은 위험 수준이라 볼 수 없지만 가까운 장래에 심각한 문제로 제기될 가능성은 배태되어 있다. 이슬람을 믿는 중동과 동남아시아인들의 종교 행위가 노동 현장에서 충돌의 요인이 되고 있는 것도 사실이며, 앞으로 더 증폭될 가능성은 있다. 흑인이나 유색인들에 대한 혐오 감정이 아직 우리 사회에서 심각한 수준이 아니지만 결혼 이주민 가족이나 동남아시아 사람들, 그리고 중국 동포와 탈북 주민들에 대한 인종적 차별은 점차 심각해질 가능성이 높다. 이들을 범죄자로 묘사하는 영화나 드라마는 심각한 수준이다. 또 우리에게 난민 문제는 먼 나라 이야기처럼 들릴지 모르지만 2017년에만 9942명이 우리 정부에 난민 인정 및 보호를 신청했다(이 글을 쓰는 시간에 제주도에 갑자기 500 여명의 예멘 난민들이 찾아 왔다. 수면 아래에 있던 난민 문제가 주목받는 계기가 되고 있으며, 우리나라의 난민 인정률은 2% 이하이다). 우리 옆에는 중국 동포, 탈북 주민 그리고 결혼 이주민과 그 가족들이 있으며, 그들에 대한 우리 사회의 배제와 차별은 생각보다 심각할 수 있다. 이방인 또는 주변자라 불리는 그들의 목소리를 애써 외면하고, 성소수자에 대한 차별과 혐오의 감정은 미움을 넘어 불결하고 전염병의 보균자를 바라보는 시선과 다를 바 없는 것이 우리의 현실이자 인권 의식 수준의 민낯이다.

사람은 누구나 낯선 것을 보면 긴장하고 경계심을 발동하는 것이 자연스럽다. 특히 정착 문화인 농경 사회를 오래 경험한 우리의 심리적 DNA에는 이방인과 낯선 것들을 쉽게 수용할 수 없는 방어기제가 자리잡고 있는 것은 아닌지 모르겠다. 이방인은 모두 잠재적 위협자로 인식되기 쉽다. 여기서 이방인이란 이주민과 난민들만을 의미하지 않는다. 낯선 이들은 모두 이방인이다. '자기' 또는 '우리'에게 속하지 않은 대상은 모두 이방인, 낯선 이가 될 수 있다. 무슬림, 가난한 나라에서 온 외국인 노동자들, 동성애자 그리고 전과자와 양심적인 병역 거부자 등이 모두 이방인이다. A. 까뮈의 소설, 『이방인』의 주인공 뫼르소도 타인의 증오를 기대하는 이방인이었고, 볼프강 보르헤르트의 희곡, '문 밖에서'의 주인공 베크만도 참전 용사였지만 여전히 이방인이었다.

이런 이방인들을 대하는 우리는 어떤 감정을 갖고 있는가? 여러 가지 복합 감정들이 혼재되어 있을 수 있다. 그러나 아마도 가장 기본적인 주류 감정은 분명 혐오 내지 증오의 감정일 것이다. 카롤린 엠케(Carolin Emcke)는 『혐오사회』(원제목은 "증오에 대하여"이다)에서 증오의 감정이 지니는 특징을 다섯 가지로 분석하고 있다. 첫째, 증오와 혐오의 감정은 개인적인 것도, 우발적인 것도 아닌 이데올로기에 따라 집단적으로 형성된 감정이라는 것이다. 둘째, 모욕적인 배제의 언어 표현(혐오 스피치)이라는 정해진 양식이 필요하다. 셋째, 혐오 감정 표현을 위해서는 왜곡된 연상과 이미지가 필요하다. 넷째, 혐오 감정을 정당화하는 (자기애적) 인식의 틀이 미리 준비되어 있어야 한다. 다섯 째, 증오와 혐오의 감정은 훈련되고 양성된다.(『혐오사회』, 22-23쪽 참조)

엠케의 분석과 더불어 『노 헤이트 스피치』로 유명한 간바라 하지메의 분석도 같은 맥락에서 증오, 혐오 감정을 이해하고 있다. 그에 따르면 혐한(嫌韓) 시위에 참여하는 사람들이 사회 불만자 및 낙오자들일 것이라는 이미지는 잘못된 것이고, 고용 불안과 불황이 이들을 양산해 냈다는 것도 사실이 아니라고 지적하고 있다. 그는 오히려 정치가들의 혐오 발언, 정부의 차별정책과 반복적인 혐오 발언 그리고 아베 정권의 성격에서 그 원인을 찾고 있다. 아주 평범한 화이트칼라와 가정주부들이 혐한 시위에서 혐오 발언을 쏟아 내는 것은 개인적인 감정 분출이라기보다는 집단의식의 표출이라고 보아야 한다. 학교에서 소위 집단 따돌림의 가해자들도 개인적으로는 할 수 없는 말과 행동을 집단의식 및 군중심리에 힘입어 저지르는 경우가 대부분이다.(『노 헤이트 스피치』, 78-92쪽 참조)

이처럼 전 세계적으로 확산된 혐오와 증오의 문화에 우리는 어떻게 대응할 것인가? 혐오를 혐오로, 증오를 증오로 대응하는 것은 오래된 복수법(lex talionis)의 변종일 뿐이다. 혐오와 증오를 부추기는 자가 노리는 전략도 사실 자신과 똑같은 방식으로 상대방이 나오도록 유도하는 것일 수 있다. 그래야 싸움이 될 수 있고 그 싸움에서 이길 수 있다는 자신감이 있기 때문이다. 싸움을 거는 것은 언제나 강자 쪽이 먼저이다. 이것이 강자의 논리이기 때문이다.

카롤린 엠케는 증오에 맞서는 방법으로 '증오하는 자가 갖고 있지 않은 것, 즉 결핍되어 있는 것으로 대응해야 한다.'고 제안하고 있다. 그녀는 증오하는 자에게 없는 것으로 세 가지 역량을 지적하고 있다. 첫째, 증오의 감정을 일으키는 원인이 무엇인지 정확하게 분석하고 관찰할 수 있는 능력이다. 둘째, 증오 감정을 일으키는 이데올로기적 전제로부터 자신의 증오 감정을 구분해 내는 역량이다. 군중으로부터 자신을 떼어 놓고 바라보는 태도와 관련되어 있다. 셋째, 자기 회의주의 역량이다. "증오에 동조하고 환호하는 사람들이 자기 확신을 잃게 할 수만 있어도 도움이 된다." 달리 말하면, 자기반성력이라 할 수 있다.(『혐오사회』, 25쪽 참조)

간음하다 잡혀 온 여성을 어떻게 처리할 것인가를 예수에게 묻는 율법학자들과 바리사이인들의 숨은 의도는 예수를 딜레마 상황에 빠트리는 것이었다. 손에 돌을 들고 있는 군중들은 이미 혐오와 분노의 감정이 가득 차 있었고 곧 투석형을 행동으로 옮길 태세였다. "너희 가운데 죄 없는 자가 먼저 저 여자에게 돌을 던져라."라는 한 마디에 "나이 많은 자들부터 시작하여 하나씩 하나씩 떠나갔다."(요한복음 8장 1-11절) 예수의 증오 대처법을 카롤린 엠케의 방법에 적용해 본다면 이 장면은 세 번째 방법이 주효한 순간이 아닐까 생각된다. '왜 내가 저 사람을 미워하지? 내가 비난할 만큼 나는 떳떳하고 문제가 없는가? 형제의 눈 속의 티는 보면서 내 눈 속의 들보는 못 보는 것은 아닌가? 입장 바꿔 생각해 보면 어떨까?' 그래도 좀 지혜로운 나이 많은 자들부터 먼저 자기반성의 회복이 이루어지고 있는 것도 흥미롭다.

## 2. 혐오를 넘어 관용으로

'다름'의 인정이 곧 '다양성' 만을 의미하지는 않는다. 다름은 차이를 보는 것이고, 이 차이는 이질성을 드러내고 그 이질성은 차별의 뿌리가 될 수도 있다. 관용은 다름과 차이를 인정하라고 요청하지만 차이의 인정만으로는 충분하지 않다는 것이 문제이다. 왜냐하면 차이의 인정에는 관용의 정신만이 아니라 배제와 차별이 함께 얽혀 있기 때문이다. 따라서 무조건 관용의 덕목은 좋은 것이고, 실천해야 한다고 요청하는 것은 안이한 태도가 되기 쉽다. '다름'의 인정이 차별과 불평등으로 변질되지 않을 때라야 차이의 인정을 요구하는 관용이 강자의 윤리라는 비판으로부터 조금은 자유로워질 수 있을 것이다.

　관용의 덕목은 갈등 상황과 불관용의 현장에서 더욱 요청되며, 혐오와 증오 감정의 가해자들에게 자기반성의 기회를 제공한다. 카롤린 엠케의 증오 대처법 세 번째가 제대로 작동하기 위해서는 최소한 관용의 정신이 전제되어야 한다. 관용은 싫어하고 반대하는 대상(개인, 집단, 이념, 제도, 문화, 종교 등)에 대해 '다르다'라고 볼 뿐 '틀리다'라고 보지 않는 태도이며, 타자의 자유와 권리를 존중하는 정신과 일치하기 때문이다. '내가 옳은 만큼 당신도 옳을 수 있으며, 당신이 틀릴 수 있는 만큼 나도 틀릴 수 있다'는 자기 고백이 가능한 사람이라면 그는 이미 관용의 정신을 실천하고 있는 사람이라 할 수 있다.

　혐오와 증오 사회를 넘어서 상생과 평화의 사회로 나아가야 하는 것은 우리 시대의 사명이자 다음 세대를 위한 책무라 할 수 있다. 그러기 위해서는 관용의 정신이 우리 사회의 토대 가치가 되어야만 한다. 그리고 이는 관용 교육이 국민 기본 교육의 내용으로 실제 적용되었을 때 가능해진다. 유네스코가 1994년 28차 총회에서 회원국 만장일치로 선언한 "관용의 원칙에 관한 선언" 제 4조 교육 항목에서도 분명하게 밝히고 있듯이, "우리는(유네스코 회원국) 관용과 인권과 비폭력을 위한 사회과학 연구 사업과 교육 사업을 지원하고 이행할 것을 약속하며, … 관용과 비폭력 정신을 높이는 데 전념할 것을 천명"하고 있다. 관용 교육은 우리 자신보다 다음 세대를 위한 준비 작업으로 필요하며 절박한 지상 과제로 떠오른다.

　2019년 한국 사회는 어떤 모습의 사회인가? 한 가지 키워드로 이 변화무쌍하고 에너지 넘치는 한국 사회를 규정하는 일은 애초에 불가능한 일이다. 보수 정권 9년이 끝나고 진보 정권이 들어선 2017년 5월부터 변화와 개혁의 요구는 봇물처럼 터져 나오고 있다. '이게 나라인가?' 라는 자조 섞인 한탄에서 촛불 혁명은 한국 사회의 체질적인 변화를 요구하고 있다. 그럼에도 여전히 한국 사회는 이데올로기 갈등에 기반을 둔 색깔론, 지역주의의 편견에 따른 정치적 선택, 소득의 양극화에 따른 경제적 충돌, 높은 청년 실업률에서 나온 '헬 조선', 여성들의 사회진출에 따른 여성 혐오감의 확장, 성소수자들에 대한 불관용의 태도, 결혼 이주민이나 외국인 노동자들에 대한 차별과 편견 등이 적지 않게 남아 있다. 싫어하고 미워하는 상대방에 대한 부정적 태도와 편견과 차별을 갖는 것은 어느 정도 불가피한 부분도 있을 것이다. 그러나 이런 편견과 차별은 그 대상에 대해 혐오감을 갖게 만든다. 그리고 혐오감은 단순히 마음속으로 감추고 있는 은폐 가능한 감정이 아니라 조금만 조심하지 않으면 금방 거부 행위 또는 폭력을 수반한 행동으로 드러난다는 데 문제가 있다. 혐오 표현은 그런 행동의 한 가지 방식일 뿐이다.

한국 사회에서 혐오 감정은 점차 일상화되어 가고 있지 않은가? 불특정 다수를 향한 분노와 증오의 감정이 '묻지마 살인'으로 표출되는 일이 종종 일어나며, 여성, 장애인, 외국인 노동자, 동성애자를 향한 혐오와 증오의 감정은 우리 모두의 마음 안에 숨어 있을 뿐 결코 우리와 무관한 감정은 아니다.

2015년 강남역 인근에서 발생한 여성을 향한 '묻지마 살인' 사건과 최근 2017년 7월의 왁싱숍 살인 사건은 모두 여성 혐오에 의한 증오 범죄라고 규정하고 피의자 개인의 일탈을 넘어서 우리 사회의 왜곡된 여성 혐오 문화가 그 배후에 있다는 진단이 사실일 것이다. 성 차이가 성 차별로 바로 이어지는 잘못된 성 의식에 문제의 뿌리가 있다.

인터넷과 디지털 시대 그리고 다양한 소셜 미디어와 네트워크의 발달은 소통의 시, 공간적 제약을 극복할 수 있게 해 주었지만 동시에 표현의 자유와 익명성이라는 방패 뒤에서 불특정 다수를 향한 공격적 혐오감의 표출은 통제 불가능한 상황을 만들고 있다. 다수의 ID를 가지고 가상 세계에서 무책임하게 행동하는 다중 인격체와 같은 현대인들에게 책임과 배려의 윤리를 기대하기란 점점 어려워지는 것은 아닌지? 과거에 한 사람이 사용하는 혐오와 미움의 언어가 미치는 영향권은 근거리 지인들에게 한정되었다면 이제는 그 범위와 상처의 깊이는 훨씬 확장되었다. 미디어를 매개로 한 트럼프와 김정은의 말 전쟁은 세계 증시에 영향을 주고, 트위터를 활용한 백인 우월주의 폭력에 대한 양비론은 혐오와 미움의 감정을 더욱 부추기는 결과를 낳았다.

## 3. 이 책에 대하여

혐오 표현이 넘쳐 나는 한국 사회 이대로 가도 괜찮은 것인가? 혐오에
대항하기 위해서는 어떤 전략이 성공적일 수 있을까? 여전히 한국 사
회는 불관용해야 할 대상들이 많다고 생각하는 사람들에게 관용을 어
떻게 정당화하고 설득할 것인가? 서양 근대 이후 자유주의 전통 안에
서 성장한 관용의 정신은 어떤 변용을 거쳤고 현실적 한계는 어디인
가? 이런 문제들에 대해 최소한으로 어떤 대답이 가능할까? 그리고 현
재 한국 사회의 여러 분야에서 제기되고 있는 갈등과 혐오주의 현상들
을 분석하고 그 대안으로 관용의 윤리를 제안하는 일은 가능한가?

　이 책은 이런 물음들에 대한 대답이다. 관용에 관한 국내 연구의 역
사는 그리 길지 않다. 1997년 김용환의『관용과 열린사회』가 출판된 이
후 관용을 주제로 발표된 석, 박사 학위 논문과 연구 저서 및 번역서 그
리고 연구 논문들의 자료는『관용과 다문화사회의 교육』부록 3에 자세
하게 실려 있다. 관용 연구의 주제가 철학, 정치, 교육, 문화 등 다양한
분야에서 접근 가능하다는 것을 보여 주고 있다.

　"관용: 혐오주의에 대항하는 윤리"라는 주제로 공동 연구팀이 만들
어진 것은 2015년 7월 초 한국연구재단의 공동 연구 프로젝트를 준비
하던 것이 계기가 되었다. 혐오주의 문화를 극복하기 위한 대안 중의
하나로 관용의 윤리를 제안하고자 하는 목표로 공동 연구는 출발했다.
한국연구재단의 지원은 이 공동 연구가 2년간 지속될 수 있도록 한 원
동력이 되었다. (김용환)

# 1

## 한국 혐오주의의 현장과
## 대안 관용

# 1

## 혐오주의란 무엇인가?

### 1. 문제 제기

혐오주의(hate-ism)라는 말은 우리말 사전에도, 영어 사전에도 나오지 않는 일종의 조어이다. 심지어 단어 조합 게임인 스크래블 사전(scrabble dictionary)에도 나와 있지 않은 단어이다. 그렇지만 혐오라는 감정 표현어에 주의(ism)라는 명사를 붙여서 만든 이 혐오주의는 설명이 필요 없을 만큼 일상적인 맥락에서는 자연스럽게 사용되고 있다. 혐오감이 개인적인 감정의 차원을 넘어 집단 감정으로 표출되고 확산되는 일종의 사회, 문화적인 현상의 하나가 될 때 여기에 주의(ism)를 붙여서 혐오주의라 부르는 것은 가능해 보인다. 그래서 혐오주의를 영어로 표현할 때 'hatism'이라는 어색한 표현보다는 차라리 hate-ism으로 표기하는 것이 더 나을 듯싶다. 소수자들을 향해 적대감과 편견을 퍼트리는 사람을 의미하는 hatemonger라는 단어는 혐오주의자로 옮기는 것이 적절해 보인다.

우선 우리는 혐오주의가 무엇인지 간략하게 정의하고 시작하고자 한다. 옥스퍼드 사전 외 몇몇 사전에서 정의하고 있는 혐오주의자(hate-monger)의 정의를 기준으로 삼아 혐오주의를 정의해 보자. 혐오주의자란 '소수 집단을 향해 적대감이나 편견을 퍼트리는 사람', 또는 '증오심을 불러일으키는 행위를 하거나 즐기는 사람', '미워하거나 편견을 갖도록 다른 사람을 자극하는 사람' 등으로 정의하고 있다. 이들 정의에서 사람이란 단어를 빼고 그 자리에 행위, 태도, 견해 등으로 대체하면 혐오주의에 대한 무난한 정의는 가능하다고 여겨진다. 혐오주의는 혐오 표현(hate speech), 혐오 행위, 혐오 범죄 또는 증오 범죄(hate crime) 등 혐오의 감정을 기저 감정으로 해서 표면화되는 여러 종류의 행위, 태도, 견해를 말한다. 그 행위자가 개인이거나 집단이거나 숫자는 문제가 되지 않는다. 다만 한 개인이라도 그가 다수 그룹에 속한 사람이어야 한다.

혐오주의가 어제 오늘의 문제는 아니지만 과거의 혐오주의가 제한된 범위 내에서의 혐오 발언이나 혐오 행위에 그쳤다면, 오늘날 우리가 직면하고 있는 혐오주의는 인터넷과 SNS 기술의 발달로 시, 공간의 장벽을 넘어 엄청난 확장성을 갖게 되었다. 일베, 메갈리아, 워마드 등 인터넷 커뮤니티를 통해 상대방 성에 대한 혐오 표현 행위는 이제 다반사가 되어 가고 있다.

혐오주의는 우리 사회의 화합과 평화 그리고 공동선과 양성평등의 가치에 정면으로 도전하는 파괴적 태도의 대명사가 되고 있다. 그리고 이런 혐오주의가 단지 일반 시민들 사이에서 벌어지는 일이 아니라 정치권에서도 지역주의, 연고주의와 결탁하여 정치적 혐오감을 형성하고 있다는 데 문제의 심각성이 있다. 어버이연합 같은 보수단체들의 혐오감 표출은 이미 관용의 한계를 넘어서 위법행위로 이어질 가능성이 높아지고 있다. 2016년에 발생한 강남역 인근의 노래방 화장실 여성 살인사건은 여성 혐오 범죄의 사례로 손꼽히고 있으며, 묻지마 폭행처럼 혐오감과 증오감이 범죄행위의 심리적 동기가 되는 경우도 많다.

혐오주의는 현대 한국 사회에 던지는 위험신호이며, 이를 인지하고 극복하지 않고서는 공동체로서의 한국 사회는 홉스식의 표현대로 '만인에 대한 만인의 투쟁 상태'(*Bellum omnium contra omnes*)인 전쟁 상태로 돌아갈 위험이 크기 때문이다. 우리 사회의 각 부분에서 점차 만연되고 있는 다양한 혐오주의를 극복하지 않고서는 우리 사회가 치러야 할 대가가 결코 적지 않을 것이다.

관용의 윤리는 혐오주의에 대항하고 극복할 수 있는 여러 가지 대안들 중의 하나라고 본다. 일본에서 '혐한시위 억제법'이 제정된다고 해서 그 실효성에 의문이 가듯, 차별과 혐오 행위를 금지하는 법과 제도가 마련된다고 해도 그 실효성에는 여전히 의문이 남는다. 2016년 국가인권위원회는 "혐오 표현 실태조사 및 규제방안 연구"(책임연구원 홍성수 교수)라는 연구보고서를 공개하였다. 이 보고서는 주로 법학 전공자들에 의해 작성된 것이기에 혐오 표현에 대한 법적 규제방안 연구가 그 중심 주제이다. 혐오주의에 대한 철학적, 사회 문화적 접근은 이 보고서의 주제는 아니었으며, 그 규제방안 역시 법적 규제에 머물고 있다. 또 2009년도에 "한국사회의 관용 수준과 혐오집단"(윤종빈, 조진만, 가상준, 유성진)이라는 논문에서는 우리 사회의 11개 혐오집단에 대한 관용 수준을 측정하고 있다. 이 연구 논문은 주로 정치적 자유에 초점을 맞추어 관용 수준을 측정하고 있는데, 이 논문 역시 혐오 개념에 대한 정밀한 분석은 결여되어 있으며, 관용에 대한 철학적 논의를 거의 고려하고 있지 않다는 한계를 드러내고 있다. 설문 조사를 통해 혐오 집단들에 대한 2009년 당시의 관용 수준을 밝히고 있다는 점에서는 의미가 있는 결과를 도출하고 있다.

우리가 주로 하고자 하는 일은 혐오주의에 대한 이론적, 사회 문화적 분석을 시도해 보려고 한다. 혐오주의에 대한 정의, 특성, 배경 등을 고찰하고, 혐오 감정이 우리 사회의 각 부분에서 어떻게 확대 재생산되고 있는가를 파악하고자 한다  한국 사회의 현장에서 제기되는 혐오주의의 현상들에 주목하고자 한다. 소위 혐오 표현이 양산되고 있는 4개의 집단(정치권, 혐오 사이트, 성소수자 그룹 그리고 종교계)을 대상으로 각 집단 별로 드러나는 혐오주의에 대한 분석과 그 극복의 대안 중 하나로 관용의 윤리를 제시하고자 한다. 설득과 교육을 통한 대안 마련에 방점을 두고자 하며, 관용의 윤리를 초등학교 교육부터 체계적으로 시작하여 중등학교 단위까지 시행함으로서 다음 세대를 주도할 미래 세대를 준비시키고자 한다. 건전한 시민 의식을 높이지 않고서는, 그리고 관용의 정신이 내적으로 체화(internal embodiment)되지 않고서는 혐오주의를 억제하는 어떤 방법도 장기적인 효과를 기대할 수 없다고 보기 때문이다.


## 2. 혐오 개념 분석

혐오는 감정을 표현하는 개념어이다. 혐오를 영어로 표현하면 abhorrence, aversion, detestation, disgust, hate, repulsion 등 여러 가지가 있다. 소위 혐오주의를 영어식으로 표현하기 위해 사용하는 hatism이나 hate-ism은 모두 정확한 표현은 아니다. 혐오 발언은 hate speech로, 혐오 범죄는 hate crime으로 표현하는 것이 정확하다. 마사 누스바움은 혐오를 표현할 때 disgust라는 단어를 사용하고 있다. 이들 영어식 표현들 사이에 관용법상 미묘한 차이점이 있을 수 있으나 우리말로 옮겨 사용할 때는 거의 아무런 차이를 보여 주지 않는다. 그래서 우리 말로는 혐오와 증오를 혼용해서 사용하고자 한다.

혐오 감정에 대한 고전적인 정의부터 살펴보자. 아리스토텔레스는 『수사학』에서 적대감(enmity)과 혐오(hatred)를 비교하며 설명하고 있다. '적대감을 일으키는 원인이 분노(anger), 앙심(spitefulness) 그리고 모략(slander)이며, 분노는 우리에게 저지른 행위 때문에 생긴다고 말하고 있다. 분노가 개인에게 향한 감정이라면 혐오는 한 부류(class), 예를 들면 도둑, 배신자 등의 사람들에 적용되는 감정이다. 또 분노가 시간이 지나면 치유될 수 있는 감정이라면 혐오는 그렇지 못하며, 분노 의 목적이 (그 대상이 겪을) 고통(pain)에 있다면 혐오는 (그 대상에 게) 악(evil)을 행하는 것이다. 분노는 그 대상에 대해 동정심을 수반하 는 경우가 종종 있으나 혐오는 결코 그렇지 않다. 즉 동정심을 수반하 지 않는다.'(『수사학』, 200-201쪽)

홉스는 욕구(appetite)와 대비되는 감정으로 혐오(aversion)를 말하 고 있는데, 이 두 감정은 모두 운동을 성질로 가지고 있다. 욕구는 어떤 대상으로 다가가는 운동이고 혐오는 멀어지는 운동이다. 사랑은 전자 의 운동이고 미움(hate)은 후자의 운동이다. 혐오는 미움이나 공격적인 괴롭힘(*molestia*)과 동의어로 생각되고 있다. 또 어떤 혐오는 사람이 본래부터 갖고 있는 것이 있는데 몸(본능)에서 느낄 수 있고 그 수가 많지는 않다. 혐오는 우리를 해친 적이 있다는 것을 알고 있는 대상들 뿐만 아니라 해칠지 아닐지 모르는 대상들에 대해서도 갖는 감정이 다.(『리바이어던』, 119-120쪽 참조)

데카르트는 『정념론』 89항에서 혐오를 다음과 같이 설명하고 있다. 그가 사용하고 있는 혐오(horreur)는 공포와 두려움 등과 뜻을 같이하고 있다. '혐오는 나쁜 것에서 도피하려는 경향을 가진 욕망이며, 영혼에게 갑작스럽고 예상하지 못한 죽음을 나타내기 위해 자연에 의해 세워진' 정념이다. 그리고 '모든 힘을 전적으로 현재하는 나쁜 것을 피하는 데 사용하도록 자극하여 (영혼의) 흔들림을 만든다.' (『정념론』, 91-92쪽 참조) 보통 도피나 반감(反感)도 이런 혐오 감정의 일종이다.

데카르트의 설명에서 주목할 점은 잘 알려진 바와 같이 감정, 정념을 홉스처럼 운동하는 것으로 보고 있다는 점이다. 데카르트가 '흔들림'(agitation)이라고 표현하고 있는데 이는 홉스 식으로 표현하면 감정의 운동(movement)과 다를 바 없다. 그리고 '자연에 의해 세워진' 정념이라는 표현에 주목할 필요가 있다. 여기서 자연이란 비 경험적, 생득적(innate)이라는 의미로 해석될 수 있다. 따라서 어떤 자연스러운 혐오 감정은 현존하거나 또는 미래의 위험에 대처하여 그 위험으로부터 벗어나 생존을 지속시킬 수 있도록 신체적 반응을 일으킨다는 의미에서 자연적이라는 것이다. 이 점에서 홉스와 데카르트는 공통적으로 혐오 감정이 인간의 생존과 관련되어 있다는 사실에 주목하고 있다. 데카르트는 『정념론』 208항에서도 간략하게 혐오에 대해 말하고 있는데, 여기서는 먹고 마시는 음식물과 관련해서 혐오의 감정이 생길 수 있다고 말한다. 예를 들면 배고픈 사람에게 음식은 식욕을 일으켜 음식을 먹게 만들지만 포만감에 잔뜩 배부른 사람에게 음식은 식욕을 일으키기 보다는 혐오감을 갖게 만들어 과식을 피하게 만든다. 이 때 혐오감은 현재 또는 미래의 위험(소화불량, 구토, 토사곽란 등)을 피하게 만드는 감정으로 생존 가능성을 증가시키는 역할을 한다. 우연의 일치일지도 모르지만 『정념론』 208항의 내용은 홉스가 『리바이어던』 119-120쪽에서 '위(胃)의 부담을 가볍게 하려는 욕구 즉 체내에서 느끼는 어떤 것에 대한 혐오라고 부르는 것이 더 적절할 것이다.' 라고 말하는 것과 동일 선상에 있어 보인다.

　스피노자는 『에티카』 3부 명제 13 주(Note)와 정서들에 대한 정의 가운데 7번에서 혐오(hatred, *odium*)를 "외부적인 원인에 대한 관념과 더불어 생긴(수반된) 고통(pain) 외에 다른 것이 아니다. …혐오의 감정을 갖고 있는 사람은 자신이 미워하는 대상을 제거하거나 파괴하려고 시도한다."(『에티카』, 95, 130쪽)라고 정의하고 있다. 정서들에 대한 정의 9번에서는 혐오(aversion, *aversio*)를 *odium*과 구분해서 정의하고 있는데, 그 차이는 단지 외부적인 원인이 우연적인 것인가 아닌가의 차이뿐 유의미한 구분은 아니다.(위의 책, 130-131쪽) 혐오의 감정이 그 혐오 대상을 제거하거나 파괴하려는 시도(endeavor)라는 스피노자의 분석은 주목해 볼 만하다. 분노보다 혐오가 훨씬 뿌리 깊은 감정이기 때문에 쉽게 치유되거나 시간이 지남에 따라 약화되거나 사라지는 게 아니라는 아리스토텔레스의 해석을 스피노자도 따르고 있는 듯 보인다.

　흄은 『인성론』 2권 2부 '사랑과 미움(hatred)에 관하여'에서 이 두 감정에 대해 논의하고 있다. "사랑과 미움 따위의 정념을 정확히 정의하기란 거의 불가능하다. 이런 정념은 (다른 것과) 혼합되어 있거나 결합하지 않고 오직 단순 인상을 산출할 뿐이기 때문이다." "사랑과 미움의 대상은 분명히 사고하는 인격체(thinking person)이며, 사랑이라는 정념의 감각은 언제나 호의적(agreeable, 동의할 만하지만)이지만 미움이라는 감각은 언제나 언짢다(uneasy, 불편하거나 맞지 않음)는 것 따위를 대충 깨닫는 것으로 충분하다."(『인성론』 2권, 77-79쪽)

　흄이 말하는 미움에 대한 설명에서 주목해 볼만한 것은 미움의 대상을 사람에 한정하고 있다는 점과 그 대상과의 관계가 불편하고 잘 맞지 않으며 언짢다는 사실을 지적하고 있는 점이다. 오늘날 우리가 생각하는 미움, 혐오, 증오 같은 감정들은 단지 다른 사람에 대해서만 갖게 되는 감정이 아니라는 점을 고려할 때 흄의 설명은 제한적이다. 자기애(self-love)처럼 타자가 아니라 자신을 사랑하는 것이나, 부패한 음식이나 혐오감을 주는 동물들에 대해 갖는 미움(혐오)의 감정 등을 고려하면 사랑과 미움의 대상은 훨씬 광범위하다. 그렇지만 흄의 설명에서 의미 있는 진술은 사랑과 미움을 정의하기가 거의 불가능하다는 것을 지적한 점과 사랑과 미움의 원인이 아주 다양하다는 진술이다. 그리고 흄은 『인성론』 2권 1부 마지막 12절에서 '동물들의 긍지와 소심에 관해'(of the pride and humility of animals) 논의하면서 이 논의를 사랑과 미움과 대비하며 설명하고 있다는 점은 흥미롭다. 여기서 긍지(pride)는 자부심, 자만 등의 정념과 거의 동의어로 사용될 수 있으며, 소심(humility)은 겸손, 비천함, 비하 등의 감정과 유사성을 가진다. 흥미로운 점은 흄이 동물 실험을 통해 긍지와 소심의 정념이 발생하는 것과 같은 기제(mechanism)로 인간에게서도 발견된다고 주장하는 점이다. "고통과 상심에 젖은 개는 (낮은 자존감, 소심함 때문에) 사나워져서 난폭하게 지져 댄다. 그리고 처음에는 비탄이었던 정념이 아주 사소한 우발적 요인 때문에 분노(anger)로 전환된다." 이 비유적 표현은 그대로 혐오와 미움에 사로잡힌 사람들이 밖으로 취하는 행동과 다를 바 없음을 보여 주고 있다. 혐오주의의 가해자와 피해자를 지배하는 감정(정념)인 긍지(오만함)와 소심함(낮은 자존감)이 어떻게 작동되는가, 그리고 이 감정들이 사소하고 우연적인 자극을 통해 격한 분노의 감정으로 전환되는 사례들을 살펴본다면 흄의 이 비유적 표현이 놀라울 정도의 정확성을 갖는다.

## 3. 혐오 감정의 두 가지 기능

혐오 감정의 두 가지 기능은 이 감정의 두 가지 기원과 관련되어 있다. 기원에 대해서는 혐오 감정이 원초적이라는 가설과 사회, 문화적 경험과 관습 등을 통해 습득된 감정이라는 가설 두 가지가 있다. 마사 누스바움(Martha Nussbaum)은 『혐오에서 인류애로』에서 앞의 혐오를 원초적 혐오(primitive disgust)라 하고, 후자의 혐오를 투사적 혐오(projective disgust)라고 구분하여 말하고 있다. 원초적 혐오란 생물학적 본능처럼 인간이 원래부터 가지고 있는 감정인데, 이는 마치 시각, 청각, 후각과 같이 생존에 필수적인 역량처럼 혐오 감정 역시 그런 수준의 기저(基底) 감정이라는 것이다. 이는 마치 오감이라는 신체적 반응이 습득된 경험으로부터 발달된 반응이 아니라 애초부터 생존을 위해 원초적으로 주어진 기능이라는 것과 같다. '모든 존재하는 것들의 궁극적 목적은 자기 보존에 있다.'는 홉스나 스피노자의 말처럼 사람을 포함해서 모든 존재하는 생명체들은 자기 보존을 위해 자신에게 주어진 기능을 최대한 활용해야 하는데, 혐오의 감정도 이런 자기 존재의 보존을 위해 생득적으로 주어진 감정이라는 것이다.

위에서 데카르트가 혐오 감정을 '자연(nature)에 의해 세워진' 감정이라고 한 것이나, 홉스가 혐오 감정 중 어떤 것은 '타고난(born)' 것이라고 할 때 이 두 사람은 모두 원초적 혐오가 있음을 말하고 있다. 마사 누스바움도 혐오의 본래적 기원을 설명하기 위해 레온 카스(Leon Kass)의 언급을 인용하고 있다. 레온 카스는 혐오에 '내재적 지혜'가 깃들어 있다고 말하는데, 여기서 말하는 내재적 지혜라는 것이 곧 혐오 감정 덕분에 인간은 파괴적이고 끔찍한 선택을 하지 않을 수 있다는 것이다. 인간의 생존에 정말로 위협적인 대상이 나타나거나 아니면 위험과 위협이 예상될 때 본능적으로 혐오감이 발동하여 그 위험, 위협으로 부터 벗어날 수 있도록 한다는 것이다. 그런 점에서 혐오는 지혜로운 선택을 할 수 있도록 하는 감정이라는 것이다. 혐오감은 신뢰할 만한 위험 경고를 하는 장치이기 때문에 그 경고에 대해 귀담아 들어야 한다 는 것이다.(『혐오에서 인류애로』, 48쪽 참조) 예를 들면, 쓰레기나 오 물 등 더러운 것에 대해서 본능적으로 얼굴을 찌푸리거나 코를 막는 행 위는 학습된 것이 아니라는 것이다. 시체나 썩은 음식 냄새도 마찬가지 이다. 홉스 식으로 표현해서 특정한 대상이 없음에도 불구하고 피하고 싶은 감정은 혐오라 할 수 있고, 그 대상이 특정되면 그것은 미움이라 고 할 수 있다. 마치 공포가 대상에 대한 두려움이라면 불안은 대상의 부재에도 불구하고 위험으로 인식되는 마음의 현상을 말하는 것과 유 사하다.

반면 투사적 대상 혐오는 기쁨, 슬픔, 분노, 연민 등 다른 감정들과 마찬가지로 사회적 학습과 경험, 관습 등을 통해 습득된 감정이라는 것 이다. 영국의 법철학자 패트릭 데블린(Patrick Devlin ; 1905-1992)이 말하는 '사회의 평균적인 구성원(the man on the Clapham omnibus ; 런던 남부 지역 클랩햄 통근버스를 타는 사람으로 일반적인 보통사람 을 의미한다)이 느끼는 혐오' 감정은 반복된 경험으로 형성된 감정이 다. 데블린이 예로 든 동성애에 대한 혐오 감정 같은 것이 바로 이런 종 류의 혐오라는 것이다. 마사 누스바움의 지적에 의하면, '투사적 혐오 는 공감적 주술에 의해 확장된 감정이며, 자아가 감당할 수 없는 속성 을 타인에게 전가하는 경향이 있다.'(『혐오에서 인류애로』, 61-62쪽 참조) 그녀가 사례로 든 경우는 남성에 의한 여성의 혐오, 반유대주의 정서, 여러 종류의 사회적 낙인 등이 이에 해당된다고 본다.

아마도 우리가 흔히 사용하고 있고 또 부정적 이미지로 형성된 혐오 감정은 대부분 이런 투사적 혐오에 해당되는 것들로 보인다. 이런 혐오 감정은 다수자의 사회적 연대감을 강화시킨다. 혐오 대상인 소수자들을 예속 내지 배제, 그리고 사회로부터 격리시킴으로써 다수자를 위한 사회적 안정성을 확보하려고 한다. 혐오 대상을 향해 비이성적 혐오감을 촉발하고 사회적 낙인을 찍고, 부정적 이미지로 덧칠하는 등 투사적 혐오 감정은 자신의 약점(불안감, 박탈감, 차별적 우월 의식 등)을 감추고 다른 사람을 주저 없이 희생양으로 만드는 경향이 강하다.

혐오 감정의 기원에 대해 두 가지 가설이 가능하다는 점을 고려한다면, 각각의 가설에 따라 혐오 감정의 기능 또한 두 가지로 구분될 수 있다. 일반적으로 혐오 감정이 부정적 의미로만 인식되어 온 것은 사실이다. 혐오 대상에 대해 반대하고, 미워하며, 배척하고 제거하는 행위는 거의 항상 이 혐오 감정에 수반되는 행동 방식으로 이해되어 왔다. 그러나 사실 혐오가 항상 비이성적이고 자기 모순적이며 파괴적인 성질만 가지고 있다는 것도 증명된 바가 없다. 오히려 혐오 감정에 대한 편견과 오해가 이 감정의 두 가지 기능 가운데 한쪽 면만을 보도록 왜곡시켰다고도 할 수 있다.

먼저 혐오 감정의 긍정적 기능부터 살펴보자. 원초적 혐오 감정이나 투사적 혐오 감정이나 모두 긍정적 기능을 하는 경우가 있다는 사실에 주목해 볼 필요가 있다. 위에서도 언급했듯이 그 대상이 무엇이건 간에 자기 존재나 생명 유지에 위협적인 요소가 본능적으로 파악되는 순간 혐오감은 그 대상으로부터 멀어지고 벗어나기 위한 신체적 반응을 자연스럽게 보인다. 이해를 돕기 위해 프로이트가 사용한 '현실적 불안(*Realangst*)' 개념을 활용해 보자. 이 개념을 장 라플랑쉬는 『정신분석 사전』에서 '현실적 (위험 앞의) 불안(*angoisse devant un danger réel*)'이라고 풀어서 해석하고 있다.(『정신분석사전』, 538쪽) 불안 자체가 아니라 불안의 동기가 되는 현실적 위험 대상에 대한 인식으로부터 발생하는 불안이다. 이런 대상은 인식하는 사람에게 불안 신호(Angstsignal)를 보내는데 이 불안 신호는 아직 나타나지는 않았지만 피해야만 하는 상황에 대한 '감정의 상징'으로 작동된다는 것이다. 이 때의 감정은 다름 아닌 혐오감이라 할 수 있다. 불안 신호(혐오감)는 자아의 방어 기능을 작동하게 해 주는 방어기제의 역할을 해 주기도 한다. 맹독성 코브라 앞에 섰을 때 우리가 느끼는 감정은 불안 신호에 따라 현실적 위험 앞의 불안을 피하기 위해 뒤로 물러서거나 도망치도록 만든다. 그래야 안전을 확보할 수 있기 때문이다. 문화적 금기인 타부(taboo)들의 경우도 이와 유사성을 갖는다. 금기가 문화적 관습 또는 혐오 감정에 뿌리를 두고 있고 그 이유가 사회적 안정성 확보에 있다는 것은 잘 알려진 사실이다. 근친상간의 경우를 생각해 보자. 근친상간이라는 욕동(libido) 앞의 불안은 억압되어 무의식으로 침잠해 들어가지만 현실적 위험 앞의 불안은 혐오감이라는 위험신호를 보내고 이로 인해 자기 방어기제가 작동되었을 때 금기로 인식된다. 혐오감은 위험으로부터 자신과 사회와 종족과 문화를 지켜 내는 내재적 지혜가 숨어 있다는 레온 카스의 주장은 설득력이 있어 보인다.

혐오감이 갖는 긍정적 기능의 사례 한 가지를 더 들어보자. 소위 동물보호법이 제정된 배후에는 '사회의 평균적 구성원들'이 갖고 있는 동물, 특히 반려동물에 대한 인식의 변화 과정이 있었고, 또 유기되거나 도살되거나 학대 받는 동물들을 보면서 강한 혐오감을 갖는 사람들이 점차 증가하는 과정을 거쳤다. 유기되거나 학대 받는 동물들을 보면서 느끼는 혐오 감정은 동물보호법의 입법화를 통해 동물권의 확장에 크게 기여했다 할 수 있다.

혐오 감정은 이처럼 긍정적인 기능을 일부 할 수는 있지만 오히려 부정적 기능으로 작동되는 경우가 훨씬 많다는 것이 우리의 상식적인 이해이다. 마사 누스바움이 언급하고 있는 혐오 감정의 부정적 현상은 다음과 같은 것들이 있다. '혐오 감정을 입법의 근거로 삼을 때 인간의 존엄성을 참혹하게 파괴하는 경우가 많다. 혐오가 사회적 결집에 해롭다는 것도 사실이다. 투사적 혐오는 희생양을 쉽게 찾게 만든다. 혐오는 책임을 덧씌우기 해서 타인을 예속화시키겠다는 생각을 갖게 만든다. 혐오 교육을 받은 사람은 자신의 혐오감이 내재적이라는 오판을 하게 만들기 쉽다.' (『혐오에서 인류애로』, 65쪽 참조)

우리는 혐오 감정이 작동하는 부정적 기능을 다음 세 가지 정도로 정리하고자 한다. 첫째, 투사적 혐오 감정은 그 대상에 대한 사소한 편견으로부터 시작하여 확대 재생산의 과정을 거쳐 파괴적인 결과를 초래하는 경우가 많다. 볼테르가 『관용론』을 집필하게 된 계기는 프랑스 툴루즈 지방에서 일어난 장 칼라스 사건 재판이었다. 잘 알려진 것처럼 장 칼라스에 대한 오판의 시작은 그의 아들이 자살하던 날 밤 궁금증과 호기심으로 몰려든 이웃 사람들 중 어떤 사람의 오해와 선동으로부터 비롯되었다. 개신교도였던 장 칼라스가 가톨릭으로 개종하려는 아들을 죽였다는 근거 없는 소문이 다수가 가톨릭교도인 마을 사람들 마음에 미움과 혐오의 편견을 심어 주고 이 편견과 오해는 눈덩이처럼 불어났다. 확대 재생산된 편견과 오해는 재판관들까지 결정적 오판을 범하게 만들었다. 혐오 감정이 부정적으로 표출될 때 얼마나 무서운 결과를 초래하는지를 웅변으로 말해 주고 있다. 이처럼 편견에 토대를 둔 혐오 감정은 그 대상을 희생양으로 만들 뿐만 아니라 사회적인 낙인(social stigma)을 찍음으로써 그가 속한 공동체에서 생존 자체를 어렵게 만들 수도 있다.

둘째, 혐오 감정은 그 대상과의 관계에서 상호 공감하는 힘의 약화를 초래한다. 혐오와 공감은 반비례 관계라 할 수 있다. 혐오 감정이 강화되면 될수록 공감력은 약화될 수밖에 없다. 타인의 고통에 무감각해지기 시작하면 그 혐오 대상에 대한 공격성은 더욱 강화되는 것이 불가피하다. 사회학자 오찬호는 현대 한국 사회의 20대가 지니는 공통점 가운데 하나를 공감력 약화로 보고 있다. 물론 그가 진단한 공감력 약화의 원인은 무자비할 정도로 '자기 계발서'의 세례를 받은 결과라고 보고 있다.(『우리는 차별에 찬성합니다』, 89-91쪽 참조) 다시 말해 모든 문제를 자기 계발의 부족으로 돌리며 사회구조적인 문제의식을 갖지 못하는 데서 오는 결과라고 보고 있다. 이들 20대는 차별을 수정하기보다는 차별을 인정하고 그 원인을 게으른 개인 당사자에게 돌리려는 경향이 있다는 것이다. 혐오를 넘어 무관심과 무감각의 태도를 가지고 사회 현상을 해석하려는 이들 20대가 타인의 고통에 무관심을 보이는 만큼 비례적으로 혐오 대상을 향한 몰이해의 강도도 높아질 것이 자명해 보인다.

셋째, 혐오 감정은 혐오주의자가 혐오 대상에 대해 더욱 더 불관용적 태도를 갖게 만든다는 데 있다. 대체로 혐오주의자들은 자기 충족적 확신(self sufficient belief)으로 인해 이성의 반성적 기능이 약화되기 쉽다. 혐오 대상에 대한 객관적 지식이나 정확한 정보의 결핍은 그 대상에 대해 자기 충족적 확신에만 의존하여 판단하기 쉽다. 이런 오해와 왜곡을 초래할 확신은 위험할 뿐만 아니라 자기반성을 통해 수정의 기회를 놓치기 쉽다. 누구라도 싫어하는 대상에 대해 혐오 감정을 가질 수는 있다. 그러나 그 혐오 감정이 잘못일 수도 있고, 따라서 수정될 수 있다는 사실을 잊지 않아야만 혐오 감정으로부터 시작된 불관용적 태도도 수정될 기회를 잃지 않게 된다.

## 4. 혐오주의의 특성

이제 우리는 혐오 감정을 이용하거나 근거 삼아 소수 그룹을 향한 적대
감과 편견을 공개적으로 표출하는 혐오주의 또는 혐오주의자들의 특성
과 배경에 대해 분석해 보고자 한다. 혐오주의는 어떤 특성을 갖는가?
세 가지 정도의 특성을 지적할 수 있을 것 같다. 첫째, 혐오주의는 감정
에서 출발하여 하나의 신념으로 확장되는 특징을 가지고 있다. 즉 혐오
감정을 기본 정서로 출발하나 이 감정이 단순히 사적인 영역에 머무는
것이 아니라 이 감정을 공유하는 사람들이 모여 집단 동일화 과정을 거
쳐 하나의 신념(이념화)으로 증폭된다는 특징을 가진다. 혐오 감정이
사적인 차원에 머물 때보다는 신념화 과정을 거쳐 공적 영역으로 확장
되었을 때 혐오주의는 강한 추동력을 얻게 된다. 누구라도 자신이 싫어
하는 대상이나 생각들에 대해 비판하고 비난하고 미워할 수 있다. 이런
감정을 갖는 것은 자연스럽고 어쩌면 당연하거나 정당하다 할 수 있다.
그러나 이런 혐오 감정이 사적인 영역에 머물지 않고 감정 공유자들이
모여 혐오 대상에 대해 지나치게 비판하고 미움과 분노를 표출하는 헤
이트레이드(haterade)가 된다는 데 위험성이 있다.

　혐오주의는 사실 확인이 우선적이지 않으며, 사실과 진리에 주목하
지 않는다. 2016년 Oxford 사전이 선정한 올해의 단어에 post truth가
선정되었다는 것은 이미 현대사회가 여론을 형성하는 데 사실과 진리
가 중요한 것이 아니라 (혐오)감정이나 사적인 신념이 더 결정적 역할
을 한다는 것을 뜻한다. 혐오주의는 이런 meta-fact 또는 post truth 현
상과 맞닿아 있다. 악화가 양화를 구축(驅逐)하듯, 가짜 뉴스가 진실을
왜곡시키듯, 혐오주의는 합리적 비판이 불가능한 이성의 소멸을 초래
하는 일과도 연결되어 있다.

둘째, 혐오주의는 혐오 대상이 가지는 속성을 본질로 왜곡하여 비판, 폄하, 왜곡 그리고 공격한다는 특징을 가지고 있다. 모로오카 야스코는 혐오 발언을 정의하며 속성과 본질의 관계를 지적하고 있는데, 그의 정의를 혐오 발언에 국한하지 않고 혐오주의 일반으로 확장해서 해석해 보자. 혐오 발언이란, '넓은 의미에서는 소수자 집단 혹은 개인에 대해 인종, 민족, 국적, 성별 등의 속성을 이유로 차별적 표현을 하는 것으로 그 본질은 소수자에 대한 차별, 적의 또는 폭력의 선동이며, 표현에 의한 폭력, 공격, 박해이다.'(『증오하는 입: 혐오 발언이란 무엇인가』, 84쪽 참조) 혐오의 대상이 가지는 **속성의 차이를 본질적 차이로** 왜곡하여 차별과 공격과 폭력을 정당화하려는 특징을 혐오주의는 가지고 있다. 예를 들면 피부 색깔은 인간이 가지는 본질적 차이가 아니라 자연환경이 만들어 낸 우연적 속성의 차이이자 종(種)들 간의 차이를 표시하는 종차에 불과하다. 그런데 피부 색깔이 다르다는 이유로 차별하거나 혐오적인 태도를 보이는 것은 비본질적인 것으로 본질을 공격하는 것과 다를 바 없다. 마찬가지로 나치의 반유대주의 정서 밑바탕에도 이처럼 유대인을 본질적으로 열등 인간으로 보는 왜곡된 몰이해가 놓여 있다.

셋째, 혐오주의는 침묵 효과를 낳거나 반대로 미러링(mirroring)이라 불리는 백래쉬(backlash)현상을 낳는다. 혐오주의는 기본적으로 다수자가 소수자에게 가하는 거부의 태도이다. 따라서 소수 그룹에 속한 혐오 대상자들은 진실 게임이나 파워 게임에서 약자이거나 패자일 수밖에 없다. 약자들은 반론의 기회가 박탈당하기 쉽다. 이를 강요된 침묵 효과라고 할 수 있다. 혐오 대상자들의 침묵은 더 강한 혐오주의를 초래하기 쉽고, 강한 혐오주의는 더 깊은 침묵을 요구한다. 이렇게 혐오주의와 침묵 효과 사이에는 악순환의 구조를 갖고 있다. 일본 내에서 한국인들에 대한 혐오 발언의 수위가 점점 강해지는 배경에는 그 혐오 대상인 재일 한국인들의 침묵이 이를 부추기는 경향이 있다는 분석도 설득력이 있다. 그렇다면 이들 재일 한국인들은 왜 침묵하는가? 침묵함으로써 자신이 드러나지 않는 것이 더 자신에게 유리하다는 판단 때문이라는 분석은 불행하게도 현실이다. 정치적 혐오주의가 노리는 효과가 정치적 무관심과 정치적 침묵인 것도 같은 맥락에서 이해할 수 있을 것이다.

반대로 혐오주의는 혐오대상을 그대로 미러링(mirroring)하거나 집단적인 반동인 백래쉬 현상을 초래할 수 있다. 여성 혐오(예를 들면 일베)에 대항하기 위해 반동 형식으로 등장한 남성혐오주의를 표방하는 메갈리아나 워마드 같은 집단 반동 현상은 이를 잘 증명해 주고 있다. 미러링이라는 신조어가 학술적 용어는 아니지만 최근 우리 사회에서 날로 심각해지는 보복성 집단 반발 행위를 설명하는 데는 적절하다. 어떤 사람들은 미러링보다는 모방(imitation)이라고 해야 한다고 말하지만 적절한 것 같지는 않다. 모방은 원본을 그대로 복사하는 것에 가깝다면 미러링은 좌우가 바뀌는 거울 반사를 의미하기 때문에 더 강한 보복성 집단 반발(백래쉬) 현상을 설명하는 데는 미러링이 더 적합한 표현이라 보여진다.

## 5. 혐오주의의 배경

혐오주의가 혐오 대상에 대해 공격적인 행동을 보일 때 그 배후에는 복잡한 이유와 배경이 은폐되어 있을 수 있다. 평범한 시민 누구라도 특정한 대상에 대해 혐오주의자가 되는 일은 결코 특별한 일이 아니다.

누구라도 외부적인 여건이 마련되고 또 내부적인 혐오 감정이 임계점을 넘어서게 되면 혐오주의자가 될 수 있는 가능성은 높아진다. 여기서 외부적인 여건이란 사회, 문화적인 환경, 경제적인 조건, 정치적 상황, 이웃 나라들과의 대외적인 관계 변화 등 수 없이 많은 조건들이 다 포함된다. 지그문트 바우만(Zygmunt Bauman : 1925-2017)의 표현대로 '언제 어디서 나타날지 모르는 불확실한 공포, 즉 현대사회에서 발생하는 정체불명의 유동하는 공포(liquid fear)를 혐오주의의 심리적 배경'으로 삼을 수도 있다. 또 경제적 궁핍과 가난이 혐오주의의 배경이 된다는 분석도 일견 타당해 보인다. 현대 자본주의 사회에서 소득의 양극화 현상과 경제적 불평등의 심화는 자연스럽게 가진 자들에 대한 혐오 감정이 싹트고 자랄 수 있는 최적의 토양이 되고 있다는 점에서 혐오주의의 배경으로 지적될 수도 있다. 따라서 혐오주의의 배경을 몇 가지로 압축해서 논의한다는 것은 무리한 시도일 수 있다. 그럼에도 혐오주의가 등장하는 배경 몇 가지를 추가로 지적한다면 다음과 같은 것들이 있을 수 있다.

첫째, 혐오주의자들은 갈등을 바라보는 잘못된 인식(이분법적 사고)을 갖고 있다. 즉 갈등은 반드시 해결, 해소되어야 한다는 강박관념이 혐오주의자들의 심리적 배경에 놓여 있는 것이 아닌가 생각된다. 일반적으로 갈등은 해소 내지는 해결되어야 한다는 생각을 갖기 쉽다. 그렇다 보니 갈등 관계에 있는 두 대립 항들 사이에는 배제와 배척의 논리가 지배적일 수밖에 없다. 그러나 혐오주의와 같은 사회, 집단적 갈등은 본질적으로 해결, 해소될 수 있는 것이 아니다. 일시적으로는 그렇게 되는 것 같아 보여도 또 새로운 갈등이 항상 제기된다. 따라서 갈등과 대립을 해결, 해소의 대상이 아니라 조정과 타협을 통한 공존과 상생의 관계로 보는 태도가 혐오주의자들에게는 필요하다. 'Umgang mit dem Konflikten'이라는 독일어 관용구는 갈등이 우리의 삶 안에서 항상 더불어 존재하는 것으로 이해되는 표현이다. 갈등 해소의 심리적 부담감은 혐오 대상을 갈등의 원인 제공자로 보게 만든다. 그리고 그 대상을 희생양으로 만들어 제거함으로써 갈등 문제를 해결할 수 있다는 '이분법적 사고의 오류'를 범하게 만든다. 간바라 하지메는 『노 헤이트 스피치』에서 『넷우익과 애국』의 저자 야스다 고이치의 말에 주목하고 있다. 재일 한국인들을 대하는 '재특회'(재일한국인의 특권을 허용하지 않는 시민모임; 일본 내 가장 극렬한 혐한 운동을 하는 단체) 회원 중에는 '일본 내부 문제를 해결할 수 있는 열쇠를 재일한국인이 쥐고 있다'고 믿는 사람들이 많다는 점을 그는 지적하고 있다.(『노 헤이트 스피치』, 77쪽 참조) 재일 한국인이 (사회 갈등)문제의 진원지이기 때문에 (제거를 통한) 해결책이 답이라는 인식이 이들 재특회 회원들이 보이는 혐오주의 행동의 배경이 되고 있다.

둘째, 혐오주의의 배경을 분석할 때 가장 많이 언급되는 것 중의 하나가 사회불안 원인론이다. 이는 사회, 정치, 경제, 문화, 종교 등 여러 영역에서 형성된 사회불안 요소들이 증폭되어 혐오주의가 자연 발생적으로 만연된다는 주장이다. 여성의 사회 진출 확대, 청년 실업율의 증가, 탈북자 및 이주민의 증가, 경제적인 소외, 상대적인 박탈감, 복지 정책의 후퇴, 세대 간의 갈등, 소득의 양극화 등 여러 가지 환경과 조건들에 대해 불만을 가진 사람들이 혐오주의 유혹에 쉽게 노출된다는 이 주장은 일견 타당해 보인다. 한 때 독일에서 신나치주의자들이 터키 이민자들을 추방해야 한다고 주장하며 이들에 대해 증오 범죄까지 저지르던 적이 있었다. 높은 실업율과 신나치주의자들의 혐오 발언 사이에는 상관관계가 있다고 분석되었다. 자신들의 일자리를 터키인들을 포함해서 외국 이민자들이 차지하고 있다는 과장된 사실이 이들을 위협적인 존재로 보게 만들었다. 일본에서의 혐한(嫌韓)운동을 주도하는 사람들의 배외주의(排外主義)도 마찬가지 논리와 정서가 바탕을 이루고 있다. 간바라 하지메는 혐오주의의 사회불안 원인론에 대해 반증 사례가 많이 있음을 지적하며 일본에서의 혐오주의, 즉 혐한론과 사회불안 원인론이 서로 무관함을 주장하고 있다. 재특회를 비롯한 일본 우익 단체들의 혐한론에 동조하고 시위에 참여하는 사람들은 화이트칼라를 포함해서 공무원, 일반 시민, 학생들, 전 세대에 걸친 평범한 사람들이라는 점을 들어 혐오주의의 사회불안 원인론에 대해 반박하고 있다.(『노 헤이트 스피치』, 78쪽 참조)

셋째, 정치인들의 혐오 발언이 혐오주의 행동의 확장을 부추기는 숨은 배후이다. 이런 분석은 사회불안 원인론과 함께 간바라 하지메의 지적이다. 하지메가 인용한 오카모토 마사타카의 언급은 다음과 같다. "21세기 일본에서 확산된 헤이트 스피치의 효시는 2004년 4월 이시하라 신타로 도쿄 도지사의 발언이다. 이 발언이 '용인' 된 이후, 정부 고관이나 정치가의 헤이트 스피치가 횡행하기 시작했으며, 그것이 민간으로 전이된 것으로 보이기 때문이다."(『노 헤이트 스피치』, 79쪽 참조)

우리나라의 경우도 유사한 양상을 보이고 있다. 지역감정 같은 혐오 감정이야 뿌리 깊은 배경을 갖고 있다 하더라도 혐오주의가 사회, 정치 현상으로 표면화되고 증폭된 것은 대부분 정치 환경 및 특정 정치인들의 혐오 발언 때문인 것으로 판단된다. 지역감정을 부추기는 것도 사실 혐오주의에 의존하여 자기 집단의 이익을 극대화하려는 네거티브 전략과 다를 바 없다. 호남인들에 대한 혐오 감정을 선거에 악용하는 일은 박정희 정권으로부터 시작되었으며, 그 대표적인 것이 '우리가 남이가'라는 구호였다. 경상남·북도의 단합을 말하는 것 같지만 사실은 반대로 호남을 포함해서 여타 다른 지역을 폄훼하고자 하는 의도가 담긴 혐오 표현이다. 김영삼 정권의 창출에 변곡점이 되었던 1992년 12월 11일의 초원 복집 사건도 그 핵심은 '우리가 남이가'를 확인하는 자리였다. 앞의 사건이 은밀한 모임에서 이루어진 다짐이라면, 2016년 3월 29일 새누리당 경북도당 발대식은 가장 공개적으로 '우리가 남이가'를 선언하는 자리였다.

최근 우리 사회에서 혐오주의가 만연된 배후에는 정치인들의 혐오 발언과 잘 발달된 SNS의 결합상품이 상당한 구매력을 갖고 있기 때문이다. 매일 매일의 뉴스에서 듣는 정치인들의 혐오 발언은 걸러지지 않은 채 살아 있는 유령처럼 온라인과 모바일 세계 그리고 현실 세계를 지배하고 있다. 트럼프의 혐오 발언이 현실 정치에서 위력을 발휘한 이후 혐오 정치는 전 세계적으로 확대 재생산되고 있는 것이 현실이다. 우리나라 정치 환경과 관련해서 한 가지 주목할 점은 혐오주의와 보수주의 정권 사이에 일종의 상관관계가 있다는 사실이다. 초원 복집 사건은 차치하더라도 보수주의 정권이 집권하던 지난 10년 간(2008년 2월–2017년 5월) 혐오 발언을 부추기고 확대 재생산하는 주요 사이트들이 등장하고 전성기를 누렸다. 이 시기 온·오프라인을 망라한 혐오 발언과 혐오 논쟁은 사회적 병리 현상으로까지 확대되었다. 진보 정권 아래에서는 어떻게 변화될지 지켜볼 일이다.

넷째, 혐오주의 확산의 배후에는 '증오 상업주의'(hatred commercialism)가 자리 잡고 있다. 이 말은 증오의 감정과 상업주의의 합성어인데, 강준만교수가 만들어 낸 조어이다. 증오 상업주의는 편향성을 가진 정치인들이나 언론이 자신들의 영향력을 활용하여 개인이나 집단의 이익을 극대화하는 데 증오의 감정까지 상업적으로 이용하려는 행태이다.(『증오 상업주의』, 7–9쪽 참조)

상업주의는 아마도 20세기 100년을 설명하는 가장 강력한 키워드들

중의 하나이다. 시장에서나 작동되는 현상으로서가 아니라 개인의 전 삶의 영역에서 그리고 기업이나 정부의 정책 결정 과정에서도 상업주 의는 판단과 분석 그리고 행동을 결정하는 중요한 방식의 하나로 자리 잡고 있다. 모든 것을 돈(재화)이라는 물질로 환원하거나 비용-편익 분석(cost-benefit analysis)에 따른 경제적 이익의 극대화를 추구하려 는 일종의 물신주의가 지난 세기에 이어 21세기 까지 막강한 힘으로 작 동되고 있다. 혐오, 증오의 감정까지도 이익 추구(여기에는 경제적 이 익, 정치적 영향력 그리고 전쟁의 명분 등이 주요 목표이다)의 수단으 로 삼으려는 상업주의적 태도에 붙일 수 있는 이름이 곧 증오 상업주의 이다. 마치 '감정 노동자'라는 개념이 새로운 직업군(텔레마케터, 콜센 터 상담원, 114안내원 등 비대면 접촉의 객체)을 표현하기 위해 감정과 노동자의 합성어로 만들어 사용되고 있는 것과 유사하다.

증오 상업주의는 사람을 적군과 아군 둘 중 어느 편인지 분명하게 구 분하고 적군을 향한 공격적 마케팅을 통해 이익을 확대하려는 정치적 행위이다. 적이 누구인지 목표가 분명할 때 증오와 혐오 행위는 확실한 효과를 발휘할 수 있는 것은 분명하다. "혐오는 집중(focused) 되었을 때가 분산(pluralistic)되었을 때보다 더 위험하다."("한국사회의 관용 의 수준과 혐오집단", 165쪽)라는 주장은 맞는 말이지만 증오 상업주 의는 그 '위험' 감수를 통해 더 큰 명분, 영향력, 이익을 얻을 수 있다 는 태도이다. 한 때 박근혜를 상징하던 '배신의 정치'도 사실은 증오 상업주의의 아류라 할 수 있다.

## 6. 혐오주의: 여전히 남는 문제

우리가 혐오의 감정이나 혐오주의에 주목하는 이유는 이 감정이 불관용의 행위와 직접 연결되어 있기 때문이다. 싫어하고 미워하는 대상에 대해 분노와 혐오를 표출하는 것은 일차원적인 대응 방식이다. 그리고 이는 자연스럽게 그 대상에 대해 불관용적 태도를 취하게 유도한다. 혐오 감정을 표현하는 방식들 중에는 말로 하는 혐오 표현, 언어 이외의 방식으로 행동화하는 혐오 행위, 더 나가서 범죄로 이어지는 증오 범죄(hate crime)까지 다양하다. 또 혐오주의는 인종, 정치, 문화, 종교 등 여러 대상들과 중층적으로 관련되어 있으며, 도덕과 법률의 영역에 걸쳐 있는 복합적인 성격의 문제이다.

강준만교수는 미국의 증오 상업주의의 대표적인 주체로 폭스 뉴스(Fox news) 채널에 주목하고 있다. 폭스 뉴스가 성공하게 된 배경에 증오 상업주의가 자리 잡고 있다고 보며, 그 비결을 '적 만들기 전략, 호전적 애국주의, 반(反) 엘리트 포퓰리즘, 퍼스낼리티 엔터테인먼트 등'으로 분석하고 있다.(『증오 상업주의』, 10쪽 참조) 이 네 가지 전략을 활용하여 가장 성공한 또 하나의 사례를 우리는 도널드 트럼프한테서 보고 있다. 분노와 혐오의 정치는 반지성적이며 불관용을 정당화할 수 있다는 위험한 생각을 강화하는 방향으로 가고 있다.

우리나라의 경우는 어떠한가? 혐오주의가 만연되고 있다는 상황 인식은 어느 정도 되어 있는 것으로 보인다. 그러나 혐오주의나 증오 상업주의의 경고음을 듣고서 어떻게 대처해야 하는가에 대해서는 매뉴얼이 아직 준비되어 있지 않은 것 같다. 혐오주의를 극복하기 위해 어떻게 할 것인가에 대한 진지한 논의가 필요한 이유도 여기에 있다. 불관용의 가능성을 줄이고 관용의 윤리를 확장해야만 하는 이유는 더 이

상 증오 상업주의 또는 혐오주의가 우리 공동체 사회를 이분법적으로
분열시키지 않도록 방지하는 예방적 차원에서 필요하기 때문이다.
(김용환)

# 2

## 정치적 혐오주의와
## 이념적 관용

### 1. 한국 사회는 혐오사회인가?

최근의 한국 사회를 규정하는 키워드는 여러 가지가 있다. 성과 중심으로 개인의 역량을 평가하며 자기 착취(self-exploitation)에 내몰리는 피로사회(한병철), 공생적 공감사회를 지향하는 감성사회(최기숙외), 편만 남고 곁이 파괴된 단속사회(엄기호), 갑과 을의 나라(강준만) 등이 있다. 폴 로버츠의 말처럼 "충동적이고 자기중심적이며 근시안적인 사회"가 된 미국처럼 우리 사회도 '내일을 팔아 오늘을 사는 근시안적인 충동사회(The Impulse Society)'가 되었다는 것은 사실일 것이다.(『근시사회』, 10쪽 참조) 여기에 덧붙여 "일베, 김치녀, 소라넷, 강남역 살인 사건, 여성 혐오 랩 가사, 퀴어문화축제, 고위 공직자의 '개돼지' 발언, 메갈리아 … 그야말로 혐오의 시대라고 해도 과언이 아닐 것이다."(『혐오발언』, 305쪽 참조) 일본인들의 혐한(嫌韓) 시위가 어제 오늘의 일이 아니듯, 우리의 반일 감정 역시 불행한 경험으로부터 각인된

묵은 혐오 감정이다. 문제는 이런 일본인을 상대로 한 혐오 감정과는 결을 달리하며 우리 사회 내부 구성원들 사이에서 혐오 대상들이 만들어지고 혐오와 증오의 감정들이 증폭되고 있다는 데 그 심각성이 있다.

'헬 조선'은 청년 세대가 자신들이 맞이하고 있는 암울한 한국 사회를 자조적으로 평가하는 말 그 이상의 의미를 지니고 있다. '헬 조선'이란 말에는 '왜 이런 세상을 만들어 우리의 미래를 지옥 같게 만들었는가?' 하고 젊은 세대가 기성세대에게 항의하는 증오 감정이 담겨 있다. 어느 정도의 세대 간 갈등은 불가피하게 항상 있어 왔고 앞으로도 있을 것이다. 그러나 오늘의 한국 사회처럼 '꼰대 세대'에 대한 거부감과 노인 혐오감이 심각한 수준에 이른 것은 결코 가벼이 여길 상황이 아니라고 본다. 꼰대 세대는 우리 사회의 원로 역할이나 젊은 세대를 위한 멘토의 역할도 거부당하는 세대이다. 특히 고령화 사회로 접어들면서 젊은 세대가 짊어져야 할 조세 및 복지 비용 부담은 더 가중될 것이고 따라서 기성세대에 대한 원망과 미움은 더 깊어질 가능성이 높다. 기존의 '한남충'이라는 모욕적인 말이 여성 혐오 의식에 물든 일부 한국 남성을 지칭하는 것이었다면 어쩌면 노인 세대들 전체에게 한남충이라 부르지 않을까 걱정이 된다.

사람은 누구나 어떤 대상에 대해 일정한 정도의 혐오 감정을 갖고 살아가기 마련이다. 단체, 이념, 인종, 성(sex), 지역, 세대, 문화, 종교 등 다양한 대상들에 대해 혐오 감정을 가질 수 있고 그 대상이 하나 이상일 수도 있다. 혐오 대상이 개인일 수도 있고, 집단일 수도 있다. 또 사람이 아니라 문화나 역사일 수도 있다. 혐오의 대상이 다양하듯 그 대상들에게 여러 종류의 혐오주의 이름을 붙일 수 있다. 주로 이념적 불관용과 깊은 관련이 있는 정치적 혐오주의, 소수 종족에 대한 혐오감이 집단적 병리 현상으로 나타나는 제노포비아(xenophobia) 같은 인종적 혐오주의, 동성애와 동성결혼의 합법화를 요구하는 사람을 천벌 받을 사람으로 보는 반(反) 생물학적 혐오주의 그리고 종교적 신념의 차이를 이단 또는 사문난적(斯文亂賊)으로 간주하여 제거할 대상으로 보는 종교적 혐오주의 등이 있을 수 있다.

이밖에도 장례식장과 화장 시설, 장애인 특수학교, 노인 요양 시설, 쓰레기 소각장, 방사능 폐기물 처리장, 노숙자 쉼터 등은 잘 알려진 혐오 시설들이며, 심지어 교도소와 경찰서 그리고 공항도 혐오 시설로 인식될 정도이다. 이런 시설들이 내 집 앞에 들어서는 것을 반대하는 님비(NIMBY) 현상도 혐오 감정과 불가분의 관계가 있다. 이런 혐오 시설들을 반대하는 이유들 중 결정적인 요소로 부동산 가격 하락, 교육 환경의 악화 등을 지적할 수 있겠지만 그 보다는 싫은 대상에 대해 불관용하는 심리적 거부감이 보다 근본적인 이유일 것이다. 자기 이익에 반하는 것에 대해 혐오와 미움의 감정을 분출하는 것을 일종의 권리라 생각하기 쉽다. 그리고 이에 우리는 대부분 암묵적으로라도 동의하고 있다. 공동체 의식보다 자기 이익이 더 우선하고, 그 이익을 지키기 위해서 혐오 감정도 숨기지 않는 우리 사회는 분명 혐오 사회로 달려가고 있는 듯 보인다.

## 2. 정치적 혐오주의의 양산 배경

정치적 혐오주의는 여러 가지 형태로 변형되어 나타날 수 있다. 정치 자체에 대한 혐오와 그에 따른 정치적 무관심, 정치인의 사적, 공적 행위에 대한 증오의 감정 배출, 지속적으로 강화되고 있는 정치 엘리트주의에 따른 정치적 허무주의, 반 엘리트주의와 연결된 포퓰리즘이 낳은 정치적 왜곡과 혐오감에 대한 호소, 혐오와 증오의 감정을 부추김으로써 부당 이득을 취하는 증오 상업주의 형태, 그리고 정치적 반대 세력을 무력화하거나 제거하기 위한 수단으로 동원되는 정치적 불관용 등의 형식이 있다.

그렇다면 우리 사회에서 이런 여러 가지 형태의 정치적 혐오주의가 변형을 일으키며 진화해 가고 있는 구조적 취약성은 어디에서 온 것인가? 먼저 한국 사회에서 정치적 혐오주의 현상이 뿌리 깊게 착근된 배경부터 살펴보자. 정치적 혐오주의 발언이 양산되도록 자양분을 제공하는 뿌리에는 세 가지가 있다고 판단된다. 첫째, 냉전 체제의 산물인 분단 상황과 반공주의 그리고 군사 문화가 만들어 낸 이분법적 사고이다. 둘째, 정치 엘리트주의의 배타성 그리고 셋째 증오 상업주의, 즉 정치적 혐오를 부추김으로써 부당 이익을 획득하려는 태도이다. 이런 것들이 어떻게 복합적인 화학반응을 일으키고 그 결과 정치에 대해 부정적 시각을 키워 왔는가를 먼저 살펴보려고 한다.

## 1) 냉전적 사고와 이분법적 논리

우리는 전 세계에서 유일한 분단국가이다. 군사 분계선으로 나누어진 분단은 냉전 체제의 산물인데, 이미 냉전 체제가 종식되었다는 세계사적 흐름 안에서 유일하게 그 유산을 물려받고 있는 나라이다. 정치적 혐오의 감정이 강화되어 온 데에는 냉전적 사고와 아주 밀접한 관련이 있다. 남북 분단 상황과 적대 관계를 악용하는 정치 세력들은 냉전적 사고에서 아직도 벗어나지 못하고 있다. 소위 색깔론이라 불리는 것의 배후에는 이런 냉전적 사고가 도사리고 있다. 또 오랜 시간 겪어 내야 했던 군사정권은 국민을 대상으로 적과 아군을 또렷이 식별케 하는 반공교육을 통해 선, 악 구분의 이분법적 사고방식에 순치되도록 했다.

냉전적 사고와 이분법적 논리는 정치적 혐오 감정을 증폭시켜 왔다. 이두 가지는 별개의 것이 아니라 상호작용을 통해 정치적 혐오의 대상을 특정하고 공격하는 무기로 사용되었다. 분단 상황은 눈앞에 적을 두고 살아가게 만들었고 그 결과 선, 악을 구별하는 이분법적 사고는 별다른 의심 없이 우리의 의식 안에 내재화되어 왔다. 남북 갈등은 아군과 적군을 식별하는 특수한 장치, 즉 반공 이데올로기를 교육시키고 이분법적 사고방식을 강화시켜 왔다. 적화 콤플렉스(red complex)는 낯선 타자에 대해 경계하고 감시하는 일을 자연스럽게 만들었다.

또 오랜 군사독재 시절을 지나면서 우리는 민주주의 훈련의 시기를 놓쳤다. 정치는 없고 억압 통치만이 존재했던 시절도 있었다. 그런 통치는 일방적인 행위이다. 억압 통치는 통치자 일인 또는 소수의 통치 그룹과 대다수의 피통치자인 국민들 사이에 소통의 부재를 낳는다. 상명하달의 군사 문화가 이를 더욱 강화시켜 주었다. 이런 군사 문화의 이분법적 사고는 정치 영역에서 뿐만 아니라 기업과 학교 등 사회 전반에 걸쳐 만연되어 왔다. 다름과 차이를 인정하지 않고 혐오의 대상으로 간주하고 제거되어야 할 대상으로 보게 만드는 편협한 사고와 불관용적인 태도는 생각보다 깊게 우리의 의식 안에 각인되어 있다.

이분법적 사고는 흑백논리와 동의어이다. 이 둘과 상대주의와는 구별될 필요가 있다. 상대주의는 x와 y라는 두 대립 항이 상호 공존할 수 있다는 가능성을 전제로 한다. 그리고 그 x와 y는 각기 절대적 선과 악으로 구분되지 않는다. 서로 상대방의 존재와 가치를 상호 인정하는 태도를 부인하지 않는다. 그러나 이분법적 사고나 흑백논리는 두 대립 항이 x와 non-x로 표시되며, 양립과 공존의 가능성은 거의 존재하지 않는다. x의 관점에서 non-x는 x의 거부이며, 따라서 제거되어야 할 대상일 뿐이다. 아군과 적군, 이편과 저편은 경쟁에서 승자 독식의 논리만이 지배한다. 정치적 경쟁에서 상대방을 사문난적(斯文亂賊)으로 몰아붙이는 일도 흑백논리가 낳는 필연적인 결과이다.

한국 정치사에서 숱하게 보아 온 정당들 간의 비생산적이고 자기 파괴적인 정쟁을 보면서 일반 국민들이 갖게 된 혐오감도 정치인들의 이런 흑백논리와 이분법적 태도에서 비롯되었다는 것은 의심할 바 없다.

## 2) 정치 엘리트주의의 배타성

정치적 엘리트주의(political elitism)를 정확하게 규정하는 일은 쉽지 않다. 여기서는 우리 사회의 각 분야에서 지배력을 지속적으로 행사하는 주요 소수 그룹을 지칭하고자 한다. 서울대 출신의 고위 관료 그룹, 경상도 연고주의, 대기업 소유주, 즉 재벌 가문, 세대를 이어 특정 지역에서 패권을 유지하고 있는 소수의 정치인 그리고 군부 내에서 사라진 하나회를 대체하는 알자회와 독사파(군부 엘리트) 등을 지칭하는 것으로 이해하고자 한다.

1970-80년대를 기억하는 세대들에게 유신헌법과 체육관 선거는 넘을 수 없는 정치적 장벽이었다. 그리고 동시에 바뀔 줄 모르는 군사정권의 공포 정치는 우리의 의식 내부에 "우리는 안 돼." 같은 정치적 패배주의를 깊게 각인시켰다. 국민은 정치에서 배제되었다. 정치 부재는 정치 혐오를 낳았다. 군사정권뿐만 아니라 문민정부 이후 보수 정권은 정치에 대해 두 가지 혐오 감정을 조장했는데 하나는 의도적으로 기획된 혐오 감정이고 다른 하나는 의도하지 않았지만 증폭된 혐오 감정이다.

의도된 혐오 감정이란 통치의 기술로 활용할 의도를 가지고 만들어 낸 감정이다. 즉 정치적 반대자를 제거, 억압하는 수단으로 이들을 혐오 대상으로 만드는 일을 자행했고, 이들을 국민들로부터 분리시켜 고

립화 하거나 공공의 적으로 만들어 제거하고자 했다. 과거 정권에서 보였던 이런 정치적 혐오감을 조장하거나 조작하는 주체가 바로 정치적 엘리트들이었다는 점에 주목할 필요가 있다. 예를 들면 진보 진영을 파괴하기 위해 이들에다 북한을 추종하는 주체사상파 세력, 좌익 빨갱이, 좌파 정권, 강남 좌파, 종북 세력 등의 이름을 붙이고 자신들과 지속적으로 분류시킴으로써 이들을 우리 사회의 주류에서 배제하거나 추방하고자 했다. 색깔론은 가장 강력한 이분법적 사고가 작동된 곳이자 이념적 불관용이 실천된 곳들이다. 선과 악, 아군과 적군, 우리와 남, 내 편과 네 편 밖에 없는 상황에서 혐오와 증오의 감정은 상대를 선명하게 구별하게 해 주는 가늠자 역할을 했다.

다른 하나는 의도하지 않았으나 정치적 혐오를 생산, 증폭시킨 경우인데, 이는 오랜 군사독재 시절을 겪어 내면서 이들 소수 정치 엘리트 중심의 통치 집단이 보인 정치적 행위 자체에 대해 국민들의 마음에 응축된 미움과 분노의 감정이며, 소통과 정치의 부재(특히 MB정권이나 박근혜 정권)가 촉매 역할을 함으로써 증폭된 감정이다.

소위 군부 엘리트들이 집권한 후 30년 가까이 한국 정치는 그들의 손에서 좌우 되었고, 이런 엘리트 정치는 문민정부 이후에도 계속 유지되었다. 고시 제도를 통해 사법부와 입법부 그리고 행정부의 고위직은 소수 그룹에 의해 독과점 되었다. 관료주의는 강화되었고 공무원 사회는 '복지부동(腹地不動)'과 '철밥통'으로 상징화되었다. 정권의 하수인 노릇이나 하는 공무원을 보며 정치 혐오 감정을 키우면서도 역설적으로 죽기 살기로 경쟁을 뚫고 공무원 사회에 진입하려는 모순 현상이 오늘의 현실이다. 달리 표현하면 군부 엘리트를 대체한 정치 엘리트들, 즉 학연, 지연 등으로 연결된 배타적 성격이 강한 소수의 기득권 세력(정치계와 경제계를 포함해서 우리 사회 전반에 걸쳐 이런 엘리트 그룹은 형성되어 있다고 본다)이 의도적으로 만들어 낸 정치 혐오감과는 달리 이들 정치 엘리트들의 배타성에 대한 반발로부터 발생한 정치 혐오 감정이다. 이런 의도되지 않은 정치적 혐오 감정이 생산적으로 폭발한 경우가 세 번 정도 있었다고 보는데, 2002년 11월 효순, 미순 사망 사고 때 있었던 촛불 시위, 2008년 미국산 소고기 수입 반대 촛불 시위와 2016년 가을부터 2017년 봄까지 있었던 촛불 시위였다. 후자의 경우 가히 촛불 혁명이라 할 수 있고 정치적 혐오와 증오의 민심이 '거룩한 분노'로 승화되어 가장 생산적인 결과를 만들어 냈다는 평가도 가능하다. 촛불 혁명의 산물로 등장한 문재인 정부의 최대 과제 중 하나는 한국 정치의 생태계를 바꾸는 일인데 이는 엘리트 중심의 통치에서 국민 참여 확대의 정치(governance, 가버넌스)로 체질 변화를 가져오는 일이다. 그렇게 함으로써 정치적 엘리트주의가 취했던 배타적 태도는 자연스럽게 해소될 것이며, 정치적 혐오의 감정도 순화될 가능성이 열릴 것으로 예상된다.

### 3) 증오 상업주의: 혐오의 부당 이득을 얻는 자들

정치적 혐오 감정을 부추기는 사람들은 누구인가? 그리고 그들은 왜 혐오와 미움의 감정을 부추기는 것일까? 좌파 정권 또는 진보주의자들이 더 부추길까? 아니면 그 반대편에 있는 우파 정권, 보수주의자들인가? 아마도 항상 그런 것은 아니겠지만 전자보다는 후자에 속한 사람들이 정치적 혐오의 생산자들에 가까울 것이다. 혐오와 미움의 감정은 그 감정 대상들과 대립하게 만들거나 분열시키고 심지어 배제와 제거의 정당성을 확인시켜 준다. 과거 군부독재 시절에는 간첩과 불순분자들이 그 혐오의 대상이었다. 이들을 색출하기 위해 국민을 향한 감시의 눈은 밤낮 쉬지 않았고, 이들을 고발하는 사람에게는 거액의 포상금을 내걸었다. 이런 적화 콤플렉스는 정부에 비판적인 재야인사들을 간첩이나 불순분자들과 거의 같은 수준으로 취급하였고, 혐오와 증오의 대상으로 만들었다.

세월호 특별법 제정 촉구를 위한 단식 투쟁 앞에서 '폭식 투쟁'이 벌어지고 있는 것이 우리의 현실이다. 폭식 투쟁은 말로 하는 것이 아니라 혐오와 증오의 감정을 행동으로 표현하는 행위이다. 이렇듯 정치적 혐오 발언이 과거에는 주로 정치인들의 입에서 나왔다면 이제는 그렇지 않다. 간바라 하지메의 지적에 따르면, 혐오 발언의 주 생산자는 정치인과 특정한 정권에서 양산되었음을 보여 주고 있다.(『노 헤이트 스피치』, 79-92쪽 참조) 일본에서 혐한 시위가 특히 최근에 격렬하게 된 것은 아베 정권의 성격과 결코 무관하지 않다는 것이다. 이런 정권의 성격이 정치인뿐만 아니라 일반 대중들의 혐한 시위 참여를 배후에서 부추겼다는 것이다.

정치인들의 혐오 발언은 결코 말로 그치지 않는다. 그들의 말은 단순히 말(only words)이 아니라 표현 행위(expressive action)이다. 예를 들면 미국이나 남아프리카 공화국에서 실제로 있었던 일로, white only(백인 전용)이라는 표지판이 공중 화장실 또는 버스의 좌석에 붙어 있었다. 백인 전용이라는 이 말은 백인에게만 사용할 것을 안내하는 말처럼 보이지만 사실은 아니다. 흑인과 유색인에게는 사용하지 말 것을 요구하는 배제의 강한 메시지가 담긴 표현이다. 백인 전용은 단순히 말이 아니라 금지와 차별을 수행하도록 요구하는 표현 행위이다. '우리가 남이가'라는 표현도 경상도 보수주의자들의 내부 결속용에 그치지 않았다. 편을 가르고 내 편이 아닌 타자는 모두 문 밖에 있는 이방인으로 보게 만드는 이런 혐오 표현들이 아직도 우리 사회 곳곳에서 작동되고 있다는 것은 불행하게도 사실이다.

주디스 버틀러는 이런 정치적 혐오 발언이 지니는 수행성(performa-tivity)에 주목하며 J.L. 오스틴, 하버마스, 알튀세 등의 언어 이론을 차용하여 혐오 발언의 성격을 분석하고 있다. 수행성이란 언어가 의사소통에 그치는 것이 아니라 행위를 유발하거나 완성하도록 만드는 수행적 기능을 가지고 있다는 의미이다. 여성 혐오의 극단적인 표현인 포르노그라피에 관한 캐서린 매키넌의 비판 역시 같은 맥락에 서 있다.(『혐오발언』, 349쪽 참조)

정치적 혐오 발언을 부추기는 사람들 중에는 혐오 발언을 통해 부당이득을 취하려는 사람들이 포함되어 있다. 국가정보원의 댓글 부대를 기획하고 주도하고 여기에 참여했던 사람들은 대부분 사적 또는 당파적 이익을 추구하려는 욕망 때문에 그런 행위에 가담했을 것으로 보인다. 단순히 알바 수고비 정도의 수익 기대에서부터 보수 정권의 계속 집권을 통해 권력의 세계에 머물고자 했던 기대까지 어떤 형태의 이득을 취하고자 했을 것이다. 그들 중에는 정치적 신념에 근거해서 참여한 사람들도 있었을 것이다. 그러나 그들도 보수 정권이 안전한 나라를 보장해 줄 것이라는 기대 같은 무형의 보상을 기대하였을 것이다. 그러나 댓글 부대는 가짜 뉴스를 생산해 내고 사실을 왜곡하고 특정인이나 정당을 비방, 폄하함으로써 자유 민주주의의 근간을 흔들어 놓았다. 공정한 선거를 방해함으로써 정당성 시비에서 자유롭지 못한 정권을 출범시킨 2012년 18대 대통령 선거는 그 이후 국정 농단의 단초를 제공하기에 이르렀다.

또 2009년 MB 정부에서 시행된 미디어법 개정으로 조, 중, 동을 중심으로 하는 주요 언론사들은 종합편성 채널의 설치 및 운영권을 갖게되었다. 종편 방송의 편파성은 차치하더라도 이 방송들은 국민들에게 한국 정치에 대해 부정적 시각을 갖도록 만드는 데 작지 않은 영향을 끼쳤다. 정치 토론 참여자와 해설자들의 편향된 시각들이 걸러지지 않은 채 정치 혐오를 부추겼고 독설가들의 자극적이고 선정적인 말들이 오히려 더 대중적 인기를 모으는 왜곡 현상이 두드러졌다. 이들 모두 정치 혐오라는 감성을 자극함으로써 여러 가지 형태의 부당 이득을 취하는 사람들이라 평가받을 만하다.

## 3. 포퓰리즘과 정치적 혐오

포퓰리즘과 정치적 혐오 감정 사이의 상관관계에 대해 주목해야 할 필요가 있다. 정치 엘리트들의 배타성이 초래하는 의도되지 않은 증오 감정은 포퓰리스트들이 이용하는 증오 감정이다. 서병훈은 존 주디스의 『포퓰리즘의 세계화』 해제에서 다음과 같이 말하고 있다. "그들(미국 포퓰리즘의 원조로 지목된 인민당과 당원들)은 민초들의 고통을 외면하고 개혁을 거부하는 (정치) 엘리트를 주적(主敵)으로 설정했다. 기득권 세력과 국민, 다시 말해 그들과 우리의 이분법적 세계관이 인민당을 추동하는 근본이념이었다."(『포퓰리즘의 세계화』, 11쪽) 주디스는 지난 10년 이내의 유럽과 미국 정치 세계에서 포퓰리즘이 재등장하게 된 배경과 이유에 대해 분석하고 있다. 특히 최근 트럼프의 대통령 당선과 민주당 대통령 후보 경선 과정에서 일어난 버니 샌더스 돌풍의 배경을 포퓰리즘의 관점에서 명료하게 설명하고 있다. 또 유럽에서 우익 포퓰리즘의 약진과 좌파 정권의 쇠락을 연결 지어 설명하고 있다. 프랑스 극우 정당 국민전선의 마린 르펜의 지지 열풍과 무소속 마크롱의 대통령 당선은 기존 정치 이념에 대한 지지 철회이자 포퓰리즘의 승리라고 보고 있다. "포퓰리즘은 지배적인 정치 이념이 제대로 작동하지 않아

수리가 필요하다는 신호이자, 표준적인 세계관이 고장 났다는 신호
다"(『포퓰리즘의 세계화』, 27쪽)라는 주디스의 진술은 압축적으로 포
퓰리즘의 성격을 드러내 주고 있다.

　현대 한국 정치사에서도 포퓰리즘은 좌파와 우파, 진보와 보수 진영
양쪽 모두에서 상대방을 공격하는 데 동원되었거나 아니면 '합리적 개
혁보수', '극중주의' 같은 형용모순 같은 정당들이 제3의 정치 그룹을
확장하기 위한 전략으로 포퓰리즘을 사용하기도 한다. 서병훈의 지적
대로 "감성 자극적 단순 정치형태가 부분적으로 표출된다고 해서 한국
정치를 포퓰리즘이라는 말로 규정하는 것은 타당하지 않다."고 할 수
있다.(『포퓰리즘』, 256쪽) '인민주권 회복론'이 결여되어 있기 때문이
라는 것이다. 김대중 정부나 노무현 정부가 감성 자극적이고 대중적 언
어로 정치적 수사를 자주 사용했지만 포퓰리즘의 한 중요한 특징인 인
민주권 회복론이 결여되어 있다는 점에서 포퓰리즘 정권은 아니라는
것이다.

　그러나 역설적으로 감성 자극적 정치 언어는 최대한 절제되어 있으
면서도 '인민주권 회복론'의 요소로 본다면 문제인 정부는 포퓰리즘의
혜택을 가장 많이 입은 정권이다. '인민주권 회복'을 기치로 출발한 촛
불 혁명의 산물이 바로 문제인 정부이기 때문이다. 정치에서 포퓰리즘
적 요소를 배제한다는 것은 불가능하다. 특히 자유 민주주의와 포퓰리
즘의 긍정적 요소는 공생적 관계에 있다고도 볼 수 있다. 한국 정치와
포퓰리즘의 관계에 대해 주목해야 할 부분은 역대 정권의 성격을 규정
하는 일보다는 포퓰리즘의 반민주적 행태가 조작해 내는 부정적이며
반정치적 환경을 지적하는 일이다. 특히 포퓰리즘이 정치적 혐오 감정
에 지나치게 호소하는 경우 선동 정치나 비민주적인 정치 수준으로 퇴
행하기 쉽기 때문이다.

### 1) 포퓰리즘이란 무엇인가?

포퓰리즘(populism)은 정치 학자들 사이에서도 여러 가지로 번역되는 말이다. 딱 들어맞는 번역어를 찾기 어렵다는 상황에 빗대어 서병훈은 마치 신데렐라의 유리구두와 같다고 비유하고 있다. 구두는 있는데 맞는 발은 찾기 어렵다는 뜻에서 그러하다.(『포퓰리즘』, 17쪽 참조) 그래서 사람들은 쉽게 영어식으로 '포퓰리즘'이라 부르는 것을 선호한다. 그러나 포퓰리즘의 의미를 더 드러내기 위해서는 그 특성들을 살펴서 최대한 우리말로 옮기는 것이 필요하다. 서병훈은 '민주주의로 포장한 대중 영합적 정치 노선' 또는 "기성 질서 안에서 신분 상승을 꾀하는 정치 지도자가 인민의 주권 회복과 이를 위한 체제 개혁을 약속하며 감성 자극적인 선동 전술을 바탕으로 전개하는 정치 운동"이라 규정하고 있다.(『포퓰리즘』, 21, 45쪽 참조)

강준만은 포퓰리즘을 "분노의 감정에 토대를 두고 있어 분노를 느끼는 대상이 누구인가에 따라 그 성격이 달라지는 것" 또는 "선악 이분법에 근거해 … 동정심과 분노를 유발하는 수사적 스타일"이라고도 정의하고 있다.(『증오 상업주의』, 141쪽 참조)

이런 정의 안에는 세 가지 요소가 내포되어 있다. 하나는 인민(백성, 국민)을 위한다는 명분이 필요하고, 다른 하나는 인민의 감성, 감정에 호소해야 하며, 이분법의 논리를 기본 태도로 갖고 있다. populism의 어원이 populus(백성, 국민)이고 공화주의자 키케로의 말처럼 "백성의 행복이 최고의 법"(salus populi, suprema lex)이 되기 위해서는 백성의 주권을 최우선으로 간주해야만 한다. 언뜻 보아 포퓰리즘은 민주주의적인 것처럼 보이지만 사실은 반민주적인 특성이 더욱 강하다. 왜냐하면 포퓰리즘은 국민이 아니라 소수의 정치 엘리트들이 자기들의 이익을 위해 이 말을 사용하고 있으며, 국민들의 감성을 자극하고 선동하는 비이성적 정치 행위를 지칭하기 위해 이 말을 사용하는 경우가 훨씬 많기 때문이다.

그렇다면 포퓰리즘은 국민들의 어떤 감성을 자극하고 선동하는가? 아마도 여러 가지 감정들이 포함될 수 있을 것이다. 기성 정치를 반대하기 위해서는 분노와 미움의 감정에 호소할 것이고, 새로운 정치에 대한 기대를 자극하기 위해서는 희망이 섞인 기대감에 호소할 것이다. 그리고 때로는 국민들의 실망감에 호소하기도 할 것이다. 소수의 정치 엘리트들이 부추기는 포퓰리즘은 일시적으로 정치적 환상을 갖게 만들 수는 있으나 그런 환상과 기대는 실망과 절망감으로 변질되기가 쉽다.

## 2) 한국 정치에서 포퓰리즘의 빛과 그림자

서병훈은 포퓰리즘이라는 말이 요즘처럼 느슨하게 사용되면 "정적이나 반대편을 공격하는 무의미한 수사(修辭) 내지 욕설에 지나지 않게 된다는 경고를 눈여겨볼 만하다."라고 지적하고 있다.(『포퓰리즘』, 33쪽) 그의 지적은 현대 한국 정치의 현실을 그대로 반영하고 있다고 보여진다. 포퓰리즘이라는 말을 가장 자주 많이 사용하는 사람들은 아마도 정치인들과 언론인들일 것이다. 특히 보수주의 정당이나 보수 언론인들이 진보 성향의 정당과 정책에 대해 비난할 때 전가의 보도처럼 등장하는 것이 포퓰리즘이다. 포퓰리즘은 분명 상대방을 비난하기 위해 사용하기에 좋은 공격 무기임에는 틀림없다. 선심성 공약이거나 비현실적인 것으로 보이는 정책을 비난할 때 가장 효과를 발휘한다. 따라서 한국 정치 현장에서 포퓰리즘은 그 부정적 이미지(그림자)만 강조되고 긍정적 기능(빛)은 간과되고 있다.

"포퓰리즘을 비판함으로써 한국 민주주의가 건강하게 발전할 수 있도록 하는 것이 시대의 사명"(『포퓰리즘』, 250쪽)이라고 하고 있지만 포퓰리즘의 긍정적 기능에 주목하는 것도 필요하다고 본다. 사실 포퓰리즘과 여론 정치 사이에는 경계선이 모호할 수 있다. 또 국민들의 감성적 정서에 호소하는 일이 때로는 정책 추진 동력을 확보하는 일에 도움이 된다는 것도 사실이다. 포퓰리즘이 비이성적 정치를 조장한다는 비판으로부터 자유로운 것은 아니지만 국민들의 마음을 읽는 여론 정치 역시 이성보다는 감성에 주목한다는 점에서 이 양자 사이는 서로 다를 바 없다. 강준만은 이런 포퓰리즘의 특징을 '여론조사 만능주의'라 하여 여론조사의 오·남용의 문제를 지적하고 있다.(『증오 상업주의』, 148쪽 참조) 촛불 민심이 구체제를 붕괴시키고 문재인 정부를 출범시킬 수 있었던 동력에는 거룩한 분노의 감정과 기대감이 만들어 낸 포퓰리즘적인 요소가 긍정적으로 작동되었기 때문이라고 본다.

반면 포퓰리즘의 어두운 그림자 역시 언제나 한국 정치 현장을 짙게 드리우고 있는 것도 사실이다. 좌파 포퓰리즘, 우파 포퓰리즘, 디지털 포퓰리즘 또는 네트워크 포퓰리즘 등 여러 가지 한국형 포퓰리즘이 활발하게 전개되고 있는 것이 현실이다. 특히 디지털 포퓰리즘은 기존 질서에 대해 보여 주는 '분노의 정치' 내지는 '배설의 정치'라는 포퓰리즘의 공격성과 파괴성을 그대로 보여 준다. 한국 정치사에서 2011-12년에 시작된 안철수 현상도 따지고 보면 이런 포퓰리즘에 기반을 둔 왜곡된 정치 현상이라 할 수 있다. 기성 정치에 대한 불신과 새로운 인물에 대한 팬덤 현상이 만들어 낸 허상의 산물이라 할 수 있다. 결국 19대 대선을 치루면서 안철수 현상은 실망감 내지는 정치인 혐오로 마감될 위기에 놓여 있는 것 같다.

## 4. 사례를 통해 본 정치적 혐오주의

### 1) 통합진보당 해산을 통해 본 이념적 혐오주의

정치 자체에 대한 혐오를 부추기는 정치적 혐오주의의 사례로 우선, 정치 이념과 관련된 이념적 혐오주의가 있다. 이 같은 혐오주의는 이미 오래 전부터 흔히 레드 콤플렉스라고 불리는 부정적 효과를 광범위하게 야기했으며, 비교적 최근에는 종북 좌파, 좌빨에 대한 대대적 공세와 비난으로 이어지고 있다. 한 마디로 한국 정치에서 이념적 혐오주의는 공산주의, 혹은 이와 밀접하게 연관된 북한 주체사상 등에 대한 극단적 혐오와 배격이라고 규정할 수 있을 듯싶다. 서구 유럽 사회에서 공산당이나 사회주의 정당이 엄연히 합법적 활동을 하고 있다는 사실을 감안할 때, 비록 남북 분단이라는 특수성을 감안한다 해도, 한국의 이 같은 상황은 매우 이례적이라고 할 만하다. "오늘날 한국 사회를 지배하는 정신적 상황은 뚜렷이 분열증적이다. 한 편으로는 선진 자본주의 국가의 반열에 오른 한국의 눈부신 경제 발전, 북한과는 비교할 수도 없는 경제력의 격차, 이를 배경으로 북한을 언제나 흡수 통일의 대상으로 여기는 엄청난 우월감이 있다. 다른 한 편으로는 종북 세력의 확산과 그 위협으로 체제가 무너질지도 모른다는 가상적 위협 앞에서 노심초사하는 정신적 나약함과 이념적 폐쇄성이 있고, 그로 인한 엄청난 열등감으로 고통 받는다."(「한국의 헌법재판소와 민주주의-헌재의 정당해산 결정에 대한 하나의 비판」)

그런데 이 같은 이념적 혐오주의는 단순히 특정한 이념에 대한 혐오와 배격에만 그치는 것이 아니라, 자유 민주주의 자체에 대한 커다란 위협이 될 수밖에 없다는 점에서 매우 심각한 문제이다. 민주주의의 근간을 뒤흔드는 이념적 혐오주의의 폭거를 확인할 수 있는 생생한 사례는, 바로 2014년 12월 19일 대한민국 헌법재판소가 내린 통합진보당 해산 결정이다. "통합진보당에 대한 헌법재판소의 해산 결정은 자유당 시절 진보당을 등록 취소하고, 사법 살인을 서슴지 않은 사례를 능가하는 적나라한 정치 폭력이다."(「통합진보당 해산 결정, 이래서 문제다」, 74쪽)

소송 청구인 대한민국 정부는 2013년 11월 5일 피청구인 통합진보당의 목적과 활동이 민주적 기본 질서에 위배된다고 주장하면서, 통합진보당의 해산 및 소속 국회의원의 의원직 상실을 요구하는 사건 심판을 청구했다. 이에 대해 헌법재판소는 2014년 12월 19일 통합진보당 해산 청구 사건(2013헌다1 통합진보당 해산, 2013헌사907 정당 활동 정지 가처분 신청)에 대해 후자 정당 활동 정지 가처분 신청에 대해서는 기각하고, 전자 통합진보당 해산에 대해서는 재판관 8(인용)대 1(기각)의 의견으로, 피청구인 통합진보당을 해산하고, 소속 국회의원은 의원직을 상실한다는 결정을 선고했다.

이 판결의 요지는 대략 다음과 같다. 첫째, 통합진보당의 진정한 목적과 활동은 폭력에 의해 일차적으로 진보적 민주주의를 달성하고, 최종적으로는 북한식 사회주의를 실현하는 것이다. 둘째, 이러한 목적과 활동은 모든 폭력적 지배를 배제하고, 다수를 존중하는 동시에 소수를 배려하는 민주적 의사 결정을 기본 원리로 삼는 민주적 기본 질서와 정면으로 충돌한다. 셋째, 통합진보당의 진정한 목적이나 이에 기초한 활동은, 우리 사회에 대해 실질적 해악을 끼칠 수 있는 구체적 위험을 초래하였다. 넷째, 이상의 근거를 통해 통합진보당 해산 결정은 민주적 기본 질서에 가해지는 위험을 실효적으로 제거하기 위해, 불가피하게 선택할 수밖에 없는 해법이기 때문에, 정당해산에 대하여 헌법 제8조 제4항—정당의 목적이나, 활동이 민주적 기본 질서에 위배될 때에는,

정부는 헌법재판소에 그 해산을 제소할 수 있고, 정당은 헌법재판소의 심판에 의하여 해산된다.—이 요구하는 비례의 원칙에도 어긋나지 않는다. 끝으로, 헌법재판소의 해산 결정으로 해산되는 정당에 소속된 국회의원의 의원직 상실은 위헌 정당해산제도의 본질상 인정되는 기본효력이므로, 해당 국회의원은 의원직을 상실한다.

　헌법재판소의 판결 각론에 대해 다음과 같은 반론 및 비판이 가능하다.(「헌법재판소의 통합진보당 해산결정에 대한 분석과 평가」, 370-381쪽 참조) 첫째, 통합진보당의 명시적 목적인 진보적 민주주의에서부터, 숨겨진 목적이자 진정한 목적이라고 하는 소위 북한식 사회주의를 추론하는 과정은 전혀 설득력이 없다. 헌법재판소가 이런 추론의 근거로 들고 있는 것은 단지 진보적 민주주의라는 용어를 자주파(속칭 주사파)가 도입했다는 사실 뿐이다. 하지만 그런 용어를 정당의 강령에 도입한 주체가 누구인지가 진보적 민주주의의 궁극적 목적이 북한식 사회주의 실현임을 보증해 줄 수 있는 결정적 근거가 될 수는 없다. 둘째, 헌법재판소는 이석기 의원 등의 활동을 통합진보당이라는 정당 자체의 활동으로 간주했고, 그 근거로 이석기 의원 등이 통합진보당의 주도 세력이며, 이미 당을 장악하고 있다는 사실을 제시하고 있지만, 이석기 의원 등이 왜 당의 주도 세력이고, 그들이 당을 장악했다고 할 수 있는 분명한 이유가 무엇인지는 제대로 밝히고 있지 못하다. 셋째, 이처럼 통합진보당의 목적과 활동을 헌법재판소의 다수 의견과 달리 볼 수 있는 여지가 있다면, 통합진보당의 목적과 활동이 과연 민주적 기본 질서와 배치되며, 더 나아가 우리 사회의 민주적 질서에 실질적 해악을 끼칠 수 있는 구체적 위험을 야기했는지 여부는 처음부터 다시 신중하게 따져 보아야 할 문제가 될 수밖에 없다. 넷째, 통합진보당 해산의 필요성은 정치적 위험성을 견제할 수 있는 다른 수단이 없을 경우

2. 정치적 혐오주의와 이념적 관용  61

에 한해서만, 부득이 정당해산을 해야 한다는 비례의 원칙과 완전히 어긋난다. 과잉 금지의 원칙(過剩禁止의 原則), 또는 비례의 원칙은, 국민의 기본권을 제한함에 있어서, 국가 작용의 한계를 명시한 것으로, 크게 목적의 정당성, 수단의 적합성, 침해의 최소성, 법익의 균형성 등을 들 수 있으며, 대한민국 헌법 제37조 제2항은, '필요한 경우에 한하여' 법률로써 기본권을 제한할 수 있다고 과잉 금지의 원칙을 표현하고 있다. 따라서 정당의 존폐 여부는 유권자의 민주적 선택에 맡겨야 마땅하다. 끝으로, 헌법, 헌법재판소법, 정당법은 정당해산의 요건, 절차, 해산 결정의 효과 등에 대해서는 명시적으로 규정하고 있지만, 정당 해산을 결정하는 경우, 소속 국회의원의 자격이 자동적으로 당연히 상실된다는 규정은 어디에도 없다. 더 나아가 이 같은 행위는 국회의원의 자격 심사를 할 수 있는 유일한 기관이 국회뿐이라는 점에서, 입법부의 자율성을 침해한 사법부의 월권이라고도 할 만하다.

이제 헌법재판소가 판결문 전문(前文)에서 스스로 그 내용은 밝히고 있지만, 결코 그 의미를 제대로 파악했다고 할 수 없는 정당해산심판 제도의 의의를, 방어적 민주주의 개념 및 한국의 특수 상황에 비추어 고려함으로써, 헌법재판소가 내린 통합진보당 해산 결정은 민주주의의 기본 바탕이라고 할 수 있는 관용과 이념의 다양성을 배척하는 이념적 혐오주의의 민낯을 적나라하게 드러낸 사건이라는 점을 지적하고자 한다.

정당해산제도는 정당의 목적이나 활동이 민주적 기본 질서와 어긋날 때, 정부의 제소와 헌법재판소의 결정으로 정당해산 여부를 가리는 제도이다. 대한민국 헌법의 최고 가치는 민주공화국 원리에 기초한 자유 민주주의이며, 자유 민주주의는 독재를 부정하므로, 다양한 사상과 견해에 대한 존중이 가장 중요하다. 그런데 자유 민주주의 자체를 부정하는 독재 체제를 추구하도록 허용하는 것은, 민주주의를 부정하는 민주주의의 적에게 민주주의를 향유하게 하는 역설과 모순에 빠지기 때문에, 그런 정치 활동을 금지시킬 필요성이 생긴다. 이것이 바로 방어적 민주주의 개념이며, 이는 아이러니하게도 민주주의 선거를 통해 집권한 나치의 반민주적 체제가 초래한 엄청난 피해를 다시 반복하지 않으려는 목적으로 독일에서 처음 탄생했다. 방어적 민주주의란 "바이마르 헌정 체제에서 선거에 의해 집권한 나치가 다원적 민주주의를 폐지하는 반민주적 체제를 통해 전체 인류에 대한 만행을 저지르게 된 것을 반성한 결과, 독일적 상황에서 발전한 특별한 민주주의 개념"(「민주공화국과 정당해산제도-통합진보당 해산심판청구를 소재로」, 38쪽)이다. 결국 방어적 민주주의를 구현하고 있는 정당해산제도는 다원적 민주주의와 반하는 역설적 방식으로 민주주의를 방어하는 제도이다. 이 때문에 독재자들이 독재를 위해 이 제도를 악용할 위험 역시 항존하고 있다. 따라서 이 번 통합진보당 해산 사태에서 볼 수 있는 것처럼, 민주적 기본 질서를 부정하는 의도를 뚜렷이 파악할 수 없다면, 결단코 작동시켜서는 안 될 것이다.

우리나라 정당해산제도의 원래 취지는 정당해산의 촉진이라기보다는 정당의 자의적 해산 금지에 있다고 해야 할 것이다. 국제사회에서 정당해산의 본질과 요건을 명시하는 국제적 기준을 발전시키고 있는 흐름 역시 이 같은 취지와 부합한다. 가령, 유럽 평의회의 베니스 위원회는 정당해산 지침의 핵심을 다음과 같이 선언하고 있다. 즉 정당해산 심판 요건은 실질적 위험의 존재이며, 제소 자체도 이런 요건을 엄격히 준수하여 이루어져야 하고, 결국 정당해산제도는 오로지 최후적이고, 보충적인 예외적 제도로서만 가치를 갖는다. 여기서 중요한 점은 정당해산제도가 최후적이고, 보충적인 예외적 제도로서만 가치를 갖는다는 사실이 무엇을 함축하는가이다. 그것은 바로 정당해산제도란 민주공화국 원리에 포함된 "관용의 원칙"(앞의 책, 44쪽)을 반영하고 있는 제도라는 점이다. 즉 민주주의 자체를 위협할 수 있는 극단적 상황, 다시 말해 방어적 민주주의 개념이 작동해야 하는 상황을 제외하고는, 여하한 경우에도 다양한 가치를 구현하는 다양한 정당의 존립은 민주주의의 핵심으로 반드시 보장되어야 한다는 점을 명확히 확인할 수 있다는 측면에서, 정당해산제도는 그 외면적 인상과는 반대로 오히려 관용의 원칙을 천명하고 있다고 평가할 수 있다. 이렇게 볼 때, 다원적 가치를 놓고, 관용을 통해, 서로 경쟁하는 민주주의 체제에서, 국민이 자발적 선택에 의해 반민주적 정당을 도태시킬 수 있는 충분한 역량을 갖고 있는 경우에는, 정당해산제도를 적극적으로 이용하기보다는, 국민 스스로의 자정 작용에 맡기는 편이 훨씬 더 바람직할 것이다. 따라서 정당해산제도는 제도 자체의 본질로서 스스로 구현하고 있는 관용의 원칙에 의거해 운용될 경우에만 비로소 정당하다고 할 수 있다. 그리고 바로 이런 점에서 헌법재판소의 통합진보당 해산 결정은 단순히 편의적인 이념적 잣대로 정당을 규정하고, 그것을 해산시켰다는 측면에서, 관용과 대립되는 이념적 혐오주의를 여실히 보여 주고 있다고 평가할 수 있다.

## 2) 지역주의 극복과 정체성의 관용

### (1) 지역주의의 문제점

많은 사람들이 정치인의 정치 활동을 혐오하게 만드는 두 가지 주요 원인을 꼽으라면, 위에서 방금 논의한 이념적 혐오주의로 규정할 수 있는 색깔론과 망국적 지역주의이다. 물론 여기서 지역주의란 배타적 지역감정에 뿌리를 둔 부정적인 지역편애주의를 말한다. 대표적으로

영·호남 갈등과 지역감정은 정치적 혐오주의를 낳는 인큐베이터의 기능을 하고 있다.

지역주의가 가져오는 문제점은 여러 가지 차원에서 논의할 수 있지만, 크게 세 가지로 압축할 수 있다.(「한국 지역주의와 민주주의의 위기: 대표성, 통치능력, 안정성을 중심으로」, 10-25쪽 참조) 첫째, 대표성의 문제이다. 1987년 대선과 1988년 총선에서 지역주의 투표 행태가 본격적으로 심화된 후, 김영삼 정부에 이르러서는 그러한 경향이 전국적으로 확대되었고, 그 뒤로도 다소간의 변동은 있었으나, 그런 흐름은 지속적으로 이어지고 있다. 이런 점에서 한국의 정당은 자신들의 텃밭에서는 압도적 지지를 얻는 반면, 다른 지역에서는 거의 표를 얻지 못하는 상황에 처해 있는 셈이다. 따라서 한국의 정당은 지역 갈등 이외의 다른 사회적 갈등이나, 이해관계 등을 온전히 대변할 수 없게 된다. 더 나아가 정당 대표성의 문제는 정부 차원의 대표성 문제로 직결된다. 즉 다수당임에도 불구하고, 특정 지역만을 주요 기반으로 하는 여당과 정부는 국민 전체를 대표하는 것이 아니라, 특정 지역만을 대표하는 지역 정권으로 전락하기 십상이며, 결국 이는 국가의 정당성 위기로까지 이어질 수 있다.

둘째, 통치 능력의 문제이다. 민주주의 정부는 각종 이익집단들의 다양한 요구를 대변하려는 노력을 해야 할 뿐만 아니라, 그러한 요구를 매개하거나 조정함으로써, 통합할 수 있는 능력을 갖추어야 하며, 이런 능력이 바로 통치 능력이다. 그러나 과거 김영삼 정권이나 김대중 정권의 지지율 폭락 현상과, 거기서 드러난 각 정책에 대한 지역별 견해 차이에서 확인할 수 있듯이, 우리나라 국가 정책은 국민적 지지와 합의를 충분히 확보할 수 없었고, 따라서 정부의 통치 능력은 제대로 발휘될 수 없었다. 결국 시민사회가 지역주의에 의해 심각하게 분열되어 있는 상황에서는, 어떤 정부도 국가 정책을 효율적으로 추진하기 위해 필요한 국민적 지지와 합의를 제대로 끌어낼 수 없을 것이다.

셋째, 정치체제의 안정성 문제이다. 우리 정치에서 목격할 수 있는 지역 중심의 정당 경쟁 구조는 과거 김영삼이나 김대중, 김종필 같은 정치 지도자를 둘러싼 정서적 결집에 의존하기 때문에, 정당은 정책 정당이 아니라, 특정 인물이 대표하는 사당(私黨)화 될 수밖에 없었으며, 각 정당의 이해관계에 따른 이합집산이나 합종연횡에 극히 취약한 구조를 노정하게 된다. 가령, 15대 및 16대 총선 이후, 여권은 안정적 국정 운영을 명분으로 삼아, 의원 빼가기 및 군소 정당과의 합당을 통해 의회 주도권을 장악하려고 시도했다. 이런 현상은 설득이나 대화가 아니라, 다수의 힘으로 정국을 운영하려는 행위로서, 정치체제의 안정성을 뒤흔드는 결과를 가져오게 된다. 더 나아가 유권자의 입장에서 느끼는 정치 불안 역시 심각한 문제가 된다. 다시 말해 정권 교체에 따라 자신이 지지하지 않은 정당이 권력을 잡을 경우, 감수해야 할 불이익과 보복은 정치 주체의 불안감을 고조시킴으로써, 정치체제 자체의 안정성을 크게 훼손시킬 수밖에 없다. 문재인 정부 들어 계속 논란이 되고 있는 정치 보복이냐 적폐 청산이냐 하는 논란 역시 이 같은 정치체제의 불안정성이라는 맥락에서 이해할 수 있을 듯싶다.


(2) 지역주의의 극복

스피노자가 말하는 감정의 모방이라는 틀을 통해, 지역주의를 이해할 수 있는 여지도 있다. 스피노자는 정서적으로 서로 연결되어 있지 않지만, 자신과 유사한 존재가 어떤 감정을 느낀다고 생각하면, 그런 감정을 모방하기 쉬우며, 이런 경향은 기질이나 성향이 유사한 특정 집단 내의 사교성을 가능하게 하는 바탕이 되기도 하지만, 이와 반대로 그런 경향이나 기질 등이 자신과 다른 집단에 대한 혐오의 원인이 된다는 점을 지적하고 있다.(『에티카』, 155쪽) 이런 맥락에서 보면, 자기 지역(내(內)집단)에 대한 편애와, 외부 지역(외(外)집단)에 대한 폄하는 쉽게 근절할 수 없는 인간의 근본적인 심리적 동기가 될 수밖에 없으며, 이런 동기가 정치적 결정에도 영향을 미친다고 할 수 있다. 그래서 가령, 18대 대선 이후 실시한 설문 조사를 통해, 대구 및 경북 지역에서 성장한 유권자는 새누리당과 일체감을 가질 가능성이 높은 반면, 호남에서 주로 성장한 유권자는 민주통합당과 일체감을 가질 가능성이 높기 때문에, 지역주의는 정당 일체감을 통해, 정치인 선호와 투표에 아직도 여전히 영향을 미치고 있다고 논증하는 식의 연구(「지역주의와 제18대 대선」, 99-131쪽 참조)가 존재하기도 한다.

한국 정치사에서 지역주의가 약화되어 가는지 아니면 여전히 선거 결과와 정치 지형을 왜곡시키는지는 알기 어렵다. 몇 번의 선거 결과를 통해서 결론을 내릴 수 있는 문제는 아니다. 더욱더 중요한 물음은, 선거와 투표장에서 뿐만 아니라 일상생활에서도 은밀하게 또는 명시적으로 드러나는 지역주의와 지역감정을 어떻게 극복할 것인가 하는 대안 제시의 문제이다. 기존의 많은 연구들이 지역주의의 문제점이나 현황 등에 대해서는 주목했던 반면, 정작 그 원인에 대한 심도 깊은 논의와 대안 제시에는 부족했다고 할 수 있다. 그런데 그런 원인에 대한 규명이야말로 정치적 혐오주의의 일종인 지역주의를 극복할 수 있는 방안을 마련하기 위해 반드시 필요한 단계이다.

우리가 지역주의의 원인이라고 상식적으로 알고 있는 전라도 사람들의 기질이나 품성 등은 인위적 조작의 산물일 가능성이 크다. 결국 권위주의와 그것에 바탕을 둔 자신들의 기득권을 방어하기 위해, 지역주의 이데올로기를 퍼트린 세력들이 존재한다는 사실을 간파하는 일이 중요한 과제이다. "지역감정의 이데올로기는 호남을 구조적 소수파로 배제하고,… 기존 지배 질서의 온존을 보장해 주는 비호남지역연합의 지역패권주의를 가능"(「이데올로기로서의 지역감정」, 399쪽 참조)하게 한다. 그러나 "이 이데올로기가 중요한 것은,… 그것이 단순히 호남을 배제하는 소극적 기능"(같은 곳)만을 한다기보다는 "지배 질서를 온존시키는 더 적극적인 기능"(같은 곳)을 한다는 점이다. 다시 말해 "그런 이데올로기는 호남이 내부의 적이라는 위상과 이미지를 갖도록 함으로써, 즉 사회의 부정적인 요소를 호남의 부정적 이미지에 응축시킴으로써, 호남을 뺀 나머지의 결속력을 강화하는 반사적 효과를"(같은 곳) 갖는다.

물론 지역주의가 지배 세력의 기득권을 관철시키기 위해 조작된 허구적 이데올로기에 불과하다는 입장에 대해, 그럼에도 선거와 투표에서 확인할 수 있듯이, 여전히 지역별 표의 편차는 존재하지 않느냐는 반론이 있을 수 있다. 하지만 지역별 표의 편차는 지역주의를 통해서보다는 오히려 다른 차원에서 더 적절히 설명할 수 있을지도 모른다. 즉 "선거 결과로 나타난 표의 지역적 편차는 지역주의의 결과가 아니라, 기능 이익에 기반을 둔 갈등의 사회화가 억압되는 정도를 말해 준다."(『만들어진 현실–한국의 지역주의 무엇이 문제이고, 무엇이 문제가 아닌가』, 279쪽) 가령, 노동에 기반을 둔 사회주의 정당이 없는 미국이나, 보수당과 노동당의 이념적 차이가 크게 줄어든 블레어 시대 영국의 선거에서, 표가 지역적으로 큰 편차를 보인다는 사실이 바로 이 같은 주장을 뒷받침 할 수 있다.

어쨌든 지역주의의 원인을 이데올로기적 조작으로 본다면, 그에 대한 해법 역시 비교적 명확하다. 즉 그것은 자신들의 권력과 이익을 지키기 위해, 그런 지역주의를 부추긴 불관용 세력을 철저히 가려내어 무관용 원칙하에 거기에 대항하는 것이다. 가령, 국가가 나서서 지역 차별을 금지하거나, 처벌하는 법을 제정함으로써, 지역주의에 대한 이 같은 대항은 현실화될 수 있을지 모른다. 그러나 불관용적인 지역주의와 혐오주의를 극복할 수 있는 장기적 전략은 이념적 관용 또는 동일성의 관용을 통해 지역주의자들을 설득하는 방법이다. 학연, 혈연, 지연 같은 연고주의는 사적인 영역에만 머물도록 하는 일이 중요하다. 또 지역주의나 연고주의보다 더 상위 개념인 민족 동질성과 다양성의 상생, 타자 존중과 같은 보편적 가치를 공적 기준으로 삼도록 유도하는 일이 중요하다. 이는 모두 관용 교육을 통해 달성 가능한 목표들이다.

## 5. 정치적 혐오주의 극복의 대안: 이념적 관용

정치적 혐오주의의 진원지는 다양하며 그 구조도 복잡성을 지니고 있다. 정치인들의 혐오성 발언부터 면책 특권을 방패 삼아 위법의 경계선을 넘나드는 국회의원들의 정치적 발언 행위 그리고 냉전 논리에 함몰된 채 다양성을 특징으로 하는 현대사회를 단순한 이분법적 사고로 해석하는 극우나 극좌 성향의 일반인들의 의식 수준 등은 모두 정치적 혐오감을 증폭시키는 데 일정한 역할을 해 오고 있다. 일반적으로 혐오 발언이 전 사회적으로 폭넓게 확산되고 있는 상황에서 정치적 혐오 발언 역시 정화되지 않은 채 온·오프라인에서 줄어들지 않고 있는 것이 현실이다. 정치인, 연예인, 스포츠 스타와 같은 유명인들 뿐만 아니라 성소수자, 이주민, 탈북주민 등을 향한 악성 댓글의 폐해는 자정의 목소리를 묻어 버릴 만큼 폭력적인 힘을 여전히 발휘하고 있다. 이런 악성 댓글을 포함한 혐오 발언의 문제를 어떻게 대응하는 것이 좋은가?

어제 오늘의 문제가 아니며 여전히 해결하기 어려운 난제로 남아 있다. 박가분은 "수평적인 또래 문화의 결핍,…세대 간의 문화적 단절이라는 문화적 구조에 더해 '대항 폭력'에 대한 긍정론, '혐오 발언'에 대한 명확한 정의의 부재, 현실 인식이 부재한 규범적 담론의 범람, 여론을 단기간에 확보하기 위해 '충격요법'을 남용하는 정치 관행 등 무의식적인 정치적 집단사고" 등이 혐오 발언을 확대 재생산하는 데 일조했다고 지적하고 있다.(『혐오의 미러링』, 237-238쪽 참조) 이 가운데 특히 정치적 혐오 발언과 관련해서 주목할 점은 '대항 폭력' 긍정론과 정치인들이 남용하는 '충격요법'이 두 가지이다. '대항 폭력'은 난반사 미러링을 의미하며, '충격요법'은 여론을 자양분으로 해서 생존하는 정치인들이 가장 유혹받기 쉬운 전술이다.

정치적 혐오 발언은 다른 영역에서의 혐오 발언보다 그 발화자가 상대적으로 제한되어 있다. 그 발화자의 숫자가 제한적이라 해도 여전히 혐오 발언의 통제 문제는 본질적으로 동일하다. 따라서 여기서는 정치적 혐오 발언의 규제 및 자정의 방법을 논하지만 실제로는 혐오 발언 전체를 대상으로 한 해법으로도 확대 적용 가능하다고 볼 수 있다. 정치적 혐오 발언을 규제 및 정화하기 위한 세 가지 방법을 여기서 제안하고자 한다.

(1) "혐오 발언에 대한 모니터링과 규제 장치를 마련하자"(『혐오의 미러링』, 240쪽)

박가분 스스로도 언급했듯이 이 제안은 "아마추어의 제안에 불과하기 때문에 얼마나 효과적일지는 모르지만 몇 가지 장치들을 추가하는 것만으로도 최소한 커뮤니티 간의 전쟁과 혐오 발언에 관여하지 않은 무고한 사람들이 혐오 발언으로 상처받는 것을 방지할 수 있다고 생각한다."(『혐오의 미러링』, 240-244쪽 참조) 여기서 모니터링은 난반사의 미러링이 아니라 정반사의 미러링를 통해 혐오주의 발언의 순화를 유도하려는 데 목표가 있다. 일베에 대항해서 등장한 메갈리아는 대항 폭력의 사례라고 할 수 있는데, 이는 혐오 표현의 순화를 위한 순기능이 아니라 난반사를 통한 역기능만을 강화할 뿐이라는 점은 이미 신증적이다. 따라서 정치적 혐오 발언을 순화하기 위한 '대항 세력'은 정반사를 지향하는 정당 내부와 건전한 시민사회 단체의 모니터링 및 감시 기능을 강화하는 길이 중요하다. 그리고 규제 장치의 마련은 처벌과 감시 중심의 법적 규제라기보다는 혐오 발언 양산자 리스트 작성과 게시, 반론 사이트와의 자동 연결 의무화 등의 방법이다.

2016년에 보고된 국가인권위원회의 보고서 "혐오 표현의 실태 조사 및 규제 방안 연구" 역시 혐오 발언에 대한 법적 규제 장치를 마련하기 위한 예비조사 성격의 보고서였다. 이 보고서에서도 혐오 표현에 대해 법적 규제가 필요하다는 점과 현행법만으로는 혐오 표현의 일부분만을 규제할 수 있다는 점을 지적하고 있다. 그리고 이런 법적 규제가 표현의 자유와 배치될 수 있다는 한계도 지적하고 있다. 인터넷 실명제와 유사한 딜레마가 발생할 수도 있다는 점이다. 정부 주도의 법적 규제는 혐오 발언 양산을 억제하는 데 효과보다는 역효과, 즉 언론과 표현의 자유를 제약한다는 비난으로부터 자유롭지 못하다. 혐오 발언에 대한 국가의 법적 규제는 약자(소수자 집단)에게 불리하게 작동되는 모순 현상이 발생한다는 주디스 버틀러의 주장도 귀담아 들을 필요가 있다.(『혐오발언』, 331쪽 참조) 법적 규제를 제안하는 국가 인권위원회의 보고서 역시 "시민사회의 대응 능력을 향상시키는 형성적 규제들이 동시에 이루어질 때 혐오의 근본 원인을 해결할 수 있다"고 전망하고 있다.

(2) '생산적인 토론 문화의 장을 만들자.'

고대 그리스에서 아고라(agora)는 제한적 공간을 점유하던 광장을 의미했다면, 현대적인 의미에서는 시, 공간을 초월하는 네트워크로 이어진 사이버 세계의 광장으로 확장되었다. 아고라는 토론과 논쟁의 개방성과 주제의 다양성 그리고 언어 행위의 생산과 소비 행위가 이루어지는 공간이라는 특징을 가지고 있다. 그런데 현대의 아고라는 개방성과 동시에 익명성과 은폐성이 공존하고 있다. 온·오프라인의 광장에서 거래되는 언어 행위 가운데 문제가 되고 있는 혐오 발언은 비생산적이며 파괴적인 시장 질서를 만들어 내고 있다. 혐오 발언은 일종의 오염 물질이며 독성 바이러스 같이 전염성이 강하며 때로는 치명적인 후유증을 낳기도 한다. 특히 정치인들이 퍼트리는 혐오 발언은 정치계를 넘어 토론 문화의 생태계 자체를 파괴할 수도 있을 만큼 파괴력이 더 크다. 따라서 건전하고 생산적인 토론 문화가 한 사회의 건전성 유지에 얼마나 소중한가는 굳이 말하지 않더라도 자명하다.

앞서 살펴본 통합진보당 해산 사건도 집권당의 정치인들에 의해 증폭된 정치적 혐오주의가 만들어 낸 사건이었다. 이 사건은 통합진보당을 만들고 국회의원을 선출해 준 국민들의 손에 맡기고 합리적인 공론의 장에서 토론 과정을 거쳐서 결정될 문제였다. 정치적 혐오 발언이나 혐오 행위를 극복할 수 있는 하나의 대안으로 토론 문화와 이념적 관용의 윤리를 제안하는 일은 가능하다. 홍성수 교수는 자신의 책 『말이 칼이 될 때』에서 의미 있는 대안을 제시하고 있다. 그는 일본의 대표적인 혐오 발언의 현장인 혐한 시위대에 맞선 대항 시위대(예를 들면 2013년 9월 차별철폐 도쿄 대행진)를 소개하며 이런 카운터(counter) 운동의 성과도 설명하고 있다. 혐오 표현에 대항하는 카운터 운동 방식 중하나가 '대항 표현으로 맞서는 일'이다. 대항 표현은 일종의 정반사 미러링이라 할 수 있다. 적어도 이런 미러링은 난반사 미러링과는 달리 합리적인 토론과 담화의 가능성에 희망을 걸고 혐오집단에게 말을 건네는 행위이다.

주디스 버틀러가 사용하는 '담론적 수행성(discursive performativity)'도 혐오 표현과 대항 표현 사이에서 이루어지는 담론의 진화 메커니즘을 설명하고 있다. 즉 최초의 혐오 표현의 발화자가 만들어 낸 의미는 대항 표현과의 지속적인 담론 과정을 통해 의미의 '재수행하기(restaging)'와 '재의미 부여하기(resignifying)'가 일어나면 혐오 표현의 애초 의미는 새로운 문맥과 맥락 안으로 들어오게 되고 의미의 변화를 일으킨다.(『혐오발언』, 35-37쪽 참조) 혐오 표현과 대항 표현의 상호 교환 행위가 많을수록 담론 공간은 합리적인 상태로 진화할 수 있다고 믿는다. 이런 생산적인 토론 문화의 장 안에서 혐오 표현은 자정 능력을 키울 수 있으며, 대항 표현의 발화자들이 연대하여 혐오주의자를 고립시킬 수 있다는 것이 홍성수교수의 제안이다. 그리고 그는 덧붙여 이런 노력들만으로 혐오 표현이 줄어들 것이라는 낙관주의에 대해서도 경고하고 있다. "시민사회의 자율적 실천으로는 한계가 있으므로 국가적, 법적, 제도적으로 대항 표현을 지원하는 것이 중요하다."고 지적하고 있다. 그런 점에서 혐오 표현의 위해성을 줄이고 대항 표현을 지원하는 일은 '우리 모두의 몫'이라는 그의 주장은 설득력이 있다.(『말이 칼이 될 때』, 223쪽 참조)

### (3) 이념적 관용 정신의 확대

왜 정치인들은 정치적 혐오 발언을 하는 것일까? 왜 그들은 지역감정을 부추기고 지역주의에 편승해서 정치적 이익을 취하고자 하는가? 그 이유가 발화자의 인격적 미성숙이나 수사학적 표현력 부족 탓으로 돌리는 일은 너무 안이하다. 고도의 또는 저급한 정치적 계산이 깔린 의도된 발언이라고 분석하는 것도 피상적이다. 정치인들은 으레 책임 지지 못할 아무 말이나 해도 묵인되는 한국 정치 문화의 산물이라고도 할 수 있다. 그러나 보다 근본적으로는 혐오 발언자의 심리적 배후에 그 혐오 대상에 대한 불관용의 태도가 숨겨져 있기 때문이라 할 수 있다. 정치적 혐오의 사례로 분석한 배타적 지역주의와 통합진보당 정당 해산심판사건의 경우도 그 혐오 대상에 대한 불관용의 태도가 그 바탕에 놓여 있다. 색깔론은 아주 오래된 이념적 불관용의 대표적인 행태이다. 현재도 전가(傳家)의 보도(寶刀)처럼 필요할 때마다 휘두르는 공격용 무기이다. 지역감정을 부추기는 배타적 지역주의 역시 정체성의 불관용과 이념적 불관용이 혼합되어 있다. 보수주의를 대변하는 대구, 경북 지역과 진보를 대변한다는 광주, 전남 지역을 대립각에서 보려는 시각 역시 이념적 불관용과 정체성의 불관용이 화학반응을 일으킨 부작용의 산물이라 할 수 있다.

2018년 새해 달력을 제작하며 어느 은행은 초등학생의 그림을 실었다. 태극기와 북한기가 통일 나무에 함께 그려진 것은 통일을 꿈꾸는 초등학생의 상상력의 산물이었으며, 이 작품은 초등부 대상을 수상한 작품이다. 이 그림을 두고 '대한민국 안보불감증의 자화상을 보는 듯하다' 는 색깔론으로 매도하는 정당과 정치인들의 심리 밑바닥에는 냉전적 사고와 이념적 불관용의 심리가 자리 잡고 있다. 이념과 사상, 종교와 신념의 차이를 인정하지 않고 거부하려는 불관용의 태도는 '나와 다른 대상' 을 '틀린 대상' 으로 보고 혐오의 대상으로 간주하는 성향을 보이기 쉽다. '다름과 차이를 틀림과 차별로 왜곡하는 태도' 는 불관용을 잉태하고, 불관용은 혐오 감정을 낳는다.

정치적 혐오주의를 극복하고 혐오 표현을 줄이기 위한 방법 중 하나는 관용의 정신, 특히 이념적 관용과 정체성의 관용을 실천할 수 있는 역량을 다음 세대들에게 교육하는 길이다. 다음 세대를 교육함으로써 변화를 기대하는 일은 시간이 오래 걸리는 일이다. 그렇지만 겉으로 드러나는 혐오 표현을 억제하기 위한 '차별 금지법' '혐오 표현 규제법' 같은 법적, 제도적 장치만으로는 지속 가능한 변화를 기대하기가 어렵다. 제도적 변화가 성공적인 방향으로 이행되기 위해서는 그 제도를 일상생활에서 실천하는 개인들의 심리적 태도 변화가 우선 수반되어야 한다. 관용 교육은 그 변화를 가져오는 첫 걸음임에 틀림없다. (김용환, 임건태)

3

# 학교에서의 혐오주의와
# 다문화 관용 교육

## 1. 학교에서의 혐오와 관용 교육

### 1) 왕따와 일진

"왕따"와 "일진." 학교 문제를 대표하는 두 낱말이다. 왕따는 집단 따돌림이고 일진은 힘세고 싸움 잘하는 학생 폭력 집단을 의미한다. 둘 다 혐오주의, 불관용의 문제와 관계가 있다. 왕따와 일진은 학교에서 나타나는 불관용(intolerance)의 대표 사례이기 때문이다. 불관용은 내가 혐오하는 생각과 행동을 배제하고 억압하는 것이다. 왕따와 일진은 폭언과 폭행을 포함하는 폭력을 동반해 남의 생각과 행동을 억압하는 불관용 행위이다.

필리핀에서 이주해 온 여성이 한국인과 결혼해 낳은 아이가 초등학교에서 엄마가 선생님을 만나러 다녀간 뒤 여러 학생에게 "깜둥이"라는 놀림을 받았다.(「다문화 가정 자녀 37%가 왕따… "엄마, 학교엔 제발 오지마"」) "깜둥이"는 우리가 미국에서 흑인에게 내뱉었다간 거꾸로 온갖 욕설과 폭행을 당할지도 모르는 언어폭력일 뿐 아니라 여러 학생이 놀리면 집단 따돌림이기도 하다. 언어폭력, 집단 따돌림, 스토킹, 신체 폭행, 사이버 괴롭힘, 금품 갈취, 강제 심부름, 성희롱, 성추행, 성폭행 등 학교 폭력의 범위 안에 들어가는 모든 행위가 불관용의 사례들이다. 학교 폭력의 건수는 우리나라에서 2017년 약 8만2천 건이다. (「2017년 학교폭력 실태조사 주요 결과」, 2쪽 참조)

　불관용은 무관용(zero-tolerance)과 구별해야 한다. 불관용은 폭력이고 무관용은 불관용에 맞서는 방식이다. "관용은 없다"고 우리가 정당하게 말할 때, 예를 들어 살인자나 성폭행범에 대해 관용은 없다고 말할 때 관용 없음이 무관용이다. 무관용은 도덕적 비난이나 훈계뿐 아니라 신체 감금, 심지어 사형 같은 강제 수단도 사용할 수 있다. 단 사회 합의에 의한 법 제도가 마련되어 있어야 강제 수단이 정당하다. 예를 들어 똘레랑스(관용)의 나라로 유명한 프랑스는 2차 세계대전 후 나치 협력자 재판소를 설치해 1500여 명을 처형하고 3만8천명을 수감했다. 프랑스의 나치 청산은 나치에 부역한 사람들이 저지른 온갖 불관용에 대해 무관용을 실천한 모범 사례로 꼽힌다.

　관용의 숨겨진 특성 중 하나는 모든 것을 관용한다는 점이 아니라 관용해서는 안 되는 것도 있다는 점이다. 관용해서는 안 되는 것, 즉 무관용으로 대처해야 하는 것이 바로 폭력이 수반된 불관용이며, 범죄행위이다. 왕따와 일진도 마찬가지로 관용해서는 안 되고 무관용으로 대처해야 하며, 때로는 위법행위로 처벌해야 하는 불관용의 대상이다. 왕따와 일진은 피해자를 죽음으로 몰고 갈 수도 있는 위험한 행동이다. 또 만일 왕따와 일진 같은 불관용이나 폭력을 관용해야 한다면 다른 모든 학교 폭력도 관용해야 한다. 나아가 사회에서도 살인 등 몇 가지 폭력을 제외하고는 많은 종류의 폭력을 관용해야 한다. 불관용에 대해서는 무관용으로 대응해야 관용의 가치가 지켜진다. 관용의 가치를 지키기 위해 때로는 무관용이 필요하다는 역설도 가능하다.

학교 폭력과 같은 불관용을 관용하지 말아야 한다면 학교에서 관용해야 할 것이 남아 있을까? 수없이 많다. 서로 다른 외모와 빈부 차이, 서로 다른 성과 성적 차이, 그리고 서로 다른 종교와 서로 다른 생각 등이 모두 관용의 대상이 될 수 있다. 피부색이 다르다고, 얼굴이 못생겼다고, 몸이 뚱뚱하다고, 가난하다고, 여자라고, 공부 못한다고, 특정 신을 믿거나 믿지 않는다고, 나와 달리 생각한다고 억압하고 배제하고 차별하는 것은 불관용이다. 거꾸로 피부색이 달라도, 얼굴이 어떻게 생겨도, 몸이 마르든 뚱뚱하든, 돈이 많든 적든, 여자든 남자든, 공부를 잘하든 못하든, 특정 신을 믿든 믿지 않든, 생각이 달라도 억압하지 않고 배제하지 않고 차별하지 않는 것이 관용이다. 관용의 제일 원칙은 서로 다른 것을 배제하거나 억압하지 않고 존중하고 인정한다는 것이다.

## 2) "살인도 좋은 경험"

"살인도 좋은 경험^^ 덕분에 인간은 다 이길 수 있을 것 같아. 어차피 난 법적으론 살인이 아니니."

2005년 개성중학교 폭행 치사 사건의 가해자가 명문대 의대에 진학하자 2017년 가해자를 재조사해야 한다는 청원이 청와대 게시판에 올라왔다. 가해자 최군은 피해자 홍군이 자기에게 욕을 했다는 이유로 폭행을 가했고 홍군은 폐가 파열되어 4일 만에 사망했다. 최군은 미성년자이며 홍군의 부모가 어린 학생이어서 처벌을 원하지 않는다는 합의서를 써 준 덕분에 소년원에 갔다가 풀려났다. 당시 최군이 어느 메신

저에 올린 글이 "살인도 좋은 경험^^ …"이라는 것이다(「"살인도 좋은 경험^^"이라던 학폭 가해자 재조사 촉구하는 청와대 청원글 나왔다」).

도대체 학생들이 폭력을 행사하는 이유는 무엇일까? 그 이유는 "먼저 괴롭혀서"(26.8%), "장난으로"(21.8%), "마음에 안 들어서"(13.3%), "특별한 이유가 없다"(10.0%), "다른 친구가 하니까"(8 3%), "화풀이 또는 스트레스 때문에"(8.2%) 등의 순이다.(「2017년 학교폭력 실태 조사 주요 결과」, 5쪽 참조)

모든 이유가 가해자의 심리를 보여 준다. 첫째 이유는 나를 괴롭히니까 화난다는 것이고 둘째 이유는 장난이니까 재미있다는 것이다. 셋째 이유는 마음에 안 들어서 싫다는 것이고 넷째 이유는 "그냥" 한다는 것이다. 다섯째 이유는 모방 심리 때문이라는 것이고 마지막 이유는 화나고 스트레스 받는다는 것이다. 화난다, 재미있다, 싫다, 그냥, 모방, 스트레스 받는다는 감정 또는 마음 상태가 학교 폭력의 심리 원인이다. 화난다, 싫다, 스트레스 받는다와 같은 부정적 감정도 있고 그냥, 모방과 같은 중립적, 소극적 마음 상태도 있으며 재미있다와 같은 적극적 감정도 있다.

왜 이런 감정 또는 심리가 학교에 퍼져 있을까? 스피노자(B. Spinoza)에 따르면 인간의 기본 감정은 세 가지, 기쁨, 슬픔, 욕망이다. 그리고 다른 모든 감정은 이 세 가지 기본 감정의 변종이다. 기쁨은 자기를 보존하려는 힘이 증가할 때 느끼는 감정이고, 슬픔은 이 힘이 감소할 때 느끼는 감정이며, 욕망은 이 힘을 의식할 때 느끼는 감정이다. 사랑할 때 기쁜 이유는 나를 보존하려는 힘이 증가하기 때문이고 미워할 때 슬픈 이유는 이 힘이 감소하기 때문이며 이 힘이 증가하거나 감소하는 것을 의식할 때 욕망이 생긴다.

학교 폭력을 낳는 여러 감정이나 마음 상태 가운데 화남, 싫음, 스트레스 받음 등은 슬픔과 관련되어 있다. 나를 보존하려는 힘이 감소할 때 화나고 싫고 스트레스 받는다. 그러니까 화남, 싫음, 스트레스 받음은 슬픔의 변종이다. 스피노자의 눈으로 보면 왕따와 일진 뒤에 가해자의 슬픔, 자기를 보존하려는 힘의 감소가 자리 잡고 있다. 학교 폭력이 재미있기 때문이라면 재미있음은 자기를 보존하려는 힘이 증가할 때 느끼는 기쁨의 변종이니까 왕따와 일진 뒤에 가해자의 기쁨이 자리 잡고 있다. 남을 괴롭히는 왕따와 일진 등 학교 폭력이 가해자에겐 자기를 보존하려는 힘이 증가해서 기쁨을 주고 피해자에겐 자기를 보존하려는 힘이 감소해서 슬픔을 준다면 이해할 만하다. 그러나 왕따와 일진의 가해자 뒤에 슬픔의 감정이 있다는 것은 어떻게 이해할 수 있을까? 이 부분은 가해자의 심리 분석을 필요로 한다. 가해자가 보이는 폭력성의 뿌리는 유아기 때 부모의 폭력일 수 있다. 이 경우 가해자 또한 폭력의 피해자일 가능성이 많다. 유독한 부모(toxic parent)로부터 물려받는 폭력의 대물림은 슬픈 일이지만 현실일 가능성이 많기 때문이다.

### 3) 서울 대치동 학원가의 비극

서울 대치동 학원가는 우리나라 사교육의 중심지다. 이곳에는 많은 아파트와 음식점, 그리고 자동차가 있고 많은 학생과 학원이 있다. 학교 정규 시간이 끝나고 얼마 지나면 학생들을 내려 주려는 차량들이 도로 곁에 줄을 서고 학원이 끝나는 밤 10시면 학생들을 태우려는 차량들이 겹으로 줄을 선다. 학생들은 한 과목이 한 달에 적어도 수십만 원인 학원에 다닌다. 한 과목만 수강하는 학생은 거의 없다. 대치동 학생들은 한 달에 수십-수백만 원짜리다. 그러니 이곳에는 불황이 없다.

이 학생들에게 관용의 가치는 배워선 안 되는 덕목이다. 한국은 "2014년 세계 가치관 조사 62개국 가운데 자식에게 관용을 가르치겠다고 대답한 부모의 비율이 62위로 가장 낮다."(『한국 과학 비상 플랜』, 192쪽) 세계 가치관 조사(www.worldvaluessurvey)는 사회 과학자들이 참여해 사회 문화, 윤리, 종교 등 여러 가치의 변화를 조사하고 이 변화가 사회 정치 생활에 미치는 영향을 탐구하는 글로벌 네트워크이며 본부는 오스트리아 빈에 있다.

　관용은 나와 다른 피부색, 부, 성적, 성, 종교, 생각 등이 싫더라도 억압하거나 배제하지 않고 허용하거나 인정하는 것이다. 나와 다른 것을 억압하지 않는 관용은 양방향으로 이루어져야 한다. 백인이 흑인을 억압하지 않고 흑인도 백인을 억압하지 않아야 한다. 남성이 여성을 억압하지 않고 여성도 남성을 억압하지 않아야 한다. 그리고 나와 다른 것을 억압하지 않으면 나와 남의 대등한 관계가 성립한다. 관용은 백인과 흑인, 여성과 남성, 부자와 가난한 자, 서로 다른 종교를 가진 사람들 사이의 대등한 관계를 낳는다. 그래서 관용은 상호 호혜성의 원칙을 지향한다.

　그러니까 자식에게 관용을 가르치지 않겠다는 부모는 자녀에게 대등한 관계에서 서로 억압하지 않고 인정하는 것을 가르치지 않겠다는 뜻이다. 거꾸로 내가 남을 대등하게 여기지 않고 일방으로 억압하고 일방으로 인정받는 것을 가르치겠다는 뜻이다. 우등과 열등의 관계, 일방 억압과 일방 인정이 세상살이 이치라고 가르치겠다는 뜻이다.

　서울 대치동 학원가는 정글이다. 머리로는 영어, 수학을 배우지만 몸과 마음으로는 강자가 약자를 잡아먹는 법을 익히는 곳이다. 자식에게 관용을 가르치지 않으려는 부모가 대치동에만 모여 살지는 않고 전국에 퍼져 있다. 그러나 대치동은 약육강식의 배움터를 상징한다. 대치동은 심지어 학원들마저 약육강식으로 전국에서 생존하기 가장 힘든 곳이다.

한국의 학생들이 약육강식을 배워야 하는 무엇보다 큰 이유는 빈부 격차의 심화다. 한국에선 2013년 상위 10%가 금융자산과 부동산을 포함한 전체 부의 66.4%를 차지하고 하위 50%가 가진 자산은 2%에 불과하다. 상위 10%가 가진 자산은 국제금융 위기 이전인 2000-2007년 연평균인 63.2%보다 더 많아졌고 그만큼 빈부 격차가 더 심해졌다. 상위 1%의 자산도 전체 부의 26.0%를 차지해 2000-2007년의 24.2%에 비해 부의 불평등이 더 심해졌다.(「우리나라 상위 10%가 富 66% 보유」 참조)

서울 대치동은 한국에서 상위 10%, 상위 1%가 되기 위한 전쟁터다. 부모는 학원비로 실탄을 채워 자녀를 전쟁터에 내보낸다. 학생들을 내려 주거나 태우는 차량들의 행렬은 전쟁터를 오가는 군용 차량 떼와 같다. 웬만한 고소득 부모의 자녀가 아니면 고액 학원비가 난무하는 전쟁터에 참전하지도 못한다. 서울 강남의 아파트 값을 안정시키려면 사교육이 기승을 부리는 교육 입시 제도를 뜯어고쳐야 한다는 말은 빈말이 아니다.

학교에서 왕따와 일진은 사교육이 판을 치는 우리나라 교육의 그늘이다. 경쟁과 약육강식이 학생들의 마음을 지배하지 않는다면 학교 폭력도 줄어들 것이다. 왕따는 적극 나서는 가해자도 있지만 소극적으로 방관하는 학생도 많다. 어떤 권력을 가진 보스가 부하 여직원을 성희롱할 때 방관하는 다른 직원이 많은 것과 같다. 많은 학생이 왕따 당하는 학생을 방관하는 이유는 남의 일이라고 생각하기 때문이다. 내 일도 아닌데 괜히 나섰다가 손해 볼까 봐 선뜻 끼어들지 않는다. 남이야 왕따 당하든 말든 나만 학교 적당히 다니고 학원 잘 다녀서 좋은 대학 가면 그만이라고 생각한다. 일진도 마찬가지다. 남의 일에 끼어들었다가 내가 맞기라도 하면 큰 손해다.

왕따와 일진의 가해자도 약육강식 교육의 희생자다. 어떤 이유 때문에 화나고 싫고 스트레스 받아서 다른 학생을 집단으로 따돌림하고 폭행하는지는 사람마다 다르겠지만 학교 폭력의 가해자도 빈부 격차의 심화가 조장하는 경쟁과 약육강식의 터전에 살고 있다. 학교는 폭언과 폭행에 의한 불관용의 어두운 질서가 자리 잡기에 좋은 곳이다. 조직 폭력배가 농촌에 터 잡지 않고 돈을 놓고 약육강식이 치열한 도심에 똬리를 틀려고 하는 것과 같다. 경쟁과 약육강식이 치열한 학교에서 누구는 폭력의 가해자가 되고 누구는 폭력의 피해자가 된다. 학교가 피 튀기는 경쟁과 약육강식의 터전으로 남아 있는 한 학교 폭력의 불관용도 독버섯처럼 계속 자랄 것이다.

### 4) 관용 교육

사교육이 활개 치는 교육과 입시 제도를 개혁하는 일은 외과 수술처럼 교육의 독버섯만 도려내는 일이 아니라 사회구조 전체에 손을 대야 하는 일이다. 학벌이 모든 것을 결정하고 출세를 향해 앞만 보고 달리는 사회구조가 바뀌지 않으면 사교육 열풍도 사그라지지 않을 것이기 때문이다. 1980년대 초에 우리나라에서 대학생의 과외 교습과 재학생의 학원 수강을 법으로 금지한 적도 있지만 승용차 과외, 별장 과외, 심야 과외 등 고액 몰래바이트가 성행해 상류층 자녀들만 혜택을 받는 부작용이 극성을 부렸다. 과외 교습 금지는 2000년 헌법재판소에 의해 위헌 판결을 받았다.

교육 개혁이 사회 전체 개혁을 요구한다고 해서 교육 현장에서 학교 폭력 문제를 손 놓고 내버려 둘 수는 없다. 학교 폭력을 줄이려면 여러 가지 노력이 필요하겠지만 관용 교육도 이런 노력들 가운데 하나다. 자녀에게 관용을 가르치지 않겠다는 부모가 즐비한 학교에서 과연 관용 교육의 '관' 자라도 꺼낼 수 있을지 의문스럽다. 그러나 사회가 바뀌지 않고 부모가 바뀌지 않는다고 학교도 바뀌지 않고 자녀도 바뀌지 않으면 미래가 암담할 뿐이다. 학교도 무엇이든 조금이라도 바꾸려는 노력을 시작해야 한다.

왜 관용 교육에 관해 우리나라보다 순위가 높은 나라의 부모들은 자녀에게 관용을 가르치려 할까? 내 자식이 자기와 다른 피부색, 부, 성적, 성, 종교, 생각 등을 가진 사람을 관용하지 않고 억압한다고 생각해 보자. 내 자식이 남성이면 여성을 억압하고 아시아인이면 백인이나 흑인을 억압하며 기독교인이면 무슬림을 억압한다고 생각하면 이 지구 위에서 별 탈 없이 살 수 있는 곳이 매우 좁아진다. 자기와 다른 것을 인정하는 대신 억압하는 데 익숙해지면 남들과 어울려 살기 어렵다. 내 자식이 나처럼 관용을 배우지 않더라도 한국에서 얼마든지 떵떵거리며 살 수 있다고 생각할지 모른다. 그러나 갑질 인생이 우리나라에서도 자손 대대로 가능하다고 생각하는 것은 어리석다. 자녀에게 관용을 가르치겠다고 생각하는 나라의 부모들은 갑질 인생이 어리석다는 것을 이미 깨달았다고 볼 수 있다.

로크(J. Locke)는 불관용과 관용의 손익 계산을 해 보더라도 관용이 불관용보다 낫다고 주장한다. 내가 남을 관용하고 남도 나를 관용하면 각자 자기 스타일대로 살 수 있다. 다수의 사람이 자기 스타일대로 사는 것이 소수의 사람만이 자기 스타일대로 사는 것보다 더 이익이다. 어차피 세상은 모든 사람이 자기 스타일대로 살 수는 없으니까 나와 내 자식만이라도 자기 스타일대로 갑질하며 살자고 생각할 수도 있다. 그러나 갑질은 갈수록 세상 사람들의 응징을 받을 가능성이 크다. 관용을 가르치는 것이 불관용을 가르치는 것보다 장기적으로 훨씬 더 이익이다.

관용은 누구에게나 교육할 수 있다. 그 이유는 관용의 정의 때문이다. 관용의 정의는 내가 싫어하고 동의하지 않는 남의 생각이나 행동을 허용하고 인정하는 것이다. 그러니까 관용은 태어날 때부터 갖추고 있는 성품이 아니라 배워야 할 일종의 대인 기술이다. 데카르트와 스피노자는 관대함의 미덕이나 감정이 살아가면서 함양해야 할 기질이라고 주장한다. 특히 스피노자에 따르면 불관용은 슬픔에서 비롯한 화남, 싫음, 스트레스 받음 등의 감정이 심리 원인이다. 그러니까 관용은 이런 심리 원인을 이성 인식으로 조절하는 교육이 필요하다.

### 5) 관용 교육 방법

관용은 교육이 필요하다면 언제 어디서 어떻게 교육할 수 있을까? 관용은 유아기부터 취학 전까지 교육할 수도 있고 초, 중등학교에서 교육할 수도 있다. 유아 이후의 경험이 다르면 관용의 정도도 다르다는 국제 비교 연구의 증거가 많이 있다.(*Tolerance and Education*, 26쪽) 따라서 가정과 어린이집은 미취학 아동에게 관용의 중요한 배움터다. 연령의 정도, 종교의 유무와 더불어 학교 교육은 관용의 정도(degree of tolerance)에 큰 영향을 미치는 변수로 알려져 있다. 성인의 경우 관용의 정도에 가장 중요한 영향을 미치는 변수는 연령, 수입, 종교, 성, 주거지보다 교육 수준이다. 대체로 성인은 교육 수준이 높을수록 관용의 정도도 높다.

학교에서 관용을 교육하는 방법은 교육 커리큘럼을 통해 직접 가르치거나 집단 접촉, 시민교육, 인성 발달 교육 등 간접으로 가르치는 방법 등이 있다. 관용을 직접 교과목으로 가르치는 것이 얼마나 효과가 있는지에 대한 증거는 빈약하지만 없지는 않다. 정치 관용을 교과목으로 가르칠 경우 효과가 있다는 보고도 있다.(*Tolerance and Education*,

27쪽) 특히 우리나라처럼 국회의원들의 타자 존중의 정신이 약한 사회에서는 미래의 성숙한 한국 정치를 위해서라도 정치적 관용 교육이 절실히 요청된다.

그러나 관용을 지식으로 가르치는 것은 관용 행동을 증진하는 데 별효과가 없고 관용의 정서와 관용 판단력을 기르는 것이 관용 행동에 미치는 효과가 크다는 교육 현장의 목소리가 있다.(「중고등학생의 관용성 분석과 관용 교육 개선에 관한 연구」, 23-24쪽; 「관용 교육의 도덕 교육적 의의」, 41쪽) 관용의 정서를 기르려면 지식을 주입하는 것보다 인성 교육이 더 효과가 있다. 인성 교육은 내면을 가꾸고 남들, 공동체, 자연과 더불어 살아가는 데 필요한 성품과 역량을 기르는 것을 목적으로 하는 교육이기 때문이다.

관용 판단력을 기르는 데도 관용에 대한 지식을 익히는 것보다는 남들과 대화하고 토론하는 것이 더 낫다. 여기서 판단력이란 일반 규칙과 개별 사실을 가지고 특수한 사태를 추론하는 역량이다. 예를 들어 모든 사람이 죽는다는 일반 규칙이 있고 나는 사람이라는 개별 사실이 있으면 나는 죽는다는 특수한 사태를 추론할 수 있다. 판단력을 기르려면 일반 규칙과 개별 사실을 많이 아는 것으로 부족하고 여기서 한 걸음 더 나아가 추론하는 능력이 필요하다. 토론은 남이 말하는 것을 듣고 찬성하거나 반대하는 이유를 들어야 하니까 판단력을 길러 주는 좋은 방법이다.

스피노자에 따르면 불관용은 토론을 거부한다. 인간은 대체로 삶의 불확실성과 불행에서 오는 슬픔과 공포에서 벗어나려고 노력하지만 쉽게 미신에 빠지고 미신을 고수하려고 토론을 거부한다. 미신은 불확실하고 불행한 삶의 원인에 대한 자기의 믿음 또는 남의 믿음을 맹신하는 것이다. 만약 일진이 학교에서 공부하는 것도 재미없고, 경쟁하는 것도 재미없어서 자기 삶이 불확실하고 불행하다고 생각한다면, 학교가 정한 규칙대로 사는 것이 불행의 원인이라고 맹신할 수 있다. 일진은 학교의 규정을 어기고 폭언과 폭행을 앞세운다. 욕설과 주먹을 앞세우면 토론은 물 건너가며, 여기에 관용이 설 자리는 없어진다.

토론의 핵심은 어떤 주장을 펼칠 때 주장만 외치지 않고 근거를 대는 것이다. 왕따와 일진 등 학교 폭력의 가해자도 폭력을 행사하는 이유를 댈 수 있다. "먼저 괴롭혀서", "장난으로", "마음에 안 들어서", "특별한 이유가 없다", "다른 친구가 하니까", "화풀이 또는 스트레스 때문에" 등이다. 그러나 토론이 이루어지려면 그 이유가 타당한지 말로 따져야 한다. "먼저 괴롭혀서" 보복으로 집단 따돌림하거나 폭언하고 폭행하는 학생은 학교 규정에 호소하거나 대화로 설득하는 등 다른 비폭력 방법이 있으니까 정당하지 않다는 반론에 말로 대답해야 한다. 어떤 주장을 이유나 근거를 대며 펼치고 상대의 반론을 받고 재반론하는 과정이 토론이다. 경쟁과 약육강식의 논리가 학생들의 목을 지금처럼 극심하게 조르지 않는다면 학교에서의 비판적 토론은 수업을 통해 얼마든지 배울 수 있으며, 관용 교육도 여기에서 이루어질 수 있다.


## 2. 제노포비아와 다문화주의

### 1) 제노포비아와 공존하는 다문화주의

유럽과 미국 사회에서 '다문화주의'가 불러일으킨 논란에 비하면, 우리나라에서 다문화주의의 상륙은 놀라우리만큼 수월하게 이루어진 것처럼 보인다. 서구 사회에서 '다문화주의'는 늘 논쟁을 수반했고 심지어 포기되어야 할 운명에 처하기도 했다. 반면 한국 사회에서는 누구나 다문화주의를 일단은 규범적으로 지향해야 할 가치로, '정치적으로 올바른 것'으로 받아들인다. 이는 외국 문화나 이주민에 대해 한국인이 서구인보다 훨씬 개방적임을 의미할까? 그렇지 않다.

> 지난해[2006] 스위스 국제경영개발원의 조사에 따르면 한국은 조사 대상 55개 국가 중 인종차별이 51위에 해당했다. 유엔 인종차별철폐위원회는 지난 18일 우리나라에 대해서 단일민족에 따른 인종차별주의를 시정할 것을 권고했다.—〈인종차별 55개국 중 51위〉, 『내일신문』, 2007.8.22. 21면.

물론 10년 전의 기사이다. 그러나 외국인에 대한 임금 체불이나 강제 노동과 학대, 결혼이주여성이나 혼혈아가 우리 사회에서 겪어야 하는 고초는 지금이나 그때나 별반 다르지 않을 것이다. 다문화주의라는 규범과 제노포비아(xenophobia), 곧 외국인 혐오가 나란히 공존하고 있는 것이다. 우리나라 다문화주의의 실상을 알기 위해 우리가 먼저 물어야 할 것은 이런 간극이 왜 생기느냐이다. 이 물음에 대한 실마리는 우리 사회에서도 '다문화'라는 말이 마냥 긍정적이지만은 않다는 점에서 찾을 수 있다. 우리에게 '다문화주의'라는 말은 우선 '다문화 가정'을 떠올리게 하고, 이는 다시 '결혼이주여성'과 나이든 농촌 총각을 떠올리게 한다(서구인들과의 결합 가정은 '다문화 가정'보다는 '인터내셔널 패밀리'라 불린다고들 한다). 이런 연상은 실상에 부합한다. 우리 사회에서 다문화주의의 수용은 이주민 노동자나 지구화 등과의 직접적 관련보다는 결혼이주여성과 다문화 가정의 존재 때문에 국가가 정책적으로 적극 추진하면서 이루어졌다. 이주민 노동자와 달리 결혼이주여성은 대한민국 가정의 일원이 되고 대한민국의 자녀를 낳는다. 그래서 이주민 노동자의 존재보다 결혼이주여성의 존재가 다문화주의를 추진하는 직접적 계기가 된다. 이처럼 우리나라의 다문화주의는 국가가 적극적으로 문화의 다양성이 보장되는 사회 환경을 만들고 국가기구를 이와 같은 방향으로 재편하는 정책적 다문화주의라는 특징이 있다.

이런 특징은 앞서 말했듯, 빠른 시간 안에 우리 사회 안에 다문화주의가 '정치적으로 올바른 것'이라는 통념이 자리잡게 만들었다. 그러나 이처럼 다문화주의가 이미 윤리적, 도덕적인 개념이 되어 버림으로써 생기는 두 가지 결정적 부작용이 있다. 하나는 그것이 **공론장의 논의거리가 되지 못했다**는 사실이다. 달리 말해, 다문화주의는 별다른 사회적 합의 없이 일방적으로 수용되었다. 다른 하나는 외국인 노동자들이 왜 이주하고, 우리 사회 경제 상황에서 어떤 역할을 하는지에 대한 분석이 이루어지지 않거나 적어도 널리 공유되지 않았다는 점이다. 그래서 외국인 노동자는 자신의 직업을 빼앗아 가는 경쟁자가 되고, 더구나 우리가 내는 세금이 이들에게 '다문화'라는 이름으로 낭비된다는 불만이 다른 사회와 마찬가지로 우리 사회에서도 어김없이 생겨났다. 현재 스스로를 공개하지 않고 인터넷 공간을 중심으로 익명으로 조직되는 반다문화 담론은 이런 역효과의 증거가 된다. 대표적으로 〈다문화정책반대〉(http://cafe.daum.net/dacultureNO)라는 사이트의 예를 들어보자.(2018년 3월 3일 현재, 회원수: 11523, 방문수: 256)

음성군에서 외국인과 내국인 비율이 1:1이 되고, 외국인 없이는 공장이 돌아가지 않는 상황에서, 군이 나서서 외국인 의사소통 등 문제점을 해결하고자 노력한다는 기사가 실리고(2018년 3월 1일, 『연합뉴스』), "외노자를 이주민으로 만드려고 한다." "그냥 이럴 때 정은이가 핵 한번 쏴 주면 좋겠다"는 댓글이 달린다. 외국인 노동자들에 의해 저질러진 흉악한 범죄가 나열되고, 그들에 대한 공포가 부추겨지기도 한다. "〈세태추적〉섹스에 굶주린 이방인들. 겁탈당하는 대~한민국"(2012년 2월 9일)이라는 제목의 기사나, 이슬람은 본질적으로 이슬람의 율법만을 고수하기 때문에 '잠재적 살인자'(2011년 7월 28일)라는 글이 대표적이다. 그러나 이처럼 터무니없는 편견만 올라와 있는 것은 아니다. 영국, 독일, 프랑스, 호주 등이 다문화주의를 포기했다는 제법 정확한 기사가 올라오기도 한다. 물론 이는 곧바로 "영국인 신생아 이름 1위가 모하메드. 더 이상 영국인의 나라가 아니다."(2016년 3월 31일) 등등의 위협적 기사가 이어지기는 한다. 대부분의 출처는『연합뉴스』이다. 더 주목할 것은 외국 노동자 유입에 대한 사람들 나름의 자생적 분석이다. 즉 다문화란 "후진국의 값싼 인력을 대량으로 끌어들이기 위한 가진 자들의 논리," "후진국의 값싼 인력과 서민들을 저임금 경쟁으로 내몰려는 자본가들의 음모"라는 것이다. 이는 미국에서 가난한 백인들이 트럼프를 지지했던 때와 마찬가지로, 다문화주의에 대한 근거 있는 항변이다. 만일 정말로 이런 상황이라면 '다문화주의'라는 이름으로 다문화 교육이나 다문화 가정에 정부가 막대한 예산을 쏟아붓고 있다면, 자신의 일자리를 빼앗아 간 사람들에게 어처구니없이 특혜까지 안긴다는 반감이 생기는 것은 자연스러운 일이다.

### 2) 다문화주의 논쟁의 생략과 표리부동

우리나라가 다문화주의를 받아들인 과정의 이런 특수성은 외국에서 다문화주의가 커다란 논란거리가 되는 이유와 대조해 보면 더 잘 드러날 것이다.

우선 다문화주의는 매우 광범위한 개념이고 모델도 다양하다. (a) 프랑스 공화주의처럼 타문화를 지배 문화에 동화시키려는 정책, (b) 독일처럼 이주민들을 일정 기간이 지난 후 돌아갈 것으로 생각하고 차별적으로 배제하는 정책, (c) 이질적 요소가 서로 융합되어 동질적으로 변화해 가는 미국의 용광로 모델, (d) 이에 반대하여, '통합'을 위해 동화를 강조하기보다 해당 국가에 대한 시민성과 충성심만 요구하고 개인의 고유한 문화적 유산의 보존은 허용하는 미국의 샐러드 볼 모델, 마지막으로 (e) 이민자의 다양한 문화가 평화롭게 조화되어 더 크고 창의적인 문화의 원천이 된다는 캐나다의 모자이크 모델 등이 있다.(이찬욱 외, 『한국사회와 다문화』 참조) 이런 다양성에도 불구하고 이 모델들에 공통된 요소는 한 국가 내에 이질적 주민들이 유입되는 상황에서 이들을 통합시키려는 문제의식이라 할 수 있다.

이론적으로 볼 때 다문화주의는 시민권 모델의 변화와 관련된다.(윌킴리카, 『현대 정치철학의 이해』, 455-520쪽 참조) 이전의 시민권 모델은 시민 모두가 갖는 "권리로서의 시민권(citizenship-as-right)이었다. 이는 국민 통합과 관련되어 있고, 이 시민적 권리를 사회적 권리로 확장되면서 복지국가가 발전했다. 그러나 이 모델은 두 가지 도전에 부딪히게 된다. 하나는 권리에만 관심을 집중하면서, 시민적 덕성 및 시민들의 적극적 정치 참여가 등한시되었다는 점이다. 이는 오늘날 공화주의 조류의 부활을 촉발하는 계기가 된다. 다른 하나는 사회의 다원화에도 불구하고 모든 시민에게 공통적인 권리에만 관심을 집중했다는 점이다. 그래서 이제 집단별로 분화된 권리(group-differentiated rights), 혹은 분화된 형태의 시민권(differentiated citizenship)에 대한 요구가 생겨난다. 가령, 특수 집단의 종교적 안식일을 공적으로 인정해 달라거나, 동물도살관련법이나 군대나 경찰에서 터번 착용을 금지하는 복장 규정처럼, 종교 예배를 간섭하는 법률 적용에 예외를 인정해 달라는 요구들이 그것이다.

이와 같은 다문화주의는 차이의 정치(politics of difference), 정체성 정치(identity politics), 인정의 정치(politics of recognition) 등의 이름

을 내걸고 주장되어 왔다. 다문화주의를 뒷받침하는 철학적 근거(대표적으로 테일러Taylor)는 세 가지 정도로 요약될 수 있다. 우선 모든 인간이 언어, 성차, 종교, 인종에 관계없이 동등하게 존경받을 가치가 있고 존엄한 존재라는 인식, 둘째, 모든 문화에는 내재적 가치가 있고 이것이 평등하게 인정받아야 한다는 인식, 셋째, 자기 문화의 장래가 보증된다는 문화 존속에의 믿음의 필요성이 그것이다.

그러나 앞서 말했듯, 이런 가치에도 불구하고 다문화주의는 우리나라와는 달리 심각한 이론적, 실천적 비판에 직면하게 된다. 핵심 비판만 몇 가지 들자면 아래와 같다.(Nancy Fraser, "Recognition without ethics?", 86-108쪽 참조) 첫째, 한 개인이 갖는 정체성의 복잡성과 다양성, 교차성을 간과하고 지극히 단순화된 정체성, 즉 해당 소수자가 소속된 관련 집단의 정체성을 강요한다는 점이다. 둘째, 문화를 물화(reification)된 방식으로 이해하는 태도이다. 사람들은 한 집단의 특수한 '문화'를 보존하게 해 달라고 요구하지만, 모든 사회현상과 마찬가지로 문화 역시 다른 문화와 만나 변용을 겪기 마련이다. 셋째, 집단 간의 상호작용 대신 분리를 각인하고자 하며, 마지막으로 한 집단 내부의 이질성을 부인하고 그 결과 집단 내부 권력 투쟁을 간과하면서 집단 내 지배 권력 강화에 봉사할 수 있다는 점이다. 분화된 시민권 요구는 해당 집단의 엘리트들(ethnic entrepreneurs)이 자신의 지배를 영속화하기 위한 것일 수도 있는 것이다.

이런 논의에만 비춰 보더라도 우리나라에서 '다문화주의'가 얼마나 많은 과정을 생략하고 그저 정책적 차원에서 다소 편의적으로 도입되었는지 알 수 있다. 이는 이전에 비가시적이었던 외국 이주민의 존재가, 특히 결혼이주여성의 존재로 인해 가시적이 될 뿐만 아니라 당장 해결해야 할 문제가 된 특수한 맥락으로 설명될 수 있다. 그러나 공론

장에서의 토의 과정이나 대강의 형태라도 사회적 합의를 얻는 과정이
부재했다는 점이 문제임은 부인할 수 없다. 이 때문에 누구든 공개적으
로는 다문화주의를 정치적으로 올바른 것으로 인정하면서도, 실질적으
로는 다문화 가정 자녀를 기피한다거나, 심지어 그들에게 투자되는 세
금을 부당하게 여기는 등의 표리부동을 낳는다. 이는 앞에서 보았듯,
익명의 공간에서의 격렬한 거부반응으로 이어진다. 이런 표리부동은
교육 현장에서의 다문화주의와 교육 현장 바깥에서 다문화의 실상 사
이의 괴리와도 이어진다.

### 3) 학교 안과 밖의 괴리

#### (1) 학교 안

정부 정책대로 다문화주의가 가장 낙관적으로 실현되고 있는 곳은
교육 현장이다. 교육 현장에서 관용 교육은 "다문화 교육"이라는 이름
으로 실행되고 있다. 그리고 다양한 사회 영역들 중 불관용이 제기하는
문제에 대처하기 위해 가장 많은 관심과 투자가 이루어지는 영역도 교
육 현장이 아닐까 싶다. 우선, 교육 현장에서 관용 교육이 **다문화** 라
는 이름으로 이루어지는 이유는 일반적으로 교육 현장에서 계급이나
학력, 가치관 등의 차이가 유의미하게 고려되지 않는(혹은 고려되어서
는 안 될) 반면, 외국 출신 구성원의 언어적 문화적 차이는 고려 대상이
되지 않을 수 없기 때문이다. 다음으로, 다문화가 **교육** 현장에서 주로
고민되는 이유는 다문화 가정 자녀 1세대가 자라고 있는 중이기 때문
이다. 이 자녀들은 현재까지는 대체로 초등학교에 몰려 있지만, 앞으로
중고등학교로, 사회로 옮겨갈 것이고, 숫자도 더 늘어갈 것이다. 가령,
서울시 교육청 관내 서울D초등학교는 2016학년도 1학년 입학생 중 다

문화 가정이나 외국인가정 자녀의 비율이 50%를 넘었고(장진혜, 「다문화 교육의 실상과 미래」 참조), 필자가 인터뷰 했던 구로중학교의 경우 2014년 20명이었던 다문화 학생이 2017년 현재 84명(재적 480명)으로 증가했다.(이 중 83명이 중국인이고, 1명이 일본인이다) 표면적으로 드러나지 않은 학생들까지 포함하면, 전체 학생의 20% 정도일 것으로 추정된다. 이 때문에 교육 현장에서 이 문제에 부딪혀 본 교사들은 다문화 교육이 앞으로 우리 사회 생존이 걸린 문제라고까지 생각한다.

우리나라에서 다문화 교육이 언제 본격적으로 시작되었는지는 2007년 2월 28일자로 고시된 교육과정에서 '다문화주의'라는 말이 처음 등장한다는 사실로 미루어 짐작할 수 있다. 그러나 어떤 유형의 다문화주의를 추구하는지에 대한 부연 설명 없이 교육과정의 중점 사항 중 하나로 다문화주의라는 말만을 추가했을 뿐이다.(나장함, 「다문화주의 패러다임에 대한 종합분석: 패러다임과 Banks 접근법과의 관계성을 중심으로」, 22쪽) 그 이후로 다문화 교육은 최소한 양적 규모에서는 비약적으로 발전했다. 교육부와 각 시도 교육청을 통해 이루어지는 다문화 교육 관련 예산 사용을 보면 2016년 서울시 교육청 기준 약 34억원이다. 교육행정 당국의 다문화 교육 정책도 진화했다. 장진혜에 따르면 이는 한마디로 동화(同化)의 패러다임에서 상호문화존중 및 세계시민 교육의 패러다임으로의 전환이라 할 수 있다.(「다문화 교육의 실상과 미래」) 다문화 교육은 "다름의 인정"을 표면적으로 내걸면서도 실질적으로는 동화의 패러다임에 따라 이루어졌다. 앞서 말한 막대한 예산은 다문화 학생에 대한 지원에 편중되어 있으며, 시혜적 성격이 강했다. 이는 일반 학부모의 입장에서는 '역차별'이라는 반발을, 시혜자들의 입장에서는 자신들의 정체성이 이런 식으로 가시화되는 것에 대한 거부감을 불러 일으켰다. 그러나 최근 교육부 정책은 상호문화존중으로 그 패러다임을 전환하는 중이다. 이런 변환은 구체적으로 일반 학생과 다문화 학생이 동반 성장할 수 있도록 이중 언어교육을 제공하는 정책 등으로 드러나고 있다.

그럼에도 여전히 남는 문제는 우선, 다문화 학생을 여전히 시혜의 대상으로 본다는 점이다. 여기에는 그들을 문화적 결핍자로 보는 관점과 혜택을 통해 그들을 주류 사회에 동화시키는 것을 목표로 삼는다는 점이 전제되어 있다. 둘째, 이는 다문화 교육을 너무 협소하게 이해한다는 더 본질적인 문제와 연관되어 있다. 현재 다문화 교육은 다문화를 이주민하고만 관련시킨다. 다문화 교육에서 일반 학생은 대개 제외된다. 교육을 학생에만 한정한다는 점도 문제이다. 다문화 교육에서 교사와 학부모는 제외된다. 교사들의 경우 다문화 학생들이 있는 경우에는 어쩔 수 없이 문제에 대면할 수밖에 없지만, 그렇지 않은 경우 문제의식이 별로 없는 듯하다. 이는 우리나라보다 다문화 교육의 역사가 오래된 미국의 경우 백인 밀집 지역의 경우 다문화 교육의 필요성을 느끼지 못한다는 사실과 연관된다. 마지막으로, 이주민 문화 이해의 경우에도 단지 이국적 전시물의 관찰자 수준에서 바라보도록 하는 데 그친다.

우리가 인터뷰했던 교사(박복희, 구로중학교 다문화 담당 혁신교육부장)나 교육 전문가들이 향후 다문화 교육에 가장 필요한 것으로 보는 것은 다문화 교육이 이주민이나 이주민 문화하고만 관련되는 것이 아니라, **문화 현상 전체**와 관련되어야 한다는 것이다. 다문화는 이주민 문화만이 아니라 다양한 성적 지향은 물론, 다양한 가치관, 종교, 다양한 복장과 머리 스타일(그래서 복장 및 두발 규제는 다문화와 상충한다) 등등이 모두 포괄된다. 이주민 문화는 이 많은 차이들 중 하나에 불과하다. 오직 이럴 때에만 이주민이 '특별한' 종족으로 가시화되고 그들의 정체성이 고착된 것처럼 다루면서, 특혜가 오히려 폭력이 되는 문제를 막을 수 있을 것이다. 아울러 이는 이주민이 갖는 차이만이 아니라 일반적으로 차이가 혐오의 대상이 되고 배타적 성향이 강해지는 교실 문화에 대한 대응이기도 하다.

(2) 학교 밖

우리가 보기에 더 시급한 문제는 사회에 만연해 있는 제노포비아(ze-nophobia; 외국인 혐오증)이다. 제노포비아는 단지 편견만이 아니라 구체적인 삶의 여건과 관련되어 있다. 다문화 반대자들에게 외국인 노동자는 직접적으로는 일용직 등에서 한국인들의 일자리를 빼앗는 존재이고, 더 중요하게는 한국인들의 저임금, 비정규직화에 간접적으로 기여하는 존재이다. 외국인 노동자는 그래서 우리 사회 모든 불행과 연결된다. 지금은 없어진 〈외국인노동자대책시민연대〉 www.njustice.org의 창립선언문에 이런 의식이 잘 반영되어 있다.(아래는 강진구, 『한국사회와 다문화』 3장 참조)

> 외국인 노동자로 인하여 60만개 이상의 일자리를 박탈당하고 몸부림치는 저소득층은 어린 자녀를 안고 투신자살을 하고 실직자가 지하철에 뛰어드는 일이 그칠 줄 모르고 있다…배가 고파서 여대생이 우유와 빵을 훔치고 젊은 대졸자들이 환경미화원 선발에 집중적으로 몰리는 실업 사태는 우리 사회의 절체절명의 극한상황을 대변한다.—창립선언문

이주 노동자를 향한 증오는 우리 세금으로 이주 노동자에게 '특혜'를 베푸는 정부를 향한 불만과 결합한다.

지금 한국 사회는 국제 결혼하여, 아기를 낳기만 하면, 무조건 보육료가 공

짜입니다. 보육료가 무조건 공짜라 이말입니다 cafe.daum.net/daculture-NO/34BL/440

독거노인과 소년소녀 가장 가정, 기초생활수급자 등 어려운 이웃들에게 돌아가야 할 돈이 엉뚱한 외국인 유학생들과 다문화 가정에 올인되고 있다. hij-korea

강진구의 지적대로 이들은 대부분의 외국인 유입이 정부의 그릇된 다문화 정책에서 비롯되었다는 잘못된 전제에서 출발한다. 한국의 다문화정책이 외국인의 급격한 유입 이후 이에 대응하기 위한 방안이었음을 외면하는 것이다. 그러나 앞서 우리가 스피노자의 철학에서 보았듯, 정념은 다른 정념에 의해, 곧 그것과 상반되면서 더 강한 정념에 의해 제압될 뿐, 참된 한에서의 참된 관념에 의해 소멸하지는 않는다. 더욱이 불행에 빠진 이들의 슬픔은 슬픔의 원인을 찾게 하고 이 원인의 표상과 결합되면 증오가 된다. 그리고 증오의 대상(외국인)을 기쁘게 하는 대상(국가) 역시 증오의 대상이 된다. 그러므로 사회적 불행에 빠진 이들이 많은 사회일수록 제노포비아가 더 극성을 부리는 것은 어찌 보면 당연한 일이다.

외국인에 대한 표상이 불행한 삶의 조건에 처한 이들에게서만 왜곡되어 있는 것은 아니다. 2000년 이후부터 꾸준히 출간되는 한국 소설에 그려진 이주 노동자들 역시 대개 얼굴 없는 타자의 모습이다.(아래는 노자은, 『한국사회와 다문화』 4장 참조) 스스로 이방인이 되고자 하는 한국 여성의 성적 욕망 달성의 매개체에 불과하거나(장정일, 『보트하우스』, 1999), 이주 노동자는 작중 화자가 이전에 미군 캠프에서 당했던 성적 폭력을 떠올리면서 이제 정복자의 위치에서 성적 욕망을 투사하는 대상이 된다.(김소진의 「달개비꽃」, 『자전거 도둑』, 2002) 그

외 결혼이주여성을 그린 다수의 소설(천운영의 『잘가라, 서커스』, 한수영의 『그녀의 나무 핑궈리』, 2006, 이명랑의 『나의 이복형제들』, 2004, 공선옥, 「가리봉 연가」, 『유랑가족』, 2005, 김인숙, 「나비와 바다」, 『그 여자의 자서전』, 2005)에서 여성들로는 대개 조선족이 등장하는데, 이는 한국 남성들이 혼혈에 대한 거부감을 나름대로 극복하는 방식으로 볼 수 있다. 이 소설들의 공통성은 대부분 비극성을 강조한다는 것이다. 여기서 결혼이주여성들은 대개 국제범죄와 공모한 한국 남성의 희생양으로만 그려진다. 이는 물론 현실의 반영이기는 하다. 특히 국제결혼은 한국 남성들이 소유하고 있는 것처럼 보이는 '환상적 자본'으로 한국 남성들이 지니고 있는 결핍을 감추고 있지만, 이것이 새로운 갈등과 위기의 촉매제가 되고 있다. 그럼에도 한국 남성은 가부장적 위계질서를 강화하는 식 외에는 국제결혼으로 생기는 갈등과 위기를 해소할 방법을 알지 못한다는 모순을 이 소설들은 드러내 준다. 그러나 결혼이주여성의 삶을 온통 파국으로만 형상화하는 것은 그들을 그저 타자로 보는 담론이기도 하다. 노자은의 분석에 따르면 이는 "한국 사회가 행하고 있는 결혼이주여성에 대한 남성적 폭력과 차별에서 자신들을 분리해 내고자 하는 경계 안 여성들의 욕망이 숨어 있"지(『한국사회와 다문화』, 209쪽) 않은지 문제 제기가 가능하다.

### 4) 학교 안팎 다문화 교육의 방향

이런 현실은 다문화 교육이 학교 안과 밖 모두에서, 모든 시민들을 대상으로 이루어져야 할 필요를 심각하게 제기한다. 그 이전에 다양한 '다문화주의'의 지향 가운데 우리 사회가 지향해야 할 다문화주의가 무엇이 되어야 할지에 대한 공론화 과정이 지금이라도 필요할 것이다. 이와 병행하여 학교 안팎에서 다문화 교육이 지향해야 할 방향은 세 가지 정도 꼽을 수 있겠다. 첫째, 타문화를 '이국적'인 관점에서 관찰적으로 바라보는 것이 아니라 공감하고 차이에 개방적인 감수성을 갖게 하는 **관용 교육과 다문화 감수성 교육**이 필요하다. 둘째, 현실을 보다 정확히 인식하게 하는 교육도 필요하다. 가령 이주 노동자가 어떤 식으로 우리나라에 유입되어 우리 경제에서 어떤 역할을 하고 있는지, 그리고 우리 사회 경제적 불평등이 어디에 기인하는지에 대한 **보다 포괄적이고 정확한 지식**을 갖게 하는 것이다. 셋째, 비판적 다문화 교육이 필요하다. 실제로 교육 전문가들은 문화적 차이의 패러다임에서 더 나아가 **비판적 다문화주의**의 패러다임을 내세운다. 비판적 다문화주의란 다양성을 강조하면서 소수 집단이 겪는 불평등의 구조를 무시할 뿐 아니라 이를 오히려 깊숙이 은폐하는 경향이 있음을 지적하고, 소수 집단이 겪는 불평등을 사회 경제적인 것, 나아가 표상과 지식까지 확장하여 분석하는 것이다. 다른 한편, 다문화 교육이 학생들을 니체적 의미의 '대중'으로 만드는 위험 역시 경계해야 한다. 가령 동화주의 교육은 다문화 학생들의 주류 문화로의 편입과 동화를 실질적 목표로 삼으면서, 그들에게 주류 문화를 무비판적으로 수용하도록 하는 경향이 있다. 반대로, 다원주의 다문화 교육에서는 집단 문화의 상이성을 강조하면서 그 문화에 대해 무비판적이고 낭만적인 태도를 심어 줄 우려가 있다. 그러므로 주류 문화든 상이한 문화든, 거리를 두고 비판적으로 분석할 줄 아는 능력을 양성해야 할 것이다. 물론 이는 비단 학교 안의 학생들만이 아니라 학부모, 그리고 학교 밖의 모든 시민들에게도 해당하는 사항이다. (김성환, 김은주)

# 4

## 동성애 혐오와
## 동일성의 관용

### 1. 한국의 동성애자는 외계인이 아니다.

철학자 소크라테스, 그리스의 여류 시인 사포, 개종하기 전의 성 아우
구스티누스, 천재 예술가로서 그가 없었다면 모나리자의 미소를 결코
볼 수 없었던 레오나르도 다빈치, 베이컨과 오스카 와일드 그리고 러시
아의 작곡가 차이코프스키가 시공간을 넘어 공유하고 있는 하나의 공
통된 취향이 있다면 이들은 모두 동성애의 취향을 지닌 사람들이었다
는 사실이다. 이들이 남긴 위대한 업적을 우리는 향유하고 있다. 이들
은 결코 외계인이 아니다. 이들의 동성애 취향과 업적 사이에 어떤 상
관관계가 있는지는 알 수 없으나 만일 이들이 오늘의 한국 사회에 태어
났다면 아마도 이들의 예술적, 철학적, 문학적 재능은 꽃 피기도 전에
사라졌을 것이다. 이들의 탁월한 재능을 인정하기보다는 성적 취향을
경멸하는 일에 더 집중했을 것이다. 이들을 외계인 취급을 했을지도 모
른다.

　우리나라의 경우 동성애에 대한 혐오감과 배척의 강도가 과거에 비해 많이 개선되고 있다는 것은 아마도 사실이 아닐 것이다. 왜냐하면 동성애 문제가 사회적 이슈로 드러난 경우가 과거에는 거의 없었기 때문이다. 오히려 동성애 문제는 인권 신장과 성 정체성, 차별금지법 제정 요구 등과 맞물려 최근에 들어서서 가장 큰 논란이 되고 있는 주제이다. 현재 우리 사회에 만연한 여러 혐오 현상들 중 대표적인 것으로 동성애 및 동성애자들에 대한 혐오를 손꼽을 수 있다. 출판물과 인터넷 상에서 발견되는 동성애에 대한 노골적인 혐오 발언(hate speech)은 말할 것도 없고, 2000년 이후 매년 열리는 성소수자들의 문화 행사인 퀴어 문화축제(Queer Culture Festival)는 동성애 반대 단체들의 행사 진행 방해, 반대 집회, 오물 투척 등으로 축제라는 말이 무색하게도 대립과 충돌, 폭력 사태로 점철되는 모습을 볼 수 있다. 최근에는 심지어 '종북 게이'라는 신조어까지 등장해 동성애자들의 인권을 옹호하는 일이 북한을 추종하는 것과 어떻게 연결되는지에 대한 아무런 설명도 없이 제멋대로 사용된다. 이는 혐오 대상이 되는 집단을 한데 묶어 혐오 대상에 대한 사회적 낙인을 강화하고, 아무 근거 없는 혐오 발언을 조직적으로 유포하여 재생산하는 전형적인 사례가 아닐 수 없다.(「동성애와 동성애 혐오 사이에는 무엇이 있는가」, 17쪽 참조) 이렇듯 동성애에 대한 혐오는 단지 그 자체에 그치지 않고 반공주의, 보수주의 등과 결합되면서 다양한 형태의 혐오를 확산하는 결과를 낳는다.

　심지어 최근 대통령이 발의한 헌법 개정안에 대한 논의에서도 동성애 혐오가 분명하게 드러난다. 개정안의 11조 2항은 '국가는 성별 또는 장애 등으로 인한 차별 상태를 바로잡고 실질적 평등을 실현하기 위해 노력해야 한다'는 조항인데 동성애 반대자들은 여기서 '등으로'라는 문구를 문제 삼아 개헌안에 반대하는 입장을 드러냈다. 곧 '등으로'는 범위가 모호하기 때문에 대상이 무한정 넓어질 수 있고, 따라서 동성애 양성애 다자성애 등을 얼마든지 포함할 수 있다는 것이다. 동성애 반대자들은 이 조항이 특히 동성애 옹호에 앞장섰던 국가인권위원회의 개헌안과 같다고 지적하면서 '등으로'라는 문구가 포괄적 차별금지법을 뒷받침한다는 비판을 계속하고 있다.(다음 카페 '많은 향 기도', 2018년 4월 10일 기사)

신자유주의의 문화정치가 차이와 평등, 무엇보다 관용을 어떻게 이용했는지에 대해 논의하면서 리사 두건(Lisa Duggan)은 진보주의가 경제, 정치, 문화의 관련성을 보지 못했다고 지적하였다. 신자유주의자들이 그들의 지지층을 형성하고 개조하는 동안 진보주의자와 좌파는 여성이나 퀴어 같은 정체성 운동의 중요성을 놓치고 점점 더 진영 싸움에 빠져들었다고 주장한다.(『평등의 몰락』, 참조) 두건은 특히 [평등한 퀴어라는 신자유주의의 신화]를 파헤치면서 미국에서 9·11 사태에 관련해 폴웰 목사와 같은 보수적 종교인들의 시선이 어디에 있는지를 보여 준다. "이교도, 낙태 시술자, 페미니스트, 활발하게 대안적인 삶의 양식을 만들려고 시도하는 게이와 레즈비언, 미국 시민자유 연합, 미국적 길을 위한 사람들, 미국을 세속화하려고 시도해 온 모든 이들, 그들의 면전에 손가락질하며 나는 말합니다. '당신이 이 사태를 만들었소.'"(『평등의 몰락』, 110쪽) 맹목적 국수주의와 신자유주의자의 은밀한 연합은 '호모포비아'를 단순한 심리적 태도가 아닌 실천과 정치의 문제로 파급하고 있음을 보여 주고자 시도하는 두건의 논의 속에서 이 논의가 단지 미국에서의 문제에만 국한되는 것이 아님을 생각하게 된다. 그런데 한국에서의 동성애나 동성결혼에 대한 혐오는 이러한 정치적 기획 이전에 현재 일상에서의 성소수자들에 대한 무분별한 폭력과 차별로 이어지고 있다는 점에서 반드시 성찰이 필요한 시점이 된 것으로 보인다.

2018년 한국에서도 폴웰 목사의 주장에 맞먹는 강력한 항의를 담은 성명서가 전국학부모단체연합, 동성애 동성혼 개헌반대 국민연합의 이름으로 발표되었다.(2018. 1. 15) 이들은 국회 개입을 요구하며 '음란 방송 EBS는 까칠남녀 중단하라' 고 소리 높여 외쳤다. '까칠남녀' 는 EBS의 프로그램이며 여기서 동성애에 관한 주장들이 여과 없이 방송되었다고 주장하며 폐방을 요구하는 현수막을 들었다. 특정 종교 단체에서의 두드러진 반대 표현, 이를테면 최근 대구나 제주를 비롯, 각 지역에서의 퀴어축제 개최에 대한 가장 강력한 반대 의사 표현은 말할 것도 없지만 이들 특정한 종교적 집단의 반대를 제외하고도 일상적인 혐오와 차별의 사례는 여러 형태로 발견된다.

국가인권위원회의 한 조사에 따르면(『성적지향, 성별정체성에 따른 차별실태조사』 28-29쪽) 조사대상 10대(13-18세)의 성소수자 227명 가운데 혐오 발언을 당한 경험을 갖고 있다는 응답자는 80%에 달했으며 모욕이나 무시, 비난에 이어 물리적인 신체적 폭력을 당했다는 응답도 있었다. 혐오 표현이 대상이 된 소수자 집단의 피해는 두려움과 같은 부정적 심리 반응에서 자살 충동이나 우울증 스트레스성 심리 반응 등 정상적인 삶을 이어가기 힘든 결과로 이어진다.(『혐오 표현 실태조사 및 규제방안 연구』, 157쪽) 따라서 혐오의 대상이 된 성적 소수자들은 이러한 피해의 위험에서 벗어나기 위해 자신의 정체성을 숨기기도 한다. 이렇게 자신의 존재의 의미나 정체성을 스스로 부정함으로써 이들은 정상적인 사회적 삶을 영위하기 힘들며 무시로 폭력과 차별의 위험에 내몰리는 힘든 현실에 괴로워하는 것이다.

성적 소수자에 대한 혐오 표현을 살펴보면 성적 소수자를 비정상적이고 부정적인 존재로 규정하는 경우가 대부분이다. "변태" 등의 표현으로 동성애자들을 잘못된 성행위에만 관심이 있는 존재로 낙인찍으며 이들에 대한 비난과 혐오를 넘어 멸시한다. 따라서 이들은 사회적으로 거부되어야 할 대상으로서의 존재로 표현된다. 더럽고, 역겨우며 사람 이하의 동물과 같은 취급을 받기도 한다. 앞에서 언급한 것처럼 대표적 으로 일부 기독교와 같은 종교 집단에서는 이들에게 윤리적인 측면의 선과 악이라는 개념을 적용해 사탄이나 악마, 죄악과 같은 수식어를 통 해 이들을 단죄하기도 하는 것이다. 2018년 6월 대구 퀴어축제에서는 축제 반대의 규모가 '전국 버스' 형태의 대규모 조직으로 등장했다. '레알 러브'라는 이름의 버스를 타고 전국에서 반대하는 사람들이 모 여 '청소년 인권조례'가 제정되는 것을 막아야 한다고 주장했다. 이 조 례가 동성애를 가르친다고 하며 지방 선거에서 보수우익의 침체를 개 탄하기도 했다. 이들 반대하는 사람들이 주장하는 구호는 동성애에 대 한 혐오의 시선을 여과 없이 드러낸다. '사랑하기 때문에 반대해요, 꼭 돌아와요'라는 티셔츠 문구에서부터 '퀴어의 사전적 의미는 변태'라거 나 '동성애를 인권으로 포장하니 국민 4천명이 에이즈로 사망'과 같은 표현을 적은 팻말이나 현수막들이 등장했다. 이성애만을 진정한 사랑 으로 생각하는 사람들에게는 '사랑'이 '혐오'를 정당화하는 기재로서 견고한 방어벽으로 자리 잡고 있다고 할 것이다. 이러한 혐오 표현은 이들 성적 소수자가 사회에서 격리되고 숨어 있어야 하는 '잘못된' '비 정상적' 존재라는 가치 판단으로 이어지게 한다. 이들은 치료를 받아 야 하는 질환자로서 이들의 존재는 탄생 자체가 근본적인 죄인 것처럼 몰아가기도 한다. 이런 시각은 특히 사회나 공동체, 나아가 국가의 존 립에도 위험이 되는 존재로 성소수자를 치부하게 만든다. 이로 인해 이 들은 나쁜 병, 이를테면 에이즈와 같은 질병을 퍼뜨리는 주범으로 각인 되기도 한다. 그러므로 이들은 당연히 국가나 공동체가 통제해야 할 대상으로서 취급됨으로써 스스로의 정체성을 쉽게 드러내지 못하며, 또한 커밍아웃을 할 경우 심각한 생존의 위협에 시달리게 된다. 혐오 표현들은 극단적인 경우 성폭력이나 신체적이고 물리적인 여러 폭력 또는 살해와 같은 범죄를 사회적으로 정당화하는 기재로 작용하게 된다. 즉 성적 소수자에 대한 사회적인 차별이나 폭력 등을 용인하는 사회 분위기를 조장하게 되는 것이다. 온라인이나 오프라인 등 혐오 표현을 통해 성적 소수자의 성 정체성을 고쳐야 하는 전환 치료(conversion ther-apy)의 대상으로 간주하기도 하고 종교적이거나 국가적인 처벌의 대상으로 분류함으로써 멸시하기도 한다. 나아가 온건한 형태로서, 드러내지 말고 조용히 살았으면 좋겠다는 형태의 견해도 근본적으로는 부정적인 혐오 표현의 배경 위에서 이루어지는 것이다. 2018년 박준배 김제시장 당선자도 자신의 선거 공보물에 '미풍양속을 해치는 동성애 반대'라고 적어 인권단체들로부터 혐오 표현이라는 지적을 듣기도 하였다.

최근 우리 사회에서 드러나는 동성애 혐오의 특징 중 하나는 그것이 단순한 혐오의 감정을 표출하는 데 그치지 않고 동성애 반대자들이 생물학적, 의학적으로 '참된 지식' 또는 '올바른 과학'이라고 주장하는 여러 가지 사실을 근거로 동성애를 더욱 강력히 비난하면서 동성애를 완전히 추방, 제거해야 한다는 식으로 강화된다는 점이다. 곧 혐오라는 감정의 근거로 과학적 사실을 동원함으로써 감정 자체를 정당화할 뿐만 아니라 감정을 넘어선 더욱 극단적인 형태의 혐오를 드러낸다. 일부 개신교 단체들을 중심으로 2010년대 초중반에 설립된 '바른 성문화를 위한 국민연합'(이하 바성연으로 약칭), '성과학연구협회' 등은 이른바 '동성애를 포함하는 다양한 성을 전문가들이 과학적으로 연구, 조사하여 그 결과를 널리 알리고, 왜곡된 성에 대한 치유 상담을 목적으

로 삼는다'라고(성과학연구협회 홈페이지 http://sstudy.org/ 참조) 공
언하면서 동성애에 대한 혐오를 확산하고 있다. 이런 단체들의 대표적
인 주장 중 하나는 동성애가 선천적인 것이 아니라 후천적으로 선택된
성적 지향성이라는 것이다. 이에 대해서는 찬반 논쟁의 근거들이 여러
가지 있으므로 쉽게 한 쪽으로 결론 내리는 데는 주저할 수밖에 없다.
이제 이에 관해 검토하는 것으로 논의를 시작하려 한다.


## 2. 동성애의 원인을 둘러싼 논쟁

바성연의 주장에 따르면, 성은 '신비롭고 고귀한' 것과 '통제되어야 하
는 잘못된' 것으로 나뉘는데, 전자는 창조의 원리에 속하지만 후자는
은밀하게 감춰져야 할 부분이다. 그런데 현대로 접어들면서 후자의 영
역이 인간 중심의 그릇된 문화와 '잘못된 과학'에 의해 점차 노출되고
왜곡되면서 커다란 혼란을 일으키는 원인이 된다.(바성연 홈페이지
http://cfms.kr 인사말 참조) 그러면서 이들은 올바른 과학과 잘못된
과학을 나누는 대표적인 기준으로 동성애 유발 요인을 주목한다. 곧 동
성애를 개인의 의지에 따라 선택된 후천적인 것으로 보는 관점은 올바
른 과학이며, 동성애의 선천성을 주장하는 연구들은 동성애에 관한 오
해와 편견을 불러일으키는 왜곡된 거짓 과학이라는 것이다. 바성연에
소속된 연구자들은 다음과 같은 이유를 들어 동성애의 선천성에 강력
히 반대하고 이를 주장하는 학자들을 비난한다.

첫째, 바성연의 연구자들은 동성애를 유발하는 유전자가 아직 발견
되지 않았으며, 앞으로도 발견될 가능성이 거의 없기 때문에 동성애는
선천적일 수 없다고 주장한다. 그런데도 이른바 '잘못된 과학'은 동성

애가 유전적 요인이 강한 선천적인 것으로 규정함으로써 치료될 수 있는 질병이 아니라 성별이나 피부색처럼 타고난 정체성의 문제로 변질시키는 오류를 범한다는 것이다. 바성연의 연구자들은 이 결과 동성애에 대한 어떤 치료도 거부하는 심각한 문제에 이르게 되었다고 개탄한다.

둘째, 바성연의 연구자들은 동성애의 선천성을 지지하는 학자들이 중립적인 관점에서 올바른 과학적 연구를 진행하지 않고 자신의 성적 정체성을 정당화하려는 의도를 전제하기 때문에 '잘못된 과학'일 수밖에 없다고 주장한다. 곧 동성애의 선천성을 내세우는 학자들 자신이 동성애자이거나 최소한 양성애자이기 때문에 자신들의 왜곡된 정체성을 정당화하기 위해 동성애의 선천성을 내세우는 잘못된 과학을 이용한다는 것이다. 이런 학자들은 동성애의 선천성을 주장함으로써 자신들을 합리화하고, 자신들에 대한 도덕적 비난에서 벗어나고, 스스로 자신들이 정상이라는 사회적 공인을 받기 위한 도구로 과학을 악용하므로 이들의 과학은 거짓일 수밖에 없다는 것이다.

하지만 바성연의 연구자들이 동성애를 후천적으로 습득된 것이라 보는 이유 또한 어떤 의도를 전제하는 것이 아닌가? 이들이 동성애자들에게 일종의 도덕적 책임을 전가하고 동성애자들의 정체성을 부정하기 위해 동성애의 후천성을 주장한다는 의심을 거둘 수 없다. 연구자들은 일관되게 동성애자는 이성애자인 다수 국민들의 기본권을 침해하고, 인류의 존속과 번영을 위협하는 비도덕적 인간이라는 점을 전제한다. 또한 다수의 정상적이고 선량한 국민들은 동성애자에 의해 자유와 권리를 침해당하고 위협받는 피해자로 간주된다. 바성연의 연구자들이 다수-소수, 정상-비정상의 이분법적 구도를 이성애자-동성애자의 도식에 그대로 적용하여 동성애자를 혐오하고 배제하려는 목적을 지니는 한 이들의 과학적 연구 또한 그들 자신이 말하는 '잘못된, 거짓 과학'의 범주를 벗어나기 어려운 듯하다.

바성연이 편집한 『동성애에 대한 불편한 진실』이라는 책의 목차를 보면 동성애에 대한 바성연의 시각이 더욱 명확히 드러난다. '동성애는 유전? NO!, 동성애는 선천적? NO!, 동성애는 치유 불가능? NO!, 동성애는 비정상적? YES!, 동성애는 비윤리적? YES!, 동성애자는 행복? NO!' 등의 제목에서 알 수 있듯이 바성연은 동성애를 후천적으로 얻게 되는 일종의 비정상적인 상태로 규정하면서 이는 명백히 비윤리적인 것이므로 치유를 통해 바로잡아야 한다고 역설한다. 그런데 주목할 만한 점은 위의 책 목차에서 III부의 제목으로 '동성애 혐오? NO!'라는 항목이 등장한다는 점이다. 외견상 이 제목은 바성연이 동성애 혐오에 반대한다는 것으로 읽히지만 세부 목차를 보면 '동성애 차별금지의 문제점', '동성애 차별금지가 법제화되면 나타나는 문제점'으로 구성되어 명백히 모순적인 태도를 드러낸다. 그리고 세부 내용은 동성애 차별금지가 '동성애를 정상으로 공인하고 개인의 윤리관을 무시함', '동성애를 비윤리적이라고 표현할 자유를 잃고 처벌을 받음', '학교는 동성애를 정상이라고 가르쳐서 학생이 동성애자가 될 확률이 커짐' 등으로 구성된다. 동성애를 이렇게 극단적으로 비난하고 죄악시하면서 어떻게 이것이 동성애 혐오는 아니라고 말할 수 있는지를 납득하기가 몹시 어렵다. 더 이상의 예를 들지 않더라도 현재 우리 사회에 동성애에 대한 혐오가 널리 퍼져 있으며 더욱 확산 중이라는 사실을 부정할 수는 없을 듯하다. 그렇다면 이렇게 동성애에 대한 혐오가 만연한 원인은 무엇인가?

## 3. 동성애 혐오의 원인

동성애 혐오가 특별히 현재 우리 사회에서만 나타나는 현상은 아니다.
동성애에 대한 기록과 묘사가 전해지는 고대로부터 동성애는 사소한
정도의 차이가 있을 뿐 거의 항상 혐오와 비난, 경멸의 대상이었다. 최
근의 연구에 따르면, 모든 시대와 문화 그리고 종족을 관통해서 동성애
자는 인구의 대략 8% 정도를 차지할 정도이며, 남성 동성애자(게이)가
여성 동성애자(레스비언) 보다 두 배 정도 많다.("5 Big Ideas about
the Origins of Homosexuality", 2012) 이 말은 동성애 성향이 후천적
인 산물이라기보다는 선천적이고 생물학적인 소인도 무시할 수 없을
정도라는 점을 말해 주고 있다. 여전히 동성애의 원인을 둘러싼 선천성
과 후천성 사이에는 간격이 놓여 있다.

　동성애는 '기이하고 비정상적인', '음란하고 방탕한', '자연에 반하
고 자연의 이치를 거스르는', '불순하고 치욕스러운', '변태적인', '사
악하고 부도덕한', '생식기를 매우 이상하게 악용하는', '성도착적인',
'정신착란을 드러내는' 성행위로 묘사되면서 명백히 비정상적인 질병
으로, 더 나아가 심각한 범죄행위로 규정되었으며 일부 지역과 국가에
서는 동성애라는 범죄를 사형으로 처벌하기도 했다.(『동성애 혐오의
원인과 해방의 전망』, 21-41쪽 참조) 이런 동성애 혐오의 원인으로 두
가지를 지적할 수 있을 듯한데 그 중 하나는 동성애자가 소수라는 점이
며, 다른 하나는 동성애가 인간의 성행위와 관련된다는 점이라고 생각
된다.

　어떤 사회에서든, 그 사회가 동성애를 어떤 시각으로 바라보든 간에
동성애자는 이성애자에 비해 항상 소수를 차지한다. 이런 사실은 동성
애자와 '성소수자'가 그리 엄밀하지 않은 의미에서 동의어로 사용된다

는 사실에서도 잘 드러난다. 그런데 거의 모든 사회에서 다수자는 소수자를 단지 자신들과 다른 성향이나 특성을 지닌 사람들 정도로 여기면서 관용하는 것이 아니라 비정상, 비이성, 비도덕적인 집단으로 분류하면서 배척하려는 경향을 보인다. 따라서 소수자에 속하는 동성애자에 대한 혐오와 질시가 자연스럽게 자리 잡았으리라고 추측할 수 있다. 일단 동성애를 소수자만이 추종하는 비정상적인 성도착 행위로 규정하게 되면 사회는 여러 장치를 동원해 동성애자를 탄압하고 배척하거나 치료의 대상으로 보려 든다. 예를 들면 '동성애는 개인의 도덕성을 크게 약화하고', '한 사람의 동성애자가 사회 전체를 오염시킬 수 있으며', '감수성이 예민한 젊은이들이 동성애자의 영향을 받게 될 위험성이 있다는' 등의 논리를 도입해 정부는 동성애자들의 사회적 지위와 권리를 박탈하는 법률을 제정하고, 경찰은 동성애자들의 신원을 조회하고 우편물을 검열하는 식의 구체적 탄압을 실행한다.(『동성애 혐오의 원인과 해방의 전망』, 88쪽 참조) 이런 과정을 거쳐 동성애 혐오는 사회 전반으로 확산되고 당연시되어 왔다.

다수가 소수를 불관용하고 배척하는 것이 정당화될 수 없듯이 성소수자인 동성애자를 소수라는 이유로 비정상적인 성적 취향을 가진 사람으로 간주하여 혐오의 대상으로 삼는 것 또한 정당화 될 수 없다. 이는 마치 장애인이 비장애인에 비해 절대 소수이지만 차별하거나 불관용하는 것이 부당한 것과 마찬가지 논리이다.

동성애 혐오의 또 다른 원인은 인간 성행위에 대한 시각과 밀접히 관련된다. 특히 서양 중세로 접어들어 기독교의 교리가 모든 세속 도덕과 규범을 지배하게 되면서 기독교 주류 철학자들은 '이성 사이의 성행위를 통해 자녀를 낳는 것 외에 다른 목적으로 행해지는 모든 성행위는 자연의 이치에 반하는 것이며, 타락한 인간이 저급한 육체적 욕망을 추구하는 것으로' 죄악시되기 시작했다. 이런 교리에 따르면 자녀는 부모가 아니라 신의 피조물로서 신의 의지와 계획을 담고 있는 존재이며, 부모는 신의 의지를 세계에 실현하는 대리인에 지나지 않는다. 이런 시각에 따라 남녀 사이의 성행위도 임신과 출산을 전제하지 않을 경우에는 모두 자연의 이치에 거스르는 죄악으로 여겨졌다. 곧 모든 형태의 피임과 낙태, 자위행위, 구강성교나 항문성교가 죄악시되었다. 그렇다면 임신과 출산의 가능성 자체를 아예 배제하는 동성애나 동성 사이의 성행위는 더욱 큰 죄악으로 규정되며, 신의 의지와 자연의 이치를 정면으로 거스르는 행위로 여겨지는 것이 당연하다. 이성애자들은 동성애자들이 임신과 출산을 도외시한 채 자신들이 알지 못하고 사용하지 않는 특별한 방법으로 더욱 은밀하고 강력한 육체적 쾌락을 추구한다고 생각했으며, 이것이 동성애자에 대한 혐오를 더욱 부추기는 역할을 했음을 충분히 짐작할 수 있다.

## 4. 동일성 관용의 시각에서 바라본 동성애 혐오

그렇다면 이런 동성애 혐오를 관용의 시각에서는 어떻게 보아야 하는가? 우리가 도덕적으로나 사회적으로 찬성하고 시인하지 않는 행위나 가치관을 허용해야 한다는 관용의 기본 정신에 비추어 볼 때 동성애에 대한 혐오를 거두고 이성애자와 동성애자가 각자의 성 정체성을 침해하거나 강요하지 않으면서 평화롭게 공존하는 것이 이상적일 것이다. 그런 점에서 성 정체성의 상호인정은 관용의 정신을 얼마나 실천하느냐에 그 수준이 달려 있다. 이 때의 관용은 소위 나와 성 정체성이 동일하지 않더라도 억압하거나 배제하지 않아야 한다는 동일성의 관용

(identity tolerance)이며, 또는 상대방의 성 정체성을 인정할 것을 요구하는 정체성의 관용이라 할 수 있다. 이런 동일성의 관용이 실천되고 서로 다른 성 정체성을 상호 인정하는 이상적인 상태는 불가능한 목표인가?

이런 이상에 도달하는 구체적인 방법을 제시한 경우 중 하나를 갈레오티(Anna Elisabetta Galeotti)의 논문에서 발견할 수 있다. *Toleration on Trial*(인정으로서의 관용)이라는 저술을 통해 널리 알려진 이탈리아 출신의 여성 철학자인 갈레오티는 이 저술에 수록된 논문 "Same-sex Marriages"에서 자신이 주장하는 '인정으로서의 관용' 원리를 동성애 혐오에 구체적으로 적용하려고 시도하며 이를 통해 동성애자들에 대한 혐오를 극복하고 동성결혼을 허용하는 방향으로 나아갈 것을 주장한다. 이제 이런 갈레오티의 견해를 살펴보고 비판적으로 검토함으로써 동성애 혐오에 대처하는 관용적 시각의 한 예를 소개하려 한다.

갈레오티는 우선 동성애 문제가 인정으로서의 관용과 관련해 매우 흥미롭고 독특한 사례를 제공한다고 생각한다. 어떤 사회에서 소수자에 해당하는 인종이나 이주민이 자신들의 특유한 피부색이나 발성법을 숨기기는 어렵기 때문에 원하지 않더라도 다수자와 분명히 구별되는 반면 동성애자는 자신의 성 정체성을 스스로 밝히지 않는 한 공적인 공간에서 이성애자와 구별되지 않기 때문이다. 다른 소수자 집단과는 달리 동성애자는 얼마든지 한 사회에서 중요한 지위를 차지하고 부와 명예를 누리는 완벽한 시민으로 살아갈 수 있다. 하지만 이런 사실이 곧 동성애자가 자신의 성 정체성을 사회적으로 이미 인정받았다는 점을 의미하지는 않는다. 왜냐하면 그들이 자신의 성 정체성을 '철저히 숨길 경우에만' 완벽한 시민으로서의 삶을 누릴 수 있기 때문이다. 이를 통해 갈레오티는 자유주의의 애매한 관용 개념의 문제점이 드러난다고 주장한다. 자유주의 관용 개념은 공적/사적 영역을 철저히 분리하고 사적 영역에서는 개인의 성향과 특성을 관용한다는 식의 접근을 택하는데 동성애의 경우 분명히 개인의 사적인 성 경향성이 공적 영역에 큰 영향을 미치고, 동성애자가 공적인 영역에서 자신의 사적인 성향을 숨기고 위장해야 하기 때문이다. 따라서 공적/사적 영역 사이의 분리가 어려우며 임의적이라는 사실이 드러난다. 또한 자유주의 관용 개념은 동성애자들이 이성애자들과 동등한 법적 지위를 확보해 완전한 시민권을 얻게 되면 동성애에 대한 관용은 완수되었다고 생각하는 형식적 기준을 채택하는 문제점도 드러낸다. 이는 동성애자들이 개인적, 사회적 영역에서 당하는 수모와 경멸 등을 전혀 고려하지 않는 한계를 지닌다.(*Toleration on Trial*, 171쪽)

갈레오티는 동성애 혐오와 차별 문제의 본질은 단지 한 시민으로서 동성애자의 권리를 인정하는 것과 관련된 형식적 문제가 아니라 동성애자의 성 정체성을 인정하여 그들에게 공적인 비가시성(invisibility)을, 곧 공적으로 정체성을 드러내거나 다른 사람의 눈에 띄면 안 된다는 요구를 하지 않는 것과 관련된 문제라고 주장한다. 이런 비가시성의 요구는 동성애자를 사회적으로 무능력하게 만들며, 그에게 자신의 성 정체성을 감추고 위장하도록 강요하며, 성 정체성을 가시화할 경우 이에 대한 공격과 비난이 뒤따르리라는 점을 암시한다. 이와는 대조적으로 인정을 바탕으로 한 공적 가시성의 허용은 동성애자의 사회적 삶을 강화하고, 그에 대한 차별과 혐오를 근원적으로 봉쇄하는 근거로 작용할 것이다. 갈레오티는 공적 비가시성 요구의 대표적인 예로 미국과 유럽의 군대에서 동성애를 금지했던 사례를 든다. 그러면서 이런 금지조치는 단순한 불관용의 사례가 아니라 공적 비가시성을 강력히 요구하고 강요했던 경우로 규정한다. 군대는 구성원들이 함께 일하는 조직이 아니라 함께 생활하는 조직이므로 사실상 공적/사적 영역의 구별이 쉽지 않은데 사적인 영역에 속하는 성 정체성을 공적인 영역에서 드러내지 말 것을 요구하는 조치는 명백히 부당한 차별의 사례이다. 미국의 이전 대통령이었던 클린턴(Clinton)은 군대 내 동성애 문제에 대해 '(개인의 성 정체성과 지향성을) 아무도 묻지 않고, 아무도 입에 올리지 않는다'는 식의 해법을 채택했는데 이는 자유주의 관용의 관점에서 보면 국가의 중립성을 드러낸 것일지 몰라도 사실은 문제의 방치이며 공적 비가시성을 강요한 예에 지나지 않는다. 자유주의자는 공적 비가시성이 일종의 요구나 강요가 아니며, 중립성이 동성애자가 자신의 성 정체성을 위장하도록 압박하지 않는다고 반박할지도 모른다. 하지만 동성애자가 현실의 삶에서 당하는 차별과 혐오에 비추어 보면 중립성은 공허한 메아리에 지나지 않는다. 차별과 혐오 앞에서 중립을 지키는 것은 명백히 잘못된 행위이며, 어쩌면 불가능한 일일 수도 있기 때문이다.(*Toleration on Trial*, 172-74쪽)

이와는 달리 인정으로서의 관용은 동성애자에 대한 어떤 형태의 차별과 혐오도 강력히 반대하는 더욱 폭넓고 직접적인 근거를 제공한다. 동성애자의 성 정체성을 인정한다는 것은 그를 이성애자와 동등하게 존중함을 의미하며, 다시 동등하게 존중한다는 것은 그가 공적 영역에서 자신의 성 정체성을 드러내고 가시화하더라도 이에 전혀 개의치 않는 것을 의미하기 때문이다. 또한 인정으로서의 관용은 동성애자를 어떤 공적 영역에서라도 배제하거나 제외하려고 하는 모든 사회적 기준과 시각에 민감하게 반대하는 근거를 제공한다. 물론 이런 주장이 동성애가 도덕적으로 옳거나 현재 사회에서 더욱 증진되어야 함을 의미하지는 않는다. 하지만 사회 전반에 어떤 명확한 위해를 가하지도 않고 제삼자의 권리도 침해하지 않는 한 동성애는 누구나 자유롭게 가시화할 수 있는 성 정체성이 되어야 하며, 이런 정체성을 근거로 억압받거나 경멸당하거나 비가시성을 강요당해서는 안 되는 '일반적이고 정상적인' 개인의 성향 중 하나로 여겨져야 한다. 갈레오티는 동성애에 대해 인정으로서의 관용을 실천하는 가장 분명한 사회적 방법은 '동성결혼'을 허용하는 것이라고 주장하면서 동성결혼 허용은 어떤 사회가 인정으로서의 관용을 수용하는지 그렇지 않은지를 판별할 수 있는 전형적 기준이라고 주장하면서 자신의 견해를 더욱 확장하려는 시도를 이어나간다.

## 5. 성교육은 동일성의 관용 교육으로부터

지금도 우리 사회에서는 동성애에 대한 다양한 논의가 계속되는데 이런 논의들이 단순히 '동성애를 인정할 것인가?', '동성애 자체에 찬성할 것인가 반대할 것인가?'라는 수준에 머물러서는 안 되며 이제는 '동성애 혐오에 어떻게 대처하고, 이런 혐오를 어떻게 근절할 것인가?'를 주제로 삼아야 한다고 생각된다. 동성애 자체는 일부의 개인이 지니는 성 정체성에 지나지 않을지 몰라도 동성애 혐오는 동성애자뿐만 아니라 이성애자 모두를 포함하는 심각한 문제이기 때문이다. 더 나아가 동성애 혐오는 인간의 복잡한 정체성이 상호관련을 주고받는 삶의 단면 중 일부를 제한하고 배제하는 것이며, 특정 집단의 인간성을 모독하고 박탈하는 것이기 때문이다.

사회적 소수자에 대한 증오 범죄로까지 이어지는 사회적 문제들에 대해 이제 입법부 등 제도에서의 인식을 제고할 수 있는 관용 교육의 필요는 우리 사회의 그 어떤 것보다 우선적인 것임을 받아들일 수밖에 없는 것이다. 현재 한국 사회에서의 약자를 향한 혐오는 경제적 불평등 속에서의 극한 경쟁으로 인해 더욱 강력해지고 있다는 진단이 내려지기도 하는데 여기서 자신이 몫을 지켜야 하는 측면에서 약자에 대한 혐오와 폭력이 외적으로 가시화된다고 볼 수 있다. 문제는 이러한 혐오 표현의 양산은 앞에서도 언급한 것처럼 극단적 폭력으로 귀결되는 경우를 피할 수 없기 때문에 기울어진 운동장을 개선할 수 있는 조치들이 반드시 요구되는 것이다. 당연히 제도적 해결책을 주장하고 이제 국가가 적극적으로 나서서 처벌을 통한 현실적 대책을 요구하는 목소리도 높다. 그러나 장기적인 관점에서 시민 의식의 제고를 통해 혐오에 대한 인식 개선을 하는 것이 우리 사회의 더욱 근본적인 과제라고 생각된다. 법적 처벌과 같은 장치는 과정에서 여러 부작용을 일으키고 새로운 범죄자와 가해자를 더욱 양산하게 되는 결과를 완전히 피하기는 어렵다. 가해자 역시 자신이 피해자라고 여기고 자신을 방어하고 안전을 지키기 위해 결국 그 희생양으로 약자를 선택하는 구도를 벗어나기 위해서는 근본적인 성찰이 필요하고 이는 시간이 걸리더라도 관용 교육을 통해 개선해 나가는 것이 가장 궁극적인 대안이 될 것이다.

　동성애자에 대한 편견과 왜곡 그리고 혐오 표현을 넘어 혐오 행위로 확산되는 것은 막기 위한 대안 모색은 우리나라의 경우 아직도 초보 수준에 머물러 있다. 이것이 솔직한 진단일 것이다. 성교육, 양성평등교육 등이 각급 단위 학교에서 이루어지고 있으나 동성애에 대한 편견 없는 이해와 그를 위한 동일성 관용 교육은 전무한 상태이다. 상대방 성에 대한 이해뿐만 아니라 성 정체성 때문에 혼란을 겪고 있는 사람들에 대한 이해가 없이는 양성평등교육은 공허할 수밖에 없을 것이다. 국가인권위원회의 조사에 따르면, 혐오 표현을 오프라인에서 경험한 대상 중 성소수자는 92.2%로 단연 1위였다.(장애인: 87.5%, 여성: 75.5%

이주민: 63.2%) 또 이들이 혐오 표현을 접한 후 일상생활에서 불안을 느끼는 비율도 성소수자가 61.1%로 가장 높은 불안감을 호소하고 있다.(서울신문, 2018.6.25. 기사 참고)

　혐오 표현의 법적 규제의 필요성을 부인하는 것은 아니지만 혐오 감정을 표현하는 것을 법과 제도로 금지하는 정책은 그 한계가 분명하다. 시민 의식을 변화시키지 않고서는 근본적인 해결책을 마련할 수 없다. 성교육과 양성평등교육 안에 동일성의 관용을 포함시키는 일은 현재 한국 사회에서 만연되고 있는 성소수자의 인권 교육과 직접적으로 맞물려 있다. (김성호, 이경희)

5

# 종교 혐오주의와
# 종교 간 대화

## 1. 종교 혐오주의

### 1) 한국 사회에서 종교 간 분쟁

1998년 2월 11일 서울 약현성당이 방화로 건물의 일부가 소실되는 사건이 발생했다. 개신교 신도에 의해 저질러진 방화 사건의 이유 중 하나는 분노의 감정이었다. "성당 건물이 자신이 다니는 교회보다 크다."거나, "예수님을 제쳐 두고 성모 마리아를 떠받든다." 같은 왜곡된 인식이 분노를 낳았다. 또 2000년 6월 동국대 교내에 있는 부처상이 훼손되는 사건이 일어났다. 기독교인의 소행이라는 소문이 있었지만 진실은 드러나지 않았다. 다만 불교에 대한 증오 표현은 분명했다. 불교에 대한 기독교의 공격적 행동이 잘 드러난 2010년 봉은사 땅 밟기 사건은 기독교 근본주의에 대한 비판과 반성을 촉구하는 계기가 되었다. 서양이 십자군전쟁이나 위그노전쟁 같은 엄청난 희생을 치루며 피로 점철된 종교적 갈등의 역사를 이어온 것에 비하면 우리나라 종교 간의 갈등과 대립은 순진할 정도이다. 비록 조선시대 후기 천주교 박해로 많은 희생을 치렀지만 이는 유학(교) 이념과 천주학 사이의 충돌이었지 종교 간 갈등이라 보기에는 문제가 있다. 그 때를 제외하면 한국에서 종교 간 갈등의 규모나 파장은 외형적으로 큰 것은 아니었다. 그러나 종교 간 대립과 반목, 갈등과 충돌은 은폐된 채 여전히 진행 중에 있다는 것이 정확한 진단일 것이다.

국내 종교학자와 신학자들은 우리 사회에서 불교와 기독교 사이의 갈등이 위험수위에 이르렀다고 경고하면서 최근 불교에 대한 기독교의 배타적인 모습이 우려할 수준에 와 있다고 진단한다. 특히 기독교가 다른 종교에 비해 더 배타적 경향을 보이는 이유에 대해 이원규는 '유일신 신앙과 한국교회의 뿌리 깊은 보수적 신앙 전통 등'에서 찾고 있다.(『종교다원주의 시대의 기독교와 종교적 관용』, 19-20쪽) '기독교와 불교는 전쟁 중'이라는 이야기가 나올 정도로 두 종교의 대립과 갈등이 위험수위에 이르렀다. 먼저, 기독교 단체들은 "종교계가 그 본래의 사회적 순기능을 감당하지 못하고 도리어 사회적 갈등을 부추기고 있다."는 성명서를 발표하며 불교계에 대해 노골적으로 공격적인 발언을 하고 있다.(2018년 6월 14일자 6개 일간지 참조) 이 중 몇 가지 내용을 살펴보면 다음과 같다.

정부가 불교계에 천문학적인 금액을 지원하고 있다는 것이다. 템플스테이에 6년간 563억 원, 문화재 관리 보수비에 10년간 4,570억 원으로 이는 주요 종단 전체 지원의 94%에 해당된다. 또한 '정부가 국민 혈세로 왜 불교 포교에 앞장서는지'에 대해 묻고 있다. '템플스테이' 즉 '사찰 체험'은 외국 관광객은 소수이며 결국 국민 혈세로 불교 포교에 앞장서는 것 외에 아무것도 아니라는 것을 지적하고 있다. 이에 정부는 불교계의 지속적인 국민 혈세 횡령에 대한 근본적인 대책을 마련해야 한다는 것이다. 불교계의 2009년 문화재 관리비 24억 원 횡령, 2008년 60억 원 부정 수수 등의 문제가 있는데 방지책이 없다는 점을 지적하고 있다.

그 뿐만 아니라, 정부는 불교계가 조선총독부와 밀착하여 그 결과로 얻은 재산을 왜 국고에 환수하지 않느냐고 묻고 있다. 불교계가 조선총독부와 밀착, 그 결과로 얻은 재산은 알려진 주요 사찰의 임야만도 7억 7천 7백만㎡, 즉 2억 3천 5백만 평으로 서울시 면적의 1.2배에 이르고 있음을 지적하고 있다. 더 나아가 대구기독교총연합회는 동화사 통일대불이 대구지하철 참사를 초래했다는 등 악의적으로 불교를 폄훼해 종교 간 갈등을 촉발시키고 있다.

이에 대해 불교 방송인 BBS는 〈불교계, 기독교계 불교 폄하 대응한다.〉라는 속보를 냈다. 기독교계의 도를 넘어선 불교 폄훼에 대해 종교편향종식범불교대책위 관계자는 최근 기독교계 일부 단체의 일간지 불교 폄하 광고 등에 대해 "일고의 가치도 없는 광고 내용이지만 도를 넘어선 불교 폄하 부분에 대해서는 종단 차원에서 대응책을 마련할 것"이라고 언급했다.

반면, 기독교에 대한 불교계의 공격도 만만치 않다. 불교계 역시 사사건건 기독교를 걸고 넘어갔는데, 가장 대표적인 것이 이명박 대통령이 예배를 드리는 것이었다. 이대통령이 김진홍 목사(두레교회)를 청와대로 초청해 예배를 드렸을 때 범불교대책위원장 승원 스님은 "다종교사회에서 개인적인 신앙은 대통령이라 할지라도 존중받아야 하지만 청와대로 직접 목사를 불러 예배를 드린 것은 모든 종교를 아우러야 할 최고 통수권자로서 부적절한 처신"이라고 비판하였다. 또한 조계종 산하의 종교평화위원회는 남아공 월드컵을 앞두고 우리 선수가 경기 도중에 골을 성공시키고 나서 '기도 세리머니'를 하는 일이 없도록 하라고 대한축구협회에 압력을 행사했다. 이것은 개인의 기독 신앙까지 통제하려는 듯한 불교계의 간섭이라고 할 수 있다.

한편, 세종시 전월산 인근에 건립 예정인 '한국불교문화체험관'과 관련하여 기독교와 불교계가 대립하고 있다. 먼저 '한국불교문화체험관' 건립 예산이 세종시의회에서 전액 삭감되자, 세종시 불교사암연합회와 불교신행단체연합회는 전통문화를 부정하고 종교 편향을 자행하는 일부 시의원들에게 엄중 경고한다며 반발했다. 이에 기독교계도 반발하고 나섰다. 한국불교문화체험관 건립 백지화 등을 촉구하고 나선 '한국불교문화체험관 반대 비상대책위원회'는 시청 브리핑실에서 기자회견을 열고 국가행정타운 입지에 특정 종교를 상대로 부지를 확장, 허가해 준 것은 특혜이며 종교 편향 정책이라고 주장했다.

'한국불교문화체험관'은 해당 사찰 부지 내 연면적 5850㎡에 지하 3층-지상 2층 규모로 들어설 예정이다. 사업비는 총 180억 원으로 이중 국비 54억 원과 시비 54억 원이 투입될 예정이다. 국고보조금은 지난 8월 중앙재정투자심사와 문화체육관광부로부터 승인됐다. 반면 시비는 기독교계의 반발 등으로 세종시의회에서 삭감됐다. 산업건설위원회는 국비 20억 원과 매칭해 반영된 시비 20억 원을 삭감했다. 대한불교조계종 측은 사업 진행 과정에 문제가 없다는 입장이다. 반면 기독교계는 형평성에 어긋나는 특혜성 사업이라는 주장이다.

이처럼 한국 사회에서의 기독교와 불교의 대립은 위험수위를 이미 넘어 섰으며, 두 종교는 전쟁 중에 있다고 해도 과언이 아니다. 이를 해결하기 위해 우리는 무엇을 해 왔는지, 무엇을 할 수 있는지, 무엇을 해야 하는지 등에 대해 고찰해 볼 필요가 있다.

## 2) 공존의 길을 모색하기

인명진 목사는 2016년 5월 14일 부천시 석왕사에서 봉축 특별 강연을 하면서 불교의 넉넉함 때문에 '불교, 개신교, 가톨릭'이 갈등 없이 공존하고 있다고 하면서 속 넓은 종교로 추켜세웠다. 그 뿐만 아니라, 2016년 9월 6일에 주일(일요일)임에도 불구하고, 창원 성주사 주지 원종스님 진산식(취임식)에 참석하였다.

2013년 5월 17일 석가탄신일에 인명진 목사는 정토회(지도법사 법륜스님)에 참석하였고, 2010년 7월 17일, "문수 스님 소신공양 49재 기념 추모 문화제"에서 개신교 대표로 추도사를 하기도 하였다. 더 나아가 불교계에서 대중적으로 존경받고, 인기 있는 법륜스님이 인명진 목사의 갈릴리 교회에 와서 같이 예배를 드렸을 뿐만 아니라 강단에서 설교까지 하였다.

이러한 인명진 목사의 행보는 갈등을 해소하는 공존의 길을 모색하는 것으로 보아야 하는가? 아니면 역으로 종교 혐오주의를 더 부추겨 대립과 갈등을 심화시키는 결과를 가져올까? 아마 이는 전적으로 기독교의 입장과 태도에 달려 있는 듯하다.

이에 일부 보수적인 복음주의 계열의 기독교계는 강한 부정적 입장을 다음과 같이 취하고 있다. 사찰 법당에서 목사가 강연을 한다는 것은 있을 수 없는 일이고, 개신교에서 금기시하는 자살(소신공양)한 스님의 추모제에 가서 추도사를 한 것도 비난을 면키 어렵고, 이해할 수 없는 행보라고 비판한다. 개신교 목사가 가는 곳마다 기독교 비하 발언을 서슴치 않으면서 기독교를 속 좁은 종교로 평가절하하고 있다는 것이다.

기독교와 불교의 공존의 길을 모색하는 또 다른 모습을 보자. 기독교를 비롯한 천주교·불교·원불교 등 4대 종단과 여성가족부는 2015년 4

월 21일 서울 세종문화회관에서 '작은 결혼·가족행복 만들기'에 상호 협력하기로 하고 '공동선언문'을 발표했다. 종단 대표자들이 '작은 결혼식' 문화를 확산시키는 데 동참하기로 뜻을 모았다. 4대 종단은 우선 전국의 종교 시설을 일반인 신랑·신부에게 예식장으로 개방하기로 했다.

작은 결혼식을 희망하는 이들에게 종교 지도자들이 무료로 주례를 서 주기로 했다. 종단이 운영하는 각종 프로그램에 '작은 결혼과 가족가치 확산'을 주제로 하는 프로그램을 연계해 예비 부부와 부모가 교육을 받을 수 있도록 '작은 결혼 캠프'도 운영하게 된다. 또 작은 결혼식이 널리 확산되도록 '작은 결혼 릴레이 서명운동'에 적극 참여하고, 4대 종단의 케이블 TV 및 라디오 방송, 홈페이지를 활용해 작은 결혼의 필요성을 홍보하기로 했다. 여성가족부는 고비용 혼례 문화가 '작지만 알찬 결혼 문화'로 바뀌도록 4대 종단과 힘을 합쳐 정책을 추진하겠다고 밝혔다.

한편, 2013년 석가탄신일에 기독교, 천주교, 원불교 등의 종교지도자들이 완주의 송광사를 방문해 함께 강론을 듣고 탑돌이도 하면서 종교 간의 벽을 허물기 위해 공존과 화해의 길을 모색하는 자리가 마련되었다. 이처럼 각 종교 지도자들이 함께 모여 '작은 결혼식' 캠페인을 하고, 서로의 종단을 방문하는 등 아름다운 만남을 통해 문화적 교류를 활발하게 하고 있다.

그 뿐만 아니라, 기독교, 천주교, 불교, 원불교 등 국내 4대 종교의 유적지를 여행하는 성지순례가 1년에 한 번씩 열리기도 한다. 본인이 속한 종교의 성지만을 찾아 순례하는 것이 아니라, 타종교의 성지도 함께 순례하면서 서로 이해하고, 인정하고, 받아들이는 화합의 장을 마련할 수 있다. 매년 부처님 오신 날과 성탄절에 천주교, 개신교, 불교계가 상호 축하의 인사를 나누는 것은 더 이상 낯설지 않은 광경이 되었다. 그렇다면 이처럼 상대 종교를 인정하는 종교적 관용의 모습에서 종교 갈등을 해소할 수 있는 실마리를 찾을 수 있을까? 3·1 독립선언에 함께 참여했던 기독교, 불교, 천도교의 소통과 공존의 노력은 종교 간 대화의 소중한 자산임에 틀림없다. 그 후 한국의 주요 종단들 사이에서 소통과 대화의 노력들은 끊임없이 이어져 오고 있다.

### 3) 종교적 관용은 어려운 도전이다.

종교적 관용은 종교 간의 대립과 갈등을 해결하고 종교 간 대화가 가능하도록 요구하는데, 이는 성공적으로 작동될까? 이 문제에 답하기 위해서는 우리들이 인식하고 있는 관용의 수준이 어디에 놓여 있는지 살펴볼 필요가 있다. 우선 관용의 수준을 세 단계로 구분해서 살펴보자. 첫째, 가장 소박하고 일차원적인 수준의 관용 정신이다. 이를 윤리적 명제로 바꾸어 말하면 다음과 같이 표현할 수 있다. '나는 옳고, 당신은 틀렸지만, 나는 당신을 용서하고 인정하겠다.' 이는 관용을 용서와 동의어로 보거나, 오류를 범하는 타자에게 은혜를 베푸는 시혜의 관념과 동일하게 보는 태도이다. 로마 제국이나 오스만 투르크제국이 식민지 통치를 위해 채택한 관용 정책의 수준이라 할 수 있다. 오스만제국의 밀레트 시스템(Millet system)이나 1562년 1월, 가톨릭 신자인 프랑스 국왕이 '관용칙령'을 공표하여, 칼뱅파를 사교라고 생각했지만 '너그러이 봐 주는' 정책을 시행했는데 이것도 첫 번째 수준의 관용에 포함된다. 둘째, 볼테르가 주장했고 칼 포퍼로 이어지는 근대적인 의미에서의 관용 수준이다. "우리는 서로 관용해야 하는데 그 이유는 우리 모두는 약하고 불일치하고 변덕스럽고 잘못을 범하기 때문이다."(*Philosophical Dictionary*, 393-4쪽) "우리는 날마다 우리 이성의 불완전함과 법률의 불충분함을 느끼고 있기 때문에" 관용해야만 한다.(『관용론』, 34쪽) "우리가 합리적으로 이야기한다면 우리 모두는 진리에 더 가까이 도달할 수 있다."(『관용주의자들』, 324쪽) 셋째, 유네스코가 1994년에 「관용의 원칙에 관한 선언」에서 규정하고 있는 관용의 수준이다. 가장 적극적이고 넓은 의미의 관용이라 할 수 있다. 선언문에서 유네스코는 관용을 "우리 세계의 문화와 우리의 표현 행태, 인간 존재의 방식 등에 있어서의 풍부한 다양성에 대한 존중이며 수용이며 이해"라고 규정한다. 유네스코는 앞의 두 수준의 관용에 대해 비판하며, 관용은 결코 "양보나 겸손이나 은혜가 아니며, … 다른 이의 보편적 인권과 기본적 자유를 인정하는 적극적 태도"라고 선언하고 있다.(『관용과 열린사회』, 193-4쪽에서 재인용)

한국 사회의 종교 간 갈등을 해결하고 종교 간 대화를 지속하고자 한다면 어떤 수준의 관용 정신과 태도일 때 가능할까? '내 종교의 입장에서 볼 때 상대방의 종교가 옳지 않고 인정하고 싶지 않지만 관대한 마음으로 용서하고 허용하겠다'는 태도는 낮은 수준의 관용이다. '오만하고 편협한 관용'으로 관용의 대상이 되는 종교의 입장에서는 받아들일 수 없는 관용이다. 이런 태도는 종교 간 갈등 해소나 대화 지속을 불가능하게 만들 뿐이다. 또한 근대적인 의미의 소극적 관용은 '겸손한 관용'이지만, 이 역시 종교 간의 대화를 지속적으로 유지시킬 수 있는 힘을 발휘하기에는 역부족이다. 왜냐하면 모든 종교는 양보할 수 없는 각자 자기만의 교설(doctrine)과 교조적인 믿음(dogma)을 추구하므로 종단 간 이해의 충돌에 취약성을 드러낼 수밖에 없기 때문이다.

유네스코가 선언문에서 천명한 관용의 정신은 적극적 관용이다. 보편적 인권과 기본적 자유를 인정하는 적극적 관용이야말로 종교 문제뿐만 아니라 한국 사회 내부에 폭발력을 지닌 채 잠재되어 있는 대부분의 갈등(난민, 성소수자, 다문화 가정의 문화 충돌, 세대 갈등 등)을 해결할 수 있는 토대를 마련해 줄 수 있을 것이다. 이상적이지만 그 만큼 실천하기 어렵다는 한계가 있다.

종교 간의 조화로운 상생과 공존이 얼마나 어려운지, 특히 기독교와 타종교가 관용적 태도를 유지하며 대화를 지속하는 일이 얼마나 어려운 일인지 몇 가지 사례를 통해 살펴보자. 한국의 4년제 대학의 A교수는 2003년 10월 종교 간 화해·관용 등을 주제로 한 EBS TV의 〈똘레랑스〉 프로그램에 출연, 종교 간 관용의 표현으로 한 사찰의 불상 앞에서 예의를 표했다. 이를 두고, 한국기독교총연합(한기총)이 학교 측에 항의 문서를 보냈고, 이에 학교 측은 2006년 '기독교 정신'이라는 창학 이념에 부적합한 행동 등을 했다며 A교수를 재임용에서 탈락시켰다. 학교 측이 내세운 재임용 탈락의 근거는 '우상에게 절하지 말라는 기독교 교리는 양보할 수 없는 기초적인 교리'인데 이를 어기고, '예수 그리스도가 유일한 구원의 길이요 진리'라는 기독교의 핵심적인 진리에 반하는 강의를 하는 등 정면으로 기독교의 근본 진리에 반하는 행동을 했다는 것이다. A교수는 "개신교가 배타적인 종교는 아니다. 종교 간 조화와 관용이 무엇인지 몸소 보여 줄 필요가 있다."며 불상에 절을 했고, 종교 간 대화와 소통을 시도했다가 교수 재임용에서 탈락했다(2010년 복직한 그는 매주 월요일 연구공동체에서 '불교와 기독교가 만나는 자리' 강연을 하고 있다). 또 다른 대학의 B교수는 "타종교에 구원이 있다."는 등의 종교다원주의를 주장하다가 종교재판을 받고 교단에서 출교되었다. 종교 간의 장벽을 허물려는 그의 시도는 출교라는 대가를 치러야 했다.

21세기 종교재판이라고 불리는 위 두 사건은 기독교와 불교의 대화와 소통을 시도하다가 일어난 것으로 종교 간 대화가 얼마나 어려운지를 보여 주는 단적인 예이다. 위 사례에서는 용서와 시혜로서의 관용도 작동하지 않았으며, 볼테르의 '겸손한 관용'이나, 더더욱 유네스코가 지향하는 보편적 인권과 다양성의 존중이라는 차원의 관용 정신도 무기력했다. 오히려 오만하고 편협한 불관용으로 대응했다. 한국 대학에서 벌어진 21세기 종교재판 사례에서 볼 수 있듯이, 보수적이고 근본주의적 성향이 강한 일부 기독교인의 시각에서 보면 타종교를 수용하고 인정하는 일은 어려운 문제이다. 특히 낮은 수준의 관용 의식을 극복하지 않는 한 근본주의자 수준의 복음과 교리를 가지고 타종교를 관용하는 일은 불가능하게 보일 수도 있다. 왜냐하면 기독교는 유일신을 믿는 종교이며, 이 유일성에는 타종교의 진리 체계를 수용할 심리적 공간이 없거나 부족해 보이기 때문이다. 기독교는 타종교를 인정할 수 없을 뿐만 아니라, 타종교를 배척의 대상으로 볼 수밖에 없는 내부 논리를 가지고 있는 종교이다. 이는 비단 기독교만이 아니다. 유일신을 믿는 유대교나 이슬람도 같은 논리를 공유하고 있기 때문에 그 충돌의 파열음은 더욱 커질 수밖에 없다. 종교적 독단주의를 통렬하게 비판하고 있는 데이비드 흄이 지적한 바대로 "화해할 수 없는 좁은 마음의 유대교, 피비린내 나는 원리들을 가지고 출발한 이슬람교 그리고 불관용의 기독교"(The Natural History of Religion, 337-8쪽) 등은 모두 유일신 사상의 절대성에 집착한 종교들이다. 이러한 상황에서 기독교와 타종교 간의 원만한 대화를 기대하기는 힘들 수도 있다.

그럼 어떤 해결 방법이 있을까? 결론부터 말한다면, 지속적인 대화와 깊이 있고 진지한 이해에서 해결의 실마리를 찾아야 한다. 그런데 종교 간 대화의 지속을 위해서는 우선 대화의 토대 마련이 필수적이며, 이는 종교적 근본주의가 극복될 때만이 가능하다. 근본주의의 극복은 결코 쉽지 않은 일이지만 반드시 해내야만 하는 과제이다. 근본주의의 극복이 없이는 종교 간 대화도 불가능하기 때문이다. 의사소통 이론의 대가 하버마스의 관점을 차용해서 이 문제에 접근해 보는 일은 생산적일 것이다.

하버마스는 모든 종교가 각기 자신만의 교설을 기반으로 교조적인 믿음을 갖고 있다는 점을 인정하고 있다. 이 교설과 교조적인 믿음을 통해 각 종교의 특성은 드러날 수밖에 없으며, 그 특성만큼 이 교설과 교조적인 믿음은 배타적인 성격이 강할 수밖에 없다. 이 교설과 교조적인 믿음의 진리성에 대해 강한 신념을 지난 사람일수록 근본주의자가 되기 쉽다. 기독교 근본주의자나 이슬람 근본주의자 모두에게 교설과 교조적인 믿음은 양보나 타협이 불가능한 신념이다. '알라후 아크바르(Allāhu Akbar)'는 테러리스트라 불리는 이슬람 전사들만의 고유어는 아니다. 하버마스는 이런 근본주의가 근대 이후 종교적 다원주의와 함께 극복되어야만 하는데 불행하게도 그렇지 못했다고 진단하고 있다. 근본주의자들에게 합리성과 자유 의식으로 대변되는 근대성은 기회가 아니라 위협으로 인식되고 있다. 하버마스는 이슬람 근본주의자들의 테러 행위는 이런 이념적 공황 상태에서 나타나는 현상으로 분석하고 있다.(『테러시대의 철학』, 51쪽 참조)

근본주의의 극복은 어떤 때 가능한가? "자신들의 교설이 보편적인 구속(력)을 지니는 특성을 갖고 있다고 주장하면서 이 교설의 정치적 수용을 강요하는 태도로부터 벗어나야" 가능하다.(같은 책) 내가 믿는 종교의 교설과 교조적인 믿음을 타인에게 강요하지 않는 태도를 견지할 때 근본주의의 경직성으로부터 자유로워질 수 있다. 이런 관용적 태도는 종교 간 대화의 출발선에서 요구되는 기본 태도이다. 종교 간 대화의 지속을 위해 하버마스가 제안하고 있는 또 하나의 태도는 '상호적 관점 취하기(mutual perspective-taking)' 태도이다. 입장 바꿔 생각하는 역지사지(易地思之)의 정신과 다를 바 없는 태도이다.


## 2. 국내 종교 간 대화의 역사

한국은 종교적으로 볼 때 대단히 특이한 나라다. 동, 서양을 대표하는
불교와 유교 그리고 기독교가 대등한 세력을 유지하면서 경쟁 내지 상
보 관계에 있다. 불교와 기독교가 다수 종교로서 양립하고 있는 나라가
전 세계에 한국 말고는 없다. 또한 한국인들은 자신이 유교 신자라고
표명하지는 않지만 효제충신(孝悌忠信)과 같은 유교적인 덕목을 적극
적으로 실천하려고 한다는 의미에서 유교적 전통에 일정 부분 연루되
어 있다.(「한국에서 종교 간 대화를 한다는 것」, 1쪽) 한국의 기독교인
치고 동시에 어느 정도 유교적 가치를 존중하지 않는 사람이 없을 것이
며, 한국의 개신교 교역자 치고 어느 정도 한국 샤머니즘의 영향을 받
지 않은 사람도 드물 것이다. 천당, 지옥, 죄, 자비 등 명백한 불교적 개
념들의 사용은 차치하고 세계와 인생에 대한 불교적 감성, 흔히 도피주
의, 은둔주의, 체념적 운명론 등 기독교 신학자들에 의해 부정적으로
평가되고 있는 것으로부터 시작하여 외국에서는 찾아보기 어려운 새벽
기도에 대한 열성에 이르기까지 불교적 영향은 한국의 기독교 도처에
존재한다. 한국의 기독교인 치고 절 땅을 밟아 보지 않은 사람이 어디
있겠으며 한국의 가람들이 풍기고 있는 독특한 매혹적 분위기에 사로
잡혀 한 번쯤 출가를 생각해 보지 않은 사람이 있을까?(「예수, 보살,
자비의 하느님-불교적 관점에서 본 그리스도론」, 70쪽) 이런 상황을
감안해 볼 때 한국은 종교 간 대화를 하기에 매우 좋은 실험장이자 학
습장이라고 할 수 있다. 세계를 대표하는 종교들이 이 땅이라는 구체적

인 삶의 터전에서 서로 이웃으로 만날 수 있기 때문이다.

　문제는 종교 간 대화를 왜 하느냐는 근본적인 물음이다. 이 물음에 대해 확실하게 말할 수 있는 것은 적어도 종교 간 대화를 통해 타종교에 대한 이해의 지평을 넓히고 궁극적 실재에 대해 더 깊은 이해를 할 수 있다는 것이다. 다름 또는 차이를 비교하는 과정에서 자기가 믿는 종교의 정체성이 확립될 뿐만 아니라 타종교로부터 자신에게 부족한 부분을 배울 수 있다. 각 종교들은 문화나 자연 환경이 다른 각각의 지역에서 나름대로 장구한 세월을 두고 발전해 왔기 때문에 그 안에는 무시하지 못할 진리가 담겨 있는 경우가 태반이다. 따라서 우리 전통과 전혀 다른 전통을 만났을 때 자신의 신앙을 잠시 접어두고 다른 전통에 대해 살펴본다면 그러한 태도는 자신의 이해의 폭을 넓히고 자기 변혁으로 나아가는 데에 큰 도움을 줄 것으로 생각한다. 뿐만 아니라 이러한 이해는 서로 간의 불필요한 마찰을 일으키지 않아 공동체의 평화 정착에도 도움이 될 것이다.

　종교 간 대화는 최근에 생겨난 용어다. 대화의 개념이 종교계에 들어온 것은 제1차 대전 이후 실존주의와 연관되면서부터다. 그것은 1923년에 출판된 부버(Martin Buber)의 『나와 너』에서 처음 발견되는데, 그는 여기서 인간은 서로를 대상이나 사물로서가 아니라 인간으로 보아야 하며 모두의 보편적 인간성을 인식할 것을 주장한다. 종교 간 대화라는 개념이 사용되기 시작한 것은 제2차 대전 후였으며 1960년대 중반에 이르러 보편화되었다.(「문명의 전환과 종교의 새로운 비전」, 2쪽) 종교 간의 대화는 이론적인 데에만 국한되는 것이 아니라 실제적인 면에서도 이루어질 수 있는데 이것은 과제 중심적인 만남이라고 할 수 있을 것이다. 이러한 만남은 여러 종교인들이 만나되 각각의 교리에 대한 복잡한 이론에 대해서는 따지지 않고 종교의 근본 목표인 사랑이

나 통합 등을 위해 사업적으로 만나는 것이다. 환경이나 통일 같은 거
대한 주제를 둘러싸고 한국에서 벌어지고 있는 여러 종교 간 협업 사업
이 그런 것이다. 진정한 대화는 공동의 관심사와 주제에 이끌림을 당하
는 가운데 서로가 서로를 이해할 수 있을 때 비로소 이루어지는 것이
다. 실천이 우위성을 종교 간의 대화라는 구체적 물음에 적용시켜 보았
을 때, 단지 알고 있는 이론으로만이 아니라 구체적인 실행을 해 보면
그 사람은 결코 자신만의 독단적인 신앙에 빠지지 않는다. 따라서 종교
간의 대화의 1차적 목적은 종교들이 서로 말하고 서로 듣도록 하는 것,
서로 더불어 성장하고 서로로부터 성장하는 것, 모든 인류의 복지와 구
원을 위해 공동의 노력을 기울이는 것이다.(「유교와 기독교, 그 만남의
필요성과 의미에 대하여」, 244쪽 참조) 우리는 이러한 노력의 역사를
갖고 있다. 한국종교인평화회의 20년사 편찬위원회에서 2006년 10월
24일에 펴낸 325쪽 분량의 『한국종교인평화회의 20년사』에서 이러한
노력의 흔적을 찾아보자.

## 1) 한국 사회 종교 간 대화운동의 유형과 특성

한국 사회의 종교 간 대화협력운동의 역사는 1965년으로 거슬러 올
라간다. 물론 그 이전 시기에 일제에 항거한 3·1 운동이 불교와 천도
교, 대종교와 기독교 지도자들의 힘을 모아 종교 간 협력의 불꽃을 타
오르게 했다는 점에서 그 역사적 의의를 간과할 수는 없다. 그러나 이
모습이 이후 계속해서 종교적 연대의 틀로 이어지지는 못했다는 점에
서 상징적 의미 이상으로 평가하기는 힘들다. 하지만 그 역사적 상징성
이 오늘날 한국 사회의 종교 간 대화 협력 운동을 밑받침하는 정체성과
동력을 부여하고 있는 것도 사실이다.

종교 간 대화운동 역시 우리 사회의 제반 환경 변화와 밀접한 연관을

보여 준다. 1987년 이후의 종교 간 대화운동은 1970-80년대의 민주화 투쟁이 결실을 맺어 가고 있던 당시의 정치사회적 환경 변화를 반영하면서 그 이전과 달리 더 체계적이고 조직적인 양상을 띠게 된다. 즉 1970-80년대의 정치적 억압 구조 속에서 가톨릭과 개신교를 중심으로 인권 회복과 사회정의 실현을 위한 민주화 투쟁의 불꽃을 지펴 새로운 양태로 사회적 위상을 제고시켰다. 이에 따라 사회적 영향력이 증대되었고, 시대적 변화를 직시하고 있던 불교 등 다른 종교들이 현실 참여의 필요성을 절감하기에 이르렀다. 이로 인해 각 종단 사이의 조직적 연대의 틀을 다져 나갈 수 있는 여건이 무르익게 되었다.

한국 사회의 종교 간 대화운동은 형태상으로 첫째, 명망 있는 종교지도자들을 중심으로 연결된 대화 모임 형태, 둘째, 여기에 종단을 대표하는 지도자들과 학자들이 참여하여 공식성을 부여하는 모습으로 폭을 넓혀 나간 종교협의회 형태, 셋째, 국제적 종교연합 기구와의 연대 형성을 계기로 만들어진 연대 기구 형태, 넷째, 시대적 흐름과 지역성을 반영하여 특정 이슈를 중심으로 이루어지는 연대 기구 형태로 구분할 수 있다.

첫 번째 형태는 크리스천 아카데미에서 사회 각 분야별로 대화운동을 전개하기 시작하면서 그 일환으로 종교대화 모임을 개최했던 1965년 10월 18-19일의 용당산 호텔 '한국 제종교의 공동 과제—6대 종단 지도자 모임'과 그 이후의 전개과정이다. 이 모임에서는 동양 종교의 자체 개혁을 통한 현대화와 서양에서 온 종교들의 토착화 필요성이 강조되었다. 강원용 목사에 의해 설립된 크리스천 아카데미는 수유리에 아카데미하우스를 지으면서 종교 간 대화의 장소를 마련했고, 세계기독교협의회(WCC)에 참여하여 종교 간 대화운동을 국내에 도입하는 계기를 마련했던 강원용 목사의 지속적인 노력에 힘입어 한국 내 종교 간 대화운동의 산실이 되었다. 크리스천 아카데미는 초기의 대화 모임이 협의체의 형태로 발전한 이후에도 꾸준히 자체 프로그램을 진행하여 종교 간 대화운동에 활력을 불어넣었다.

두 번째 형태인 협의체 구성 단계의 종교대화운동은 크리스천 아카데미에 의해 종교대화운동의 불꽃이 지펴지면서 곧바로 1965년 12월 21일에 한국종교인협회(12월 17일에 한국종교연구협회 명의의 창립 취지문 발표 후 명칭 변경)로 폭을 넓혀 나가게 된다. 한국종교인협회는 1970년 2월에 더 강력한 종단 간 연합기구로 발전시켜 나간다는 취지로 그 명칭을 한국종교협의회(약칭 종협)로 변경했다. 종협은 명칭 변경 후 두 달 만인 1970년 4월에 통일교가 가입하게 되면서 기독교계의 반발을 불러일으켜 갈등을 빚게 된다. 통일교는 종협에 가입한 후 1971년에 최초의 종교 신문인 '주간 종교'를 발행하고, 주간 종교사 주최로 학술세미나, 각종 종교대화 모임 등 종교대화운동의 폭을 넓히는 데 크게 기여했지만, 개신교 내 기성 종단과의 마찰로 인해 종교대화운동 본래의 의미를 드러내기가 더 힘들게 된다. 또한 8대 회장으로 취임한 최덕신 천도교 교령이 박정희 대통령과 친분을 내세워 정부 지원을 받게 되자 기독교계 인사들이 빠져나오게 되어 종협은 점차 영향력을 상실하게 된다. 1988년에 통일교가 종협 회장 종단이 되면서 전적으로 종협을 주도하게 되자 개신교와 가톨릭의 반발을 일으켜 종교대화운동의 파행을 불러왔으며, 한국종교협회로 명칭이 변경되었다.

세 번째 형태로는 1986년 6월 16-21일에 서울에서 개최된 아시아종교인평화회의(ACRP) 제3차 총회를 계기로 창립된 한국종교인평화회의(KCRP-Korean Conference on Religion and Peace)와 한국종교연합(URI-Korea) 등을 들 수 있다. KCRP는 6대 종단의 직접적인 참여로 국제적 모임을 치르고, 그 이후 국제적인 연대를 바탕으로 대화운동과 평화운동을 펼쳐 나가는 모체가 되었다는 점에서 독특한 위상을 지닌다. 한편 북한에서도 1989년 6월에 조선종교인협의회(KCR)가 만들어지고, 조선종교인협의회가 1991년 6월에 네팔 카트만두에서 개최된 ACRP 4차 총회에 참가하여 가입하게 됨에 따라 KCRP는 ACRP를 매개로 하여 KCR과 함께 남북종교 교류를 열어 나가는 통로가 되었다. 한국종교연합은 1995년에 미국 샌프란시스코에서 발기되어 2000년에 피츠버그에서 헌장을 조인한 국제종교기구로, 한국에서는 진월 스님이 1999년 5월에 지부를 설립했다.

　마지막 형태로는 문민정부 출범 이후인 1993년 7월에 종교계 통일운동의 새 지평을 열어 나가기 위해 진보적 성향의 종교운동단체들을 묶어 만들어진 '민족의 화해와 통일을 위한 종교인협의회', 그리고 보수적 성향의 통일운동단체로 모습을 드러낸 통일민족광복회, 대구지역에서 1992년에 환경 문제를 화두로 하여 종교연합운동체로 출범한 생명보전종교인협의회(나중에 대구KCRP로 개칭), 1998년에 7대 종단 대표들이 정부 당국과의 채널을 형성하기 위해 만든 한국종교지도자협의회 등이 있다. 특히 지역 단위의 연대 기구는 90년대 후반에 들어서면서 한국종교인평화회의 및 민족의 화해와 통일을 위한 종교인협의회와 연대를 형성하며 대구, 부산, 공주, 청주, 대전 등에 구성되어 점차 뿌리를 내리기 시작했다.

　이처럼 다양한 형태의 종교 간 대화운동이 전개된 양상을 내용적으로 살펴보면, 첫째, 이웃종교 간의 이해를 도모하기 위한 학술세미나 등 각종 대화 모임 개최, 둘째, 한국종교문화의 성숙과 발전을 도모하기 위한 공동사업 추진, 셋째, 상호 이해의 폭 확대를 위한 공식 행사 초청과 참여 그리고 이웃종교의 종교 시설과 유적지 방문, 넷째, 실천적 사회 참여 및 사회적으로 중요한 화두가 제기되었을 때 종교계의 공동 입장 천명을 통해 원만한 문제 해결 호소, 다섯째, 국제종교회의와 행사에 공동 참가, 여섯째, 남북 종교 교류와 협력에 공동 참여 등 다양한 형태로 구분될 수 있다.

### 2) KCRP 창립(1986) 이전의 국내 종교 간 대화운동

종교뿐 아니라 사회 전반에 걸친 대화운동을 이끌었던 크리스천 아카데미는 강원용 목사가 1957년에 만든 기독교사회문제연구소에서 출발했다. 그는 한국 기독교가 한국 사회에서 할 일은 전도에 앞서 사회를 위한 일이어야 한다는 신념을 앞세워 당시 한국 사회의 새로운 진로를 열어나갈 힘을 모을 목적으로 기독교사회문제연구소를 조직했다. 그는 독일 아카데미 운동의 창시자인 뮐러(Eberhard Mueller) 박사의 지원을 받아 1967년 아카데미하우스를 건립했다.

천주교의 경우도 1960년대에 접어들면서 개신교와 일치 운동 차원의 대화를 갖기 시작하여 1960년대 중반에 시작된 종교 간 대화에 적극적인 참여를 하게 된다. 한국천주교가 이러한 자세를 보이게 된 것은 1960년에 바티칸 안에 '일치운동사무국'이 설치되고, 1962년에 개막된 제2차 바티칸공의회에서 교회일치에 관한 교령을 발표하는 등 개방적인 모습을 나타낸 데 따른 것이기도 하다. 특히 서울대교구장이었던 노기남 대주교와 1968년 그 뒤를 이었던 김수환 추기경, 1967년에 한국종교문제연구원을 개설한 박양운 신부, 김몽은 신부 등 이 당시에는 천주교가 가장 풍부한 대화 인력을 투입했다고도 볼 수 있다.

대화의 주제를 놓고 회의를 진행하여 일종의 대화 모임이라는 틀을 보여 준 용당산 호텔 모임을 계기로 출범한 한국종교인협회는 주로 회원 종단 간의 이해 증진을 위한 프로그램에 역점을 두었으나 개인 자격의 참여라는 성격을 유지했다. 그러면서도 각 종단의 최고 지도자들이 관심을 기울여 종단 간의 상호 방문이 이루어졌고, 이를 통해 다른 종단의 교리와 제도, 의식 등을 연구했으며 결과적으로 상호 이해 증진과 친교에 큰 성과를 가져왔다.

한국종교인협회가 창립된 이후에도 크리스천 아카데미 종교 간 대화 운동은 독자적으로 지속되었다. 크리스천 아카데미가 1960년대에 펼친 주요 대화 모임은 '한국의 근대화와 종교의 과제'(1966. 6. 9), '기독교와 사회 간의 대화'(1966. 11. 17), '기독교와 다른 종교 간의 대화'(1966. 11. 22), '한국 교회와 한국 사회'(1968. 4. 22), '통일교와의 모임'(1968. 6. 9), '한국의 사회 발전과 종교'(1969. 5. 26), '한국 샤머니즘의 재검토'(1969. 11. 7) 등으로 주로 한국 종교가 한국 사회 안에서 지녀야 할 역할을 모색하는 데 중점을 두었다.

크리스천 아카데미는 1970년대에 접어들면서 '한국신흥종교연구위원회'를 발족하여 당시 유사 종교나 사이비 종교 등의 시비에 휘말린 신흥종교에 대한 본격적인 연구를 진행했다. 정일회, 증산교, 일심교, 천도교, 대종교 등을 중점적으로 연구한 성과는 한국의 종교적 상황이 엘리트의 요구를 대변하는 사회참여와 대중의 요구를 반영한 신흥종교 현상에 대해 더 개방적으로 접근하면서 새로운 사회 변화에 대처해 나가야 한다는 현실적 과제에 직면해 있음을 밝혀냈다는 데 있다. 이런 현실 과제에 대한 분석과 접근은 1970년대의 사회변혁 욕구와 맞물리면서 종교의 사회적 역할에 대한 역동적 대응의 새로운 패러다임을 추구하게 되고, 이런 분위기에서 종교 간 대화운동은 더욱 더 탄력을 받게 된다.

1974년을 기점으로 해서 종교 간 대화 모임이 종단 지도자들 사이의 친교 모임이라는 종단 대표자 모임의 성격에서 각 종교의 학자들의 모임으로 변화되어 갔다. 이는 종교 간의 대화가 일반적인 이해의 수준으

로부터 각 종교가 가지고 있는 중요한 사상이나 이론을 상호 비교하는
형태로 점차 그 깊이를 더해 가게 되었음을 뜻한다. 생명 문제와 같은
공통의 주제에 대한 각 종교의 이해를 학자들을 중심으로 발표하고 대
화하는 모임은 이웃종교에 대한 이해를 확충하는 한편 종교인으로서
공동의 정체성을 발견하는 좋은 계기가 되었다. 그리고 대화의 주제 설
정 자체가 종교 주제의 문제의식, 또는 한국 종교의 자의식이 발전적으
로 전개되어 왔음을 보여 준다. 예를 들면 '기독교와 다른 종교 간의
대화'(1967. 1), 또는 '6대 종교 회의'(1969. 5. 26-27)와 같은 성격의
문제의식을 담고 있는 주제가 1974년 5월에는 '한국 사회의 종교-구
원의 의미'라는 의식 수준에서 각 종파 간의 대화가 시도되는 형태로
발전되었다.

### 3) KCRP 창립 이전 WCRP, ACRP의 종교 간 대화운동

20세기 최초의 세계 종교회의는 1955년 8월 1일부터 4일간 도쿄에
서 개최되었다. 직접적인 계기는 1954년 3월 태평양의 비키니 수역에
서 미국이 수소폭탄 실험을 했고 주변에 있던 일본 선박이 죽음의 재를
뒤집어썼다는 소식이 전해진 것이었다. 일본을 비롯하여 16개국에서
200여 명이 참석하여 원폭과 수폭의 개발과 실험 금지, 군비 철폐 등을
결의했다. 이 회의의 또 다른 결실 가운데 하나는 여기에 참석한 각국
대표들이 '세계종교협력협의회'를 설치할 것과 각 나라에서도 '종교협
력협의회'를 만들기로 합의한 사실이다.

1956년 5월 30일에 발족한 '일본종교협력협의회'는 1962년 쿠바 미
사일 위기 때 평화사절단을 구성하여 1963년 9월 14일 일본을 출발하
여 41일간 구미 10개국을 포함하여 로마교황, 제네바의 세계교회협의
회(WCC) 사무총장, 모스크바의 러시아정교회 대주교, 런던의 캔터베

리 대주교, 뉴욕 유엔본부의 사무총장 등 정치와 종교계를 아우르는 주요 지도자들을 만났다. 워싱턴에서는 군축국장을 만나 평화 제창 선언문을 전달하였다.

교황 요한 23세에 의해 1962년 10월에 소집되어 1965년까지 계속된 제2차 바티칸 공의회는 그리스도교가 아닌 종교에 대해서도 개방적 태도를 천명하여 종교 간 대화 협력 분위기 조성에 크게 기여했다. 제2차 바티칸 공의회 이후 종교 간 대화 분위기가 고조됨에 따라 1966년 3월 워싱턴에서 '미국 종교평화회의'가 개최되었고, 이어서 1968년 1월 22일 교토에서 미일 종교평화회의가 성사되었다.

1970년 10월 16일부터 6일간 교토에서 개최된 WCRP 창립총회에는 종교, 민족, 국가체제의 구별을 넘어 39개국 종교 지도자 300여 명이 모여 인류의 기적으로까지 일컬어졌다. 세계의 종교 지도자가 상호 이해와 협력을 구하기 위해 한 자리에 모이고자 한 오랜 동안의 소원을 실현시킨 이 회의의 주제는 비무장, 개발, 인권의 3가지였다.

1974년 8월 말 루뱅에서 열린 WCRP 2차 총회를 마치고 귀국한 일본종교 지도자들은 '한 끼를 바치는 운동'을 제창했다. 한 달에 한 번 '금식 금욕의 날'을 정하고 아침식사나 점심식사나 저녁 반주라도 상관없이 그 한 끼를 뺀 돈을 저금하고 WCRP 일본위원회에 기탁하는 것은 단지 금전을 바치는 뜻만이 아니라 자신들이 배고픔을 경험함으로써 세계의 고통을 느끼고 고통스러운 사람들과 함께하자는 권유이기도 했다. 이 권유가 계기가 되어 1975년 1월 WCRP 일본위원회 속에 평화개발기금 운영위원회가 발족하고 일본 종교계가 개발도상국에 원조 활동을 전개하는 길이 열렸다. 이 운동은 언제 어디서든지 누구나 할 수 있는 평화운동으로 확산되어 가맹 교단이나 관계 단체가 다른 경우에도 독자적인 운동으로 넓게 퍼져 나갔다.

1976년 11월 25일부터 6일 간 '종교에 의한 평화'라는 주제로 싱가포르에서 개최된 ACRP 창립총회에는 21개국 300여 명의 종교지도자들이 참석했다. 제3차 ACRP 총회는 1986년 6월 17일부터 5일 간 '아시아에서의 평화의 가교'를 주제로 서울에서 개최되었고 22개국 400여 명이 종교 대표들이 참가했다. 서울 총회를 성공적으로 마친 WCRP 한국위원회는 명칭을 한국종교인평화회의(KCRP)로 바꾸었고, 이후 한국종교계의 종교대화협력운동의 실질적인 구심점을 형성하게 된다.

### 4) KCRP의 활동

크리스천 아카데미에서 1978년부터 진행해 온 종교 간 대화 모임은 KCRP가 창립된 이후 KCRP 차원에서 탄력을 받는 형태로 지속되었다. 1980년대 후반에 접어들면서 이 종교 간 대화 모임은 각 종단의 성직자들뿐 아니라 전문학자들이 참여하는 형태로 진전된다. 1986년 10월 18일 '불교와 기독교의 대화 모임', 1990년 10월의 '유교와 현대사회', 1991년 5월의 '다원 종교사회에서의 기독교와 타종교와의 대화', 1993년 5월의 '불교와 기독교의 대화'를 주제로 한 모임은 이웃종교에 대한 심층적인 접근을 시도한 대화 모임의 형태였다.

KCRP 창립 이후 종교 간 대화에는 평화를 주제로 다루는 경우가 늘어나 '평화를 위한 종교인 대회'(1989. 2. 28)가 개최되면서 '민족화해를 위한 종교인 선언문'을 채택하는 데까지 이르게 된다. 서울평화교육센터는 1991년 2월 28일부터 3일간 '종교와 생명운동'을 주제로 한 대학생 동계 캠프에 참가한 사람들을 중심으로 월례회를 가지면서 법회, 미사, 예배 참석 등의 시간을 가졌고, 하계 캠프를 실시하여 천도교 성지, 원불교 성지, 불교 주요 사찰, 유교 강진 다산 유배지 등을 돌아보았다. 이후 월례회에서는 성균관 석전제 참가, 원불교 회관 참관, 천주교 트라피스트 수도원 참관, 이슬람 사원 참관 등과 함께 세계종교에 대한 견문을 넓히는 세미나를 실시했다.

1993년 세계종교의회 100주년을 전 세계 종교계가 함께 준비하는 가운데 환경윤리 문제를 가장 큰 화제로 설정하고 WCRP와 ACRP 차원에서도 공유하게 되어서 KCRP 활동도 환경윤리 문제에 힘이 집중되었다. 문민정부가 출범하면서 종교계를 비롯한 민간단체 활동이 활력을 얻기 시작했다. 환경 문제를 화두로 삼은 KCRP 활동력에 주목한 정부는 종교계와 대화 창구를 마련하고자 했고, KCRP는 이전과 달리 상생의 차원에서 국가 발전에 협력한다는 취지에서 이를 기꺼이 수용하게 되었다. 그 첫 번째 결실로 나타난 것이 종교지도자 세미나 개최였다. 정부의 요청에 의해 시작된 종교지도자 세미나는 이후 정부와 종교계 사이의 대화를 잇는 민관 협력 채널이 되었다. 1994년의 제1회 종교지도자 세미나는 남북 관계에 대한 이해와 사회도덕성 고양이라는 문제의식을 담아냈다. 도덕성 회복 문제에서 종교인들 스스로 언행일치로 솔선수범하고, 교세의 과시보다 그늘지고 소외된 사람들과 함께하는 일에 힘쓰며, 특히 종교 간의 위화감을 조성하는 선교와 포교 행위 지양과 종단 사이에 서로를 이해하는 프로그램을 개발하고 이에 참여한다고 다짐했다. 이러한 다짐은 이후 매년 종교지도자 세미나를 개최하면서 사회 현안에 대한 종교계의 입장을 성명서로 발표하는 형태로 나아갔다. 이러한 모습은 정부를 통해 언론계에 그대로 전달되어 향후 종교계의 대사회적 발언이 사회현안 해결에 도움이 되는 것으로 인식되는 길을 열어 놓게 된다. 종교지도자 세미나는 2001년부터 종단교역자 대화캠프로 명칭을 변경하여 민관 대화의 형식에서 각 종단 교역자 사이의 이해와 친목을 도모하는 형태로 선회한다.

'이웃종교'라는 용어는 1998년 8월 17일부터 3일간 '다름은 아름답다'를 주제로 하여 이웃종교 사이의 진정한 이해가 가능한 대화의 장을 만들고자 열린 제1회 종교청년평화캠프(1993년 2월부터 매년 크리스천 아카데미와 서울평화교육센터가 주관하여 실시한 종교청년대화캠프의 후신)에서 탄생했다. '타종교'라는 용어가 대화의 상대를 대상화시킬 위험이 있다는 점을 확인하고, 진정한 대화의 상대를 맞이하기 위해서는 이웃의 선린관계를 대입시킬 필요가 있다고 생각하여 사용하기 시작한 이 용어는 이후 한국의 종교문화를 한 단계 성숙시키는 지표가 되었으며, 꾸준히 확산되어 한국종교계에서는 일반화되는 수준에 이르렀고, 국제사회에서도 이에 대한 공감을 아끼지 않는 단계에 이르렀다.

종단 사이의 이해의 폭을 넓히고자 하는 KCRP의 노력은 종교지도자 세미나에서 시작되어 이웃종교 사이의 벽을 허물고 종교청년의 정체성을 확인하는 종교청년평화캠프, 이웃종교 이해강좌 등으로 확산되었고, 1997년 말부터 이웃종교의 뿌리인 성지와 종교문화 유적지를 찾아 더 깊은 대화를 나누는 종교유적지대화순례로 확대되었다. 이는 각 종단의 근원을 문화적 차원에서 공감하고 이해하는 기회를 마련하여 종교 간의 갈등을 해소하고 이해와 협력의 장을 만드는 데 그 목적이 있었다(필자는 1779년 정약용을 비롯한 유학자들의 천주학 강학 장소였던 경기도 여주의 천진암과 주어사 터에서 정기적으로 열리는 불교, 유교, 가톨릭의 화합 한마당은 종교유적지대화순례 운동의 연속선 위에 있는 것으로 본다). 1996년부터 상하반기에 한 종단씩을 대상으로 각각 4주에 걸쳐 개최되어 왔던 이웃종교 이해강좌는 2001년부터 형식과 명칭을 이웃종교문화 이해강좌로 변경하여 7대 종단을 번갈아 가며 7주 동안 접근할 수 있도록 배치하여 각 종단에 대한 총체적인 이해를 도모했다. 창립 당시 KCRP는 6대 종단으로 구성되어 있었으나 2001년도에 한국민족종교협의회가 회원 단체로 가입하여 7대 종단이라는 용어를 탄생시켰다. 민족종교에 속한 14개 종단들이 협의회를 통해 KCRP 행사에 적극 참여하게 되어 이웃종교 간 대화와 협력의 폭을 넓혀 나가게 된다.

종교계의 언론은 일반 언론보다 그 영향력이 크지는 않지만, 각 종단 내에서 정보 교류의 맥을 형성한다는 점에서 그 중요성이 무시될 수 없다. KCRP는 종교 언론계의 상호 정보 교환을 통해 종교 간 이해와 협력을 증진하고, 화합의 기틀을 다져 나갈 목적으로 '종교신문언론인 심포지엄'을 개최했다. 이 모임은 예상 외로 좋은 성과를 거두었다. 훼불 사건이나 방화 사건 등이 일어났을 때 그 이전에는 각 종단의 언론들이 자기 종단을 감쌀 목적으로 대립적인 입장을 취하면서 기사를 쓰는 경우가 없지 않았지만, 이 모임을 통해 기자들 사이의 이해와 친교가 이루어지면서 같은 경우가 발생할 때 먼저 기자들이 서로 정보를 교환하고, 최대한 종교적 갈등을 유발하지 않고 치유하는 방향으로 협력할 뜻을 공유하게 되었기 때문이다.


## 3. 도전적 과제

1965년 이후 크리스천 아카데미와 KCRP가 종교 간 대화의 산실 역할을 수행했다는 것은 역사적으로 평가받아 마땅한 일이지만, 종교 간 대화가 현실적으로 여러 가지 난관에 봉착해 있음을 알 수 있다. 구조적인 문제점으로는 우선 KCRP가 종단을 단체 회원으로 하는 종단협의체가 되는 것까지는 좋은데 그러다 보니 사안에 따라 종단의 입장을 대변하는 통로처럼 되었다. 이것은 종교 간 대화가 종단 간의 이해 조정만을 하기 위한 기구인 것인가 하는 의구심을 자아낼 수 있다. 종교 간 대화에 개별적으로 참여하고 싶은 사람들도 많이 있는데 종단 본부를 통하지 않고 어떤 자격을 얻기가 어려운 점이 있다. 또한 KCRP와 종교지도자협의회가 마치 진보와 보수의 갈림처럼 나타나 있고 동양종교와 서양종교의 갈등도 있다. 종교지도자협의회가 만들어진 전 단계가 통일민족광복회의이며, 천도교, 유교, 불교, 원불교에서 우리끼리도 민족적인 걸 만들어 보자 해서 종교지도자협의회를 만들었는데 거기에 한기총이 들어갔다. 민족주의 목소리와 기독교 보수가 합쳐서 하나의 조직이 되었고, 반면에 한쪽은 외래 종교 중심에다가 진보성향의 조직이 되어 마치 좌우익으로 갈라진 형태를 띠게 되었는데 보수와 진보, 동양종교와 서양종교의 대립이란 구도 자체가 해결해야 할 과제다.

구조적인 문제 이외에 그 동안의 논의에서 적시된 것 중에서 무엇보다 근본주의와 복음주의로 편향된 기독교적 경향성이 대화에 협조적이지 않았고 또 않을 것이라는 우려가 가장 크다. 개 교회 중심주의에 빠진 보수적 기독교로부터 이웃종교의 존재를 확인하는 일이 앞으로 더욱 어려워질 수 있다는 것이다. 또 그 동안의 종교 간 대화가 원리적으로 기독교 또는 서양 중심적으로 편향되었고 동양종교들이 여전히 타자화되었다는 이웃종교인들의 의심의 목소리도 들을 수 있다. 발전된 대화 기술을 갖고 대화를 지배한 꼴이 되어 버렸다는 비판은 종교 간 대화가 기독교 주도적으로 이루어진 현실에 대한 문제 제기다. 이와 더불어 한국의 제 종단(지도자) 간의 실질적 대화와 교류가 없이 종교 간 대화가 특정 학자들만의 지적 유희라는 비판도 적지 않다. 종교 간 대화가 또 하나의 학문적 영역이 되어 제 종교의 현실과 무관한 아카데미즘의 산물이며 그렇게 변해 간다는 것이다.(「지구화시대에서의 종교 간 대화, 그 현실과 과제- 종교 간 대화 40년을 회고하며」, 1쪽) 그런 점에서 종교 간 대화가 분명 가치 있는 일이지만 특정 종교의 내적인 본질을 훼손시킬 수 있는 대화라고 한다면 특정 종교의 참여를 기대하기란 어려울 것이라는 이태하의 지적은 옳다.(『종교다원주의 시대의 기독교와 종교적 관용』, 13쪽 참조)

이러한 지적들은 모두 일리가 있지만 종교 간 대화는 인류의 미래를 위해 삶과 죽음의 선택과도 같은 것으로 피할 수 없는 주제다. "종교 간 대화 없이 종교 간 평화 없고, 종교 간 평화 없이 세계의 평화는 있을 수 없다."는 한스 큉의 말에 전적으로 동감한다던 틱낫한 스님(「살아계신 부처님, 살아계신 그리스도」, 3쪽)의 현실 인식이 우리 모두에게 요구된다. 종교 간 대화는 종교인들이 저질러서 만든 퇴행 현상을 더욱 철저하게 고백하는 일로부터 시작되어야 하며, 그러려면 창시자의 이상과 부합하는 인류 공동체의 비전에 대한 새로운 각성이 필요하다. 종교 간 대화는 자신의 근원으로 돌아가 창시자의 영성을 상호 침투시키는 영성의 대화로 진입해야 한다. 함께 경전을 읽고 이웃종교의 의례에 참여하며 벌거벗은 인간으로 만나 개체 종교의 깊은 영성에 이를 수 있는 실천적 대화가 필요하다. 영적인 대화는 다른 신앙과 확신을 가진 사람들이 함께 기도하고 회개와 희망 속에, 그리고 찬양과 감사 가운데 거룩한 존재의 체험을 공유하는 것이다. 오늘날 지구적 의식은 모든 종교가 지향하는 궁극점이다. 이것은 종교가 교리와 이념의 옷을 벗고 자기 초월적 수행에 철저해질 때 얻을 수 있는 선물이며 은총이다.

종교의 박물관이라고 불리는 한국 사회, 종교는 많아도 고쳐지지 않는 사회병리들로 가득 찬 한국 사회의 종교인들은 함께 연대할 사회적 책임을 더 크게 느껴야 한다. 어느 종교도 진리를 완전히 소유할 수 없으며, 종교 간 대화의 목적은 이웃종교의 진리를 통해 삶 자체의 실질적 변화를 가져오게 하는 것임을 명심해야 한다. 종교들은 나란히 서 있는 것이 아니라 자연스럽게 상호 얽혀 있으며 서로의 내용 속에 존재한다. 그러므로 각 종교에서 이제껏 주장하고 선포해 왔던 내용에 더 생생한 힘을 싣기 위해서는 '우선 멈춤'의 자세가 요구된다. 그래야만 종교가 '말하기 문화'에서 '듣기 문화'로, 곧 '들음의 영성'을 심화시킴으로써 사회를 향한 종교 간 대화의 문화를 바르게 꽃피울 수 있을 것이다.(「종교의 오래된 새 길-가톨릭 입장에서」, 1쪽) 종교적 관용에 이르는 길은 여전히 종교 간 대화에 있다. 한 가지 사족처럼 붙이고자 하는 것은 향후 가까운 시일 안에 종교 간 대화에 이슬람교가 참여해야 한다는 사실이다. 이주민이나 난민들을 통해 들어올 이슬람 문화와 종교에 대한 우리 의식 내부의 수용성이 한국 사회의 종교적 관용의 수준을 결정할 것으로 예측된다. 이는 우리 앞에 놓여 있는 도전적 과제가 될 것이다. (박삼열, 이재영)

# 6

# 관용 교육이
# 우리의 미래다

## 1. 혐오 표현에서 혐오 행위로

'발 없는 말이 천리 간다'는 속담이 있다. 소문이나 풍문은 그야말로 바람결에 멀리 퍼져 나간다는 말이다. 또 대부분 나쁜 소문일수록 그 퍼지는 속도는 더 빠르다. 글보다는 말이 더 빠르게 전달되는 것도 사실이다. 그런데 정보통신기술 사회에서는 '발 없는 말과 글이 수만리 간다.' 말과 글이 홍수처럼 넘쳐 나는 세상에 우리는 살고 있으며, 그 말과 글이 온·오프라인의 세상에서 무한대로 확장될 수 있기 때문이다. 말과 글만이 아니다. 영상과 사진은 그 호소력이 말과 글보다 훨씬 자극적이고 직접적이기 때문에 설득력과 영향력도 훨씬 강하다. 그야말로 말과 글만이 아니라 사진과 영상도 넘쳐 나고 다양한 매체를 통해 생각과 감정이 여과 없이 그대로 표현되고 노출되는 그런 사회에서 우리는 살고 있다. 소통의 공간은 거의 무한대로 확장되고 있으며, 표현의 자유는 그 어떤 자유보다 폭넓게 향유할 수 있는 권리가 되어 가고 있다.

그런데 이 표현의 자유가 확장되는 과정에 소위 혐오 표현의 문제가 발생했고, 혐오 표현은 단순히 감정 표현의 수준을 넘어 혐오와 거부 행위를 낳는 심각한 문제를 안고 있다. 혐오 표현은 정치인들의, 정치인들에 의한 그리고 정치인들을 위한 말이 폭력에 그치지 않고 일반인들이 그대로 모방하게 만드는 전염성을 갖고 있다. 특히 아동이나 청소년들은 말로만 혐오감을 드러내는 데 그치지 않는다. 아이들은 어른들보다 더 쉽게 혐오 표현을 혐오 행위로 곧바로 연결시키려는 성향을 가지고 있다. 비록 혐오주의라는 용어가 문법에 맞는지의 여부는 논란이 있을 수 있으나 혐오 현상의 일상화 또는 청소년이나 젊은 세대들 사이에서 대세가 되고 있는 혐오 문화를 지칭하기 위해 우리는 혐오주의라는 용어를 사용해 왔다. 이는 온·오프라인을 망라해 사회 여러 분야에 걸쳐 미워하는 대상들을 향한 폭력의 문화가 큰 흐름을 형성하고 있는 상황에서 이를 설명하기 위해 만든 일종의 조어이다.

한국 사회에서 혐오주의 현상은 결코 가벼이 여길 수 있는 상황이 아니다. 특히 SNS 상에서 난무하는 혐오 표현들은 통제 자체가 불가능하거나 자정(自淨) 능력이 의심스러울 정도로 심각한 수준이다. 그 구체적 상황들은 너무도 많다. 통합진보당 해산 결정이나 한국 정치 지형을 결정해 온 지역감정과 같은 정치적 혐오주의, 또 학교 현장에서 목격되는 집단 따돌림과 학원 폭력 같은 배척의 불관용, 다문화사회로 진입한 한국 사회에서 외국인 혐오주의 등은 현실적인 문제들이다. 동성애 문제나 동성결혼의 합법화 문제에 대해 민감한 거부 반응을 보이는 것은 일부 보수적인 개신교 신자들만이 아니다. 동성애를 성적 소수자들의 성적 취향 문제로 보고 이해하려는 사람들이 늘어나고 있는 듯 보이지만 동성결혼을 합법화하는 데까지는 미국이나 서유럽에서 조차 아직은

요원해 보인다. 퀴어축제 때 이에 반대하는 집회가 열리고 이들이 던지
는 혐오 표현들은 단순 표현을 넘어 폭력적인 혐오 행위를 촉발시킬 발
화점이 되기에 충분하다. 자신이 믿지 않는 타종교에 대해 가지는 적대
감과 혐오감은 상대적으로 덜 직접적이고 은폐되어 있다. 그렇다고 해
서 다양한 종교가 평화롭게 공존하고 있다는 평가는 시기상조이다. 앞
의 5장에서 언급되었듯이 종교평화를 위한 오랜 노력들이 일정한 부분
기여했다고 평가할 수 있지만 여전히 한국 사회에서 종교 간 대립이나
갈등은 은폐된 채 우리의 의식 밑바닥에서 잠재적 폭발력을 지닌 채 응
축되고 있다. 타종교에 대해 이해한다기보다는 무지와 무관심의 대상
으로 간주하고 있는 수준에 머물러 있다. 이는 타종교에 대한 무관심과
무지를 마치 종교적 관용으로 보게 하는 착시 현상을 불러일으킬 수도
있다.

1부의 결론을 대신하여 혐오주의의 극복을 위한 대안으로 왜 관용의
윤리를 교육해야 하며, 무엇을 교육할 것인가에 대해 제안하고자 한다.
좌·우 이데올로기의 대립, 적과 아군만을 구분하는 이분법적 군사 문
화의 영향 그리고 지역감정에 사로잡힌 한국인들의 텃새 문화 등이 만
들어 낸 불관용의 역사와 혐오주의 문화를 반성하고 개방적이고 열린
한국 사회를 지향하기 위해서는 관용의 덕목이 구체적인 실천력을 가
지고 행위의 규범으로 자리 잡을 때라야 가능하다. 이 지점에서 미래
세대를 위한 가치 교육의 구체적 내용으로 관용 교육이 절실하게 요청
된다. 관용 교육에 관한 국내 연구자들의 연구는 관용의 윤리에 관한
철학적 연구보다 상대적으로 많이 이루어지고 있다. 교육전문가들이
수행한 관용 교육 연구는 조영제의 「다원주의 사회의 기본 덕목으로서
의 관용과 그 시민교육적 함의」, 길현주의 「중, 고등학생의 관용성 분
석과 관용 교육 개선에 관한 연구」 등 학위 논문을 포함하여 많은 연구

논문들이 나와 있다.(『관용과 다문화사회의 교육』, 352-359쪽 참조)


## 2. 왜 관용 교육을 해야 하는가?

그렇다면 우리는 왜 관용을 교육해야 하며, 그 교육의 중요성은 어디에 있는가? 1995년을 유엔이 정한 '세계관용의 해(The Year of Tolerance)'로 선포하도록 제안한 유네스코는 1994년 10월 25일부터 11월 16일까지 파리에서 개최된 28차 총회에서 '관용의 원칙에 관한 선언'을 발표한다. 이 선언문은 4조(교육에 관한 장)에서 왜 관용을 교육해야만 하는가에 대해 명료하게 천명하고 있다.

"교육은 불관용을 예방하는 가장 효율적인 수단이다. 관용 교육의 첫 단계는 인간들이 공유하고 있는 권리와 자유가 무엇인지를 가르치는 것이다.(4조 1항)…관용을 위한 교육은 절박한 지상 과제로 간주되어야 한다. 이것이 바로 문화적, 사회적, 경제적, 정치적, 종교적 불관용의 근원―폭력과 배제의 뿌리―을 다룰 체계적이고 합리적인 관용 교육의 방법을 신장시키는 것이 필요한 이유이다….(4조 2항)"

이 선언문에서 주목해야 할 키워드는 '예방적 수단', '절박한 지상 과제' 그리고 '관용 교육의 방법'이다. 관용 교육은 미래 세대를 위한 예방 교육의 차원에서 바라보아야 한다. 혐오와 불관용의 행위들이 점차로 증폭되고 있는 현실을 직시하며, 미래 세대를 위한 준비교육 또는 예방 교육의 필요성과 절박성을 이 선언문은 담고 있다. 그리고 관용 교육의 방법에 대해서 유네스코는 별도의 자료집을 통해 구체적으로 제안하고 있다. 『관용: 평화의 시작; 평화, 인권, 민주주의의 교육을 위한 교수/학습 지침서』(1995)인데, 이 자료집에서 유네스코는 초등학교에서 중등학교의 전 단계에 적용 가능한 구체적인 수업 모델과 방법을 여러 가지 제시하고 있다. 사회과목이나 도덕, 윤리과목을 통해서만 관용 교육이 가능한 것이 아니라 언어, 과학, 수학, 예술 등 전 과목을 통해 관용 교육이 가능하다는 것을 보여 주고 그에 적합한 수업 모델들을 제공하고 있다.

관용 교육을 받은 사람과 그렇지 못한 사람 사이에는 유의미한 차이가 예상된다는 가정은 학교에서 도덕과 윤리 교육을 해야만 하는 대전제이다. 지식 교육이나 인지 교육이 교육 수준에 따라 확장되듯이 도덕 교육과 인성 교육도 관련 교육의 혜택을 받는 양에 따라 발달된다는 것은 부인할 수 없는 사실이다. 폴 보그트(W. Paul Vogt)는 비유대인을 대상으로 한 표본조사에서 반유대주의(anti-Semitism) 편견의 정도를 교육의 수준과 관련해서 의미 있는 통계 자료를 제공하고 있다.(*Tolerance and Education*, 70쪽)

| 교육 수준 | prejudice level(편견 수준/%) | | |
|---|---|---|---|
| | 높음 | 중간 | 낮음 |
| 고졸 이하 | **28** | 38 | **34** |
| 고졸 | 26 | 35 | 39 |
| 전문대 | 16 | 23 | 61 |
| 대졸 이상 | **15** | 19 | **66** |

이 통계 자료는 교육 수준이 높을수록 많은 편견을 가진 사람들의 숫자는 줄어들고 편견의 수준이 낮은 사람들의 숫자는 두 배 가까이 늘어나고 있음을 보여 주고 있다. 잘 알려진 대로 반유대주의는 뿌리 깊고 오래된 혐오주의의 대표적인 사례이다. 관용 교육을 받을 수 있는 기회의 증대는 그 만큼 편견으로부터 자유로워질 수 있고, 이는 관용의 태

도를 갖게 하는 경향을 보인다는 것이다.

길현주는 관용 교육의 접근을 정서적 접근과 인지(지식이해)적 접근으로 구분하며, 보그트의 접근 방식인 인지(관용판단력)적 교육의 한계를 지적하고 있다. 그리고 관용 교육에서 정서교육의 중요성을 강조하고 있다. 길현주는 중등학생을 대상으로 한 통계조사에서 이 두 가지 교육 방법 중 정서적 접근이 중학생 그룹에서는 더 관용적 행동 경향성를 갖게 만든다는 결론에 이른다. 두 가지 방법 사이에 미세한 차이는 있지만 관용 교육의 결과는 어떤 접근 방식이든 학생들에게 관용 행위를 하도록 유도하는 힘을 갖게 한다는 점에서는 공통적이다.(「중·고등학생의 관용성 분석과 관용 교육 개선에 관한 연구」, 23-61쪽 참조)

일반적으로 불관용을 낳는 심리적 배경에는 그 대상에 대한 혐오감이나 편견이 자리 잡고 있다. 특히 편견은 대상을 왜곡시키며 근거 없는 오해를 갖게 만든다. 이런 편견과 오해 그리고 혐오감은 태생적인 것이 아니다. 앞의 1장에서 혐오 감정이 어떤 것은 원초적인 경우도 있다는 것을 말한 바 있다. 그러나 투사적 혐오 감정은 대부분 일차적으로 학습된 경우가 많다. 재일 한국인에 대한 일본인들의 혐한 감정이나 동성애자들을 바라보는 혐오감은 모두 왜곡된 학습의 결과이거나 편견으로부터 형성된 오해의 산물이다. 경상도와 전라도 사람들 사이에 형성된 혐오감이나 좌우 이념 대립의 시기를 거치면서 형성된 상대방에 대한 혐오감 역시 태어날 때부터 형성된 것이 아니라 성장하며 가정과 학교 그리고 사회에서 학습된 결과물이다. 이런 편견과 선입견 그리고 오해에서 비롯된 혐오 감정과 불관용은 반드시 희생양을 만들어 낼 위험을 안고 있다. 재일 한국인이 일본 사회에서 희생양으로 피해를 본 것은 단지 관동대지진 때 학살당한 것만이 아니다. 전라도 사람이라는 이유로 배제되거나 따돌림 당한 사례들은 수없이 많다. 그리고 빨갱이 또는 좌파라는 사회적 낙인은 많은 이념적 희생양들을 만들어 왔다.

사라 블라드(Sara Bullard)는 "다음 세대가 편견으로부터 자유로워지기 위해 관용 교육을 해야 하며, 이는 미래에 발생할 수 있는 희생양을 피하기 위한 중요한 해독제와 같다."라고 말하고 있다. 그런 점에서 관용 교육은 예방적(preventive) 차원에서 이해되어야 한다.(*Teaching Tolerance*, xv쪽) 모든 예방 교육이 그러하듯이 관용 교육은 미래에 치러야 할 비용을 최소화하려는 목적을 가지고 있다. 화재 예방 교육이 화재 후 발생하는 비용과 희생을 사전에 막기 위한 최선의 방책인 것처럼 관용 교육 역시 예방적 차원에서 접근하여 미래 세대가 겪게 될 불관용, 불평등, 갈등의 비용을 최소화하려는 데 그 목적이 있다.

폴 보그트 역시 '왜 우리는 관용을 교육해야만 하는가?'에 대해 세 가지의 사회적, 개인적 이유를 제시하고 있다.(*Tolerance and Education*, xxv쪽) 첫째, "다양하고 평등한 사회를 우리가 원한다면, 일정한 수준의 관용은 반드시 필요하기 때문이다." 다양성은 차이를 인정함으로써 확보되며, 평등성은 사람들 사이에 존재하는 유사성(similarities) 또는 동일성(sameness)을 전제해야만 보장된다. 개인과 집단들 사이의 차이를 인정하는 일과 모든 사람이 본질적으로 유사성 또는 동일성을 갖고 있다는 전제를 수용하는 일은 관용을 실천하는 일과 같다. 관용을 교육해야만 하는 이유가 바로 이런 다양하고 평등한 사회로 나가기 위한 첫 걸음을 내딛게 해 주기 때문이다. 그래서 보그트는 '관용의 가치를 시민사회에 필요한 최소한의 필수 조건이자 그런 사회로 나가기 위한 첫걸음(first step)'이라고 말하고 있다.(*Tolerance and Education*, 43쪽)

둘째, "만일 다원적이고 평등한 사회에서 잘 살아가기 위한 준비가 필요하다면 이는 잘 다듬어진 대인관계 기술(interpersonal skill)이 필요한데 관용의 기술이 그 중 하나이기 때문이다." 관용의 기술을 가르치는 것은 혐오, 배제, 불관용적 차별의 행위를 멈추게 하고 그 자리에 절충하고 타협하고 공존할 수 있는 여백을 제공한다는 점에서 민주주의 교육과 동일선 상에 있다. 문제적 상황에서 살아갈 수밖에 없는 우리에게 효과 있는 문제 해결 능력을 제공하는 것이 존 듀이(J. Dewey)식의 도구주의 교육관이라면, 관용 교육은 갈등 해소에 탁월한 효과를 발휘할 수 있는 도구 교육의 기능을 가지고 있다.

셋째, 우리가 관용을 교육해야 하는 이유는 "관용이 차별과 공멸을 초래하는 갈등으로부터 우리를 보호해 주는 최후의 보루이자 문명사회로 가는 첩경"이기 때문이다. 관용이 모든 갈등 상황에서 문제 해결 능력을 갖고 있는 것은 결코 아니다. 갈등 구조의 중층성이나 이해 관계자들의 복잡성을 관용 같은 하나의 태도로 해결한다는 것은 불가능하다. 그러나 문명사회를 유지하기 위한 최소한의 기본적인 가치로서 관용을 요청하는 일은 매우 중요하다. '관용은 갈등 문제를 해결하기 위해서 다른 기본 가치들을 위반하지 않으면서 필요한 최소한의 절차적 조건이기 때문이다.' (*Tolerance and Education*, 24쪽) 가치 교육으로서 관용 교육의 필요성은 바로 관용의 이런 기능에 대해 인정하고 그 중요성을 인식하도록 하는 데 있다.


## 3. 관용 교육을 위한 전략적 가치들

관용을 교육해야만 한다면 이제 이어지는 질문은 '무엇을', '어떻게' 가르칠 것인가? 하는 물음이 될 것이다. 관용을 어떻게 가르칠 것인가? 이 물음은 교육 전문가들이 교육 방법론이나 프로그램 개발을 통해 대답할 문제이다. 그렇다면 관용 교육을 위해 '무엇을 가르칠 것인가?' 이미 김용환은 이 문제에 대해 『관용과 열린사회』 7장 '관용과 가치교육의 전략'에서 다루고 있다. 세 가지 전략적 가치를 제안하고 있는데, '전략적'이라는 용어를 사용하고 있는 이유는 관용의 가치를 효율적으로 교육하기 위한 수단적 가치의 성격을 강조하기 위해서이다. 관용의 가치를 교육한다는 것은 관용의 정신, 태도, 마음 그리고 행위 경향성을 갖도록 가르치는 일이다. 그 세 가지란 유가에서 강조하고 있는 충서(忠恕)의 가치와 이에 대응하는 타자 존중의 정신이며, 화쟁(和諍) 정신과 토론 문화의 지향이며, 도덕적 공감과 공동체 의식의 계발이 그것들이다. 공감 교육과 관용의 관계에 주목한 연구들은 교육학 분야에서 많이 찾아볼 수 있으나 충서와 화쟁의 가치를 관용 교육과 연결시킨 것은 김용환이 처음으로 시도한 작업이다.

여기서는 위의 세 가지 가치를 포함해서 사라 블라드의 저서 *Teaching Tolerance*(관용 가르치기)의 5장, '자기가 속한 사회의 결속력(Bonds of Belonging)'이란 소제목으로 제안하고 있는 다섯 가지 전략적 가치들을 소개하려고 한다. 사회의 결속력, 유대감의 증진이란 관용의 가치가 가정이나 사회에서 실현하고자 하는 목표이다. 먼저 블라드는 관용 교육에서 타자지향적인(other-regarding) 접근이 아니라 자기주도적, 또는 자기 지향적(self-regarding) 접근 방식을 권하고 있다. 이는 불관용과 혐오 감정, 편견과 선입견 등이 타자인 그 대상에서 기인하는 것이 아니라 우리 자신의 내부 문제에서 그 근원을 찾아야 한다는 관점이다. 만일 내가 전라도 사람을 미워하거나 혐오감을 갖고 있다면 그런 편견이나 혐오 감정은 전라도 사람에게 기인하는 것이 아니라 내 안에 숨어 있는 편견과 선입견과 혐오 감정이 먼저 문제라는 사실 인식이다. 우리 안에 있는 불관용(intolerance in ourselves)의 근원적 뿌리인 무지, 편견, 혐오의 감정을 직시하기가 비록 힘들지만 솔직한 '자기 바라보기(seeing ourselves)'를 요청하고 있다.(*Teaching Tolerance*, 62-63쪽)

다섯 가지 전략적 가치가 지향하는 바도 이처럼 자신 안에 숨어 있는 불관용과 편견과 혐오의 감정을 솔직하게 드러내는 데 있다. 사라 블라드가 제시하고 있는 다섯 가지 관용 교육의 전략은 주로 부모와 자녀와의 관계에서 발생하는 사례들을 중심으로 설명하고 있다.(같은 책, 85-104쪽) 물론 관용 교육의 일차적 현장은 가정이다. 그러나 관용은 학교와 사회로 확장되면서 다양한 인간관계의 성공적 적응을 위해 더 요구되는 가치이다. 따라서 여기서는 사라 블라드의 다섯 가지 가치를 확장하고 재해석하는 관점에서 소개하고자 한다.

첫째, 공감(감정이입) 교육이다. 사라 블라드는 공감을 표시하기 위해 empathy라는 용어를 사용하고 있는데, 우리말로 공감 또는 감정이입으로 번역될 수 있다. 연민의 감정이 내포된 공감을 표시하는 sympathy와 미묘한 차이점이 있다. 그렇지만 이 두 단어를 구분하지 않고 사용해도 무방하다. 공감은 일종의 마음의 힘(power)이자 에너지이다. 그리고 그 힘은 나와 공감 대상과 어떤 관련을 맺도록 만들어 준다. 이 공감의 힘(공감력)은 태어날 때부터 갖고 있는 태생적 역량이라고 사라 블라드는 보고 있다. 그녀가 제시한 사례는 소위 '공감적 각성 반응(sympathetic arousal)'이다. 한 어린 영아(嬰兒)가 울 때 곁에 있는 다른 아이들이 같이 울음을 터뜨리는 것은 공감력이 작동하기 때문이라는 것이다. 이런 태생적 공감력이 성장하면서 공감력의 확장으로 성장하는 단초가 된다는 것이다. 아스퍼거 증후군(asperger syndrome)은 자폐 증상의 일부처럼 공감 능력이 현저히 떨어지는 경우가 있다 하더라도 공감력이 태생적이라는 주장의 반증 사례가 되기는 어렵다고 본다.

공감 교육은 나와 타자가 동일하거나 유사한 방식으로 느끼고 인식한다는 사실을 전제로 한다. 유가에서 서(恕)를 설명하는 '추기급인(推己及人)', '기소불욕(己所不欲) 물시어인(勿施於人)', 아담 스미스가 말하는 '상상에 의한 입장의 전환(imaginary change of situation)' 등은 모두 공감이 태생적 역량임을 보여 주는 말들이다.(「공감과 연민의 감정의 도덕적 함의」, 172–173쪽 참조) 사라 블라드는 특히 이런 공감 교육이 타인에 대한 혐오 감정이 혐오 행위로 진행되는 것을 막아 주는 중요한 기능을 한다고 보고 있다. 결국 혐오에서 관용의 태도로 나가도록 유도한다는 것이다.

둘째, 존중(respect)의 감정교육이다. 자존감 교육이라 해도 무방하다. 앞의 공감 교육과 존중감 교육을 비교한다면, 전자는 나와 타자와의 동질성(sameness) 또는 유사성(similarity)을 지향하는 교육이라면 후자는 나와 타자의 차이성(difference)에 주목하는 교육이다. 전자의 교육은 평등교육과 연결되어 있고, 후자는 자유와 개별성과 독자성 교육과 연결되어 있다. 존중의 감정교육은 관용의 정신이 토대를 두고 있는 평등과 자유 의식을 교육하는 데 효율성 높은 가치 교육이다. 존중 또는 존경을 의미하는 respect는 라틴어 *respicere*(레스피체레)에서 나온 말인데, 이 말의 본래 뜻은 '있는 그대로 바라보다.'이다. 존중이란 상대방을 있는 그대로 바라보는 데서 시작된다. 마찬가지로 관용의 정신 역시 싫어하고 미워할 수 있는 대상을 나의 편견이나 혐오 감정에 의지하여 상대방을 왜곡 판단하는 것이 아니라 있는 그대로 바라보는 태도이다.

앞의 공감 교육과 관련해서 사라 블라드는 왜 사람마다 공감력의 차이가 생기는지에 관해 확실하게 알 수는 없지만 대략적으로 '자신이 안전하다고 느끼거나 자신감(self-confident)을 가진 사람이 타인에게 더 공감하기 쉬운 경향을 갖고 있는 것'으로 보고 있다.(*Teaching Tolerance*, 86쪽) 이는 자존감이 있으면 타인을 두려움의 대상으로 볼 필요성이 줄어들 것이고 그 만큼 타인에 대해 관대한 태도를 유지할 수 있기 때문이다. 교육학에서 자존감 교육이 청소년 시기에 특히 강조되는 이유도 여기에 있다.

셋째, 수용성(acceptance) 교육이다. 타인에 대한 존중의 감정과 수용성은 동전의 양면과 같다. 차이를 존중하면서 수용하지 않는다는 것은 모순이다. 차이를 존중하지 않으면 차별을 낳고 차별은 수용성 대신에 불관용의 행위와 직결된다. 수용은 싫어하고 반대하는 대상에 대해 나 또는 우리와의 차이를 인정하고 용납하는 행위이다. 만일 당신의 아들이 동성애자임을 커밍아웃했다고 가정해 보자. 또는 덜 자극적인 예로 당신의 딸이 피부색이 까맣고 이슬람을 믿는 중동 남자와 결혼하겠다고 한다고 가정해 보자. 아마 당신은 부모로서 두 가지 선택지가 있을 것이다. 하나는 아들의 동성애 사실, 또는 딸의 국제결혼 통보를 듣고 분노와 실망감을 표출하며 수용하지 않는 것이고 다른 하나는 싫지만 용납하고 수용하는 것이다. 전자는 불관용 행위이고 후자는 동일성의 관용을 실천하는 일이다. 부모와 자식 사이의 결속력과 유대감을 유지하거나 강화시키기 위해서는 당연히 후자의 선택이 합리적일 것이다. 사라 블라드의 보고에 의하면, 동성애자의 자살률은 이성애자의 자살률보다 세 배 이상 높다고 한다.(*Teaching Tolerance*, 95쪽) 이는 동성애자에 대한 가정과 사회의 수용성이 그만큼 낮다는 증거이다. 비록 예전보다 국제결혼이 흔한 세상이 되었다고는 해도 이슬람을 믿는 사위를 얻는 일에 흔쾌히 수용하기란 쉽지 않을 것이다.

가정에서 부모의 수용성은 자라나는 아이들의 수용성 수준을 결정하는 데 중요한 모델이 되고 있다. 우리가 부모로서 자녀들의 선택을 수용한다면 그들도 미래에 더 큰 수용성을 지닌 인격체로 성장할 것이다. 마찬가지로 불관용의 대상이 되는 많은 사례들에서 보듯 우리 자신과 우리 사회가 얼마만큼의 수용성을 가지고 있느냐에 따라 관용의 수준이 결정된다. 수용성을 설명하기 위해 사라 블라드는 토머스 머튼의 진술, "사랑의 시작은…"을 인용하고 있는데, 여기서 '사랑의 시작'이란 말을 '관용의 시작'으로 바꾸어 보면 다음과 같다. "관용의 시작은 우리가 미워하고 혐오하며 싫어하는 대상(개인, 집단)이 온전히 그(들) 자신이 되도록 수용하고 내버려 두는 일이다. 그리고 우리 자신의 이미지(기대)에 맞도록 그(들)을 왜곡시켜서는 안 된다."(*Teaching Tolerance*, 94쪽)

넷째, 용서하기(forgiveness) 교육이다. 사라 블라드가 '용서하기'에 주목하는 이유는 부모의 자녀 교육 과정에서 용서하기 체험이 관용의 정신을 가르치는 데 적절하다고 보기 때문이다. 사람은 어린아이나 성인이거나 모두 불완전한 존재이며, 이 불완전성 때문에 오류와 실수를 범할 수밖에 없는 한계를 지니게 된다. 특히 자녀들은 자신들의 실수에 대해 부모로부터 용서받는 체험을 통해 자신도 타자의 실수와 오류에 대해 용서하는 태도를 배울 수 있다는 것이다. 우리 말 속담에 '시어머니에게 구박받던 며느리가 시어머니 되니 시어머니 티를 더 낸다.'라는 말이 있다. 이는 좋은 것도 보고 배우지만 나쁜 것도 보면서 배운다는 의미이고 학습 효과의 영향력을 강조할 때 사용하기도 한다.

'용서는 하되 잊지는 말자.'라는 말은 여러 곳에서 인용되고 있는 말이다. 나치에 의한 유대인 학살 현장에서도, 난징 대학살을 기억하는 기념관에도, 일제에 의해 학살된 제암리 3·1운동 순국기념관에서도 이 말은 기억되고 있다. 이 말의 뒤편에는 폭력적인 불관용의 행위가 있었

고 그 행위의 가해자들에게 똑같은 방식으로 불관용하지 말자는 다짐
이 숨어 있다. 그리고 힘들지만 용서하고 다시는 이런 불관용이 자행되
지 않도록 기억함으로써 다음 세대들에게 관용의 교훈을 남기자는 뜻
이 들어 있다. 용서는 사실 힘든 일이다. 관용이 실천하기 어려운 것도
싫어하고 미워하며 부정하고 싶은 대상을 향해 용서하고 용납해야 하
기 때문이다. 따라서 용서하기 교육은 관용을 배울 수 있는 어려운 관
문이자 좁은 통로이기도 하다.

다섯 째 참여하기(involvement) 교육이다. 여기서 참여는 개입, 간
섭 또는 관여와는 구별되어야 한다. 관용 교육과 관련해서 이 네 개념
은 공통적으로 관용의 주체와 대상 사이의 관계를 규정하는 말이며 무
관심(indifference)과는 대척점에 있는 말이다. 예를 들면, 이웃에 사는
다문화 가정과 어떤 관계를 가질 것인가를 고려할 때 참여와 나머지 세
개념, 개입, 간섭, 관여의 관계는 그 형식과 내용이 각기 다르다. 개입,
간섭, 관여의 방식으로 다문화 가정과 관계를 맺는 것은 관용의 태도
보다는 불관용적 행위에 더 무게 중심이 실릴 수 있다. 개입, 간섭과
관여는 대등한 관계 맺기 보다는 강자의 입장이 반영되기 쉽다. 반면
에 참여는 관용 대상과 대등하고 평등한 관점에서 관계를 맺기 위한
방식이다.

관용 교육에서 '참여하기'는 관용 대상(여기서는 다문화 가정)에 대
한 이해를 목적으로 하면서도 동시에 관용 대상에게 나(우리)를 알리
는 쌍방향 교육 행위이다. 수혜자의 관점에서만 이루어지는 일방적인
다문화 교육은 실패할 위험이 크다. 오히려 우리가 그 다문화 가정을
이해하지 않고서는 반쪽짜리 교육에 그칠 공산이 크다. '참여하기 교
육'은 다문화 교육의 현장뿐만 아니라 우리 사회에서 불관용의 대상들
(북한, 난민, 성소수자, 장애인, 타종교, 지역감정, 세대 간 갈등 등)에

도 적용이 가능하다. 이 '참여하기 교육'은 이들 대상에 대해 무관심 또는 불간섭적 관용(hand-off tolerance)의 함정에 빠지지 않게 해 주며 우리 사회의 관용 수준을 높이는 데 적절한 전략이라 할 수 있다.


## 4. 관용 교육은 우리의 미래다

타협, 절충, 조정, 상생, 공존 등과 같은 개념들은 개인 간 또는 집단 간에 갈등과 대립이 존재한다는 상황을 전제로 해서 요구되는 개념들이다. 또 이들 개념은 자유주의나 민주주의의 강점을 설명할 때도 동원되는 것들이다. 타협과 절충, 협상과 조정을 얼마나 합리적으로 이루어 낼 수 있는가에 따라 민주주의의 성숙도를 가늠할 수 있다. 가정과 학교는 이런 민주주의를 실험하고 배울 수 있는 가장 일차적인 공간이다. 가정에서는 부모가, 그리고 학교에서는 교사가 민주주의 사고방식을 교육하는 책임 주체이기 때문에 부모와 교사의 민주주의 의식은 그대로 자녀와 학생들에게 투영된다고 해도 과언이 아닐 것이다. 한 사회의 민주주의 성숙도 역시 그 구성원들이 얼마나 민주주의 교육을 받았는가에 따라 결정된다고 할 수 있다.

　건강한 한국 사회의 미래를 위해 지금 우리는 어떤 교육을 해야만 할 것인가? 관용 교육은 무엇을 목표로 삼아 다음 세대들에게 가치 교육을 시행해야만 하는가? 크게 두 가지 제목 아래 우리 사회에서 현재와 미래에도 깊은 갈등의 상처를 남길 수 있는 영역들에 대해 검토해 보려고 한다. 사실상 한국 사회의 미래가 얼마나 건강성을 유지할 수 있는가는 이 두 가지 과제를 어떻게 해결할 것인가에 달려 있다 해도 과언이 아니기 때문이다.

## 1) 청산과 극복을 넘어 통합과 통일로

2018년 4월 27일 남한과 북한의 최고 지도자들이 판문점에서 정상 회담을 가졌다. 이 글은 쓰는 동안 맞이한 이 날의 사건은 그 이전의 어느 하루와 같지 않은 역사의 변곡점과도 같은 날이었다. 이날 남북 정상회담에서 나누었던 대화의 화두는 통일보다는 '평화와 번영'이 우선이었다. 통일은 그 후에 따라 나오는 결과이자 최종 목표이다. 통일을 위해 지금 우리는 무엇을 준비해야만 하는가 하는 문제는 통일 전문가들에 의해 수없이 많은 제안이 있어 왔다. 통일부가 매년 발간하는 통일백서에도 "실질적 통일 준비, 남북 교류 협력, 남북 간 인도적 문제, 남북대화, 통일 교육" 등 다양한 측면에서 통일을 준비하고 있음을 보여 주고 있다. 통일이 필요하다는 학생들의 인식이 53.5%(2014년)에서 62.6%(2017년)로 증가하고 있으며, 통일 교육이 잘 이루어지고 있다는 교사들의 평가 역시 57.9%(2014년)에서 66.3%(2017년)로 증가하고 있는 것으로 보고하고 있다.(『2017년 통일백서』, 199쪽) 2000년 당시 중등학생들의 통일 의식 조사에서 48.7%의 학생들이 통일에 대해 긍정적인 태도를 보인 것과 비교하면 많은 긍정적 변화가 생긴 것만은 틀림없다.(『관용과 다문화사회의 교육』, 200쪽)

그러나 지난 몇 년 동안 발간된 통일백서 어디에서도 통일 교육과 관련하여 관용의 가치를 언급한 곳은 없었다. 관용의 가치가 통일을 준비하는 과정에서나 통일 이후에 전개될 사회적 갈등을 해결할 수 있는 가장 필요한 가치임에도 불구하고 이점에 주목하지 못하고 있음은 유감스럽게도 사실이다. 김용환은 「철학연구 60집」(1997, 대한철학회)에서 통일을 준비하는 과정에서 해야 할 일 다섯 가지를 제안하고 있는데, 그 중 "배타적인 이데올로기의 극복과 민족 동질성 회복을 위해 관용 교육이 시행되어야 한다."는 점을 강조하고 있다.(『관용과 다문화사회

의 교육』, 242쪽)

　이제 통일의 전과 후를 염두에 두고 왜 관용 교육이 필요한지에 대해 살펴보자. 청산과 극복은 우리 시대의 과제임에 틀림없다. 문제인 정부 이후 적폐 청산 과정을 거치고 있지만 이 청산 작업의 대상은 정치적 악습만이 아니다. 여기서 청산해야 할 대상은 냉전적 사고이며, 극복해야 할 대상은 이분법적 사고이다. 그런데 이 두 가지 배타적인 사고를 청산하고 극복하기 위한 실질적 대안은 관용의 정신이다. 이데올로기의 갈등은 오랜 동안 우리들의 의식에 적화 콤플렉스를 심어 주었고 이 무의식은 우리 사회의 정치 지형을 좌우 이념의 대결장으로 왜곡시켜 왔다. 뿐만 아니라 분단 이후 오랜 동안 이질화가 진행된 상황에서 통일 후 남과 북이 새로운 공존의 질서를 되찾고 동질성을 회복해 나가는 길은 매우 어렵고도 지난한 길이 될 것이다. 분단 70년 동안 겪었던 갈등과 분열의 시간보다 통일 이후 더 긴 세월동안 사회적 갈등을 겪어 내야 할지도 모른다. 냉전적 사고나 이분법적 사고는 통일 이전과 이후에 통합과 통일의 길로 가는 데 가장 큰 심리적 장애가 될 것이다. 청산과 극복이 과거사를 정리하는 일과 관련되어 있다면 그 이후에는 미래의 통합과 통일을 지향해야만 한다.

　"조급한 통일을 반성하고 있는"(「통일 독일의 사회통합의 장애요인」, 65쪽) 독일의 경우를 타산지석으로 삼아야 할 것이며, 구 동독인들이 자신들을 '2등 시민'(위의 논문, 86쪽)으로 인식하는 것은 통일 이후 북한 주민들에게서 예상될 수 있는 자기 인식일 수도 있다. 통일 후에 옛 서독인들은 옛 동독인들을 오씨(Ossi; 동쪽 사람)라 부르고 동독인들은 서독인을 베씨(Wessi; 서쪽 사람)라고 부르며 서로를 폄하하거나 적대적 감정을 드러냈다. 오씨라 부를 때는 '가난하고 게으른 동독 놈'이란 멸시의 뜻이 내포되어 있으며, 베씨라 부를 때는 '거만하고 역겨운 서독 놈'이란 분노의 감정이 내포되어 있었다. 독일 통일 25주년에 실시한 여론 조사에서 이런 적대적 표현이나 통일에 대한 부정적 시각이 많이 옅어진 것으로 나타나고 있지만 4 반세기라는 긴 시간 동안 사회적 통합을 위한 노력을 필요로 했을 것이다.(문화일보, 2015. 10.2일 기사 참고)

민족 동질성 회복은 필요한 과제이지만 이것이 분단 이전 상태로 되돌아가서 재통일을 함으로써 달성되는 것이 결코 아니다. 오히려 상상 이상으로 달라진 남과 북의 여러 차이성을 (싫지만 그리고 반대하지만) 있는 그대로 인정하고 용납하는 관용의 태도를 통해 찾아내야 할 새로운 동질성의 회복이어야만 된다. 신통일 이후 남과 북의 주민들이 겪어 내야 할 사회적 갈등은 우리의 상상을 뛰어넘을 것이 예상된다. 남한에서 오랜 동안 고착화된 영·호남 갈등이 아직 해소되지 않은 상황에서 통일 이후 남과 북의 지역적 갈등은 파괴력이 엄청날 것이다. 이런 예상되는 갈등을 해소하기 위해 여러 가지 준비가 필요하겠지만 이질적이고 싫어하는 상대방과 공존할 수 있는 기술로서 관용의 정신은 가장 기본적이고 필요한 태도이다.

통일 교육의 가장 핵심적인 내용 중의 하나는 관용을 실천할 수 있는 역량을 기르는 관용 교육이라 할 수 있다. 관용은 통일된 이후 남·북한 주민들이 서로 직면하게 될 상대방에 대한 이질성과 차이성을 미움과 혐오, 배척 등의 갈등 없이 용납하고 수용할 수 있기 위해서 필요한 심리적 역량이다. 사회적 갈등을 줄이고 통합과 통일의 연착륙을 위해 서로가 서로에 대해서 가져야 할 기본 태도가 관용이다. 이런 관용의 실천 역량을 교육하는 일은 통일 이전이나 이후에도 반드시 요구된다. 따라서 우리는 이제 통일 교육의 패러다임을 바꿀 시점에 와 있다. 이 말은 지금까지 추진되어 온 통일 교육의 주체와 객체 사이의 관계가 전환

되어야 한다는 의미이다. 다시 말해 반공통일론에서 승공통일론 그리
고 자유민주주의 체제 우월론에 토대를 둔 평화(흡수)통일론 등은 모
두 남쪽에서 제안한 통일론이다. 이들 통일론은 근본적으로 자유주의
와 자본주의 체제를 근간으로 하는 남한 중심의 통일론이다. 이런 시각
에서 보면 북한이나 탈북자는 역시 전향과 적응을 위한 교육 대상자일
수밖에 없다. 통일부를 중심으로 탈북자들이 남한 사회에서 성공적으
로 적응할 수 있도록 많은 노력을 기울이고 있다. 그러나 이런 노력들
은 어디까지나 이들이 남한 사회에 잘 적응할 수 있도록 하는 데 초점
이 맞추어져 있다. 이런 점에서 우리는 통일 교육의 주체이고 그들은
객체이며, 우리는 우월적 위치에서 그들에게 은혜를 베풀고 그들은 수
혜 대상들이다. 우리가 북한의 체제나 문화, 사고방식 등을 이해하기
보다는 그들을 개조와 교화 그리고 적응의 대상으로 보고 기존의 통일
교육 프로그램이 만들어져 왔다.

사실 통일 이후 예상되는 사회적 갈등을 해소하기 위한 바른 길은 일
방이 상대방을 개조시키거나, 일방의 동질화를 통해 얻을 수 있는 것은
아니다. 흡수 통일이 아닌 한 이런 일방적 요구나 적응은 불가능하며
갈등을 더욱 심화시킬 것이다. 따라서 우리 내부에 상존하고 있는 불관
용 집단(냉전적 사고와 이분법적 논리에 고착된 사람들, 배타적 지역
주의자들 등)을 우선 설득하는 일이 필요하다. 관용 교육의 대상은 그
들(여기서는 탈북자를 포함해서 통일 이후 북한 주민, 더 나가서 다문
화 가정, 난민 등 이방인이다)이 아니라 우리가 먼저여야 한다. 통일
이후 부딪히게 될 사회적 갈등을 합리적인 방식으로 해소할 수 있는 역
량은 오로지 관용의 윤리가 남한 사회 내부에 확산되어 있어야만 가능
하다. 통일 교육의 주체가 객체가 되어 먼저 교육의 대상이 되어야만
한다.

2) 인정과 환대도 관용 교육으로부터

관용의 윤리는 어떤 갈등 문제도 해결할 수 있는 만능의 수단이 아니다. 근대 이후 자유주의와 더불어 성장, 변화, 변용을 겪은 관용의 가치는 21세기 다문화사회와 글로벌 시대에 더욱 새롭게 요청되고 있는 도덕적 개념이다. 소위 근대의 기획(the modern projects)이 자기 동일성과 정체성의 강화를 통해 주체의 확립과 근대국가의 통합을 시도해 왔다면 이제는 이런 근대의 기획은 한계에 와 있다. 더 이상 정체성과 자기 동일성, 그리고 주체와 객체의 엄격한 구분법을 통해서 사회적 통합을 기대할 수는 없다. '우리'라는 개념은 집단 동일성의 성격이 가장 강한 표현이자 그 안에 타자에 대한 배타적 태도를 감추고 있다. '우리'라는 정체성 확보 전략은 '우리가 남이가'처럼 언어나 문화, 역사 등 태생적인 동질성을 토대로 해서 내부의 사회적 통합을 이루기 위해 가장 효과적인 전략이었다.

그러나 이제는 더 이상 과거의 '나', '우리'라는 동질성과 정체성은 다양성을 특징으로 하는 현대사회를 규정하거나 설명하는 데 한계를 지니고 있다. 마이클 월쩌의 지적대로 "이제는 '우리', '그들'(심지어는 '우리'와 '나'가 혼합된 대명사)이라는 복수 대명사가 고정된 지시 대상을 가지지 않는 사회가 만들어졌다."(『관용에 대하여』, 163쪽) 이제 '우리'라는 말에는 백의민족, 한겨레 같은 혈통 중심의 단일 민족만이 아니라 한국 국적을 가진 코시안(코리안과 아시안의 혼합 혈통), 코슬림(코리안과 무슬림의 결혼으로 이루어진 가정), 코리아 아프리칸 등의 혼혈 가정도 포함되어야만 한다. 또 우리 전통문화의 정체성을 유지하는 일이 필요하기도 하지만 동시에 다문화사회로 이미 접어든 우리 사회에서 다양한 문화들 사이의 교류와 공존이 더 중요한 과제가 되고 있다. 문화 다양성은 차이를 낳고 이 차이는 상호 교류와 공존의 필요

성을 요청한다. 다시 월쩌의 말대로 "관용은 차이를 가능케 하고, 차이
는 관용을 필요로 한다."(『관용에 대하여』, 8쪽)

건강한 한국 사회의 미래를 위해 어떤 관용 교육이 필요한가? 지금
여기서 우리가 준비해야 할 두 번째 관용 교육의 과제는 넓은 의미에서
이방인(우리 자신)을 위한 관용 교육을 준비하는 일이다. 넓은 의미의
이방인에는 우리 자신을 포함해서 이민자, 외국인, 탈북주민, 성소수
자, 집단 따돌림의 희생자, 소수 종파의 종교 그리고 노인세대 등이 포
함된다. 이들 이방인을 대하는 태도로서 '인정'과 '환대'도 사실은 관
용 교육과 실천이 전제되었을 때 제 기능을 발휘할 수 있는 가치들이
다. 김남준은 "관용이 자유주의적 시민사회에서 발생하는 갈등 해소와
평화공존에 기여하는 도덕원리라는 사실"을 말하면서도 관용의 한계
와 역설을 지적하며 공동체주의자들을 중심으로 '인정의 윤리학(ethics
of recognition)'으로 넘어갈 것을 주장한다.(「다문화시대의 도덕원리
논쟁: 관용과 인정」, 152쪽 이하) 기본적으로 관용이 자유주의 정치학
의 핵심 가치라면 인정은 공동체주의 정치학이 주목하는 가치이다. 그
러나 자유주의를 비판하는 입장에서 관용의 한계를 지적하고 인정의
윤리학으로 나가야 한다는 주장이나 더 나가서 관용보다는 환대의 가
치를 지향해야 한다는 쟈크 데리다의 주장에 대해서 비판적 사족을 붙
이고자 한다.

인정이란 차이와 차이성을 지닌 개인, 집단, 문화, 종교, 종족, 취향
등에 대한 윤리적 태도이다. 특히 다문화주의를 지탱하는 원리가 곧
'인정의 정치학'이라 할 수 있다. 타자를 인정한다는 의미는 곧 "타자
를 나와 동일한 인격적 존재로 존중한다는 것을 의미"하며, 동시에 타
자의 "자아 정체성을 인정한다."라는 것이다.(위의 논문, 161쪽) 만일
정체성(동일성)과 차이성을 동전의 양면처럼 인식한다면 관용과 인정

의 관계 역시 상호 보완적 관계로 보아야 할 것이다.

우리와 많은 차이를 보이는 타 문화에 대해 관용하는 것이 쉬울까 아니면 인정하는 것이 더 쉬울까를 생각해 보자. 이민자나 이방인의 경우를 생각해 보자. 관용은 싫어하는 대상에 대해 부정적 행위(반대, 거부, 배제, 검열, 소외시킴, 감금, 파문, 추방, 폭력, 암살 등)를 자발적으로 중지하는 행위이다. 싫어하는 대상 곧 이민자나 이방인은 나와 다른 차이의 대상이다. 그러나 인정은 이민자나 이방인이 가진 차이성을 수용할 뿐만 아니라 그의 정체성까지 인정해야만 진정성 있는 인정 행위가 된다. 부정적 행위의 자발적 중지(관용 행위)라는 소극적 행위보다는 더 적극적 행위가 요구되는 것이 인정 행위이다. 우리 곁에 있는 이방인에 대해 '부정적 행위의 자발적 중지'라는 관용을 실천하는 일이 차이성과 정체성을 모두 적극적으로 인정하는 행위보다는 좀 더 쉬워 보이며 일차적이다. 다시 말하면, 차이를 인정하는 행위가 가능하기 위해서는 먼저 관용의 윤리가 작동되어야만 한다. 관용은 차이와 다름에 대해 반대하거나 싫어함에도 불구하고 용납하고 수용하는 태도일 뿐 적극적인 의미에서 공동체주의자들이 말하는 인정 행위는 아니다. 단지 관용은 테일러나 월쩌같은 공동체주의자들이 말하는 인정 행위를 보다 수월하게 만드는 선행조건에 가깝다.

환대(hospitality)는 인정보다 더 실천하기 어려운 덕목이다. 하버마스와 데리다의 논쟁으로 유명한 『테러시대의 철학』에서 두 사람은 관용과 환대 사이에 질적인 간격이나 차별성이 있다는 것을 보여 주려고 각각의 논변을 전개하지만 성공적이지는 못했다.(『이방인의 사회학』, 277쪽 참조) 하버마스는 관용을 '세계시민주의적 질서(cosmopolitan order)'를 가능하게 만드는 최고의 덕목으로 보고 있으며, 데리다는 관용을 강자의 윤리이자 자비의 한 형태로 보고, 가장 좋은 관용도 조건적 환대에 불과하다고 평가한다. 그러면서 비판적인 관점에서 관용을 환대로 대체할 것을 제안하고 있다.(『테러시대의 철학』, 232-234쪽, 47쪽 참조) 환대는 타자를 대하는 태도 중에서 가장 이상적인 모습이다. 이상적이란 곧 실천하기 아주 어렵다는 것을 말한다. 데리다 역시 이 점을 잘 인식하고 있다. 그럼에도 이런 환대의 세계를 강조하는 이유는 어디에 있는가? 데리다는 환대처럼 '존재하는 불가능(impossible that there is)'의 세계를 사유함으로써 인식의 지평을 넓히게 되고, 그럼으로써 관용의 한계를 넘어 환대의 세계를 체험하도록 하는 데 있다.(『이방인의 사회학』, 276쪽 참조) 즉 자신을 스스로 타자화(이방인화)해 봄으로써 이방인의 입장을 체험하는 것이 타자를 수용하는 데 더 넓은 개방성을 갖게 만든다고 믿기 때문이다.

환대의 행위가 어떤 것인가를 잘 보여 주고 있는 성경 구절은 구약성경 창세기(18:1-8)에 있다. 나그네를 환대하는 일은 유목민의 문화에서 보면 생존 전략 중의 하나이다. 거주지를 자주 이동하는 유목민(유대인)들에게 나그네의 삶은 익숙하다. 언제라도 누구나 나그네, 이방인이 될 수 있다는 점을 잘 알고 있기에 나그네를 환대하는 것은 일방적인 태도가 아니다. 나도 언젠가 나그네, 이방인이 될 수 있기에 아브라함 앞에 나타난 나그네에 대해 성경의 묘사대로 환대하는 것은 자연스럽다.

월쩌는 자신의 저서 『관용에 대하여』에서 성경구절을 인용하고 있는 크리스테바에 대해 언급하고 있는데, 이 구절은 "너희는 이방인을 학대해서는 안 된다. 너희도 이집트 땅에서 이방인이었으니, 이방인의 심정을 알지 않느냐?"(탈출기 23:9)이다. 이는 "모두가 이방인이라면 아무도 이방인이 아니다."라는 뜻이며 이런 태도를 가져야 싫어하고 반대하는 이질적인 타자를 관용하기가 훨씬 쉬울 것이다.(『관용에 대하

여』, 163-4쪽 참조)

인정이나 환대는 모두 관용 개념이 지니고 있는 한계를 지적하면서 대안으로 제시된 개념들이다. 그러나 인정이나 환대가 현실적으로 얼마나 실천 가능성이 있는가 묻는다면 오히려 관용보다 더 어렵다는 평가는 가능하다. 다양성은 현대사회를 특징하는 가장 두드러진 개념이다. 이런 다양성은 차이를 전제로 하며, 차이들 사이의 공존은 인정을 필요로 한다. 비록 인정의 윤리학이 공동체주의가 지향하는 개념(월쩌와 테일러)이며, 관용의 윤리는 자유주의 정치학의 전략이라고 구분하는 것은 일면 수용 가능하다. 또 관용의 한계를 지적하며 환대의 개념으로 나가야 한다는 주장(데리다)과 관용을 지지하는 하버마스의 대립도 이론적 갈등일 뿐 실제의 세계에서는 현실과 이상의 관계처럼 상호보완적인 관계로 보아야 한다. 환대는 실현하기 어렵지만 여전히 요청되는 실천 덕목이다.

인정, 환대 등이 모두 관용의 한계와 역설을 극복하는 대안처럼 이야기하는 것은 관용의 역할과 기능을 확대해석하거나 과도하게 기대하는 데서 생기는 오해일 가능성이 많다. 관용은 최종적인 목표가 아니다. 오히려 갈등의 해소와 사회 통합과 공존이 목표이고 관용, 인정, 환대 등은 이런 목표를 달성하기 위한 수단적 가치에 불과하다. 인정도 환대도 가능하기 위해서는 가장 우선적으로 관용의 실천이 요청된다.

한국 사회에서 인정받기를 원하는 소수자 그룹들이 많다. 더 나아가 환대 받거나 환대해야 할 대상들에는 우리 자신도 포함되어 있다. 이민자, 외국인 노동자들, 난민 및 탈북자들과 그들의 2, 3세대, 성소수자들, 학교나 직장에서 따돌림 당하고 있는 사람들, 장애인들, 소수 종파의 종교인들 그리고 전과자와 그 가족과 같은 사회적 낙인이 찍힌 사람들 등은 모두 우리 자신이자 이방인들처럼 낯선 자들이다. 이 소수자들에 대한 인정과 환대의 폭과 넓이에 따라 미래 한국 사회의 불안한 갈등은 안정성을 확보하게 될 것이다. 이들을 어떻게 우리 사회가 인정하고 환대하느냐 하는 문제는 곧 우리가 얼마나 관용을 실천하느냐에 달려 있다. 관용 교육이 지금 여기서 바로 시작되어야 할 긴급한 이유는 이 교육이 미래 세대를 위한 가장 효율성 높은 투자이기 때문이다. 인정과 환대가 최대한으로 실현되는 성숙한 시민사회로 넘어가기 위해서는 최소한의 '관용의 문턱'을 넘어서지 않으면 안 된다. 그리고 그 문턱을 넘는 일은 인정과 환대를 가능하게 만드는 관용 교육의 성공 여부와 깊은 관련이 있다. (김용환)

2

관용의 정당화

# 회의주의에 기초한 정당화:
## 몽테뉴와 벨

## 1. 관용의 근거로서의 회의주의

가장 넓은 의미에서 회의주의(scepticism)란 모든 사람에게 공통적으로 적용되는 객관적이고 보편적인 지식이나 믿음, 가치 체계 등이 존재한다는 생각을 부정하거나 그 성립 가능성을 회의하는 이론이라 할 수 있다. 그렇다면 회의주의가 관용의 가장 강력한 정당화 근거로 작용할 수 있는 근거는 어디에 있는가? 곧 우리의 의견, 태도, 지식과 이론을 보편적으로 모든 사람에게 적용될 수 없다는 사실을 인정하는 회의주의자가 자신과 대립하거나 일치하지 않는 의견, 태도, 이론에 직면할 경우 그는 어떤 태도를 보일 것인가? 회의주의자는 비록 자신이 싫어하고 반대하는 것이라 하더라도 폭력이나 독단적 권위를 통해 그것을 배제해서는 안 된다고 말해야 할 것이다. 이런 점에서 우리가 이성이나 다른 어떤 능력을 통해서도 보편적이고 절대적인 지식이나 믿음에 도달할 수 없다는 인식적 한계를 인정하고 수용하는 회의주의는 관용을 이론적으로 정당화하는 기반을 제공할 뿐만 아니라 관용의 실천과도 밀접한 관련을 지니게 된다.

이렇게 회의주의를 기초로 정당화되는 관용은 다음과 같은 특징을 보인다. 첫째, 회의주의자는 판단할 수 없는 것까지도 판단해 어떤 지식이나 가치를 주장하는 모든 독단주의에 반대한다. 회의주의자는 판단할 수 없는 것을 성급하게 판단하지 않고 계속 탐구해 나가야 할 대상으로 간주하며, 자신과는 다른 탐구와 행위 방식을 충분히 인정하는 관용의 태도를 보인다. 둘째, 그렇다고 회의주의자가 판단해야 할 것도 판단하지 않는 방임주의를 채택하는 것은 아니다. 회의주의자는 삶을 위해 자신이 처한 상황 안에서 최선의 것을 모색한다. 하지만 그는 이렇게 선택된 가치나 신념이 진리나 본질의 차원이 아니라 현상의 차원에 머문다는 점을 인정한다. 셋째, 따라서 회의주의자는 모든 견해나 이론, 가치 등에 동등한 권리를 부여하는 무차별적 관용을 허용하지는 않지만, 자신의 의견과 대립하는 의견에 직면할 경우 그것에 대해 반대하지만 그것을 폭력이나 독단적 권위를 통해 억누르지는 않는다.(「인간의 삶에서 회의주의의 역할은 무엇인가?」, 249-50쪽 참조)

인간이 이성을 통해 세계나 사태의 본질을 완벽하게 파악하거나 결정짓는 어떤 근거도 확보할 수 없다는 회의주의자의 자각을 통해서, 곧 인식의 영역에서 이성의 한계를 인정하는 반성을 통해서 관용의 이론적 토대는 적절히 형성된다. 따라서 회의주의자는 자신의 신념이나 가치 체계가 다른 사람의 체계와 서로 달라 대립할 수 있다는 사실을 못견뎌하면서 폭력이나 억압의 방법으로 상대방을 제거하려 하지 않는다. 그는 자신과는 다른 상대방의 가치 체계가 상대방의 삶에서 어떻게 형성되었으며, 어떤 의미를 지니는지를 함께 숙고함으로써 대립과 갈등을 해소하려 하며 이를 통해 관용을 적극적으로 실천한다. 이렇게

회의주의를 기반으로 관용을 옹호한 대표적인 근대 철학자로 몽테뉴
와 벨을 들 수 있으므로 이제 이들의 관용론에 대해 상세히 살펴보려
한다.


## 2. 몽테뉴의 관용 이론

### 1) 몽테뉴의 사상적 배경

몽테뉴(Montaigne, 1533-1592)는 프랑스의 부유한 귀족 가문에서
태어났는데 불과 37세의 나이에 은퇴한 후 가문의 성에 머물면서 저술
활동에 전념했다. 몽테뉴는 중세 이래 유행해 온 이론적이고 사변적인
철학을 거부하는 동시에 엄밀한 기하학적 방법을 사용하는 과학 역시
비판한다. 이런 종류의 과학이 지닌 문제점은 우리가 물려받은 믿음들
의 토대를 의문시하는 대신 그 믿음들을 합리적인 것으로 정당화하는
데 몰두하도록 만든다는 것이다. 그래서 몽테뉴는 어떠한 독단적 원리
에 의해서도 묶이지 않은 사유 과정, 자유로운 탐구에 이를 수 있는 사
유 과정을 요구한다. 몽테뉴는 철학을 곧 도덕으로 여겼다. 그래서 그
에게는 교육이 철학과 동일시된다. 이런 철학은 일상생활 속 판단과 행
동 방식을 형성하는 것이다. 판단하는 데 사용되는 철학은 다양하고 기
복이 심한 일상생활에서 매우 중요하다. 이런 의미에서 몽테뉴는 이론
적 학문으로 간주된 기존의 철학에서 벗어나 자유로운 판단의 실천 활
동으로 철학을 바라보는 패러다임의 전환을 시도한다. 몽테뉴는 자기
판단을 시험함으로써 철학을 실천하며, 이는 자기 판단이 가진 약점과
강점을 알기 위한 것이기도 하다. 그리고 이런 과정이 바로 몽테뉴가
실천한 글쓰기이다. 곧 몽테뉴는 글을 씀으로써 진정 자기 자신이 되었

던 셈이다. 몽테뉴가 글을 쓴 목적은 오직 자신을 배양하고 교육하기 위한 것이다. 전통 철학이 행복에 이르는 확실한 길을 정해 주는 데 실패했기 때문에 몽테뉴는 각 개인이 각자의 방식으로 그렇게 하도록 만들려고 했다.

또한 몽테뉴는 경험을 통해 지식을 추구한다. 개념의 의미는 정의(定義)로 정해지지 않고, 일상 언어나 역사적 사례들과 관련된다. 몽테뉴가 말하는 이와 같은 경험의 가장 본질적인 요소들 가운데 하나는 자기 행위와 사유에 대한 반성 능력이다. 이런 의미에서 몽테뉴는 소크라테스의 경구 "너 자신을 알라"를 몸소 실천한다고 할 수 있다. 보편적 진리는 인간 능력에 적합한 대상이 아니라고 해도, 우리는 우리 자신의 경험에 대해서는 반성할 수 있다. 문제는 우리가 결국 진리를 아는지 모르는지가 아니라 우리가 진리를 추구하는 실천 방식이다. 결국 목표는 우리 판단을 적절하게 실행하는 것이다. 이론과 독단주의를 비판하는 그의 회의주의는 정치사상으로도 이어진다. 사회질서는 개별적 이성이 통제하기에는 너무 복잡하므로 몽테뉴는 보수주의를 가장 현명한 태도라고 여겼다. 이런 입장은 사회 제도의 유지보다 변화가 대개 더 위험하다는 평가에 근거한다.

## 2) 몽테뉴 회의주의의 출발점

몽테뉴가 자신의 회의주의적 입장을 전개하는 *Essays*(에세이) 가운데 「레이몽 스봉의 변호」라는 긴 글을 본격적으로 검토하기에 앞서 몽테뉴의 견해가 갖는 특징을 먼저 살펴보자. 우선 몽테뉴가 회의주의적 태도를 견지한 동시에 가톨릭교도로 남았기 때문에 그를 신앙주의자(fideist)로 볼 수도 있을 듯하다. 다시 말해 인간의 이성을 통해서는 어떤 절대적 지식도 얻는 것이 불가능하지만 진리는 여전히 성서의 형태로 계시될 수 있으며, 신앙에 의해 파악될 수 있다는 견해가 몽테뉴의 결론적 생각이라는 것이다. 하지만 이는 너무 성급한 결론이다. 왜냐하면 가톨릭교도이기는 하지만 몽테뉴는 전혀 예상 외로 정통 그리스도교 교리와는 많이 어긋나는 주장을 과감하게 펴기 때문이다. 몽테뉴에 의하면 우리 인간이 신의 형상(Imago Dei)에 따라 창조된 것이 아니라, 반대로 인간이 신을 우리 자신의 모습에 따라 창조해 냈다. 그리고 신의 이 같은 창조는 심리학적 차원에서 설명할 수 있다. 곧 우리는 우리를 지지하고 안정시키기 위해 스스로 신을 만들어 낸 것이다. 요컨대 우리 인간의 필요와 욕구에 상상력이 보태져 생겨난 것이 바로 사람들이 흔히 믿고 있는 신인 셈이다. 몽테뉴는 크세노파네스(Xenophanes)의 말을 좇아 다음과 같이 주장한다. "동물들이 스스로 신을 만들어 낸다면, 분명 자신들처럼 신을 만들고 우리가 하듯이 자신들을 찬미할 것이다."(*Essays*, 207쪽) 물론 그렇다고 몽테뉴가 종교 자체를 부정한 것은 아니다. 그는 종교가 나름대로 사람들에게 유용한 관습이기 때문에 종교를 지지한다. 어쨌든 몽테뉴는 위에서 살펴본 대로 "신앙주의자는 결코 아니라고"("Skepticism, Self, and Toleration in Montaigne's Political Thought", 54쪽) 할 수 있다.

다음으로 몽테뉴가 명시적으로 자신의 전략으로 선택한 퓌론주의가 그의 진정한 입장이라는 견해가 있다. 몽테뉴는 「레이몽 스봉의 변호」를 통해 퓌론주의적 논증과 절차를 사용하며, 퓌론주의자들처럼 문제가 되는 주제에 대해 다양한 견해가 있음에 주목하면서 논의를 시작한다. 하지만 아무것도 알지 못하므로 어떤 것의 경중(輕重)조차 따질 수도 없는 처지에 놓인 퓌론주의자들과는 달리 몽테뉴는 자신의 주된 탐구를 신, 영혼, 인간의 몸과 같은 것들에 집중한다. 또 퓌론주의자들은 많은 견해들 가운데 어떤 것이 참인지 결정할 수 없으며, 따라서 모든 것들에 대해 판단을 중지해야 한다고 주장하는 반면, 몽테뉴는 사물들에 대해 그렇게 상이한 견해들이 왜 존재하는지 그리고 같은 사물들이 왜 항상 다시 설명되는지 알고 싶어 한다. 몽테뉴는 이런 현상들을 과학적으로 정확하게 설명하기보다는 심리학적으로 설명하기를 원한다. 더 나아가 몽테뉴는 퓌론주의를 통해 실제로 잘 살아 갈 수 있는지 의문을 품는다. 퓌론주의자들은 내적이고 직접적인 충동에 따르고, 필요한 경우 외적인 압력에 적응함으로써 삶을 영위한다. 퓌론주의자들은 먹기는 먹지만 배고픔을 충족시키는 것이 좋은 것인지 판단하지 않으며, 단지 먹을 뿐이다. 그들은 지역의 관습을 따르지만, 그렇게 하는 것의 가능한 결과에 대해서는 판단하지 않고 단지 따를 뿐이다. 그런데 이 경우 충동과 관습이 충돌하면 어떻게 해야 할 것인가? 그들은 둘 사이에 선택해야 하는가? 그리고 선택해야 한다면 어떻게 해야 하는가?("Skepticism, Self, and Toleration in Montaigne's Political Thought", 56쪽) 그래서 몽테뉴는 퓌론주의가 "무지를 끼워 넣어 학문을 즐겁게 했지만"(*Essays*, 274쪽) 이해하기 어려운 삶의 태도라고 본다. 몽테뉴가 비판하는 요점은 퓌론주의의 무지가 지나치다는 것이다. 퓌론주의에서 내세우는 무지란 완전한 무지, 곧 자신에 대한 무지까지도 포함하는 무지이다. 반면 몽테뉴는 적어도 자기 지식은 가능하다고 여긴다. 더 나아가 판단을 중지하라는 퓌론주의의 요구 역시 몽테뉴의 입장과는 대립된다. 결국 몽테뉴는 자기 지식을 추구하며, 그것이 바로 그가 살면서 쓰고 생각하는 목표이고, 그러한 목표는 『에세이』를 통해서 자신의 판단을 시험하고 정련하는 것이기도 하다. 따라서 판단을 중지하지 않고 발전시키려고 한다는 점에서 "몽테뉴는 퓌론주의자가 아니다."("Skepticism, Self, and Toleration in Montaigne's Political Thought", 57쪽)

마지막으로 몽테뉴는 아카데미 회의주의자인가? 이에 대해서 우리는 최소한 한 가지 측면에서 그렇다고 말할 수 있다. 아카데미 회의주의자들은 어떤 지식도 가능하지 않다고 주장했지만, 이로부터 그들은 인간이 어떤 지식도 가질 수 없다는 사실 한 가지만은 확실하게 알 수 있다는 것을 인정할 수밖에 없었다. 그렇다면 이 같은 종류의 사실은 어떻게 알 수 있는가? 몽테뉴는 아카데미 회의주자들이 무지의 지(知)에 대해 알 수 있는 것은 그것이 바로 자기 지식에 속하기 때문이었다고 여긴다. 그리고 몽테뉴 자신도 그런 지식의 가능성과 가치를 높이 평가한다. 결국 모든 지식이 불가능한 상황에서 무지의 지와 같은 종류의 자기 지식만이 가능하다고 간주했다는 점에서 몽테뉴는 아카데미 회의주의에 매우 가깝다고 할 수 있다.(같은 책, 57쪽 참조) 어쨌든 이처럼 몽테뉴가 인간사에 대해 분명한 도덕적 판단을 하며, 이를 통해 판단중지에 의한 아타락시아(ataraxia)와는 달리 자기 지식을 추구하고, 정통 그리스도교를 비판하는 동시에 여전히 가톨릭교로로 남았다는 점 등에 비추어 그의 입장을 한 마디로 "변형된 회의주의(skepticism transformed)"(같은 책, 191쪽)로 부를 수 있다.

### 3)「레이몽 스봉의 변호」에 나타난 회의주의

이제 몽테뉴가 자신의 회의주의적 논증을 본격적으로 펼치는 「레이몽 스봉의 변호」의 내용에 대해 살펴보자. 이 글의 목적은 몽테뉴가 아버지의 부탁으로 프랑스어로 번역했던 스페인 신학자 레이몽 스봉의 책 *Theologia Naturalis*(자연신학)에 등장하는 주장을 변호하는 것이다. 『자연신학』에서 스봉은 무신론자들에 대항해서 그리스도교의 진리가 인간의 자연적 이성에 의해 확립될 수 있음을 보여 주고자 했다. 그런데 스봉의 이런 입장에 대해 제기된 비판은 크게 두 가지였고, 그 각각에 대해 몽테뉴는 나름의 견해를 피력한다. 스봉에 대해 가해진 첫 번째 비판은 다음과 같다. 진정한 그리스도교인은 스봉이 하는 것과는 달리 그들 종교의 교리들을 합리적으로 증명할 필요가 없다는 것이다. 왜냐하면 이러한 것들은 신앙과 신의 계시에 의해서만 이해될 수 있기 때문이다. 그러나 몽테뉴는 이에 대해 다음과 같이 대응한다. 즉 우리가 신성한 종교를 위해 논의를 전개하는 까닭은 신이 그러한 논의를 필요로 해서가 아니라, 우리의 지적인 봉사를 통해 신을 존경하기 위함이다. 그리고 신앙으로 신에게 봉사하기 위해 "신이 우리에게 부여한 자연적이고 인간적인 도구들(가령, 이성: 필자 첨가)을"(*Essays*, 168쪽) 사용하는 것은 존경할 만한 행위이다. 따라서 스봉의 책이 신성한 계시적 진리에 대한 합리적 보충으로 간주될 수 있다면 그것은 충분히 용서될 수 있다. 스봉에게 가해진 두 번째 비판은 스봉이 제시한 "논증이 스스로 증명하기를 원한 바에는 부적절하고 약하다"(같은 책, 171쪽)는 것이다. 몽테뉴는 이 두 번째 비판이 첫 번째 비판보다 더 위험하고 해롭다고 여긴다. 몽테뉴는 모든 이성적 추론이 어차피 불충분하므로 스봉이 그의 논증이 가진 오류로 인해 비난당해서는 안 된다고 생각한다. 이처럼 스봉에 대해 제기된 두 번째 비판에 대응하면서 몽테뉴는 "인간의 오만함을 부수기"(같은 책, 171쪽) 위해 자신의 회의주의적 논의를 본격적으로 전개한다.

우선 몽테뉴 회의주의의 첫 번째 특징은 인간과 동물을 비교함으로써 독단주의를 비판하는 데 있다. 이런 비교는 인간의 허영과 뻔뻔함을 드러낸다. 인간을 이성적 동물로 규정하고 그럼으로써 인간을 동물보다 우위에 두었던 전통적인 철학적 견해와는 달리 몽테뉴는 이성이나 합리성은 오히려 인간을 비참하게 만드는 원인이라고 본다. 더군다나 인간은 이런 사태를 제대로 알지도 못한다. 인간은 자신들이 모든 것을 알며, 다른 피조물들은 자기들을 위해 봉사한다고 여긴다. 그리고 그들은 자신들을 우주의 중심에다 놓는다. "인간의 자연적이고 본래적인 병은 자만심이다."(*Essays*, 172쪽) 반면 동물들은 자연이 정해 준 삶을 영위한다. 동물들은 자신들의 본능을 따르며, 자신들의 본성의 한계 내에 편히 머문다. 동물들은 자신들의 자연적 필요와 욕구에 주목하고, 우리 인간보다 자연의 규칙들을 더 잘 따른다. 이에 비해 인간은 부자연스러운 것을 추구하며, 동물과 공유하는 자연적 욕구들 가령, 먹고, 마시고, 번식하는 것에 주목하는 대신 불필요하고 인위적인 욕구들을 자꾸 만들어 낸다. 그런 욕구들은 불필요하고 인위적이므로 이들을 충족하는 데 반드시 실패할 수밖에 없다. 그리고 이런 상황은 다시 인간의 영혼에 긴장을 유발한다. "인간은 결코 '집에' 있지 않다. 우리는 항상 우리 자신 밖에 있다. 두려움, 욕망, 희망은 우리를 미래로 몰아 댄다. 그러한 것들은 심지어 우리 자신이 존재하지 않게 될 미래의 것에 대해 시간을 보내기 위해 지금 현재의 것에 대한 느낌과 관심을 우리에게 앗아간다."(같은 책, 4쪽) 어쨌든 몽테뉴는 동물과 관련된 논의를 다음과 같이 결론짓는다. "우리는 동물 위에 있지도 않고 아래 있지도 않다. 한 현자가 말했듯이, 하늘 아래 모든 것은 같은 법칙과 운에 따라 운행된다."(같은 책, 175쪽)

　몽테뉴 회의주의의 두 번째 특징은 이성에 대한 불신에서 잘 드러난다. 몽테뉴는 인간 이성에 의한 추론을 신뢰할 수 없게 만드는 내적인 요소와 외적인 요소들을 제시한다. 우선, 우리의 감각 지각에 포함된 왜곡, 아프거나 건강한 우리 신체의 조건, 우리의 감정적 상태가 우리 이성의 기능에 영향을 미친다. 가령, 같은 사물이 다른 사람들에 의해 다르게 지각된다는 사실은 감각 지각의 과정에서 일어나는 왜곡을 보여 준다. 또 한 사람은 그가 신체적으로 아프거나 감정적으로 우울할 때 같은 상황에 직면해서 다르게 생각하고 행동한다. 이러한 내적인 요인들로 인해 인간의 이성은 오류를 범하기 쉽다. "우리의 생각, 판단, 그리고 정신적 능력들이 일반적으로 모두 신체의 변화에 의해 영향을 받는 것은 확실하다. …기쁨이나 우울함의 영향하에서 모든 것은 우리의 정신에게 다양한 측면을 제공하는 것이 아닌가?"(*Essays*, 219쪽) 다음으로 우리 이성에 의한 이해를 믿기 어렵게 만드는 외적 요인은 시간과 공간이다. 가령 "사형을 받던 행위가 합법적이 되고,"(같은 책, 225쪽) 과거에 수용될 수 없었던 것이 이제는 환영받을 수 있다. 또 한 사람의 관점이 시간에 따라 변할 수 있으며, 과거에는 도덕적으로 잘못되었던 것이 오늘날 기꺼이 용인될 수도 있다. 뿐만 아니라 우리는 같은 사물이 같은 시기에 다른 민족에 의해 달리 지각되고 해석될 수 있음을 알고 있다. "어떤 사물이든 그것은 다양한 관점에서 볼 수 있다. 의견의 다양성을 낳는 것은 주로 이것이다. 한 민족은 한 국면을 보고, 거기서 멈춘다. 또 다른 민족은 또 다른 국면을 본다."(같은 책, 226쪽) 이런 상황에서 이성은 어느 것이 더 올바른지 답할 수 없다. 여기서 우리가 도움을 구할 수 있는 것이 바로 감각이다. 왜냐하면 지식은 감각에서 시작하고, 감각으로 환원될 수 있기 때문이다. 그러나 몽테뉴는 감각이 오히려 우리 무지를 증명하는 것이고, 우리 무지의 주요 바탕이라고 주장한다.

　몽테뉴 회의주의의 세 번째 특징은 바로 인간의 이 같은 감각에 대한 다면적 비판이다. 우선 몽테뉴는 인간이 모든 자연적 감각을 다 갖추고 있는지 묻는다. 이는 우리가 시각이나 청각 없이도 완벽하게 활동하는 동물들이 있다는 사실을 관찰하게 되면, 우리 역시 몇 가지 감각을 결여하고 있지 않은지 물어볼 수 있다는 것이다. 그러나 이 문제에 답할 수는 없다. 왜냐하면 우리가 가진 감각들이 우리 탐구에서 유일한 도구를 제공하기 때문이다. 즉 우리 감각들에 대한 지식은 단지 우리 감각들 자체에 의해서만 제공된다고 할 수 있다. 가령, 우리는 청각을 다른 어떤 감각을 통해서가 아니라 오직 청각 자체를 통해서만 알 수 있다. "한 감각이 또 다른 감각을 밝혀 줄 수는 없다."(같은 책, 229쪽) 결국 우리가 어떤 감각을 결여하고 있다고 해도, 우리는 그런 상황을 전혀 알 수 없는 셈이 된다. 그리고 이 같은 결과는 우리가 우리 감각을 통해 지각하는 세계가 온전한 모습이 아닐지도 모른다는 결론에 이르게 한다. 그래서 우리는 주제넘게 굴지 않아야 할 것이다.

다음으로 감각은 왜곡되기 쉽다. "한 물체를 우리가 가까이 있을 때는 크게 보이게 하고, 멀리 있을 때는 더 작게 보이게 만드는 현상들은 둘 모두 참이다."(같은 책, 230쪽) 또 시각이나 청각이 우리보다 훨씬 더 좋은 동물들이 있다는 사실을 통해 볼 때, 우리는 우리의 감각이 완전하지 않음을 고백할 수밖에 없다. 셋째로, 우리의 정신 상태 역시 우리의 감각이 작용하는 방식에 영향을 미친다. 가령 "화가 났을 때, 우리는 사물들을 있는 그대로 듣지 못한다."(같은 책, 231쪽) 그리고 누군가를 사랑하게 되면, 그녀는 실제보다 더 예뻐 보인다. 또 우리가 싫어하는 사람은 그만큼 더 추해 보인다. 끝으로 우리 감각들은 서로 모순되기까지 한다. 가령 "한 그림은 깊이를 가진 것처럼 보이지만 얕게 느껴진다. 사향은 냄새는 상쾌하나 맛은 불쾌하다."(같은 책, 233쪽) 이럴 경우 어느 감각이 더 진리에 가까운지 과연 어떻게 결정할 것인가? 이를 결정하기 위해서는 보조적인 도구가 반드시 필요하다. 하지만 이런 도구 자체가 올바르다는 것을 어떻게 확신할 수 있는가? 그런 도구의 올바름을 증명하기 위해서 우리는 논증을 필요로 하며, 이런 논증을 증명하기 위해서는 다시 또 다른 도구가 있어야 할 것이

다. 결국 이런 식으로 "우리는 무한히 퇴행"(*Essays*, 233쪽)할 수밖에
없을 것이다.


### 4) 자기 지식과 관용

몽테뉴는 인간이 형이상학적 진리나 사물의 본질에 대한 지식에 도
달하는 것은 단적으로 불가능하다고 보았지만, 그럼에도 인간은 자신
에 대해서는 알 수 있다고 주장한다. 그렇다면 몽테뉴가 그의 회의주의
에서 자기 지식을 이처럼 예외로 삼을 수 있는 근거는 무엇인가? 그것
은 몽테뉴가 구상하는 자기 지식이란 특정한 개인이 특정한 순간에 느
끼는 주관적 현상이자 경험이기 때문이다. 자기 지식은 개인이 지니는
매우 주관적인 경험이므로 각자가 가장 분명하고 쉽게 접근할 수 있다.
가령, 우리는 도저히 부정할 수 없는 것처럼 보이는 변화, 고통, 기쁨을
경험한다. 또한 외부의 간섭 없이 자신을 탐구하는 것이 곧 자기의 능
력이기도 하다. 이런 의미에서 몽테뉴는 회의주의의 끝자락에서 자기
와 자기의 경험으로 돌아가며, 이는 그것들이 우리가 가장 잘 알고 접
근할 수 있는 것이기 때문이다. "우리는 눈의 흰색이나 돌의 무거움보
다 우리 자신과 더 가까이 있다."(같은 책, 218쪽) 여기서 우리는 위에
서 언급했듯이, 몽테뉴의 회의주의적 입장을 아카데미 회의주의로 해
석할 수 있는 중요한 실마리를 다시 한번 발견한다. 곧 아카데미 회의
주의에서 자신이 모른다는 것을 안다고 주장할 때 모른다는 것은 형이
상학적 진리를 모른다는 말이다. 그럼에도 그 모른다는 사실을 안다는
것은 자신의 신체와 감각 기관에 대한 지극히 주관적 경험을 통해 그런
경험이 불완전하며 따라서 우리가 철학에서 흔히 추구해 온 그런 의미
의 지식을 결코 가질 수 없음을 안다는 것을 뜻한다. 따라서 무지에 대
한 지가 바로 몽테뉴가 말하는 자기 지식의 결과인 셈이다. 이런 의미

에서 몽테뉴의 회의주의가 지닌 핵심은 다음과 같이 요약된다. 곧 "현명한 사람은 신을 포함해 모든 초월적 문제에 대해 무지하다는 것을 완전히 아는 동시에 그러한 앎이 주관적 경험을 통해 가능하다는 것을 이해한다."("Skepticism, Self, and Toleration in Montaigne's Political Thought", 60쪽)

그런데 몽테뉴가 말하는 자기 지식을 좀 더 분명하게 이해하기 위해서는 그가 사용하는 집의 비유에 대한 설명이 필요하다. 물론 이 집이란 자기 자신을 상징한다. 그런데 이 집 개념은 규범적인 차원의 개념이며, 몽테뉴가 비판하는 현실, 즉 "우리는 결코 '집에' 있지 않다. 우리는 항상 우리 밖에 있다"(Essays, 4쪽)는 현실을 "'집에서' 해야 할 일이 상당히 많으니 멀리 나가지 마라"(Essays, 400쪽)는 명령과 결부시킬 수 있게 해 준다.("Skepticism, Self, and Toleration in Montaigne's Political Thought", 62쪽) 그러나 여기서 몽테뉴가 주목하라고 촉구하는 집 혹은 자기에서 대개 사람들은 실망할 수밖에 없다. 왜냐하면 인간으로서의 '자기'는 대개 항상 결핍되어 있으며, 공허하고, 불규칙적인 삶의 운동에 내맡겨져 있는 가련하고 비참한 존재일 뿐이기 때문이다. "우리는 모두 조각들로 되어 있으며, 너무 형편없고 잡다한 구조라서 조각 하나 하나가 시시각각 제멋대로 논다."(Essays, 127쪽) 하지만 몽테뉴는 집이나 자기에 대한 기대를 줄이면 자기나 집을 탐구하는 과정은 오히려 반대로 그만큼 더 큰 즐거움으로 가득할 수 있다고 주장한다. 몽테뉴는 항상 자기 탐구의 경이로움에 대해 논하며, 자신이 수행한 자기 탐구의 활동을 기록함으로써 독자들이 그러한 활동의 기쁨을 함께 느끼게 만들려고 시도한다. 독자들은 몽테뉴의 자기 탐구 과정을 통해 사유함으로써 자연스럽게 자신의 내면을 들여다 볼 수 있게 된다. 이렇게 해서 몽테뉴가 이루고자 한 목표는 우리가 행복하고 집에서 만족스럽게 되기 위해 우리의 존재로 충분하다는 사실을 독자들이 느끼게 하는 것이었다. 요컨대 몽테뉴는 우리가 우리 자신을 있는 그대로 받아들이기를 원하는 것이다.

몽테뉴가 말하는 자기 지식을 얻기 위한 자기 탐구 과정이 중요한 이유는 모든 인간이 목표로 하는 행복에 이르기 위해 혹은 잘 살기 위해 그것이 반드시 필요하기 때문이다. 올바르게 이해된 자기 지식이 바로 자기 이익과 다르지 않는 것(*Toleration: The Liberal Virtue*, 25쪽) 역시 바로 이런 이유 때문이다. 곧 자기 지식을 얻는 과정은 그것을 통해 자기 이익에 이르는 길이며, 궁극적인 자기 이익은 행복이라고 할 수 있다. 더 나아가 몽테뉴에 의하면, 제대로 알지 못했던 자기 자신을 알고 탐구하는 과정을 통해서 우리는 자기 자신을 창조할 수도 있다. 곧 자기 지식을 추구하는 자기 탐구는 그 과정 속에서 기존에 있던 자기를 확장시키며, 탐구되는 자기를 변화시킨다. "다른 사람들을 위해 나 자신을 그려감으로써 처음에 갖고 있던 것보다 훨씬 더 명확한 색깔로 내 안에 있는 나의 고유한 자기를 그려 냈다."(*Essays*, 261쪽) 물론 자기를 변화시키는 것은 오히려 자기를 있는 그대로 받아들이고 그 가변성을 인정하는 것을 통해 일어난다. 이런 점에서 몽테뉴가 보기에 지식 탐구와 창조는 서로 긴밀하게 얽혀 있다.

그렇다면 자기 지식 혹은 그런 지식과 불가분의 관계에 있는 자기 이익이 어떻게 관용의 덕목을 뒷받침해 줄 수 있는가? 몽테뉴가 보기에, 건강하고 건전해서 자신들과 자신들의 자연적 조건을 잘 알며, 집에 머물러 있는 데 만족하는 사람은 자연스럽게 모든 사람들 간의 상호 공감을 느낀다. 곧 자기 의식적 인간은 다른 사람을 박해하는 것에서 고통을 느낄 것이다. 따라서 타인들은 그들이 추상적 권리의 담지자이기 때문에 관용되어야 하는 것이 아니라, 자기 자신의 약함과 불안정함에 대한 앎이 다른 자아들과의 연대를, 그 자아들과의 동일시를 통한 공감을 창출하기 때문에 관용되어야 한다. 곧 우리 자신의 약함과 고통에 대한 느낌이 우리를 타인과 동일시하게 만들고, 타인도 그런 고통을 피하길 원한다. "또 다른 사람의 고통을 목격하는 것은 내 안에 물리적 고통을 낳는다."(*Essays*, 34쪽) 중요한 것은 방금도 언급했듯이, 집에 머무는 개인들만이 이런 식으로 느낀다는 점이다. 다시 말해 자기 지식과 자기 이익을 추구하는 자기는 다른 자기들 역시 이런 식으로 발전하기를 강하게 원할 것이다. 따라서 관용의 덕목은 자기 부정이 아니라 자기 지식과 자기 이익에서 나오게 되는 셈이다.

결국 회의주의자로서 몽테뉴는 추상적 이념이나 자연 현상에 대한 지식을 얻는 것이 불가능하다는 점을 강조하면서 이성이나 감각 모두 진리에 도달하기 위해 믿을 만한 도구가 아니라고 여긴다. 그러나 어떤 것도 알 수 없다고 주장하는 급진적 회의주의자, 가령 퓌론주의자와는 달리 몽테뉴는 자기 지식은 여전히 가능하다고 보았다. 그리고 이 자기 지식은 자기 이익을 위해서 추구한다는 의미에서 잘 이해하면 자기 이익과 다르지 않다. 다시 말해 몽테뉴에 의하면, 자신을 탐구하는 개인의 능력이 자기 이익을 구성한다. 그래서 행복은 우리가 궁극적 진리를 찾는 것을 포기하고, 우리 자신으로, 집으로 돌아갈 때 비로소 도달할 수 있을 것이다. 그리고 누구도 이런 면에서 다른 사람과 다르지 않다. 결국 모든 사람은 자기 탐구 과정에 포함된 믿음과 행위를 위해 관용할 수 있는 사적 영역을 필요로 하게 된다. 이런 의미에서 "관용은 기본적으로 필요한 것으로 된다. 모든 사람은 행복을 원하고 행복은 관용되는 것에 의존하기 때문이다."(*Toleration: The Liberal Virtue*, 25-26쪽)

## 3. 벨의 관용 이론

### 1) 벨의 시대적 배경과 주요 저술

벨(Pierre Bayle, 1647-1706)은 기독교 구교와 신교가 첨예하게 대립했던 시대를 살았던 철학자였다. 프랑스에서는 벨이 태어나기 50년쯤 전인 1598년 앙리 4세가 신교도들의 종교적 자유를 인정하는 낭트 칙령(Edict of Nantes)이 선포되어 종교적 신앙의 자유가 보장되는 듯한 양상을 보였지만 1685년 루이 14세의 불관용 정책을 표방하는 퐁텐블루 칙령(Edict of Fontainebleau)에 의해 낭트 칙령이 폐기됨으로써 신교도들에 대한 공격과 박해가 다시 시작되었다. 따라서 벨은 두 칙령 사이의 역사적 공간에서 활동하면서 구교와 신교 사이의 평화와 대립을 모두 경험한 인물이었다. 그는 신교도인 칼뱅파 목사의 아들로 태어났지만 20대 초반에 구교로 한차례 개종한 후 곧 다시 신교로 개종했으며, 이 때문에 재개종을 금지한 프랑스를 떠나 제네바로 도피하는 우여곡절을 겪었다. 제네바에서 그는 경제적 어려움을 겪으면서도 철학 연구에 몰두하여 자신의 이론 체계를 점차 갖추어 나갔다. 하지만 퐁텐블루 칙령이 발표되기 이전에 이미 루이 14세의 종교 정책이 신교도들을 크게 위협하게 되자 벨은 1681년 네덜란드의 로테르담으로 간 후 1706년 사망할 때까지 그곳에서 남은 평생을 보내면서 저술에 몰두했다. 이렇게 구교와 신교 사이의 대립을 몸소 겪으며 혼란스러운 삶을 살았던 벨에게 종교적 관용은 어쩌면 자신의 삶으로부터 직접 얻은 교훈인 동시에 자신의 정체성을 유지하기 위한 방편이었는지도 모른다.

그의 주요 저술 중 첫 번째 것은 1683년 출판한 *Various Thoughts on the Occasion of a Comet*(혜성에 관한 다양한 생각들)이었는데 그는 여기서 당시 서유럽 하늘에 출몰한 혜성을 초자연적인 신의 계시로 여기

는 성직자들을 강력하게 비판하면서 신앙심을 우상숭배와 동일시해서
는 안 된다고 경고한다. 그는 신 또한 일반 법칙에 따라 작용할 뿐 자신
을 드러내거나 알리기 위해 기적이나 특별한 사건을 일으키지는 않는
다고 주장하면서 특히 혜성에 무신론자들을 개종하기 위한 신의 의도
가 담겨 있다는 해석에 강하게 반대한다. 신은 이런 일을 결코 하지 않
으며, 만일 어떤 무신론자가 혜성 때문에 개종한다면 그 사람은 훌륭한
기독교도가 아니라 우상숭배자가 되고 말 것이다. 뒤이어 벨은 이보다
훨씬 더 나아가 무신론이 결코 가장 혐오스럽거나 사악한 주장이 아니
며, 자신의 양심에 따라 충실히 살아가는 무신론자가 의도적인 악행을
저지르는 기독교도보다 더 나은 사람일 수 있다고 주장함으로써 이후
종교적 관용에 이르는 단초를 마련한다.

　벨의 두 번째 주요 저술은 근대 철학사 전체에서 종교적 관용을 가장
강력히 옹호했다고 평가받는 *A Philosophical Commentary on These
Words of the Gospel, Luke 14:23, "Compel Them to Come In, That My
House May Be Full"*(성서 중 루카의 복음서 14장 23절 "사람들을 억지
로라도 데려다가 내 집을 채우도록 하여라."라는 말씀에 대한 철학적
주석, 이하 『철학적 주석』으로 약칭)이다. 루카의 복음서 14장 23절은
일찍이 아우구스티누스(Augustinus) 이래 이교도를 개종시키기 위해
서라면 폭력이나 박해와 같은 수단도 정당하다는 주장의 근거로 해석
되어 왔다. 벨이 활동했던 17세기에 구교도들은 아우구스티누스의 이
런 해석에 의지해 무신론자나 이교도는 물론 신교도까지도 박해를 가
하는 지경에 이르렀다. 이런 사태에 직면한 벨은 이 성서 구절에 대한
아우구스티누스의 해석을 정면으로 반박하면서 종교적 관용을 역설하
기 위해 방대한 분량의 저술을 발표했다. 『철학적 주석』은 모두 4부로
구성되는데 1686-88년에 걸쳐 세 차례로 나뉘어 출판되었다. 이 책에

서 벨은 '[아우구스티누스의 해석이] 아무리 원문에 충실한 해석이라 할지라도 우리에게 부정을 저지를 의무를 부과한다면 그것은 잘못된 해석'이라고(『철학적 주석』, 28쪽) 주장하면서 박해를 통해서는 내적인 종교적 신앙심과 헌신을 결코 이끌어 낼 수 없을 뿐만 아니라 박해 자체가 불법이며, 정의롭지 못하며, 사회이 모든 도더저 질서를 파괴하는 것이라고 역설한다. 그리고 이를 바탕으로 관용을 옹호하면서 벨은 자신이 주장하는 관용은 무신론을 전파하려는 것도, 사회에서 종교를 말살하기 위한 것도 아니고 오직 한 나라의 종교가 하나로 통일되어야 한다는, 강력한 전통으로 확립된 견해에 반대하면서 한 나라 안에서도 서로 다른 여러 종파가 허용될 수 있다는 점을 보이기 위한 것이라고 주장한다.(*The Invention of Autonomy*, 283쪽 참조)

　벨의 세 번째 주저는 가장 널리 알려진 *Historical and Critical Dictionary*(역사 및 비평 사전)로 1697년 처음 출판되었으며 그의 저술들 중 가장 큰 성공을 거두었다. 포함된 항목들의 방대함, 상세한 설명의 정확성 등에 비추어 볼 때 놀라지 않을 수 없는 저술로 평가받는 이 책에서 벨은 다양한 항목에 대한 설명과 더불어 특히 각주를 통해 자신의 주장을 전개했다. 여기서도 그는 무신론, 마니교의 이원론 등의 반기독교적인 주장을 폭넓게 인용하면서 이전 저술에서 보였던 관용의 태도를 계속 이어나간다. 하지만 그의 대표적인 세 저술 중 관용 이론이 가장 분명하고 체계적으로 제시되는 것은 두 번째 저술인 『철학적 주석』이므로 이제 다음 절에서는 이를 중심으로 논의를 전개하려 한다.

## 2) 『철학적 주석』에서 제시된 관용 이론

　『철학적 주석』의 첫머리에서 벨은 겉으로 보기에는 매우 이성주의적인 태도로 논의를 시작한다. 그는 이성을 '자연의 빛', '내부의 빛',

'제일원리', '내부의 진리' 등의 다양한 용어로 표현하면서 이성이야 말로 인간 정신이 제기하는 모든 것을 심판하는 최고의 법정인 동시에 재판관이라고 선언한다. 그러면서 이런 이성은 이론적인 문제뿐만 아니라 도덕적 문제에도 관여하는데 이성은 도덕과 관련해서는 양심으로 변형되면서 도덕적 평등과 공정이라는 관념을 동반한다고 주장한다. 그리고 이로부터 '모든 도덕법칙은 예외 없이 양심에 의거해 평등이라는 자연적 관념에 의해 규정되어야 한다.'는 사실이 도출된다고 말한다. 뒤이어 곧바로 벨은 양심과 관련한 가장 중요한 질문을 던진다. '모든 사람의 영혼에 각인된, 옳고 그름을 판별하는 하나의 양심이 진정으로 존재하는가? 달리 말해 모든 사람의 정신 사이를 서로 연결하는 하나의 내부의 빛이 존재하는가?'(『철학적 주석』, 70-71쪽) 이를 통해 벨은 양심이 모든 사람에게 하나의 동일한 것으로 나타나는가를 묻는다. 이에 대한 답으로 '모든 사람은 각자 자신의 개인적인 빛을 통해 자신을 규정한다.'고 주장함으로써 양심의 보편성을 부정한다. 그리고 이 주장은 벨이 관용을 옹호하는 출발점을 형성한다. 만일 양심 또는 내부의 빛이 개인에 따라 서로 다르게 나타난다면 하나의 보편적 양심에 의존하는 모든 주장은 더 이상 호소력을 지니지 못할 것이기 때문이다.

이를 바탕으로 벨은 오직 하나의 진정한 도덕이나 종교만이 모든 사람에게 공통적으로 적용되어야 한다는 생각을 명확히 부정하며 이런 생각에 근거한 모든 폭력과 박해를 강력히 비판한다. 그는 박해가 결코 정당할 수 없다는 점을 다양한 방식으로 제시한다. 그는 특히 박해를 가하는 자들의 원리가 일관성이 없음을 강조한다. 박해자들은 프랑스 국왕이 종파가 다른 국민들을 제거하는 일은 기꺼이 허용하면서도 국민들이 종파가 다른 국왕을 제거하는 일은 결코 허용하지 않는다.(『철학적 주석』, 48쪽) 또한 이들은 자신들이 그르다고 여기는 종교를 박해하는 일은 허용하면서도 이교도 통치자들이 초기 기독교도들을 박해한 일은 허용하지 않는다. 이들은 오직 자신들의 종교를 위한 폭력만을 허용할 뿐 다른 어떤 종교의 폭력도 허용하지 않는다. 벨은 이런 교리들이 너무나 혐오스러워 어쩌면 악마가 이런 교리를 가지고 인간사를 조종하는 것이 아닌가라는 생각이 들 정도라고 언성을 높이면서 종교적 박해를 강력히 비난한다.(『철학적 주석』, 50쪽)

벨에 따르면 설령 양심을 전통적인 의미로 해석해 신의 의지가 우리에게 전하는 내적인 목소리로 여기더라도 양심의 자유 또한 허용되어야 한다. '종교 문제에 적용되는 판단 규칙은 결코 지성이 아니라 전적으로 양심에 속한다. 바꾸어 말하면 신을 기쁘게 하는 바를 행하는 문제와 관련하여 우리는 명석, 판명한 관념에 따라서가 아니라 양심이 말하는 바에 따라 대상을 받아들여야 한다.' (같은 책, 71쪽) 어떤 종교적 교리를 받아들여야 하는가를 말해 주는 것은 도덕이어야 하며 어떤 도덕을 받아들여야 하는가를 종교적 교리가 결정해서는 안 된다. 이제 벨은 다음과 같이 말함으로써 관용을 옹호하는 자신의 관점을 명확히 정리한다.

모든 문제에 대한 나의 대답은 관용을 매우 강력하게 주장하는 것이다. 다양한 종교가 국가에 해를 끼치게 된다면, 그것은 서로를 참아 보려고 하지 않고 박해를 일삼으며 서로를 짓밟고 무너뜨리려 하는 행동 때문이다. … 내가 주장하는 관용을 위해 각각의 집단이 꾸준히 노력한다면 하나의 국가 안에서 서로 다른 종파들이 조화를 이룰 수 있을 것이다. 이는 마치 한 도시에서 서로 다른 물건을 파는 여러 명의 상인들이 서로 돕는 것과 같다. 모든 이들은 선행, 경건함, 영에 대한 앎을 경쟁적으로 보여 줌으로써 자연스럽게 발전할 것이다. 사람들의 이러한 행동은 무한한 축복의 원천이 된다. 다시 한

번 황금기를 맞이하기 위해 가장 적합한 수단은 관용이다. 다양한 목소리와 여러 높낮이의 악기가 조화를 이루는 공연을 위해서는 관용이 필요하다. 그렇다면 이렇게 아름다운 화음을 방해하는 것은 무엇일까? 바로 하나의 종교가 가혹한 독재를 일삼고 양심을 강요하는 것이다. 이때 군주가 부정한 쪽을 편파적으로 지지하면 맹렬하고 사나운 사제와 성직자 무리의 외침에 세속적 권력의 무기를 쥐어 주는 일이 것이다. 한 마디로 말해, 모든 해악은 관용이 아니라 관용의 결핍에서 비롯된다.(『철학적 주석』, 199-200쪽)

(임건태, 김성호)

# 이성, 감정, 양심의 자유에 기초한
# 정당화: 홉스와 로크

## 1. 홉스 철학에 대한 일반적 오해와 진실

홉스(1588-1679) 철학에 대한 일반적인 오해와 진실은 다음 몇 가지로 요약될 수 있다. 먼저 그는 자유주의자이며 사회계약론자이다. 그는 '만인에 대한 만인의 투쟁'을 말하면서 인간은 본성적으로 이기적인 성향을 갖고 태어난다는 성악설에 가까운 주장을 하였다. 홉스는 근대 과학의 진보에 따른 당대의 학문적 분위기를 잘 파악하고 유물론의 대표적인 견해를 취한 철학자이다. 이런 전제 위에 선 그의 철학은 자연스럽게 교회나 종교에 대해 비판적 입장을 취하면서 무신론자의 편에 서 있다.

이런 홉스를 둘러싼 진실과 오해는 뒤섞여 있다. 그가 분명 자유주의자이며 사회계약론자라는 평가는 진실이다. 그러나 인간의 본성을 반사회적이고 이기주의적이라고 보았다는 평가는 오해의 산물이며 정확한 설명이 필요하다. 홉스가 유물론자라는 주장은 어김없는 진실이다.

유물론자라는 사실과 홉스를 무신론자라고 하는 평가는 아주 가까운 가족 유사성을 갖고 있는데, 이는 소위 홉스 철학에 대한 전통적인 해석의 하나이다. 그러나 그가 유물론자인 것은 진실이나 그렇다고 해서 그가 무신론라고 평가하는 것은 분명한 오해이다. 홉스는 자신이 무신론자가 아니며 이단은 더더욱 아니라는 사실을 강변하고 있다.(『서양 근대종교철학』, 99-125쪽 참조)

그렇다면 홉스는 이와 같은 전통적인 해석들과는 결을 달리하며 과연 관용주의자라고 볼 수 있는가? 관용의 덕목이 자유주의 덕목이며, 17세기 이후 본격적으로 논의되기 시작했다는 사실을 고려할 때 홉스 철학에서 과연 관용의 덕목을 찾아낼 수 있는가? 이 점에 관해서 김용환은 『관용주의자들』에서 비교적 상세하게 역사적 배경과 더불어 설명하고 있다.(『관용주의자들』, 18-30쪽 참조) 홉스가 살았던 시대적 배경(7년간의 시민전쟁, 의회주의자와 왕당파 간의 갈등, 크롬웰(O. Cromwell, 1599-1658)의 의회 독재, 런던 대화재 후 신성모독과 무신론에 대한 위협 등)을 염두에 둘 때 그는 불관용과 공포의 희생자였다. 그는 자신의 작품 어디에서도 '관용'이라는 용어를 사용하지 않는다. 그렇지만 일생을 통해 홉스는 교회와 성직자들이 자신의 철학에 보인 불관용의 피해를 입고 살았으며, '공포와 쌍둥이로 태어났다'는 자신의 탄생에 얽힌 일화처럼 일생 불관용의 행위가 가하는 공포의 감정에서 자유롭지 못했다.

불관용의 행위는 그 싫어하고 반대하는 대상이 소유해야 할 자유를 억압하며, 폭력의 대상으로 삼을 수 있기 때문에 공포의 감정을 낳는다. 이를 반대로 말하면 억압으로부터 자유를 얻기 위해서는 관용의 태도가 요청되며, 공포의 감정을 해소하기 위해서는 비폭력적이고 너그러운 관용적 태도가 필수적이다. 홉스가 가장 강력하게 요구하는 사회계약론도 그 최종 목표는 상호 호혜적이고 평등한 계약을 통해 정치적 자유와 통치의 권위를 정당화하는 데 있었다. 그리고 이 자유와 권위를 정당화하기 위해 그는 자연법의 원리에서 그 근거를 찾고 있다. 비록 홉스가 구체적으로 관용을 정당화하는 논리를 개발하거나 제안하고 있지는 않지만, 그의 자연법사상, 천부적인 양심의 자유, 이성의 계산 가능성 그리고 공포의 감정을 통해 관용 정신의 필요성을 간접적으로 입증하고 있다.

『관용주의자들』에서 김용환은 홉스가 어떤 논리로 관용의 덕목을 정당화하고 있는지 고찰하고 있다. 네 가지 정당화 전략을 세우고 그 중 두 가지—자연법에 의한 정당화와 양심의 자유에 의한 정당화—를 설명하고 있다. 이 두 가지는 명분론적 정당화라 할 수 있는데, 그 이유는 이 두 가지가 모두 도덕적 명령과 밀접한 관련이 있기 때문이다. 반면 이성의 계산 가능성과 공포의 감정에 의한 정당화는 실리론적 정당화라 할 수 있는데 이는 관용을 실천할 때 발생하는 실질적인 이익의 관점에서 정당화를 추구하고 있기 때문이다. 여기서는 그 후반부 두 가지 실리론적 정당화 전략을 소개함으로써 홉스 철학에서 찾아낼 수 있는 관용의 정당화 네 가지를 모두 드러내고자 한다.


## 2. 관용의 실리론적 정당화

### 1) 이성의 계산 가능성에 의한 정당화

홉스에게 왜 우리는 싫어하고 미워하는 대상에 대해 관용해야만 하느냐고 묻는다면 그는 어떻게 대답할 것인가? 홉스 철학의 핵심 전제 중 하나는 인간을 포함한 모든 존재하는 것들은 자기 보존 욕구를 존재의 본질로 가지고 있다는 사실이다. 이 본질을 유지하기 위해서는 자기 이익을 위협하는 타자를 배제하고(불관용) 자기 이익을 추구하기 위해서는 어떤 일을 해도 정당화된다. 심리적 이기주의는 홉스가 이해하고 있는 인간의 자화상이다. '만인을 위한 만인의 투쟁 상태', 즉 자연 상태에 놓여 있는 인간의 존재 조건은 불행하게도 '고독하고, 비참하고, 괴롭고, 잔인하며, 짧다.' 이런 자연 상태 상황에서 자기 이익의 극대화는 사실상 불가능하기 때문에 사회계약을 통해 예측 가능하고 계산 가능한 사회로 바꾸려는 것이 그의 정치철학의 목표이다.

계약 사회인 시민사회에서 우리는 왜 적대자, 타자, 이방인, 외국인, 위험한 사람들, 혐오의 대상들과 공존해야만 하는가? 인간은 인간에 대해 늑대(homo homini lupus)와 같은데 공존하는 일이 가능하기는 한가? 종북좌빨은 누군가에게 적대자이며, 갑과 을의 사회에서 서로는 낯선 타자이며, 도시의 아파트 옆집에 누가 사는지도 모르는 우리들 사이는 이미 낯선 이방인이 되어 가고 있으며, 부르카를 입고 있는 무슬림 여성에게서 위협감을 느끼고 있으며, 동성애자들은 누군가에 의해 혐오의 대상이 되고 있다. 이런 사람들과 우리는 공존하며 다문화사회를 이루며 살아가야만 한다. 이는 피할 수 없는 우리의 현실이다. 우리에게 친숙한 상황 한 가지를 예로 들면서 왜 우리는 관용해야만 하는가 하는 정당화 논리를 홉스 철학에서 찾아보자.

다문화사회로 진입해 있는 우리 사회에서 이주자들에 대한 우리의 태도를 돌아보며 그들을 수용하고 환대해야 하는 근거를 찾아보자. 내국인과 결혼하여 이주해 온 이민자이거나 외국 국적의 근로자이거나 우리 사회에는 이미 많은 수의 외국인들이 곁에서 우리와 공존하고 있다. 이들이 이민법이나 '외국인 근로자의 고용 등에 관한 법률' 등과 관련해서 여러 가지 제도적 미비 때문에 겪고 있는 불편함이나 부당한 대우는 어제 오늘의 문제는 아니다. 이런 법과 제도의 문제는 수정 보완되는 데 다소 시일이 걸릴 수 있지만 계속 진화한다고 볼 수 있다. 그러나 더 심각하고 수정에 많은 시간이 필요한 것은 이들을 바라보는 우리의 시각을 교정하는 일이다. 외국인들, 특히 피부색이 검은 아프리카나 동남아시아인들 그리고 종교적으로 이슬람교를 믿고 있는 이들에 대한 우리의 감정이 어떠한지 살펴본다면 그 안에 뿌리 깊은 혐오감이 자리 잡고 있다는 것을 부인하기 어려울 것이다. 다문화사회에서 이들과 평화롭게 공존하기 위해서는 설령 이들을 싫어하거나 혐오하는 감정이 든다고 하더라도 이들에 대해 우리 사회에서 부당 처우, 거부, 폭력 행사, 추방 등 불관용 행위를 해서는 안 되는 이유는 어디에 있는가?

홉스는 불관용할 때와 관용할 때의 실질적 이익을 잘 계산해 보면 수용, 용납하는 관용의 행위가 불관용의 행위보다 훨씬 낫다는 결론에 이를 것이라 충고할 것이다. 계산 가능성에 의한 관용의 정당화 논리는 다음과 같다. 홉스 철학은 인간이 합리적인 이기주의자라는 전제 위에서 출발한다. 자기 보존의 욕구를 극대화하기 위해 전략적 선택을 할 때 효율성(utility)을 최대한 확보할 수 있는 방식으로 선택해야 생존 가능성도 그 만큼 증대되는데, 여기서 효율성이란 행위의 결괏값이다. 이 결괏값을 계산하지 않고서는 어떤 행위도 선과 악, 쾌락과 고통 그리고 옳고 그름을 판단할 수 없다. 쾌락주의 전통에 서서 행위의 결괏값(쾌락의 추구와 고통의 회피)을 계산할 수 있는 계산 능력을 홉스는 이성의 역량이라 했고 이것을 사람이라면 누구라도 갖고 있는 역량이라 보고 있다. 이성(reason)은 다른 말로 하면 합리적 추론(right reasoning) 또는 계산 가능성(computability)이라 할 수 있다.

이주민이나 이방인이 우리 곁에서 위협적인 존재—실제로 가해지는

위협이라기보다는 심리적인 부담 또는 혐오감에 근거한 위협일 가능성
이 더 높은 경우가 많다―로 살아가는 사람들이라고 인식할 때, 그들
에 대해 관용하기보다는 불관용하기가 더 쉽다. 관용하려면 그렇게 하
기에 정당한 근거를 확보해야만 할 것이다. 관용이 불관용보다 더 나은
결과를 가져오리라는 계산을 할 수만 있다면 마땅히 관용이 행위를 선
택해야만 한다. 그리고 인간은 그런 계산 역량을 충분히 소유하고 있
다. 따라서 행위의 결괏값을 계산해 보는 일은 관용과 불관용을 결정할
때 결정적인 요소가 될 것이다.

　　다문화사회에서 이방인들과 평화롭게 공존하는 일이 그 반대의 상황
보다 더 낫다는 결론에 이르기 위해서는 합리적 계산이 필요하다. 우리
의 노동 시장의 공백을 메우기 위해 들어와 있는 이주 노동자들을 추방
하거나 봉쇄하는 일은 현실적으로 불가능하다. 우리의 생존 자체가 불
가능하거나 어려워질 수도 있다. 또 이미 들어와 있는 결혼 이주자들에
게 장기간 불이익을 줌으로써 스스로 떠나도록 하는 일도 불가능하다.
만일 이와 같은 일을 통해 이들에 대해 우리 사회가 불관용 정책을 편
다면 그 목표를 달성하기까지 엄청난 사회적 비용을 치러야 할 것이다.
또 실제로도 불가능하다. 그렇다면 결국 어떤 계산을 해 보아도 다문화
사회에서 이주민과 이방인들에 대한 우리의 태도는 관용적일 수밖에
없다. 이것이 합리적 계산에 의한 정당화 근거이다. 비용-편익 분석
(cost-benefit analysis)과 같은 논리이다. 그런데 여기서 한 가지 주목
해야 할 것은 이익 계산법에서 단기간의 이익(short-term interests)과
장기적인 이익(long-term interests)을 잘 구분해야 한다는 점이다. 합
리적으로 계산하는 역량은 이성에게 요구되는 가장 중요한 기능 중의
하나이다. 당장 단기적으로는 나에게 손해가 되지만 장기적으로 이익
이 되는 경우와 단기적으로는 이익이 되지만 장기적으로는 손해가 될

수 있는 경우라면 우리는 어떤 것을 선택할 것인가? 사람들은 장기적 이익을 보기보다는 눈앞의 이익을 더 잘 보게 된다. 따라서 계산법도 거기에 맞추기 쉽다. 그러나 홉스는 가장 합리적인 계산은 장기적인 이익의 관점에서 계산하는 것이라 보고 있다. 따라서 더 적극적으로 관용을 정당화하는 논리도 장기적인 이익 계산에 근거하고 있다.

### 2) 공포의 감정에 의한 정당화

공포의 감정에 의한 관용의 정당화는 우리가 합리적 행위를 선택할 때 그 배후에는 공포와 두려움 같은 감정이 작동되고 있다는 사실에 근거하고 있다. 홉스 연구자 마티니치(A.P. Martinich)에 의하면, 홉스의 정치철학에서 공포의 감정, 특히 '폭력적 죽음에 대한 공포(fear of violent death)'는 법을 지키게 하거나 어기게 할 수 있는 정치적 행위와 밀접한 관련이 있는 감정이다.(*A Hobbes Dictionary*, 119쪽) 또 레오 스트라우스의 지적에 의하면 죽음에 대한 공포가 "모든 권리의 뿌리이며 더 나아가 모든 도덕성의 근거"라고 말하고 있다.(*The Political Philosophy of Hobbes*, 17-18쪽)

『리바이어던』 13장 마지막 부분에서 홉스는 평화를 추구하게 만드는 세 가지 감정에 대해 적시하고 있는데, '죽음에 대한 공포의 감정', '안락한 삶에 필요한 것들에 대한 욕구' 그리고 '근면한 노동을 통해 이런 것들을 얻을 수 있다는 희망의 감정'이 그것이다. 그런데 공포, 욕구, 희망이라는 세 가지 감정은 정치의 목적인 안전과 평화를 추구하게 만드는 기능도 하지만 동시에 갈등을 부추기고 싸움을 일으키는 원인을 제공하기도 한다. 13장 앞부분에서 홉스는 자연 상태에서 살아가는 인간의 모습을 묘사하면서 싸움과 갈등의 세 가지 원인에 대해 말하고 있다. '경쟁심(competition)', '자기 확신의 결핍(diffidence)' 그리고

'영광(glory)'이 그것이다. 이 세 가지는 위에서 말한 세 가지 감정과 대응 관계에 있다. 경쟁심은 공포감을 낳고, 자기 확신의 결핍은 타자와의 비교 감정을 낳으며, 그리고 영광은 왜곡되었을 때 헛된 영광에 대한 희망의 감정을 낳는다. 이 세 가지 감정 가운데 욕구와 희망은 폭력적인 죽음에 대한 공포감보다 덜 위협적이며 합리적 선택을 해야만 할 필요성도 그렇게 절박하지 않은 감정이다. 그러나 죽음에 대한 공포는 죽음을 피하기 위해 즉각 합리적 행위를 하도록 만드는 감정이다. 이런 공포의 감정과 합리적 선택의 관계를 염두에 두면서 왜 우리는 관용을 실천해야만 하는 가에 대해 살펴보자.

불관용의 대상에 대해서 우리가 단순 반대를 넘어 혐오감과 거부감을 갖는 일은 자연스럽다. 그리고 그 혐오감과 거부감은 감정에 그치지 않고 부정적 행위를 촉발한다. 여기서 말하는 부정적 행위는 불관용의 대상에 대해 가해지는 거부의 말과 몸짓을 통틀어 의미한다. 단순 언어적 배척부터 차별, 배제, 따돌림, 억압, 착취, 추방, 폭력, 살인 등을 의미한다. 공포와 혐오감을 피하고 싶은 욕구는 그 대상에 대해 부정적 행위를 통해 불관용할 수 있는 방법을 모색하게 만든다. 죽음의 위협에 직면했을 때 어떻게 행동하는 것이 합리적일까? 상대방의 힘과 의도를 정확하게 파악하여 이길 승산이 없을 때는 도망가는 것이 합리적 선택 행위일 것이다. 그러나 만약 이길 승산이 있다고 판단되면 도망가기보다는 맞서 싸워 이겨 위험 대상을 제거하는 것이 항구적인 위험으로부터 벗어나는 길이다.

다문화사회에서 살고 있는 우리에게 낯선 타자들(이방인)은 대부분 위협적인 존재로 인식되기 쉽고 불관용의 대상들이다. 우리의 청년들과 일자리를 놓고 경쟁 상대자로 점차 부상하고 있는 그들은 두려움을 넘어 공포의 감정을 유발시킬 수도 있다(우리는 이미 서유럽에서 난민들이나 외국인 노동자들 심지어 유색인들을 향한 백인 청년들, 특히 신나치주의자들의 테러를 목격한 바 있다). 이들 이방인들의 삶, 종교, 문화, 역사, 복장 등에서 혐오감을 지워 내기란 쉽지 않다. 그렇다고 해서 이들을 모두 추방하거나 쇄국할 수는 없다. 새로운 타자들, 이방인들, 경쟁자들은 끊임없이 반복해서 등장하기 때문이다.

그렇다면 이들과 공존하며 상생할 수 있는 전략적 대안은 관용을 실천하며 같이 살아가는 수밖에 없다. 관용의 덕목이 더 절실히 요청되는 이유가 여기에 있다. 이들이 설령 불관용과 혐오의 대상으로 인식된다고 하더라도 이들을 완전히 우리 사회에서 배제하거나 제거할 수 없다면 그 다음의 선택지는 이들과 상생 공존하는 수밖에 없다는 것이다. 홉스가 자연 상태라는 가설적 상황을 설정하고, 이런 상태에서 생존하기 위한 최선의 선택은 계약을 통해 항구적 위험사회에서 벗어나는 일이라 한 것에 주목할 필요가 있다.

불관용의 대상들은 한 번에 모두 제거하거나 배제할 수 없으며, 그들과 경쟁해서 항상 이길 수 있다는 보장도 없다. 따라서 불관용의 대상들을 지속적으로 억압하거나 제거하는 일은 수행 부담과 에너지 소모가 엄청나게 큰 하수(下手)의 전략이다. 홉스 말대로 '평화가 보장되지 않는 시간은 모두 전쟁 상태이며 만인에 대해서 만인은 투쟁 상태에 놓이게 된다.' 이런 상태에서 모두를 상대로 싸워서 이길 수는 없다. 스트라우스의 말대로, "모두를 적으로 간주할 수 없고, 또 모든 전쟁에서 승리할 수 있다는 보장이 없기 때문에 화해의 필요성은 여기서 생긴다."(*The Political Philosophy of Hobbes*, 21쪽)

불관용의 대상들(이방인을 포함해서 이념적 적대자들, 정치적 반대자들, 동성애자들, 지역감정, 타종교인들 등)에 대해 관용을 실천해야만 하는 정당화 근거에는 불관용의 결과로 초래될 수 있는 파멸 또는 예상되는 피해에 따른 공포의 감정이 놓여 있다. 이런 상황에서 관용의 실천은 어쩔 수 없이 선택할 수밖에 없는 수동적 태도는 아니다. 오히려 공포의 감정은 생존하기 위한 또는 불관용의 대상자들과 상생 공존하기 위한 적극적 행위이자 합리적 선택 행위를 가능하게 만드는 자유 행위를 유도한다. '공포와 자유가 일치한다.'는 홉스의 말(『리바이어던』, 21장 262쪽)은 이를 정확하게 말해 주고 있다. 크루즈와 같은 큰 배에 승선한 사람이 있다고 가정해 보자. 많은 값진 보석과 물건들을 소유하고 있는 그의 배가 좌초되어 침몰 위기에 놓여 있다고 가정해 보자. 난파된 배에서 살기 위해서는 배가 가라앉지 않아야 하고 그러기 위해서는 무거운 물건을 배 밖으로 던져야 한다. 그것이 아무리 값진 물건이라고 하더라도 버려야 살 수 있다. 침몰하는 배에서 느끼는 죽음에 대한 공포는 살기 위한 합리적 행위를 선택하도록 만든다. 제티슨 (jettison: 침몰을 피하기 위해 물건을 배 밖으로 던지는 행위)은 공포의 감정이 만들어 내는 합리적으로 계산된 행위의 결과이다.

## 3. 홉스에서 로크(J. Locke)로

3차에 걸친 영국 시민전쟁(1642-1652)의 절정은 아마도 1649년 1월에 있었던 찰스 1세의 처형 사건일 것이다. 런던 웨스트민스터 학교 근처에서 처형이 집행될 때 군중들의 환호 소리를 17살의 학생이었던 로크 (1632-1704)는 들을 수 있었다. 자신의 아버지가 속해 있던 의회주의 자들이 전리품처럼 왕을 공개 처형하는 모습이 어린 로크에게 어떤 생각을 갖게 했을까? 같은 시각 61세의 홉스는 망명지 파리에서 대표작 『리바이어던』을 저술하고 있었다. 동시에 찰스 1세를 이어 왕으로 등극

할 찰스 2세의 수학 교사로 일하면서 귀국을 준비하고 있었다. 찰스 2세를 위해서 『리바이어던』을 저술했다는 오해 아닌 오해가 있었고 반대로 실권자 크롬웰을 위해 저술했다는 왕당파들의 공격도 감수해야 했다. 이 두 철학자 사이에는 44년이라는 큰 나이 차이가 있다. 이 간격은 이들 사이에 철학적 견해나 정치적 입장에서 큰 차이를 불가피하게 만들었다. 같은 자유주의 전통에 서 있다고는 하나 홉스가 절대왕권의 강화를 강조하고 있는 것에 비해 로크는 의회 민주주의의 견제 장치를 마련하고자 했다.

홉스가 교회와 성직자들을 국가에 종속시키기 위해 소위 '교회에 대한 국가 우위론(Erastianism)'을 주장하는 것과 대조적으로 로크는 정치와 종교를 분리해야 한다는 정교분리(政敎分離)의 원칙을 강조하고 있다. 로크가 왕이나 국가가 성직자와 교회의 일에 간섭해서는 안 되며 그 반대의 경우도 마찬가지라는 정교분리의 원칙에 따라 종교적 관용론을 선명하게 주장한 것에 비해 한 세대 앞선 홉스는 아직 그런 생각에 까지 미치지 못하고 있다. 아마도 시민전쟁을 겪고 11년의 망명 생활을 경험한 홉스와 왕권과 의회의 균형 잡힌 권력 관계를 목격한 로크가 같은 눈으로 시대정신을 읽어 낼 수는 없는 것이 당연할 것이다.

이 두 철학자가 여러 가지 다른 견해와 삶의 도정을 걸었다고 해도 공통점 또한 적지 않게 있다는 사실에 주목할 필요가 있다. 홉스의 사회계약론은 로크를 통해 '동의론(consent theory)'의 모습으로 계승 발전하고 있으며, 후에 흄의 사회 규약론(social convention theory)으로 진화하고 있다. 또 홉스가 근대 정치철학자들 중 가장 먼저 사용한 자연 상태(state of nature)라는 개념을 로크가 이어서 약간의 변형을 시켰으나 여전히 각자의 정치론을 설명하기 위한 가설적 상황을 설명하는 키워드로 사용하고 있다. 실정법의 모법으로서 자연법사상을 수용하고 있는 두 사람은 똑같이 법실증주의자로 분류될 수 있는 것도 사실이다.

홉스가 다소 소극적인 방식으로 자유주의 정신인 관용의 덕목을 자신의 전 철학 체계 안에서 녹여 내고 있다면, 로크는 『관용에 관한 편지』(*Epistola de Tolerantia*, 1689, 이하 『편지』로 표기함)를 통해 분명하게 관용론을 정당화하고 있다. 우리가 로크의 관용론에 주목해야 할 이유는 확실하다.


## 4. 로크의 종교적 관용론의 배경

1534년 헨리 8세는 왕을 교회의 수장(Head of Church)으로 하는 수장령(Acts of Supremacy)을 선포하며 국교회(성공회)를 세웠는데 국교회에서 분리된 칼뱅파는 여러 분파로 갈라졌다. 신앙을 같이하는 개인들이 자발적으로 만든 분파형 조직은 교회 제도가 신자 개개인에 앞서 존재하는 교회형 조직과는 성격이 달랐다.(『서양정치사상사 산책』, 136쪽) 그리고 청교도라는 말은 1563년에 만들어진 새로운 신앙고백서 39개 신앙 조항(Thirty-Nine Articles)이 국교회를 철저하게 개혁하기에 미흡하다고 생각한 성직자들의 요구 사항을 '성직자 회의의 청교적 조항(Puritan Articles of Convocation)'이라는 문서로 공표한 때부터 생기게 되었다.

청교도 가운데는 국교회와의 분리를 원하지 않거나 분리를 잠정적이라고 생각하는 장로파(Presbyterians)가 다수였으며 그 분리를 필연적이라고 생각하고 처음부터 독립적인 교회를 세우고자 하는 소수의 사람들을 독립파(Independents) 또는 회중파(Congregationalists)라고 불렀다. 1581년 최초의 회중교회를 세운 브라운(R. Browne, 1550-1633)은 국가와 교회가 어떤 형태로든지 관계를 맺게 되면 교회는 부패하고 타락하기 마련이라고 하면서 국교회와 같은 국가교회도 부정하고 장로파가 주장하는 국민교회도 부정하였다. 국가가 교회를 위해서 할 수 있는 게 있다면 그것은 오직 관용이었다.(『근세·현대 교회사』, 112쪽) 브라운이 이상으로 생각한 초대교회는 지상의 국가와 아무런 관계도 맺지 않고 오직 하느님과 계약을 맺었다. 국가와 교회의 완전한 분리를 주장한 회중교회에서 교회 계약은 각 지교회 별로 행해지므로 각 지교회는 자치적이며 목사와 장로, 집사는 자율적으로 선출된다. 그러므로 어떤 특별한 지교회가 다른 지교회 위에 군림할 수 없으며 각 지교회끼리는 형제적 협력을 할 의무가 있을 따름이었다.

1625년 제임스 1세가 죽고 왕위를 이어 받은 찰스 1세 때에 들어와서 고교회파(High Church Party)가 득세하자 청교도에 대한 박해가 심해져서 신앙의 자유를 찾아 아메리카로 이민 가는 사람들의 숫자가 더 늘어났다. 고교회파는 국교회가 개신교의 일부가 아니라 진정한 의미의 가톨릭교회 또는 보편교회이기 때문에 국교회의 주교제도가 정당하다고 주장하면서 비국교도(Dissenters 또는 Nonconformists)에게 고압적인 자세를 갖고 외형적인 의식을 중요시했던 부류다. 저교회파(Low Church Party)는 국교회의 주교제도를 지지하면서도 국교회가 가톨릭교회가 아닌 개신교회이며 따라서 같은 개신교도인 청교도에 대해서도 가급적 관용을 베풀어야 한다고 주장하였다. 제임스 1세 때 청교도에 대한 박해가 덜했던 것은 저교회파의 존재 때문이었다.

특권을 가진 여러 신분과 청교도가 결합해 형성한 반왕권연합은 의회에 의한 과세 동의권과 재판권의 회복, 입헌주의의 부활을 목표로 내걸었고 급기야 의회주권설을 주장하기에 이르렀다. 이에 찰스 1세는 무력을 동원해 대항했으며 1642년에 왕당파와 의회파는 군사적으로 정면충돌하게 되었다. 1645년 의회파의 승리로 제1차 시민전쟁이 종결되자 기존 형태의 의회제를 유지하고 청교도주의를 국교로 삼고자 한 장로파와 정치기구에 대한 전면적 개혁을 시도하고 종교를 개인의 문제로 여기며 자발적이 분파형 교회 조직을 지향한 독립파가 대립하였다. 이 대립을 틈타 왕당파에 의해 발발한 제2차 시민전쟁은 오래가지 않았고 주도권을 장악한 독립파는 1649년 찰스 1세를 처형했다. 의회 주권설을 인정하지 않았던 왕은 필요 없다고 주장한 수평파(Levellers)는 급진적 독립파로서 평등을 강조하고 완전한 양심의 자유, 철저한 종교적 관용, 국가와 교회의 철저한 분리를 요구했고, 강한 개교회중심주의와 만인사제론을 지지하였다. 온건독립파는 가톨릭교도와 국교도에게는 양심의 자유를 인정하지 않았다.

찰스 1세는 1637년부터 스코틀랜드 장로교회도 국교회의 공동기도서에 따라 예배드리도록 강요하였다. 의회는 1645년 1월 이 공동기도서를 폐지하기로 결정하고, 논란 끝에 1648년 6월 웨스트민스터 신앙고백(Westminster Confession)을 받아들였다. 이 신앙고백이 의회에서 받아들여진 것은 장로파의 국민교회주의가 독립파의 회중교회주의에 승리한 것을 의미하며, 이것은 의회에서 장로파가 다수를 차지했기 때문에 가능했다.

1648년 12월 장기의회를 해산시킨 후 크롬웰은 웨스트민스터 신앙고백의 법률적 효력을 정지시켰다. 그 이유는 이 신앙고백이 장로제도에 입각한 국민교회제도를 도입하기 위해서 만들어졌기 때문이었다. 그는 독립파였으므로 국민교회제도에 반대했으며 되도록 모든 교파에게 완전한 종교의 자유와 양심의 자유를 허락하기 위해 노력하였다. 그는 1290년 이래 입국금지조치가 내려져 있었던 유대인이 영국에 들어와 자유롭게 살도록 허용하기도 했다. 그가 종교의 자유를 부여하지 않은 교파는 가톨릭과 국교회파였다. 크롬웰 당시의 영국은 네덜란드를 제외한다면 유럽에서 가장 종교의 자유가 발달한 나라였다. 그는 "양심의 자유는 자연권이다.(Liberty of conscience is a natural right)"라는 유명한 말을 남겼다.(『근세·현대 교회사』, 137쪽)

　1660년 즉위한 찰스 2세는 1662년 국교제도를 부활시키고 비국교도들을 억압하기 시작했다. 1664년과 1670년에는 비밀 집회 금지법을 반포하여 국교회 예배에 참석하지 않거나 비국교도의 비밀 집회에 참석하는 사람들을 처벌했다. 그러나 그는 1672년 신교자유령(the Declaration of Indulgence)을 내려 가톨릭교도와 비국교도에게 관용 정책을 펴기 시작했다. 국교도가 다수였던 의회는 왕의 정책에 반대하고 1673년 심사법(Test Act)을 제정해서 국교도가 아닌 사람들이 공직에 취임하는 것을 금지했다. 1680년대에 들어 찰스 2세가 의회를 해산하고 억압 통치를 강화하는 가운데 가톨릭 신자였던 동생 제임스의 왕위 계승 문제를 통해 휘그와 토리라는 두 당파가 형성되었다. 왕위 계승 문제에 의회가 개입할 수 있다고 여긴 휘그당과 의회의 간섭을 부정하고 왕의 혈연을 우선시하는 토리당은 내전 이래 계속된 의회와 왕권의 대립이 가톨릭 신자의 왕위 계승 여부를 둘러싸고 재연된 것이었다. 로크는 나중에 휘그당의 영수가 된 샤프츠베리(Shaftesbury, 1621-1683) 백작과 1667년부터 인연을 맺으며 정치에 깊숙이 관여하게 되었다

　로크는 그의 저서 『통치론』과 『인간지성론』을 통해서 우리에게 자유주의 사상가이자 경험주의 철학자로 널리 알려져 왔다. 이에 비해 같은 해에 출판된 『편지』(Epistola de Tolerantia)는 그 동안 두 책에 비해 상대적으로 주목을 덜 받아 왔다. 로크가 말하는 관용이 종교적 관용에 국한되어서 그 범위가 좁고, 그가 17세기 후반 잉글랜드의 특수한 상황

에서 당연하게 생각했던 가정들이 오늘날에는 더 이상 받아들여지기 어려웠기 때문이다. 로크 시대에 종교적 갈등과 불화는 유럽 전역에서 일상사였고 종교적 논쟁은 언제나 고도의 정치적 쟁점을 수반하였다. 로크의 관용 이론은 당시 국가가 자행하던 종교적 불관용에 대한 대응인 동시에 유럽을 지배하던 정치적 악행에 대한 진단과 처방으로 제시된 것이라고 할 수 있다.

로크의 관용 이론은 최초로 공식 출간된 저작인 『편지』에 잘 나타나 있다. 이 책의 초고라고 할 수 있는 An Essay concerning Toleration(관용론, 1667)은 1876년에 사본이 발견되었고 표준판이 2006년에 출간되었다. 로크는 『관용론』에서 비국교도의 신앙과 예배의 자유를 역설하고, 나아가 『편지』에서는 관용이 기독교적 사랑의 의무이자 시민에 대한 국가의 의무이며, 양심의 자유는 자연권이라고 주장한다. 그런데 1967년에 이르러서야 출판된 Two Tracts on Government(통치론 소고, 1660, 1662)에서 로크는 비국교도의 예배 방식에 대해 불관용적인 견해를 보인다. 자유주의자의 대명사로 불려 온 그가 젊었을 때에는 국교도의 입장을 옹호하고 보수적인 국가우위론자의 입장에 서 있었던 것이다.

로크의 견해가 예배 방식의 정치적 통일은 정당하다는 것으로부터 비국교도의 신앙의 자유를 인정해야 하며 나아가 관용은 기독교적 사랑의 의무라는 것으로 바뀌게 된 요인으로 몇 가지를 들 수 있다.

첫째, 그가 1665년 11월부터 1666년 2월까지 부란덴부르크(Brandenburg) 선제후(選帝侯)가 다스리던 지역의 수도였던 클레페(Cleves)에 첫 해외여행을 갔을 때 칼뱅파가 가톨릭교도와 루터파 및 재세례파와 평화롭게 살고 있는 것을 목격한 일이다.

둘째, 구원에 필수적인 것은 '예수는 구세주'라는 신조뿐이므로 다양한 부차적인(비본질적인, adiapora, indifferent) 신조를 가진 종파들을 관용해야 한다는 광교회파(Latitudinarian, 종교적 합리성과 급진적인 견해를 가진 대부분의 비정통적 사상가들을 가리키는 말)의 영향이다.

셋째, 비국교도들이 주로 숙련된 수공업자와 무역상들이어서 이들이 해외로 이민 갈 경우 경제 발전에 저해되므로 관용 정책을 통해 개신교 난민을 받아들여야 한다는 샤프츠베리의 공리주의적인 견해에 대해 동조한 것이다.(『존 로크의 정치사상』, 417-18쪽 참조)

넷째, 그가 1683년 8월 말부터 1689년 2월 말까지 네덜란드로 망명했던 기간(『편지』는 1685년 하반기 클레페에서 완성했다)에 이신론(理神論, deism), 소시니우스주의(Socinianism), 유니테리언주의(Unitarianism) 같은 새로운 비정통주의 운동들에 매력을 느낀 것이다.

마지막으로, 그가 네덜란드를 떠나기 전에 『편지』의 수고를 넘겨서 1689년 5월에 익명으로 출판하였으며, 『편지』에서 수신자로 등장하는 항명파(Remonstrant-칼뱅주의에서 분리된 일파로서 예정설에 이의를 제기하고, 성서의 자유로운 해석과 신조에 대한 성서의 우위를 주장했다) 신학자 림보르흐(Philip van Limborch, 1633-1712), 퀘이커교도 모임에서 만나 논쟁을 벌였던 벨(Pierre Bayle, 1647-1706)의 영향을 빼놓을 수 없다. 림보르흐는 정치와 종교라는 두 권력의 분리가 이성에 따른 정의의 형태를 보장할 수 있다고 보았으며, 벨은 무신론자들에게도 관용이 이루어져야 한다고 주장함으로써 로크를 넘어섰다.

로크가 『통치론 소고』에서 제시한 견해는 자신의 독창적인 견해라기보다는 국교도들의 기존 견해일 가능성이 높다. 로크 이전 국교회의 역사에 주목해 보면 로크의 견해는 국교회를 지지한 위트기프트(J. Whitgift, 1530-1604)의 견해를 그대로 따르고 있음을 발견할 수 있다. 예배 방식과 같은 종교의 부차적인 문제들을 놓고 1573년 카트라이트(T. Cartwright, 1535-1603)와 벌인 논쟁에서 위트기프트가 "부차적인 것들을 지키는 것이 양심의 자유를 빼앗는 것은 아니다."(『성공회 신학』, 187쪽)라고 말한 것을 후에 로크가 그대로 되풀이하고 있다.

또한 로크는 양심을 사적인 의견에 불과한 것이라기보다는 마음속에 있는 신법(神法)으로 보게 됨으로써 시민의 영혼을 돌볼 권리가 정부에 있는 것이 아니라 시민 각자에게 있다고 주장하기에 이르렀다. 따라서 종교적 관용과 양심의 자유에 대한 로크의 견해 그 밑바닥에는 자연법과 자연권에 대한 그의 견해가 놓여 있다고 할 수 있다. 로크는 자연법을 체계적으로 설명한 저작을 출판한 적이 없지만, 『통치론 소고』를 쓴 시기와 비슷한 1663년과 1664년에 걸쳐 쓴 소논문인 *Essays on the Law of Nature*(자연법론, 1954년 출간. 1990년에 출판된 새로운 번역판의 제목은 *Questions concerning the Law of Nature*)에서 자연법의 기본 원리에 관해서 논의하고 있으며, 그의 견해는 그 이후 저작들에서도 그대로 이어진다. 『자연법론』이 전통적인 자연법 교의를 더 많이 따르고 있다는 사실은 로크가 옥스퍼드 시절 정치나 종교 문제에서 상대적으로 전통주의적이고 권위주의적인 견해를 갖고 있었던 것과 관련이 있다고 볼 수 있다.(『존 로크의 정치사상』, 178쪽 참조)

## 5. 관용의 정당화 논리

로크는 영국 정치사에서 가장 극적인 시대를 지내야 했다. 로크가 정치와 종교, 국가와 교회의 분리, 종교적 관용에 관심을 갖게 된 것은 당시의 혼란스러운 정치적 상황과 긴밀하게 연결되어 있다. 로크가 『관용론』과 『편지』 등에서 밝히고 있는 종교적 관용의 정당화 근거는 다음 네 가지 정도로 정리해 볼 수 있다.

## 1) 예배 방식의 정치적 통제는 양심의 자유를 억압하는 것이 아니다

로크는 1652년 옥스퍼드 대학교의 크라이스트 처치 칼리지에 입학했다. 당시 이 칼리지의 학장은 각 교파의 자유와 독립을 인정하고 다른 종파에 대해서 관용적인 독립파에 속했기 때문에 국교도들이 집에서 예배를 드리는 것을 묵인했다. 그러나 1660년 왕정이 복고된 뒤 새 학장은 1645년 폐지되었던 국교회 공동기도서에 의한 예배 방식을 부활하고자 했다. 이 기도서에 의하면 예배 의식을 진행하는 사람들은 흰옷을 입지 않으면 안 되었는데, 독립파에 공감하는 반대파는 흰옷을 입기를 거부하였다. 예배 진행자가 흰옷을 입는 것은 신 앞에서 성직자와 평신도 간에 신분의 차이가 있음을 인정하는 가톨릭의 오류를 받아들이는 것이며, 개신교에서는 신 앞에서 성속의 차이를 드러내서는 안 된다고 여겼기 때문이다.

그들은 무릎을 꿇고 성찬을 받아야 한다는 기도서의 규정 등도 실행하지 않았다. 성찬식을 가톨릭과 같이 해석해서 성별된 빵과 포도주의 실체가 문자 그대로 예수의 살과 피로 변화된다는 것(성체 변화설)을 믿는다면 그것을 받는 사람이 꿇어앉는 것은 당연하다. 그러나 청교도들은 상징에 지나지 않는 빵과 포도주 앞에서 무릎을 꿇는 것은 일종의 우상숭배이며 부자연스러운 것이라고 항의했다.

당면한 문제는 통치자가 종교적 선악과 관계가 없는 사항, 즉 예배의 방식처럼 종교의 부차적인 사항에 대해서도 일정한 방식을 정할 수 있

는 권한을 가지고 있는가 하는 것이었다. 청교도들은 국왕도 신 앞에서
는 하나의 인간에 불과하므로 다른 사람들에게 일정한 예배 방식을 부
과하는 것은 월권이라고 주장했다. 그들은 종교의 부차적인 사항은 각
개인과 교회가 자유롭게 양심에 따라서 일정한 방식을 선택해야 한다
고 보았다. 종교인의 자유는 예배 행위의 자유까지 의미한다고 생각했
던 것이다.

　그러나 로크 등의 국교파는 장로파와 함께 왕정복고를 환영하고 청
교도의 열광을 혐오하였으며 기도서에 의한 예배 방식의 통일이 정당
하다고 보았다. 시민전쟁과 공화정 시대의 다양한 예배 방식은 각 종
파 간에 불화를 낳았고 특정 종파를 박해하게도 했으므로 사회의 안녕
과 질서를 위해서 통치자가 하나의 예배 방식을 부과하는 것은 당연한
조치라는 것이다. 그럴 경우 종교인의 자유, 양심이 부당하게 억압된
다는 문제에 대해서 국교파는 그것은 오직 마음의 내부 문제로서 외적
예배 형식의 정치적 통제는 자유와 양심을 억압하는 것이 아니라고 주
장했다.

　로크에 따르면 기독교에서 필수적인 것은 '예수는 구세주'라는 교리
뿐이며, 나머지 부차적인 것은 정치적 문제이고 그것에 대한 판단은 통
치자만 가능하다. "모든 나라의 최고 통치자는 그의 백성의 모든 부차
적 행위에 대해 절대적이고 자의적인 권력을 반드시 가져야 한
다."(*Two Tracts on Government*, 122-123쪽) 왕정복고 이후의 시기는
또 다른 폭력 혁명에 대한 두려움 때문에 극도로 불안한 시대였다. 시
민전쟁으로부터 왕정복고에 이르기까지의 정치 상황은, 로크가 정치권
력이 권위적이고 구속력을 가진 것이어야 한다는 생각을 갖게 하는 데
중요한 작용을 했다. 로크는 양심의 자유가 지나치게 강조되고 확산되
어 정치권력의 구속력을 거부하는 상황을 낳게 했다고 생각했다. 양심

의 자유가 그 동안의 혼란과 전대미문의 파괴적 의견이 그의 나라를 휩쓸게 한 도화선이 되었다는 것이다.

로크는 양심에 관하여 "종교적일 뿐만 아니라 도덕적인, 교회에 관한 것일 뿐만 아니라 시민적인 행동과 관련된 실천적 입장의 진리에 관한 의견에 불과한 것"(*Two Tracts on Government*, 138쪽), 또는 도덕적 행동에 국한시켜서 "우리는 삶에서 행해져야 할 것에 관한 도덕적 명제의 가능한 진리에 관한 실천적 지성의 근본적 판단을 양심의 법이라고 부른다."(같은 책, 225쪽)라고 정의를 내리고 있다.

앞의 정의에 따르면 양심은 실천적 영역에 관한 개인의 의견이다. 그는 사적인 사람들의 판단이 모든 명령의 공명정대함과 의무에 관한 척도로서 작용할 수 있다는 것에 대해 회의적이었다. 『통치론 소고』에서 그는 양심에 대한 호소가 남용되는 것, 즉 양심에 대해 그릇된 호소를 하거나 실정법에 대한 복종을 회피하는 방도로서 양심에 호소하는 것에 주로 관심을 가졌다.

뒤의 정의에 따르면 양심은 개인의 의견에 불과한 것이 아니다. 로크는 더 나아가 "신에 의해 우리 가슴에 심어진 자연의 빛은 내적 입법자로서 항상 우리 안에 현전하며, 우리가 그 명령을 조금이라도 어기는 것이 적법해서는 안 된다"(같은 책, 225쪽), "신법은 사람들의 양심을 묶는다."(같은 책, 226쪽)라고 말한다. 하지만 그는 신적이며 내적인 입법자로부터 단지 사적인 의견을 구별하는 기준이나 방법을 제공하지 않았다. 로크는 양심이라는 용어를 자주 사용하지는 않았으며, 초기 저작에 등장하던 이 용어는 1690년 이후 사라졌다. 『통치론 소고』의 '내적 입법자'는 『인간지성론』에서는 양심이 아니라 이성으로 바뀐다.(*A Locke Dictionary*, 50쪽)

2) 정부는 비국교도의 신앙과 예배의 자유를 인정해야 한다.

『관용론』에는 로크가 생각한 관용에 관한 이론의 구체적인 귀결, 정책상의 제안 등에 관한 모든 것이 서술되어 있다. 로크는 관용의 주체가 정부(통치자)인 경우만을 생각해서 정부가 사람들의 생각이나 행위에 간섭을 가하지 않는 것을 관용이라고 한다. 특히 종교적 신앙과 예배의 자유를 정부가 인정하는 것을 가장 한정된, 본래 의미의 관용으로 생각하고 있다.

로크는 인간 생활을 세 영역으로 나눈다. 종교는 신의 실정법이 지배하는 영역이고, 도덕은 자연법이 지배하는 영역이며, 신의 실정법이나 자연법에 규정되지 않아서 그 자체가 선도 아니고 악도 아닌 중립적이고 부차적인 것의 영역이 정치 본래의 영역이다. 자식을 가르치는 방법, 소유물의 처리, 노동과 휴식 등 각자가 하고 싶은 대로 할 수 있는 행위, 이혼이나 일부다처제에 대한 각자의 의견 등이 여기에 속한다.

『관용론』의 중심 문제인 종교를 정부가 어떻게 다루어야 할 것인가에 대해서 로크는 분명히 비국교도의 자유를 인정해야 한다고 주장한다. 신앙은 개인의 문제이고 예배 행위도 개인의 양심에 따라서 신과 개인 사이에 행해지므로 정부가 간섭해서는 안 된다. 그러나 각 종파의 신자 자신이 어떤 예배 양식을 양심에 따라 필연적으로 받아들이는 것과 정부가 그것을 관용하는 것 사이에는 차이가 있다. 로크가 여기서 채택한 정부의 입장은 한편으로는 각 종파의 예배 양식이 그 종파의 사람들에 대해서 갖는 필연성을 인정하면서도 다른 한편으로는 서로 다른 양식을 임의적이고 우연적인 것으로 본다는 것이다. 그래서 로크는 청교도가 중요시했던 성찬식 때의 자세라든가 재세례파가 채택한 세례의 방법을 일상생활에서의 그러한 자세나 목욕과 동일시하여 개인적으로는 의미가 있는 것이지만 사회적으로는 문제 삼을 필요가 없는 행위라고 인정한다.

로크는 각 종파에 대한 정부의 관용적 태도에 몇 가지 단서를 붙인다. 첫째, 예를 들어 퀘이커교도가 윗사람 앞에서도 모자를 벗지 않을 경우 그것이 종교적 신념을 기초로 한 행위인 한 관용되지 않으면 안 된다. 그러나 정부가 그것을 하나의 세속적인 당파적 행태라고 인식하거나 사회질서를 위협한다고 느끼는 경우에는 정부의 간섭을 받지 않으면 안 된다.

둘째, 가톨릭교의 신앙 가운데 로마 교황에 대한 충성 맹세의 경우는 '두 임금을 섬길 수 없다' 는 원칙과 충돌을 빚을 수 있다. 따라서 이는 그 신자가 속해 있는 정부에 대한 충성을 부정하게 되므로 가톨릭교도에 대한 관용은 불가능하다. 나아가 가톨릭교의 가르침에 의하면 이단자에 대해서는 약속을 지킬 필요가 없다고 한다. 개신교도에 대하여 가톨릭교도는 자연법적 도덕을 지킬 필요가 없다고 생각하게 되는 것이다. 이러한 이유에 의해서도 가톨릭교도에 대한 관용은 있을 수 없다.

셋째, 무신론자에 대한 관용도 있을 수 없다. 신 존재 부정이 하나의 이론적 의견이라면 당연히 관용되어야 하지만, 신 존재 인정은 도덕이 있다는 것의 불가결한 전제가 되므로 신 존재 부정은 도덕의 존재 부정이라는 실천적 귀결을 낳게 되기 때문이다.

로크는 『관용론』의 마지막 부분에서 관용은 정부에 이익이 된다는 점을 덧붙인다. 관용은 근엄한 개신교도들을 국내에 머물게 하여 국부를 증가시킬 수 있으므로 잉글랜드는 관용에 의해 부강해지고 프랑스는 불관용에 의해 그렇지 못하게 된다. 국내 정치에서도 각 종파를 관용하면 각 종파는 충성하게 되지만, 정부가 불관용 정책을 채택하게 되면 각 종파는 한결같이 정부에 대항하게 되어 정부의 힘을 약화시킬 것이다.

### 3) 관용은 기독교적 사랑의 의무이며 시민에 대한 국가의 의무 이다

『편지』는 낭트 칙령이 폐지된 1685년 전후로 유럽 지식인들 사이에서 벌어진 종교적 관용에 관한 논쟁의 맥락에서 로크가 자신의 입장을 표명한 것이었다고 할 수 있다. 『편지』의 내용은 대체로 『관용론』을 되풀이한 것이지만 로크의 시야는 분명히 달랐다. 『관용론』에서는 정부가 교회에 부여하는 자유만을 관용이라고 하여 비국교도에 대한 잉글랜드 정부와 국교회의 태도만을 논했으나, 『편지』에서 관용에 관한 논의는 '교회가 먼저 지켜야 할 기독교적 사랑의 의무'라고 하는 관점에서부터 시작된다. 그는 잉글랜드 안의 정치적, 종교적 사정을 기초로 관용을 주장하는 것이 아니라 유럽 전체를 고려 대상으로 하고 있다. 루이 14세는 가톨릭을 국교로 하는 종교 정책을 강화하여 개신교도를 박해하고 정치적으로는 개신교국인 네덜란드와 잉글랜드를 수중에 넣고자 했다. 유럽의 개신교도 전체가 잉글랜드의 비국교도와 비슷한 상황에 놓이게 된 것이다.

『편지』는 원리 면에서 『관용론』을 능가한다. 그의 정치론은 왕권신수설을 부정하고 국가 권력에 대한 종교의 참여를 배제하여 국가를 오로지 세속의 기관, 인민의 의사에 의한 구성물로 간주한다. 그는 정치를 철저히 비종교했던 것처럼 종교로부터 정치적 요소를 제거하여 교회를 순수하게 종교적인 것으로 생각하고자 했다. 참된 교회는 국교회와 같이 그 자체가 정치적 체제를 가지고 정치적 특권을 가진 교회가 아니라 "영혼의 구원을 목적으로 신이 받아들인다고 그들이 믿는 방식에 따라 신을 공적으로 섬기기 위해 자발적으로 모인 인간들의 자유로운 사회"(『편지』, 26쪽), 바로 비국교도들의 집회와 같은 것이 되지 않으면 안 된다는 것이다.

그가 주목하고 있는 현상은 통치자가 교회를 핍박하는 것이 아니라, 교회가 통치자의 힘을 이용하여 다른 교회를 핍박하는 것이다. 통치를 신의 은총으로 정당화하는 것은 정치에 대한 종교의 지배, 그것도 특정 종파의 지배며, 그 결과는 종교 자체의 파괴요 구원의 실종이다. 이런 지배 현상은 국가와 교회를 분리하지 못한 데서 비롯하였으므로 무엇보다도 이 정교분리 작업이 우선되어야 한다. 두 영역이 분리되면 각 영역은 자율성을 보장받게 될 것이고 그 때에 영혼의 구원을 위해서 노력하는 참된 교회라면 다른 교회를 관용하게 될 것이다. "종교적인 사안에 대해 서로 다르게 생각하는 사람들을 관용하는 것은 복음과 이성에 일치하는 것이다."(같은 책, 20쪽) 국가와 교회가 분리되면 정치와 종교가 분리되고, 이는 종교적 다수가 종교적 소수를 정치적 다수의 힘으로 억압하지 못하게 만든다. 궁극적으로 종교적인 것이 정치적인 것을 지배하지 못하게 되며, 그 반대도 마찬가지가 될 것이다. 소동과 전쟁을 낳은 것은 견해의 다양성이 아니라 다른 견해를 가진 사람들에 대한 관용의 거부다. 사회를 혼란에 빠뜨리는 종파 분쟁의 주된 이유는 교회 지도자들의 세속적 탐욕과 지배욕, 그리고 국가와 교회의 긴밀한 결탁 때문이므로 국가와 교회를 엄격하게 분리해야 한다. 그는 "복음 아래 기독교 공화국과 같은 것은 절대로 없다."(같은 책, 64쪽)라고 주장한다.

### 4) 관용은 정교분리의 토대이다.

로크는 시민적 관심사와 영혼의 구원을 분리한다. 그는 그 분리의 근거를 세 가지로 들고 있다.

첫째, 어떤 사람도 남에게 자신의 종교를 강제하거나 남의 영혼을 대신 돌볼 권한을 갖고 있지 않기 때문이다. 참된 종교의 생명은 내적 확신에 있으며, 각자의 영혼 구원은 자신의 몫이다.

둘째, 정부에는 인민의 영혼을 돌볼 권리뿐만 아니라 어떤 수단도 없다. 양심은 자연권에 속하기 때문이다.(『편지』, 80쪽) "양심의 자유는 자연권이다."라는 유명한 말을 남긴 크롬웰을 따라 로크 역시 "양심의 자유는 모든 사람의 자연권이다(Liberty of conscience is every man's natural right)"라고 말하고 있다. 이 구절은 로크가 원래 라틴어로 쓴 『편지』를 번역한 포플(W. Popple)의 정치적 견해가 반영된 것이며, 그 결과 로크가 종교적 영역에만 허용한 양심의 자유를 사상의 자유까지 적용해서 확대 해석하게 되었다는 논란이 있다.(같은 책, 128, 160쪽 참조)

셋째, 각 통치자는 서로 각기 다른 종교를 강요할 수 있는데, 이는 서로 모순과 충돌이 생길 수 있기 때문이다. 참된 종교는 하나며 천국으로 이끄는 길도 하나인데 통치자가 믿는 교리를 수용해야 한다면, 영원한 행복이나 멸망이 오로지 태어난 장소에 달린 일이 될 것이다. 구원의 길은 단 하나며 무엇이 올바른 길인지는 아무도 모른다. 통치자는 권력에 관해서는 우월한 존재로 태어나지만 본성에 관해서는 동등한 존재로 태어난다. 시민은 양심에 따라서 자유롭게 자신의 종교를 가질 수 있으므로 통치자의 간섭은 무용하다.

심지어 로크는 우상숭배 교회도 관용해야 한다고 주장했다. 우상숭배는 죄이기 때문에 피해야 한다고 말하는 것은 괜찮지만 그것이 죄이기 때문에 정부의 처벌을 받아야 한다는 결론이 나오는 것은 아니다. 여기서 로크가 생각하는 것은 기독교가 이교(아메리카 원주민의 종교를 비롯한 인도, 그리스의 각 종교)와의 관계에서 우상숭배를 관용할 것인가 하는 문제다. 로크는 이 경우에도 정부의 권력으로 금지하는 것은 월권이라고 한다. 이교도는 물론 이슬람교도나 유대교도 역시 종교적인 이유로 국가에서 배제되어서는 안 된다. 이교도들이 상업을 하는 것은 허락하면서 신에게 기도하거나 예배하는 것을 금지할 수는 없다. 시민전쟁을 경험한 귀족들은 비국교도에게 자유로운 집회를 허용하면 반란의 기회를 주게 된다고 주장했는데 로크는 비국교도에 대한 차별 대우를 그쳐야 정부에 대한 반항 따위가 없어지게 된다고 주장했다.

로크는 종교의식도 사회질서와 안전을 위해 제정된 법률에 종속된다는 점을 기꺼이 인정한다. 그러나 이 경우에 국가가 개입하거나 금지하는 것은 어디까지나 정치적인 문제에 국한된다. 외형적인 예배 의식뿐만 아니라 종교의 교설도 국가의 통제와 전적으로 무관할 수는 없다. 종교적 교설에는 순전히 사변적인 요소와 실천적인 요소가 있다. 사변적인 요소는 시민적 권리와는 아무런 상관이 없기 때문에 전적으로 개인의 양심에 속한다. 실천적 요소는 사람의 도덕적 삶과 연관되는 것이므로 통치자와 양심 양자 모두의 사법권에 속한다. 문제는 통치자와 양심, 즉 공공질서의 수호자와 영혼의 감독 사이에서 충돌이 일어나는 경우다. 로크는 각자의 양심을 우선시하지만, 하느님만이 재판관이 될 수 있다고 주장한다.

로크 자신은 끝까지 국교도로 남아 있었지만, 결코 관용을 기독교에 한정하지 않았다. 그가 교황과 가톨릭을 극단적으로 경원시한 것은 당시 영국 사회의 통념을 그대로 반영한 것이다. 또한 그는 신을 믿지 않는 사람은 서약에 얽매이지 않는다고 생각하던 시대의 사람이었기 때문에 무신론은 서약과 맹세를 지킬 의무를 부정함으로써 사회의 토대 자체를 무너뜨리는 해로운 생각으로 여겼다. 그는 사회의 통합을 해체할 위험이 있는 반사회적 교리, 다른 종교에 대해서 자기 종교가 시민적 특권을 지니고 있다고 주장하는 교리, 즉 다른 교회를 관용하지 않는 교리, 국가 권력을 전복하려는 의도를 숨기고 있는 비교(秘教)도 통치자의 관용을 받을 수 없다고 주장했다.


## 6. 종교적 자유와 관용

로크의 자연권과 자연법 이론에서 권리와 의무의 개념은 서로 밀접하게 관련되지만 그는 결코 권리의 본질이 남김없이 의무의 개념으로 환원될 수 있다거나 의무의 개념이 논리적으로 선행한다고 주장하지 않는다. 로크는 소유의 권리가 자연법에 의해서 모든 인간에게 공통적으로 부여되는 자연권에 속하는 것이라는 점에서 '모든 인간은 태어나면서부터 평등하다'고 주장한다. 여기서 평등이란 어떤 사람도 다른 사람보다 우월한 권리를 갖고 태어나지 않는다는 의미다. 그에게 소유는 생명, 자유, 재산을 총칭하는 개념이다. 이 가운데 종교적 관용과 직접적으로 관련이 있는 것은 자유다. 자유에는 자연적 자유와 사회적 자유, 그리고 양심의 자유가 있다.

### 1) 자연적 자유와 사회적 자유

신은 인간에게 의지의 자유와 행동의 자유를 부여했다. 로크에게 자유란 자의적 강제로부터의 자유일 뿐만 아니라 어떤 일을 하겠다고 마음먹으면 아무런 방해를 받지 않고 그것을 할 수 있고 마음먹지 않으면 그것을 하지 않을 수 있는 힘이다. 자유는 주체의 판단과 자기 결정이라는 요소를 중시하는 주체적 자유 또는 적극적 자유다. 자유는 신에 의해 부여된 것이기 때문에 자유의 범위도 자연법에 의해 규정된다. 자연법의 범위 안에서 행동의 자유가 인간에게 주어지므로 인간의 사회적 활동이 가능하다.

인간은 태어나면서부터 자유로운 상태에 있다. 태어나면서부터 주어지는 자유가 자연적 자유다. 자연적 자유는 지상의 어떤 우월한 권력으로부터도 자유롭고, 다른 인간의 의지나 다른 인간이 가지는 입법권에 종속되지 않고 자연법만을 자기를 지배하는 법칙으로 삼는 것을 말한다.(『통치론』, 22절, 29쪽 참조) 인간은 자연적 자유를 향유하므로 어느 누구도 다른 사람의 자유를 침해할 수 없고 다른 사람을 구속할 수 없다. 인간은 본성적으로 완전한 자유의 소유자이고, 신 이외에는 어떠한 자에게도 복종할 필요가 없을 정도로 자기의 주인이다. 이런 점에서 자연적 자유는 자연 상태에서 뿐만이 아니라 정치사회에서도 부여되는 것이다.

물론 정치사회에서는 자연법을 토대로 한 실정법에 의해서도 자연적 자유가 제한될 수 있을 것이다. 그런데 로크는 자연 상태는 자연적 자유를 향유할 수 없는 잠재적 전쟁 상태에 처할 수 있기 때문에 이러한 상태를 벗어나기 위해서 정치사회를 설립한다고 주장한다. 정치사회를 설립하는 이유가 자유를 제한하기 위한 것이 아니라 자유를 더 많이 확보하기 위한 것이라면 정치사회는 구성원들의 자연적 자유를 당연히 보호해야 한다. 전면적 자유는 전면적 속박이므로 자연적 자유의 행사가 무제약적으로 방치되면 사회의 안정과 평화가 위협받는다. 자연적 자유는 정치사회에서 현실적으로 구현될 수 있는 자유는 아니다. 사회의 복리와 번영과 안전에 필요한 한에서는 자신만을 위한 것이었던 자연적 자유를 포기하고 사회적 자유로 전환해야만 한다. 사회적 자유는 정치사회의 실정법에 구속되는 자유다.

정치사회에서 사회적 자유가 구현되기 위해서는 구성원들의 자연적 자유와 정치사회의 일반적 이익을 양립시킬 수 있는 조건이 확보되어야 할 것이다. 그 조건이 바로 정치사회의 실정법으로서 사회 상태에서 인간이 감내하는 정당한 구속의 범위와 한계다. 정치사회의 실정법은 각 개인의 이익을 제한하는 것이라기보다는 오히려 그것을 보전하고 확대하는 것이고, 자유란 법의 보호를 누리는 것이다. 자유는 다른 사람으로부터 어떤 구속과 폭력을 당하지 않는 것이므로 법이 없는 곳에서는 존재할 수 없다.(『통치론』, 57절, 58-59쪽 참조) 자연적 자유는 정치사회의 일반적 이익과 양립하는 범위 안에서 보장되어야 하기 때문에 어떤 정치사회도 자연적 자유를 무구속적인 채 방치하지 않는다. "어떤 정부도 절대적 자유를 허용하지 않는다… 나는 수학의 어떤 명제의 진리와도 마찬가지로 이 명제의 진리를 확신할 수 있다."(『인간지성론 2』, 4권 3장 18절, 213쪽)

### 2) 양심의 자유와 종교의 자유

양심의 자유는 모든 인간에게 자연이 부여한 권리이다. 종교는 전적으로 초세속적으로 존재하는 것이기 때문에 종교와 신앙의 자유는 정치적 자유와는 별도로 보장되어야 한다. 로크에게 초세속적인 종교와 신앙의 문제는 정치사회의 공적인 통제에서 벗어난 일종의 사적 영역인 개인의 양심과 관련된 문제이다. 종교와 신앙은 개인의 내면적인 문제이기 때문에 그것에 외적 강제가 가해지지 않아야 한다. 종교의 자유란 영혼 구원을 위해서 각 개인이 이성을 자유롭게 사용하는 '개인의 사적이고 종교적 판단의 자율성'을 의미한다.

특정한 종교를 박해하는 자들은 신의 영광과 교회의 번영이 그들의 목적이라고 주장하지만 실제로는 그들 자신의 이기적인 권력욕을 충족시키기 위한 은폐 수단으로 종교를 이용한다. 종교적 다양성이 정치적 갈등의 원인이 아니라 다양성에 대한 박해가 혼란의 요인이다. 따라서 종교나 신앙이 순수하게 사적이고 개인적인 양심에 따라서 다루어져야 하고 교회가 자발적이고 사적인 조직체라고 규정되어야만 정치사회의 평화와 질서가 확보된다. 이런 점에서 로크에게 양심의 자유는 개인 내면의 영역에서 하나의 권리로서 기능을 하는 데 머무는 것이 아니라 정치사회의 일반적 이익을 확보하는 데 기여하기도 하는 것이다.

이제까지 살펴본 것처럼 로크는 양심의 자유가 지배자의 관용, 즉 시혜의 대상이 아니라 자연권임을 주장함으로써 관용에 대한 논의를 획기적으로 진전시켰다. 그는 각자의 양심을 종교적 진리를 판단하는 궁극적 표준으로 제시하고(『로크의 정치철학』, 153쪽 참조), 이 양심의 자유를 누구도 침해할 수 없는 자연권으로 확립함으로써 정통 신앙을 강요해 온 국가와 교회의 전통적 권력을 부정했다. 종교에 대한 국가와 교회의 권력을 부정하는 로크의 주장은 종교와 정치의 분리, 종교적 자유의 국가적 교회적 독립을 추구한 것이라고 할 수 있다. 하지만 원칙적으로 종교에 개입하지 않는 정부라 해도 국가 존립의 근거를 위협하는 것에는 특별히 개입할 권리를 인정한 점에 로크의 특징이 있다. 정치와 종교가 분리되었다고는 해도 양자는 자연법에 의해 밀접히 연결되어 있다. 로크 관용론의 중요성은 독창성이나 참신성 또는 시대를 뛰어넘는 급진성이 아닌 철학적 바탕과 논리 정연함에서 오는 설득력에 있다. (김용환, 이재영)

# 정념에 기초한 정당화:
## 데카르트와 스피노자

## 1. 덕과 관용

"관용은 옳음과 그름, 공평함과 불공평함, 유죄와 무죄, 그리고 심지어
는 좋음과 나쁨과 같은 이분법의 양자택일적(dichotomous) 개념이 아
니다. 관용은 삼분법적(trichotomous) 개념이고 적어도 두 가지 다른
개념들 어느 것도 아닌 그 사이에 있다."(*Tolerance in the Twenty-First
Century*, 43쪽) 포션은 관용 개념이 애매하고 모호하며 일의적으로 정
의하기 어렵다고 주장한다. 또한 브라운은 "관용은 국가와 문화를 초
월한 어떤 단일한 의미도 갖고 있지 않다"(『관용』, 20쪽)고 말하며 의
미론적 정의의 어려움에서 한 발 더 나아가 관용이 차이를 인정한다는
미명 아래 차별적 제도에 순응하고 개선을 포기하는 일종의 절망의 기
획이라는 강력한 비판적 입장을 보인다. 그럼에도 불구하고 "관용은
오늘날 다문화 공존을 위한 시민적 덕성으로 반드시 갖추어야 할 도덕
적 규범"(「다문화사회와 관용, 그리고 '비지배자유'」, 5쪽)이라는 주장

처럼 급격하게 다문화사회의 문제뿐 아니라 여러 사회적 갈등을 겪고 있는 현대사회에서 여전히 필요한 정신으로 주목받고 있다.

이렇게 다양한 측면을 지니는 관용의 개념이 현대의 윤리적, 정치적 논의에서 갑자기 등장한 것은 아니다. 널리 알려진 로크(Locke)의 『관용에 관한 편지』(1689)와 볼테르(Voltaire)의 『관용론』(1763)에서 등장하는 종교적 관용을 시작으로 특히 자유주의를 내세우는 많은 사상가들이 관용을 언급하며, 이 덕목이 지닌 사회적, 정치적 중요성을 강조하였다. 비록 데카르트는 사회, 정치적인 문제에 대해 언급하는 것을 자제했지만 스피노자는 『신학정치론』에서 근대 제일의 관용주의자라는 평가를 받을 만큼 관용의 덕목에 대해 적극적으로 언급하고 있다. 현대 관용론의 상이한 입장(옹호와 비판) 그리고 다양한 정당화의 논의에 앞서 근대에서 관용을 이해할 수 있는 한 가지 가능성을 선취하고 있는 데카르트와 스피노자의 관점에서 관용의 가능성과 한계를 살펴보자.

우리는 데카르트와 스피노자 모두 관용을 '관대함'이라는 덕의 관점에서 바라보고 있는 점에 주목해 볼 필요가 있다. 우선 데카르트에게서 관용 개념은 관대함이라는 세속적 덕의 전형으로 기능하고 있다. 관용이 싫은 일을 감내하는 부정적이고 소극적인 의미에서 벗어나 관대함의 덕으로 고양될 수 있음을 보여 주고자 한다. 이런 의미에서 데카르트는 관대함의 덕을 고귀한 출신과 결부시켰던 아리스토텔레스적 의미를 넘어선다. 데카르트에게서 관대함은 고귀한 출신보다도 자유의지를 바탕으로 모든 사람에게 보편적으로 가능하고 성취할 수 있는 덕이다. 그런 점에서 가변적이고 불안정하기도 한 정념들도 자유의지를 토대로 한 노력과 훈련을 통해 덕으로 성숙될 수 있다는 가능성을 데카르트는 보여 주고 있다. 데카르트의 덕은 노력이 필요한 '적극적인' 태도로서의 관용의 성격을 보여 준다. 데카르트의 관대함은 소극적 관용이나 강자의 윤리로서의 관용을 넘어서는 적극적 관용의 가능성을 연다는 점에서 주목할 필요가 있다. 데카르트의 관대함은 세속적 덕의 전형이다. 태생적인 도량보다 자유의지에 기초한 관대함을 선택했던 데카르트는 관대함이야말로 덕으로서 모든 덕에 이르는 열쇠로 지목하고 있다. 관대함의 덕에 이르는 관건은 자유의지와 자부심에 달려 있다. 이것은 그의 관용 개념이 한 개인의 주체적인 자기중심적 기초에서 기능하고 하고 있음을 보여 준다. 관대함은 자의식, 자기 인식에 기초한 세속적인 도덕의 제일원리로 기능할 수 있다. 이런 점에서 도덕학의 영역에서 관대함은 우리가 행위의 자유로운 주체임을 알려 주는 역할을 한다고 볼 수 있다.

스피노자 역시 관용을 일차적으로 개인의 덕으로 여긴다. 그는 『에티카』의 4부 첫머리의 정의(定義) 부분에서 다음과 같이 말한다. '나는 덕과 능력을 동일한 것으로 이해한다. 즉 (3부의 정리 7에 의해서) 인간과 관련되는 경우 덕은 인간이 자신의 본성과 법칙에 의해서만 이해되는 어떤 것을 행하는 능력을 지닌 한에서 곧 본성 자체이다.' (『에티카』, 4부 정의 7) 스피노자의 덕 개념은 당시에 큰 영향을 발휘했던 다른 두 개념, 즉 행위를 목적론적으로 해석하면서 덕을 선택과 관련한 개인의 성격적 특성으로 보는 아리스토텔레스의 덕 개념과도 다르며 또한 덕을 철저히 세속적인 성공의 기술로 보는 마키아벨리의 개념과도 다르다는 점에서 중요한 의미를 지닌다. 하지만 현재의 논의와 관련하여 위의 정의에서 가장 중요한 대목은 스피노자가 덕을 인간의 본성과 밀접하게 연결한다는 점이다. 그런데 그는 이미 인간을 포함한 사물 일반의 본성을 '자신의 존재 안에서 지속하려고 노력하는 성향'으로 정의하였다. 그렇다면 결국 누군가가 자신의 본성과 일치하는 어떤 것을 실현하려 할 경우 그는 덕이 있는 개인이 되지만 그렇지 않을 경우에는 덕을 갖추지 못하게 된다.

　이러한 덕의 개념은 다시 더욱 구체적인 정서와 연결되면서 관용의 개념이 등장하는 계기를 제공한다. 스피노자는 이성에 기초하여 등장한 모든 정서를 강건함(fortitudo)이라고 부르는데 이는 다시 용기(animositas)와 관대함(generositas)으로 나뉜다. 여기서 용기란 '각자가 오직 이성의 명령에 따라 자신의 존재를 보존하려고 하는 욕망'이며, 관대함이란 '각자가 오직 이성의 명령에 따라 다른 사람을 돕고 그들을 우정으로 결합하려는 욕망'으로 정의된다.(『에티카』, 3부 정리 59의 주석 참조) 용기는 행위자 자신의 이익을 목표 삼는데 이에 속하는 정서로는 절제, 침착함 등을 들 수 있고, 관대함은 다른 사람들의 이익을 목표 삼는데 이에 속하는 정서로는 예의 바름과 온화함 등을 들 수 있다. 이런 분류에 따른다면 관용은 관대함의 영역에 속하는 정서로 볼 수 있다.


## 2. 정념의 예속

### 1) 데카르트의 정념

　데카르트가 볼 때 정념들은 인간 복합체의 보존과 완성에 있어 중요한 역할을 담당하고 있다. 『정념론』에서 데카르트는 감각과 감정에 관한 그의 생리학적 이론들에 기초해 도덕 이론을 정초하고 있다. 데카르트는 이 책 초입에서 우선 정념이라는 개념에 대해 설명을 시도하는데, 그 행동을 일어나게 만드는 작인의 관점에서 일어난 경우에는 '능동'이라고 부르는 반면 그 행동의 수혜자의 관점에서 채택될 경우 동일한 사건이 '수동(passion)' 즉 정념이라고 불린다. 따라서 '능동'과 '수동'은 하나이며 동일한 발생적 사건을 기술하는 단지 두 가지 다른 방식일 뿐이다. 영혼의 능동은 의지이고 영혼의 수동은 정념이다.(AT XI 328)

외부에서 어떤 하나의 자극이 주어지면 처음에 뇌에 기입되고 다음 단계에서 영혼에 등록된다. 이 영혼은 이성적인 사유에서는 능동적이고 의지적이지만 여기서 이성적인 사유를 방해하고 왜곡시킬 수 있는 하나의 정념을 겪게 된다. 정념의 원천은 '동물 정기(les esprits animaux)'로서 혈액순환, 심장박동, 근육의 긴장과 같은 기계적인 순환과 흐름을 만들어 내는데, 그 목적은 해로움으로부터 육체를 보호하는 것으로서 실천적인 것이라고 할 수 있다. 데카르트는 영혼에 끼칠 수 있는 해로운 결과를 제거하기 위해 정념에 대한 적합한 이해와 통제를 이 작품의 목표로 삼았다.(『정념론』, CSM I, 2, 137) 이런 목표는 또한 그 배경에서 사변적인 철학을 벗어나 실천적인 철학을 목표로 하는 데카르트의 태도를 반영한다고 볼 수 있다.

『정념론』의 목표는 첫 번째로 생리학적이고 (자연)과학적인 것이지만 궁극적으로는 도덕적인 것이라고 할 수 있다. 한 사람이 허약함을 이겨 내고 덕과 행복을 성취하도록 도울 수 있는 정념에 대한 생리학과 실천적인 훈련을 가능하게 해 주는 태도와 그 실천 방법을 보다 상세하게 개진하기 위한 것이기 때문이다. 그는 여기서 여섯 가지 "원초적(primitives) 정념들", 경이, 사랑, 미움, 욕구, 기쁨, 슬픔의 원인들과 생리학적 결과들을 그리고 있다.(AT XI 380)

이런 정념들에 대한 논의를 통해 데카르트는 도덕학의 궁극적 목표인 행복한 삶에 이르는 열쇠로서 정념을 통제하는 방법을 제시하게 된다. 사람은 자신의 능력 안에 있는 일을 해내겠다는 의지와 함께 선한 것인지 악한 것인지에 관한 확고한 판단으로 혼란스러운 정념의 행동을 대체해야만 한다. 이성과 의지, 그리고 서로 부딪치지 않는 감정들은 영혼의 적합한 무기들이며 이 무기들로 영혼은 파괴적이고 방해적인 정념과 맞서 싸우게 된다. 모든 영혼들이 선천적으로 강한 것은 아니지만 그러나 설사 태어날 때부터 '약한' 영혼을 가지고 있다 해도 판단과 의지를 적절하게 훈련함으로써 불건전하거나 고통스러운 감정들이 이성적인 생각을 괴롭히지 않도록 정념들을 다스리는 것은 가능하다는 사실을 데카르트는 인정한다. 한 사람을 고통스러운 감정에 휘둘리거나 분노 조절 장애와 같은 어려움에 처하지 않도록 훈련하고 교육할 수 있는 가능성을 보여 주는 것이라고 할 것이다.

결국 데카르트는 정념들을 나열하고 설명하면서 어떻게 한 사람이 정신적 우울이나 불안과 같은 고통에 맞서 극복하고 어떻게 바람직한 덕을 성취해 낼 수 있는지 보여 주고자 한다. 데카르트는 '도덕' 이라는 것의 영역을 욕구의 통제, 정념의 다스림이라는 목표에 부합하는 것으로 설정한다고 할 수 있다. 사람은 선을 알고 오직 선만을 욕구하고 의지하며 결코 그만의 고유한 의지에 의존하지 않는 것은 무엇이든 결코 욕구하지 않으면서 도덕적으로 살아갈 수 있다는 것이다. 문제는 이러한 가능성이 강인한 정신을 가진 사람에게는 허용되지만 허약한 정신을 가진 사람들에게는 가능성이 줄어들거나 없을 수도 있다는 것이다. 허약한 정신과 의지박약의 문제는 관대함의 기준이 관용의 소극적 태도, 즉 싫어도 할 수 없이 다만 감내하는 입장 이상을 요구한다는 점을 암시한다.

## 2) 스피노자의 정념

스피노자의 경우, 대표적인 정념은 감정의 노예가 된 대부분의 사람이 경험하는 사랑 개념이다. 스피노자는 사랑을 "외부원인에 대한 관념에 동반되는 기쁨"이라고 정의한다. 그에게 사랑은 어떤 대상이 나에게 주는 기쁨이다. 이것은 어떤 대상이 우리에게 기쁨을 주면 우리는 그 대상을 사랑한다는 것을 의미한다.

정념으로서의 사랑의 두드러진 특징은 그것이 과도하다는 것이다. 이 사랑은 수동적 감정이라는 지위 때문에 자주 절제가 결핍된다. 이런 사랑의 힘은 신체의 다른 활동들을 능가할 수 있을 만큼 크기 때문에 끈질기게 인간에게 달라붙는다. 예를 들어 대중가요나 인터넷 게임 등에서 파생된 어떤 학생의 기쁨이 그 학생의 신체의 다른 활동을 능가한다면 그것들에 대한 사랑은 무절제해지고 과도하게 된다. 스피노자는 정념으로서의 사랑의 물리적 측면도 강조한다. 그것들은 예를 들어 폭음, 포식, 육욕 등과 같은 신체와 관계된 강박관념들이다. 정념으로서의 사랑의 또 다른 특징은 부적합한 관념들에 기반을 두고 있는 만큼의 강제력을 지니고 있다는 것이다. 이것의 흔한 보기 중의 하나는 모든 명백한 증거에도 불구하고 천방지축의 자식을 무조건 옹호하는 부모의 고집스러운 사랑이다. 자기 자식에 대한 정념으로서의 사랑은 자식이 제멋대로 하는 등 성격상의 결점이 있음에도 불구하고, 그것을 간과하고 그렇지 않다고 (자기 자식이 그럴 리 없다고) 생각하게끔 강제한다. 이러한 종류의 사랑은 자기 결정적이지 않고 수동적이다. 이것은 부적합한 관념들과 상상력에 기반을 두는 기쁨에 지나지 않는다.

그러나 이러한 사실이 정념에 대해 스피노자가 전적으로 부정적 견해를 가졌다는 것을 의미하지는 않는다. 우선 스피노자는 사물들에 대한 물리적이고 감각적인 사랑을 (비록 조금이지만) 인간 행복의 한 역할로 인정한다: "사물들을 이용하여 그것들을 가능한 한 즐기는 것은 현자에게 적합하다. 알맞게 요리된 맛좋은 음식과 기분 좋은 향료, 달콤한 향기, 푸른 식물의 아름다움, 장식, 음악, 운동경기, 연극 그리고 다른 사람들을 해치지 않고 각자가 이용할 수 있는 이와 같은 종류의 것으로 자신을 상쾌하게 하며 원기를 북돋우는 것은 현자에게 어울린다.": "실제로 즐거워하는 것을 금지하는 것은 음울하고 슬픈 미신뿐이다."(『에디가』, 4부 정리 46의 주석 참조) 이처럼 정념으로서의 사랑이 언제나 부정적인 것만은 아니다. 이 정념으로서의 사랑이 구체적으로 전개되는 과정을 살펴보기로 하자. 자기가 사랑하는 사람을 기쁘게 하는 사람을 우리는 사랑한다. 이것은 호의가 된다. 그리고 그 사람을 인정하고 과대평가하게 된다. 그리고 자신이 미워하는 것을 기쁘게 하는 사람을 우리는 미워한다. 그리고 그 사람을 부정하고 멸시하게 된다. 자기가 사랑하는 것을 슬프게 하는 사람을 우리는 미워한다. 이것은 분노가 된다. 자기가 미워하는 것을 슬프게 하는 사람을 우리는 사랑한다.

　정념으로서의 사랑에 대한 스피노자의 설명은 인간 심리의 한 부분에 대한 정확한 진단에 기반을 두고 있다. 모든 종류의 사랑에 공통점이 있는데, 그것은 우리가 다른 사람, 애완동물, 아이스크림, 음악, 만화책 등등의 대상이 우리에게 단지 기쁨을 주는 이유만으로 그것들을 사랑한다는 것이다. 여기에서 우리는 스피노자가 사랑의 이기적인 측면을 잘 파악하고 있다는 것을 볼 수 있다. 또한 그는 사랑 개념에서 기쁨의 근원인 외부 대상을 강조함으로써 사랑이란 감정의 난해함을 설명할 수 있는 기반을 마련한다. 우리의 수동적 감정 즉 정념의 본성은 필연적으로 우리가 영향을 받은 대상의 본성을 포함한다.(『에티카』, 3부 정리 56 참조) 그래서 초콜릿을 먹는 기쁨으로부터 발생하는 사랑은 초콜릿의 본성을 포함하고, 음악을 듣는 기쁨으로부터 발생하는 사랑은 그 음악의 본성을 포함한다. 스피노자는 이 점을 다음과 같은 방

법으로 증명한다: 우리는 부적합한 인식을 가지는 정도만큼 수동적이다. 어떤 대상을 (부적합하게) 인식할 때. 우리는 우리 신체의 본성과 외부 물체의 본성에 영향을 받는다.(『에티카』, 2부 정리 17의 주석 참조) 이처럼 모든 수동적 감정은 그것이 관계하는 외부 대상의 본성을 포함하고 있다. 따라서 다양한 외부 대상들이 있는 만큼 다양한 종류의 사랑이 있게 된다.

## 3. 정념에서 관용으로

스피노자와 데카르트는 다음과 같은 점에서 다르다. 아리스토텔레스의 입장을 따라 데카르트는 한편으로 덕과 악덕을 구별하고, 다른 한편으로는 이 '덕과 악덕들'을 '감정들'과 구분했다. '덕과 악덕'은 자유의지와 관련되기 때문에 도덕적 칭찬과 비난의 대상이다. 반면 감정들은 자유의지와 상관이 없는 것으로 이해되기 때문에 도덕적으로 중립적이다. 그러나 스피노자는 아리스토텔레스와 데카르트와는 달리 자유의지를 부인한다. 따라서 스피노자에게 인간 행동은 칭찬이나 비난의 주제가 아니다. 오히려 인간 행동은 이해하려고 노력해야 되는 대상이다. 이처럼 스피노자에게 덕은 자유의지와 무관한 것이 되기 때문에 감정과 마찬가지로 도덕적으로 중립적이 된다. 그리고 이것은 덕과 감정 사이의 구분이 없어지는 것을 의미한다.

  위의 데카르트와 스피노자의 관점을 다음의 경우에 적용시켜 보자. 어떤 회사에서 다른 동료의 프로젝트를 도용하고, 자신의 승진을 위해서 다른 동료들을 모함하는 등의 행위를 하는 어떤 남자 사원을 가정해 보자. 이 경우를 데카르트에 적용시켜 보면 우리는 그 사원의 행위에 대해 덕과 감정이라는 두 가지 경로로 접근할 수 있다. 그 행위들은 그 사원의 자유로운 의지에 따라 행한 것이기 때문에 우리는 악덕하다고 도덕적 비난을 하게 된다. 즉 덕이나 악덕은 자유의지에 대한 칭찬이나 비난이다. 하지만 그 행위들의 자유의지에 상관하지 않는 감정은 그런 도덕적 판단과는 무관하다. 단지 그 행위들로 말미암아 그 사원을 미워하는 것이 일반적이다. 이와는 대조적으로 스피노자의 이론에 적용시켜 보면 그 행위는 그 사원의 자유의지에 따른 행위가 아니기 때문에 덕과 악덕을 구분하는 도덕적 판단의 대상이 아니다. 다만 그 행위에 대한 우리의 감정만이 있을 뿐이다. 그래서 스피노자에게 덕은 도덕적 판단이 아니라 감정(정념)과 동일시된다. 그 사원을 미워하거나 멸시하는 등의 감정은 그 사원의 행위를 이해하지 못하기 때문에 생긴 수동적인 감정 즉 정념이다. 그러나 우리가 그 사원의 행위와 그 행위의 원인들을 적합하게 인식할 때에는 그 사원을 이해하고 관용이라는 능동적인 감정을 가지게 되고, 이것이 곧 덕이 된다. 스피노자에 의하면 이성의 안내에 따라 사는 인간은 가능한 한 다른 사람의 미움, 분노, 경멸 등을 반대에 대한 답례로 사랑 즉 관용으로 보답하려고 노력한다.(『에티카』, 4부 정리 46 참조)

### 1) 정념의 통제: 데카르트의 관대함

데카르트의 관대함 이론의 핵심은 그가 정념들에 대한 이성적 통제를 통해 사람들을 더 나은 더 선한 그리고 더 도덕적인 사람으로 만들 수 있다고 믿는다는 데 있다. 즉 이런 역량은 데카르트가 관대함(générosité)이라고 부르는 어떤 상태에 도달했을 때 그런 사람이 갖추게 되는 것이다. 데카르트에게서 관대함은 그 자체가 하나의 정념이면서 정념들 일반을 통제하는 가장 큰 치료법이다. 데카르트의 관대함은

『정념론』 III부의 특수한 정념들에 관한 논의에서 153항 이후 자세하게 다루어지고 있다. 여기서 관대함은 우선 정신의 강함, 자부심과 관련되어 있다. 말하자면 그의 관대함은 그 기준이 대상, 즉 이타성에 있지 않다는 것이다. 자기애이며 자부심, 자기 존중에 기초한 것이다. 즉 이것은 자신이 할 수 없다고 생각되는 것에 대해서는 무책임하게 일을 벌이지 않고, 자신만의 고유한 정신 속에서 흔들리지 않고, 스스로 확고한 판단에 따라 행동했다고 확신할 때 발생하는 만족감에서 시작된다. 스스로 상냥하고 친절하며 예의바르고 자상할 수 있기 때문에 데카르트적인 의미에서 "관대하다." 관대한 사람이 그렇게 할 수 있는 여유는 그가 타인들의 공격에 잘 상처입지 않는 데서 나온다. 그는 자신의 덕(virtue)에 자신이 있기 때문에 결코 두려워하지 않는다. 관대한 사람은 다른 사람들로부터 아무것도 기대하지 않기 때문에 결코 분노하지 않는다.(『정념론』, III, art. 156, AT XI, 447) 관용은 자신들과 다른 타인들의 삶의 방식에 분노하는 극단적 광신주의와 같은 상황들을 바람직한 것으로 생각하지 않는다. 여기서 관대한 사람들의 자부심과 대비되는 것은 자만심인데, 일종의 악덕(vice)으로서 아첨에 쉽게 굴복되기 쉽다. 이와 다르게 관대한 사람은 다른 사람들이 자신처럼 자부심을 갖거나 쉽게 상처입지 않을 수 있다고 관대하게 생각한다. 타자의 내키지 않는 삶의 방식에 대해 그저 견디거나 무관심이나 방관 등 상대방과 단절된 소극적 형태의 관용이 아니라 상대방의 인격에 대한 믿음과 관심이 전제된 데카르트의 관대함은 관용의 적극적이고 긍정적인 형태를 암시한다.

　강인함의 증표로서 모든 유익한 정념들 가운데 관대함을 가장 칭찬하는 데카르트는 이런 강인함과 관련된 관대한 사람의 관점에서 동정심에 관해 언급한다. 데카르트는 관대한 사람은 동정과 같은 고통스러운 감정으로 인해 방해받지 않는 사람이라고 하였다. 그는 동정심을 허약과 오류의 증거로 보았다. 따라서 반드시 피해야 하는 것이다. 동정에 빠지기 쉬운 사람들은 고통을 겪는 사람들을 보고 자신들에게도 불행이 그대로 일어나지 않을까 상상한다. 그는 동정심이 결국 자기애로부터 나온다고 본다. 즉 이타심과 같은 타인에 대한 사랑에서 오는 것이 아니라는 것이다. 관대한 사람도 동정심과 유사한 감정을 느낄 수 있지만 뚜렷한 차이는 이 감정 속에 슬픔이나 괴로움과 같은 고통스럽고 부정적인 요소는 들어 있지 않다는 점이다. 데카르트의 극장의 유비는 관대한 사람의 동정심을 잘 드러내는 예 가운데 하나다. 관대한 사람은 연극 작품을 보고 자신의 영혼의 내면에 고통을 일으키지 않는 정념으로서 동정심을 느낀다. 타인들을 염려하고 있다고 느낄 수 있는 자신의 능력에 대해 유쾌한 만족만을 느낀다. 사실상 관대한 사람이 동정하는 근본적인 대상은 정념에 굴복하게 될 누군가의 허약함일 뿐이다.

보다 나은 삶을 추구하려는 데카르트의 윤리적 기초로서 관대함은 그의 가장 근본적인 삶의 지침이 되었으며 이런 점은 엘리자베스를 비롯한 지인들과 나눈 여러 편지에서 등장한다.

이 관대함은 그 성립 가능성의 기준으로 두 가지 요소들을 갖는다. 첫째는 오직 의지의 자유만이 자신들의 능력 안에 있다는 것을 아는 일이다. 따라서 사람들은 오직 자신들의 자유를 잘 또는 잘못 사용하는 것에 대해서만, 즉 좋은 선택이나 나쁜 선택을 하는 것에 대해서만 칭찬받거나 또는 비난받을 수 있을 뿐이다. 두 번째 요소는 자신이 가장 최선이라고 판단했던 것이라면 무엇이든 수행하고자 하는 의지를 결코 결여할 수 없는 방식으로, 그렇게 자신의 자유를 잘 사용하려는 확고하고도 항구적인 결심에 대한 느낌이다.

이런 관대함(Générosité)의 두 가지 구성 성분들은 잠정적 도덕률의 두 번째 그리고 세 번째 격률과 관련되어 있다. 첫 번째 요소는 사람들의 선택의 자유와 그리고 그들이 자신들의 욕망들을 통제할 수 있는 지배권을 승인하고 있다는 점에서 세 번째 격률을 생각나게 한다. 잠정적 도덕률에 있어 이것은 어떤 일련의 목표를 성취하지 못한 것에 대한 후회를 피하기 위한 한 가지 방법이다. 여기서 요점은 사람들은 오직 그들이 의지하는 것에 대해서만 칭찬받거나 비난받을 수 있을 뿐이라는 점인데 그 이유는 정확히 오직 그들의 의지만이 자신들의 통제권 안에 들어있기 때문이다. 이것은 한 사람이 어떤 목표를 성취하지 못한 것에 대해서는 비난받을 수 없다는 점에서 세 번째 격률과 관련되는데 왜냐하면 그것은 그의 능력과 지배의 범위를 넘어서는 것이기 때문이다. 그러나 그는 그의 욕망을 변경하지 않은 것에 대해서, 그리고 그 목표가 자신의 능력들을 넘어선다는 것을 발견했을 때에도 그 결과로 후회의 느낌을 갖게 된 것에 대해서만큼은 비난받을 수 있다. 따라서 밝혀진 대로 도덕 규칙의 세 번째 격률을 엄격하게 준수하면 후기의『정념론』에서의 관대함이라는 덕의 첫 번째 성립 조건을 만족시키게 된다.

두 번째 구성 요소는 두 가지 모두 확고하고도 결의에 찬 행동에 모두 속한다는 점에서 두 번째 격률과 연결된다. 관대함은 자유 의지를 사용하려는 결의에 찬 확신을 요구하는 데 반해 두 번째 격률은 개연적인 판단이라도 일단 마음먹으면 결연히 행위에 옮기겠다는 결심이다. 이 두 가지 사이에도 차이는 있다.『방법서설』의 두 번째 격률이 개연적인 판단들에 대한 올바른 사용과 결단력 있는 실행에 초점을 맞추고 있는 반면, 후기의 관대함의 도덕학은 자유의지를 올바르게 사용하겠다는 확고한 결심을 강조하는 것이다. 그러나 이 결심이 자유롭게 세워지면 양자의 체계 모두 선을 추구하는 데 있어 결연한 행위를 추인한다. 이것은 다음 단계에서 순서대로 관대함의 참된 상태로 이끌어 가야만 하는데, 이는 사람들이 합법적으로 신과 최고로 유사해질 수 있는 기능들, 즉 지성과 의지를 제대로 올바르게 사용했다는 데 대한 자부심을 당당하게 가질 수 있게 하는 것이다.

이런 관대한 사람은 자신의 정념들을 완벽하게 통제하는 지배권을 획득한 사람이기 때문에 부정적인 정념과 행위에 굴복하지 않는다.

특히 그들은 자신들의 욕망, 그리고 질투와 부러움에 대해 지배력을 갖고 있는데 왜냐하면 그들이 충분히 추구할 만한 가치가 있다고 생각하는 모든 것은 그것에 대한 획득이 오직 그들 자신에게만 의존하는 것이기 때문이다. 다른 사람들에 대한 미움에 대해서도 완벽한 지배자가 될 수 있는데 왜냐하면 그들은 모든 사람들을 존중하기 때문이며 두려움에 대해서도 지배권을 가지고 있는데 왜냐하면 자신들만의 덕 속에 들어 있는 믿음이 그들에게 주는 자기-확신 때문이다. 마지막으로 분노에 대한 주인이 될 수 있는 것도 그들은 다른 사람들에게 의존하는 모든 것에 대해서는 거의 중요하게 여기지 않기 때문이다.(『정념론』, 156항, AT XI 448 : CSM I 385)

관대한 사람이 자신에 대한 지배력을 가지고 있는 것은 무엇보다 오직 그 자신의 선택들이 참으로 그 자신만의 지배 아래 있고 또한 칭찬과 비난의 유일한 참된 기초라는 자신의 지식 때문이라는 것이 중요하다. 이것이야말로 우리 인간이 자신과 다른 사람들에 대한 존중을 위한 기초를 제공해 준다. 따라서 종종 사람들로 하여금 부도덕한 행위들에 연루되게 만드는 질투, 시기, 공포와 분노와 같은 부정적인 느낌들은 관대한 사람들에게는 없는 것들이다. 왜냐하면 관대한 사람은 오직 그의 역량 안에 들어 있는 것들만을 욕망하고 인정하기 때문이다. 그는 화와 분노를 통제할 수 있다. 왜냐하면 그는 자신의 통제와 능력들 안에 있는 것이 아니라 다른 사람들에게 의존하는 것들을 욕망하거나 더 중요하다고 여기지 않기 때문이다. 관대한 사람은 두려움을 느끼거나 혐오하지 않는다.

> 관대함은 다른 사람들을 경멸하지 않도록 해 준다. 자기 자신에 대해 이러한 앎과 느낌을 소유하고 있는 사람들은 즉각 다른 누구라도 그 자신에 대해 이와 똑같은 앎과 느낌을 지닐 수 있다는 것을 쉽게 확신하게 된다. 왜냐하면 관대함에는 다른 사람에게 의존하는 것은 아무것도 들어 있지 않기 때문이다. 이것이야말로 관대한 사람들이 결코 누구도 경멸하지 않는 이유이다. 관대한 사람들은 비록 다른 사람들이 자신들의 약점을 드러내는 방식으로 잘못하는 것을 본다고 할지라도 그들을 비난하기보다는 용서하려는 경향을 가지고 있으며 또한 그들이 그렇게 잘못하는 일에 대해서도 고결한 덕의 의지를 결여하고 있기 때문이라기보다 지식이 모자라기 때문이라고 간주하는 경향이 있다.(『정념론』, 154항, AT XI 446: CSM I 384)

다른 사람들에 대한 존중 때문이며 궁극적으로 자신의 도덕적인 덕 덕분에 갖게 된 자기 자신에 대해 느끼는 확신과 자부심 때문이다. 데카르트가 자신의 자유의지를 올바르게 사용하고 최선의 것이라고 판단된 것을 수행하는 것이 '완벽한 방식으로 덕을 추구하는 일'이라고 말하는 것은 소극적 의미의 관용을 넘어서는 능동적 의지와 관련된 관대함이 적극적 의미를 갖고 있다는 것에 대한 표현이다. 관대함을 지니고 있는 사람은 최상의 단계에서 도덕적이거나 덕을 갖춘 사람인 것이다.(『정념론』, 154항, AT XI 445-6: CSM I 384)

## 2) 정념의 이해: 스피노자의 관용

스피노자에게 정념은 많은 부정적인 감정과 인간 상호 간의 분쟁의 원인이 될 수 있고, 불화의 잠재적 근원이다. 그런데 스피노자에게 자기를 보존하려는 욕망이 인간의 본질이다. 그렇다면 나에게 기쁨을 주는 대상은 나를 더 완전하게 하기 때문에 사랑하고, 슬픔을 주는 대상은 나를 덜 완전하게 하기 때문에 미워하면서 살아가는 것이 정당화되는 것인가? 아니면 데카르트처럼 이러한 감정들은 영혼의 정념으로 인간이 벗어나야 할 부정적인 것이고, 정신이 의지에 의해 이것들을 지배하여야 하는가? 스피노자는 제3의 길을 제시한다. 전자의 경우에는 그것이 부적합한 인식에서 생긴 감정이기 때문에 그 대상들이 정말로 나를 더 완전하게 하거나 덜 완전하게 하는 것이 아니다. 잘못된 인식에 근거한 착각의 상태일 뿐이다. 후자의 경우에는 스피노자는 정신의 자유의지를 부정했기 때문에 의지가 감정을 지배하도록 하는 데카르트의 방법에 대해 반박한다.

스피노자는 우선 감정을 수동 감정과 능동 감정으로 구분해서 이를 부적합한 인식과 적합한 인식과의 관계에서 설명한다. 인식론의 도움을 받아 감정을 이용해서 감정의 지배에서 벗어나고자 하는 것이 스피노자가 제시하는 길이다. 데카르트에게는 모든 감정이 정념이다. 정념은 그 어원에서 볼 수 있듯이 수동적인 감정이다. 수동적이라는 것은 인간이 스스로 결정하는 것이 아니라 외부의 원인에 의해 그렇게 되도록 강제된다는 것을 뜻한다. 따라서 정념은 우리가 스스로 결정해서 가지는 감정이 아닌 수동적인 감정이다. 그런데 스피노자에게도 욕망, 기쁨, 슬픔의 모든 감정은 정념 즉 수동적이다. 기쁨과 슬픔의 경우 앞에서의 정의에서 볼 수 있듯이 수동이라는 점을 확실하게 밝히고 있다. 그렇다면 어떤 감정들이 능동적인가? 스피노자에게 욕망, 기쁨, 슬픔이 세 가지에 속하지 않은 어떠한 다른 감정도 있을 수 없다. 이러한 사실은 능동 감정의 가능성을 수동 감정에서 찾을 수밖에 없다는 점을 암시한다. 수동 감정은 정신의 부적합한 인식에 기인한다. 여기에서 정신이 능동적으로 활동한다면 즉 적합하게 인식한다면 우리는 수동 감정에서 벗어나 능동 감정을 가지게 되는 것이다. 스피노자는 능동 감정을 다음과 같이 인정한다. "수동인 기쁨과 욕망 이외에 능동적인 [스스로 활동하는] 경우의 우리들에게 관계하는 다른 기쁨과 욕망의 감정이 있다."(『에티카』, 3부 정리 58), "스스로 자유로이 활동하는 정신에 관계한 모든 감정은 모두 기쁨이나 욕망에 관계하는 감정뿐이다."(『에티카』, 3부 정리 59) 능동 감정에서 슬픔이 배제되는 것은 당연하다. 슬픔은 덜 완전한 상태로의 이행이기 때문에 능동적인 상태에서 이러한 감정을 가진다는 것은 불가능하다. 인간은 능동적인 상태에서 자신을 보존하려는 코나투스의 본질에 따라 행동하기 때문에 자신을 덜 완전한 상태로 이행하는 슬픔의 감정은 능동 감정이 될 수 없다.

능동 감정은 수동적인 정념의 예속 상태에서 벗어나 인간이 자신의 감정을 스스로 결정할 수 있는 감정이다. 그는 감정을 통제하지 못하는 인간의 무력함을 예속이라고 하고 감정의 지배를 받는 인간은 자신의 이성의 힘, 즉 권능에 의하지 않고 감정의 힘에 좌우되는 나약한 인간으로 간주한다. 인간이 이 감정의 노예 상태에서 벗어나는 길은 외부 대상에 대한 적합한 인식을 함으로써 능동 감정을 가진다. 인간 정신은 능동적으로 인식해서 타당한 관념을 가질 때 모든 수동 감정에서 벗어나서 기쁨과 욕망이라는 능동 감정을 가지게 된다. 이러한 사실로부터 우리는 정념으로서의 사랑 역시 같은 방법에 의해 능동적인 사랑이 된다는 것을 알 수 있다.

정신이 적합한 인식을 가질 때. 그것은 정신은 정신자체와 정신의 활동능력을 인식하고, 그것에 의해서 기쁨을 느낀다.(『에티카』, 3부 정리 53) 그래서 정신은 능동적일 때 기쁨을 느낀다. 그러므로 적합한 관념들에 의한 기쁨이나 욕망의 감정을 우리가 가지는 한, 그 감정에 속하는 사랑은 능동적이고, 자기 본성의 법칙에 따른다. 여기에서 '자기 본성의 법칙에 따른다'라는 것은 이 형태의 감정이 정신의 코나투스인 이성의 활동, 즉 인식에 따라 적합한 관념을 가짐으로써 자기 스스로 사랑이라는 감정을 결정했다는 의미이다. 그래서 어떤 결점이 있는 사람을 우리가 사랑하는 경우에 정념으로서의 사랑은 그 결점을 의식하지 못하면서 사랑하는 맹목적인 사랑이다. 그러나 자기 결정적인 사랑은 타당한 관념에 기반을 두고 있기 때문에 그 결점을 의식하면서 사랑하고 있다는 점에서 정념으로서의 사랑과 다르다. 정념으로서의 사랑이 결점을 의식하지 못하는 것은 자기 자신을 잠재적 위험에 드러내놓는 것이다. 그렇기 때문에 정념으로서의 사랑은 진정한 자기 보존을 위한 코나투스로부터 따라 나오는 것이 아니다. 반면에 자기결정적인 사랑은 부적합성과 결점을 가진 인간존재를 받아들이는 사랑이다.

스피노자는 "인간은 자신이 자유롭다고 생각하기 때문에 다른 사물에 대해서 보다 자신들 서로에 대해 더 큰 사랑이나 증오를 가진다"고 말하면서 인간의 수동 감정이 자유의지에 대한 인간의 부적합한 관념에서 비롯된다는 것을 지적하고 있다. 이것을 예를 들어 설명해 보자. 내가 길을 가다가 돌뿌리에 걸려 넘어진다면 나는 그 돌뿌리에 대해 약간의 미운 감정만을 가질 것이다. 그러나 어떤 사람이 발을 걸어서 넘어졌다면 그 사람에 대한 나의 미움은 돌뿌리와 비교해서 훨씬 더 큰 미움일 것이다. 왜냐하면 그 사람은 돌뿌리와는 달리 자신의 자유의지에 따라 발을 걸었기 때문이다. 사랑의 감정 역시 마찬가지이다. 은행 강도가 칼로 내 가슴을 찌를 때 양복주머니에 있는 지갑 때문에 찔리지 않았다면 나는 그 지갑에 대한 약간의 사랑의 감정(호의적인 감정)을 가질 것이다. 그러나 어떤 사람이 내 앞을 가로 막아 나대신 찔렸다면, 그 사람에 대한 나의 사랑은 지갑에 대한 사랑보다 훨씬 더 클 것이다. 이 역시 그 사람은 지갑과는 달리 자신의 자유의지에 따라 나 대신 찔렸기 때문이다. 이처럼 자유의지에 대한 부적합한 인식은 인간 상호 간에 사랑과 미움 등의 많은 감정들의 원인이 된다.

수동 감정과 능동 감정은 결국 인식의 적합성에 그 기반을 두고 있다. 따라서 우리 인식의 적합성이 변화하듯이 수동 감정과 능동 감정 사이에도 연속이 있다. 내가 발에 걸려 넘어진 원인을 더 적합하게 인식하면 할수록 발을 걸은 사람에 대한 미움은 점점 작아진다. 마찬가지로 지갑대신 찔린 사람에 대한 사랑도 점점 작아지게 된다. 나에게 발을 걸은 사람이나 나 대신 칼에 찔린 사람이 누군가가 밀어서 그렇게 되었다는 것을 알게 되면, 미움과 사랑의 감정은 점점 감소될 것이다. 또 그 사람을 밀은 다른 사람은 그렇게 밀게 된 또 다른 원인들이 있을 것이다. 이렇게 두 경우 모두 모든 인과관계의 연쇄 네트워크에 의해서 그렇게 된 것이라는 것을 인식할 때는 미움과 사랑의 감정은 거의 사라질 것이다. 이렇게 적합한 인식으로 말미암아 부적합한 인식으로 결과된 감정의 노예상태에서 벗어날 수 있는 것이다. 두 경우 모두 사실은 미움이나 사랑의 대상이 아니라 인식해야 할 이해의 대상일 뿐인 것이다. 수동 감정에서 능동 감정에로의 이행은 앞의 인식론에서 언급한 첫 번째 단계의 인식에서 두 번째 단계의 인식으로의 이행의 결과라고 할 수 있다. 인간이 적합하게 인식하는 한 수동 감정은 자기 스스로 감정을 결정하는 능동적인 감정이 된다. 따라서 자기결정적인 사랑을 가진 사람은 다른 사람을 증오하거나 멸시하거나 조롱하지 않는다. 다만 이해할 뿐이다.

　스피노자는 "정신이 인식하는 한 정신에 관계하는 감정에서 일어나는 모든 활동을 정신의 강인함이라 하고, 이 정신의 강인함은 굳건함(용기)과 관대함(관용)으로 나누어진다."(『에티카』, 3부 정리 59의 주석 참조) 용기는 "이성의 명령에서 자신의 존재를 보존하고자 하는 욕망"이고, 관용은 "오직 이성의 명령에 따라 다른 사람들을 돕고, 그들과 우정을 기반으로 해서 결합하려고 노력하는 욕망"이다. 용기는 행위자에게만 이익을 주는 활동이고, 관용은 다른 사람들의 이익도 향하는 활동이다. 어떤 위험에 부딪혔을 때, 정신의 침착 등은 용기의 일종이고, 예의나 온화함 등은 관용의 일종이다. (이경희, 박삼열)

3

관용의 한계와 변용

# 10

# 자유를 지키는 두 해법:
## 루소와 밀

17세기의 주된 문제가 정치권력이나 종교 권력으로부터 가해진 불관용이었다면, 루소(Jean-Jacques Rousseau, 1712-1778)와 밀(John Stuart Mill, 1806-1873)의 시대에 제기된 주된 문제는 **대중으로부터의 불관용**이었다. 권력자보다는 대중의 불관용이 관용의 근본 문제로 처음 뚜렷하게 부각되었던 때라고 하는 것이 더 정확할지도 모른다. 스피노자를 통해 알 수 있듯, 불관용이란 타인이 우리 기질대로 살아가기를 바라고 그런 나머지 타인에게도 동일한 믿음과 삶의 방식을 요구하는 데서 비롯되기 때문이다.

이 시대에 대중의 불관용이 특히 문제가 된 이유는 개인의 출현과 평등의 확산 때문이다. 개인이 출현하지만 또한 모두가 동일한 것을 희망할 수 있고 그래서 모두가 유사한 것을 욕망하는 대중의 시대, 군주의 불관용 대신 대중의 압제가 등장한 것이다. 이런 현상 앞에서 루소와 밀 두 철학자 모두 유사성의 요구에 물들지 않은 개인성의 만개를 꿈꾸었다. 루소는 타인과의 비교를 떠난 순수 '자기애'(amour de soi)의 회복을 위해, 밀은 각 개인이 개성과 품위를 지니고 성장할 수 있도록 관용을 옹호한다. 자아의 고양을 위해 관용을 옹호하고 또한 자아의 고양을 통해 불관용을 극복하고자 한 것이다.

그러나 자아를 고양하는 방식에서 그들이 택하는 길은 근본적으로 다르다. 루소의 경우 자연 상태로의 복귀가 불가능하고, 따라서 자기애의 회복이 어려운 상황에서, 더 큰 자기, 곧 일반의지를 구성하는 공화주의를 가능한 대안으로 보았다. 반면 밀은 여론의 독재와 관료제의 대두를 배경으로 자유주의를 더 일관되게 밀어 붙여 개인의 자발성과 다양성을 최대한 키워 내고자 하였다.

## 1. 자유롭도록 강제하라―루소와 관용의 종교

### 1) 루소, 관용의 철학자인가, 불관용의 철학자인가?

루소는 플라톤 이래 철학사에서 다섯 손가락 안에 들 만큼 위대한 정치 철학자이다. 하지만 그의 철학은 모순과 역설로 가득 차 있다. 그는 계몽주의 철학자들과 더불어 구질서를 거부하면서도 '진보'라는 발상에 반대하였던 계몽의 이단아였다. 20세기에 들어서도 그는 서구 민주주의의 창시자로 숭상받는가 하면 전체주의의 선구자로 단죄되기도 했다. 루소의 관용론 역시 마찬가지이다. 몽테뉴, 벨, 볼테르 등 17-18세기 다른 위대한 정치 철학자들처럼 루소도 관용의 열렬한 옹호자였다. "각자에게는 각자의 광신(fanatisme)이 있다. 나에게도 광신이 있는데 (불행하게도) 그것은 결코 맛볼 수 없는 것에 대한 광신이다. 그것은 곧 관용에 대한 광신이다."("variante de Julie", in *Œuvres Complètes* [이하 OC] II, 1782쪽) 그러나 "관용에 대한 광신"이라는 형용모순이 이미 암시하듯, 관용에 대한 그의 열렬한 옹호는 결국 불관용의 옹호로 귀결되는 듯 보인다.

　루소 관용론의 역설적 성격은 그의 관용론이 가장 명시적으로 드러나는 『사회계약론』 4부 8장의 **'시민 종교'** 에 가장 뚜렷이 드러난다. 그는 종교적 관용을 열렬히 옹호하면서 관용을 핵심 조항으로 하는 시민 종교(religion civile)를 수립하자고 말한다. 심지어 이 기본 원칙을 받아들이지 않는 자는 추방하고 그것을 위배하는 자는 사형에 처해야 한다고까지 말한다. 관용주의자가 불관용도 관용해야 하느냐는 까다로운 문제를 루소는 고르기우스의 매듭처럼 잘라 버리는 것이다. 다른 한편, 시민 종교는 인간 일반을 위한 보편 종교가 아니다. 루소는 "잘 사는 곳이 조국이다"(*ubi bene, ibi patria*)라는 볼테르의 보편적 조국애를 뒤집어, 오직 조국에서만 잘 살 수 있다(*ubi patria, ibi bene*)고 말하고, 조국애와 인류애가, 따라서 시민과 인간이 양립 불가능하다고 보았다. 관용은 모든 인간에 적용되는 보편적인 덕목이라기보다는 특수한 정치체의 시민들에게 조국애를 불어넣기 위한 바탕인 것이다.

　이처럼 루소의 관용론은 일반적인 자유주의적 관용론과 거리가 있다. 이는 그가 자유주의적 관용론의 바탕이 되는 소극적 자유와는 다른 자유 개념에 기대고 있기 때문일 것이다. 루소의 물음은 각자가 이미 가진 자유를 어떻게 지킬 것인가가 아니라 이미 상실한 자유를 어떻게 회복할 것인가이다. 더 정확히 말해, 이미 예속적인 사회 상태로 들어선 이상, 어떻게 새로이 **자유를 획득하는가**, 그리고 각자를 **자유롭도록 강제하는가**이다. 따라서 루소의 시민 종교론에 함축된 관용 개념을 알려면 다음 물음을 차례로 물어볼 필요가 있다. 각자가 상실한 자유란 무엇이며 이는 불관용과 어떤 관계가 있는가? 사회 상태에서 각자는 어떻게 자유를 획득할 수 있는가? 이 도정에서 관용은 왜 필요하며 어떻게 지켜질 수 있는가?

## 2. 자기 편애와 자기애

### 1) 자기 편애와 불관용

루소가 보기에 불관용의 뿌리에는 "구원되려면 나처럼 생각해야 한다"는 발상이 있다. 이로부터 종교는 광신(fanatisme)이 되고, 광신은 불관용을 낳으며, 불관용은 사회적 연대를 불가능하게 한다. "영벌을 받은 자로 간주되는 사람들과 평화롭게 사는 일은 불가능한데, 그들을 사랑하는 일은, 그들을 벌하는 신을 미워하는 것이나 다름없기" 때문이다.(『사회계약론』, 185쪽) 이렇게 여기는 한, 공공의 평화는 불가능하다. "불관용자는 홉스적 인간이며, 불관용은 만인의 만인에 대한 전쟁이다. 불관용자들의 사회는 악마들의 사회와 닮았다. 그들은 오직 서로를 고문하는 데에서만 일치한다."(*Du contrat social, Manuscrit de Genève, OC III*, 341쪽)

광신의 반대편에는 철학이 있다. 그러나 볼테르를 비롯한 다른 계몽주의 철학자들이 생각하는 것과는 달리, 철학과 이성이 해결책은 아니다. 왜냐하면 철학자들의 이성 역시 광신을 부추기는 동력과 동일한 것, 곧 자기 편애(amour-propre)에 의해 부양되기 때문이다. "각자[철학자]는 자기 체계가 다른 자들의 체계보다 근거가 더 확고하지 않음을 알고 있지만, 그것이 자기 것이기 때문에 그것을 지지하는 것이네. 참된 것과 거짓된 것을 알게 되었을 경우에도, 타인에 의해 발견된 진리보다 그 자신이 발견한 거짓을 더 좋아하지 않을 자는 단 한 사람도 없을 걸세. 자기 명예를 위해서라면 기꺼이 인류를 속이지 않을 철학자가 누가 있는가? 자기 마음 깊은 곳에, 두각을 나타내는 것 외에 다른 목표를 품지 않는 자가 어디 있는가?"(*Emile ou de l'éducation*, 385-386쪽) 그러니까 광신도와 마찬가지로 철학자에게도 중요한 것은 자기 자신을 부각하고 확장하는 것이다. 따라서 기독교인만큼이나 무신론자 역시 불관용적일 수 있다. "무신론의 열성적인 선교사이자 매우 강압적인 독단론자인 그들은 그 어떤 지점이든 사람들이 감히 자기네와 다르게 생각하기만 하면 참지 못하고 분노를 터뜨리며"("Les rêveries du promeneur solitaire," 「세 번째 산책」, *OC I*, 1016쪽), "교만한 철학은 광신에 이르게 된다."(『에밀』, 425쪽)

사회 속에서 살아가는 인간은 왜 이렇게 자기 편애에 빠지며, 자기 편애는 왜 불관용을 낳는가? 사회 속의 인간이 자기 편애에 빠지는 이유는 서로를 비교하여 자신이 남들보다 더 잘 났다는 생각이 들 때에만, 그것도 남들 역시 이를 인정해 주었을 때에만 비로소 자신을 긍정할 수 있기 때문이다. 『인간불평등 기원론』에 따르면 사회 속에서 인간은 자신의 판단보다는 타인의 판단에 의해 행복해하고 만족할 줄 안다. 이런 의미에서 그는 언제나 **"자기 바깥에,"** 타인의 평판 속에서 살아간다. 오로지 타인의 판단에 의해서만 자기 자신이 존재하고 있다는 느낌을 갖는 것이다. 비극은 자기 편애의 충족이 구조적으로 불가능하다는 점이다. 자기 편애는 남과 비교할 때 생겨나고, 나의 자아가 높이 평가받기를 원하는 만큼 타인 역시 자신의 자아가 높이 평가받기를 원한다. 나는 나 스스로를 긍정하는 것으로 만족하지 못하고 타인이 나를 긍정해 주어야 하며 심지어 다른 누구에 앞서 긍정해 주어야 한다. 그리고 이는 타인의 요구와 모순을 빚는다. 불관용의 일차적 뿌리는 이런 구조에 있다.

## 2) 자연 상태의 고독과 자기애

그러나 자기를 사랑하는 것이 본래 나쁜 것은 아니다. 그것은 오직 타인과의 비교에 바탕을 둘 때 자기 편애가 되며, 자기 편애는 타인에 의존적이기 때문에 우리를 번민에 빠뜨리고, 타인과 갈등을 빚게 하며, 그래서 해롭다. 만일 비교에 바탕을 두지 않은 자기애가 있을 수 있다면, 사정은 다를 것이다. 실제로 누구든 자기 존재를 보존하고자 노력하며, 타인의 시선에 의해 매개되지 않는 한 이 노력은 오히려 존재의 충일감을 줄 수도 있을 것이다. 만일 인간이 모여 살지 않았던 시기가 있었다면, 확실히 그랬을 것이다. 루소의 자연 상태는 바로 이런 시기에 대한 역사적 가설이다. 그리고 그런 상태에서 인간이 타인의 매개 없이 직접적으로 느끼는 자기에 대한 긍정적 감정이 **자기애**(amour de soi)이다. 루소가 말하는 자연 상태의 자유는 자기에 대한 이 충만하고 적극적인 감정에 바탕을 두고 있다.

홉스나 로크가 생각한 것과는 달리, 루소에게 자연 상태에서 살아가는 인간은 **혼자이고 독립적**이며 **게으르다**. 이 미개인은 자기와 남을 비교할 일이 없기 때문에 많은 욕망을 갖지 않으며, 적은 욕망으로 살아가기 때문에 독립적이고, 그렇기 때문에 근면할 필요도 없다. "우주 안에서 그가 아는 유일한 선은 먹을 것, 여자, 그리고 휴식이며, 그가 두려워하는 유일한 악은 고통, 그리고 배고픔이다. 나는 죽음이 아니라 고통이라 말하는데, 동물은 죽는다는 것이 무엇인지 결코 알지 못할 것이기 때문이다."("Discours sur l'origine et les fondements de l'inégalité", *OC* III, 143쪽). 미개인은 마음의 안정과 자유만을 호흡하며, 한가롭게 살기를 바랄 뿐이다. 언제나 타인의 평판 속에서, 곧 "자기 밖에서" 살아가는 사회인과 반대로, 미개인은 **"자기 안에서"** 살아간다. 그래서 그들은 자유롭다. 무엇보다도 불안, 공포, 시기심, 증오 등 인간을 예속시키는 정념들로부터 자유롭다. 사회인보다 "더 덕성스럽지 않다 해도, 자신을 더 잘 사랑할 줄 안다는 사실만으로도 그들은 타인에 대해 적의를 품지 않는다."(『루소, 장 자크를 심판하다』, 32쪽)

이와 같은 만족감은 인간이 사회를 이루어 살면서 상실된다. 그러나 타인의 시선에 매개되지 않은 자기만족과 그것에 대한 갈구는 존속한다. 가령, 『고독한 산책자의 몽상』에 소개된 한 에피소드 가운데, 산책 중에 돌연 일어난 사고로 루소는 신체에 커다란 상해를 입으면서 충만한 자기만족을 재발견한다. "내가 감지하는 모든 대상들이 내 가벼운 실존으로 채워지는 것 같았다. 오직 현재라는 순간에 있을 뿐, 나에게는 어떤 기억도 나지 않았다. 나라는 개체에 대한 어떤 판명한 관념도 없었고 […]. 내 존재 전체에서 나는 황홀한 고요를 느꼈다."(「두 번째 산책」, *OC* I, 1005쪽). 다시 말해 다른 쾌락이나 정념 없이 오로지 우리 존재에 대한 감정만이 있는 상태, 그리하여 그 감정만으로 온 영혼을 채울 수 있는 상태―이런 상황에서 사람들은 자기 외부에 있는 것이 아니라 오직 자기 자신과 자신의 존재를 즐길 따름이다. 그런 상태가 지속되는 한, "사람은 신처럼 자기 자신만으로 충분하며"(「다섯 번째 산책」, *OC* I, 1047쪽), 오직 만족과 평화의 감정만을 느끼기에 '행복하다'고 할 수 있다. 은둔과 몽상의 자아는 **그 자신이 신처럼 자족적**인 성격을 띠는 것이다. 이런 특별한 순간에 느끼는 자기만족 외에도 '양심'이라 불리는 인간의 자연적 도덕성이 주는 만족감도 있다.(『에밀』 4부, "사부아 보좌신부의 신앙고백") 그것은 미개인의 선함과 같이 완벽히 자연적인 것은 아니지만, 어쨌든 여론의 굴레나 사회적 관습, 기성 종교 교리에 오염되지 않은 자연적 도덕성으로, "나 스스로 선하다는 데 대한 만족감"(『에밀』, 425쪽)을 준다. 그리고 이 양심을 지탱해 주는 것이 **신에 대한 믿음**이다. 자기 자신의 창조자에 대한 믿음이 자기애와 뒤섞이는 것이다.

그러나 자기 편애는 너무 중독적이어서, 자기 자신 안에서 재발견한 만족감은 사회 속으로 나오면 또다시 자기 편애로 뒤바뀐다. 루소 역시 "나는 오직 나 홀로일 때만 나 자신의 것이고, 그때 외에는 나를 둘러싼 모든 자들의 장난감이다."(「아홉 번째 산책」, OC I, 1094쪽)고 고백한다. 『루소, 장 자크를 심판하다』에서는 두 개의 자아로 분열된 루소 자신의 형상이 상연된다. 사회로의 진입이 비가역적인 만큼, 자기애가 자기 편애로 부식되는 것 역시 어쩔 수 없는 일인 것 같다. 이런 조건에서 루소는 사회적 관계 안에서 실현되는 더 적극적인 자유를 내다본다.


## 3. 타인과의 관계 변환: 연민의 한계와 관용의 종교

### 1) 연민의 한계와 시민 종교

루소에게서 타인과의 평화로운 연대는 자연으로의 회귀가 아니라 (이는 불가능하다) 사회계약으로 일반의지를 구성함으로써만 이루어질 수 있다. 모든 구성원은 주권적 통치체의 일부라는 점에서 존엄을 지니며, 따라서 각자는 타인을 모두 평등하게 존중할 수 있다.("Rousseau and respect for others", 129쪽) 그러나 계약은 이성만으로 이루어지지는 않는다. 감정의 뒷받침이 있어야 한다. 어떤 감정일까? 우선 연민(pitié)을 떠올릴 수 있다. 연민은 우리를 고통 받는 자의 입장에서 보게 하는 감정으로, 한편으로 자기편애에 반대된다. "연민은 자연적인 감정으로, 각 개인에게서 일어나는 자기 편애의 활동을 완화시킴으로써 전 인류의 상호적인 보존에 기여한다"("Discours sur l'origine et les fondements de l'inégalité", *OC* III, 156쪽)이다. 다른 한편 연민은 이성에 반대된다. "자기편애를 낳는 것은 이성이며, 이 자기편애를 강화하는 것은 반성이다. 바로 이 반성이 인간을 자기 자신에 틀어박히게 하며, 바로 이 반성이 인간에게 자신을 거북하게 하고 괴롭게 하는 모든 것으로부터 분리시킨다. 인간을 고립시키는 것은 철학이며, 고통받는 사람의 면전에서 그가 '당신이 죽어도 괜찮지, 나는 안전하니까'라고 은밀히 말하게 되는 것도 철학 때문이다. 오직 사회 전체의 위험들만이 철학자의 평온한 잠을 들쑤시고 그를 침대에서 뛰쳐나오게 한다."("Discours sur l'origine et les fondements de l'inégalité", *OC* III, 156) 심지어 루소는 "인류의 보존이 인류를 이루는 구성원들의 이성적 추론에만 달려 있었다면 인류는 오래 전에 사라지고 없었을 것"(같은 책, *OC* III, 156-157쪽)이라고까지 말한다.

그러나 자기애가 자연 상태의 감정이듯, 연민 역시 자연 상태의 감정이다. 물론 연민은 사회 상태에서도 작동될 수 있다. 루소가 『인간불평등기원론』과 달리 『에밀』 4권에서 제시하는 것도 사회 상태에서 연민을 작동시키기 위한 방법이다. 그러나 연민이 시민들을 묶는 감정이 되는 데는 적어도 두 가지 한계가 있다.

첫째, 연민은 공감(sympathy, compassion)의 일종이지만, 고통 받는 자, 불행한 자에 대해서만 생겨나는 공감이다. "우리가 우리 동포에게 애착을 갖는 것은 그들의 쾌락의 감정에 의한다기보다는 그들의 고통의 감정에 의한 것이다."(*Emile ou de l'éducation*, 296쪽) 반대로 "행복한 사람의 모습은 타인들에게 사랑보다는 차라리 선망[envie: 시기심]을 품게 한다."(같은 곳) 타인의 불행이냐 행복이냐에 따라 이처럼 공감의 성격이 달라지는 것은 연민이 자기애와 연결되어 있다는 데 기인한다. 연민은 고통에 대한 공감이지만, 그것은 사실 **달콤한데**

(douce), 연민의 대상의 자리에 우리 스스로를 놓아 보고 우리가 그 사람만큼 괴롭지는 않다는 데서 쾌감을 느끼기 때문이다. 반면 시기심은 **쓸쓸**한데(amère), 행복한 사람의 모습은 동일시를 불러일으키는 대신, 우리 자신이 그 자리에 배제되어 있다고 느끼게 하기 때문이다. 더구나 불행 기운데서도 자연적 불행(병, 죽음, 자연재해)이 아니라 사회적 불행(빈곤)을 당하는 자에 대해서는 경멸이 작동할 수도 있다. 그러므로 연민은 한 사회 구성원 전체를 연결하는 끈이 되기는 어렵다.

연민이 특수한 정치체를 묶는 감정일 수 없는 두 번째 이유는 그것이 보편적인 인류 사회를 구성하기 위한 감정이라는 점 때문이다. 연민은 인간 조건으로서의 **인간의 보편적 취약성**과 관계한다. "인간은 태어날 때부터 국왕도 아니고, 위인도 아니고, 궁정인도 아니고, 부자도 아니다. 모든 사람들은 벌거숭이로 가난하게 태어났다. 모든 사람들이 인생의 비참, 슬픔, 불행, 결핍, 그리고 모든 종류의 고통을 피할 수 없으며 마침내는 모든 사람이 죽음의 선고를 받는다."(*Emile ou de l'éducation*, 295쪽)

그러므로 보편적 차원의 인류를 묶어 주는 연민 외에, 특수한 정치사회 내에서 시민들 간의 연대를 가능케 하는 특수한 감정이 필요하다. 루소는 이것을 "사회성의 감정" 혹은 "의무에 대한 사랑"이라 부른다. '시민 종교'는 바로 이 감정을 불어넣는 데 필수적으로 요청된다. 그리고 시민 종교가 부과하는 핵심 항목이 관용이다.

### 2) 관용의 종교와 광신의 전유

루소는 인간의 자연적 도덕성을 믿는 만큼이나 자연적 종교성을 믿는다. 이 자연적 도덕성을 지탱해 주는 것이 신에 대한 믿음이다. 관용은 기성 종교 교리나 사회적 관습에 오염되지 않은 이런 자연적 도덕성을 뒷받침하기 위해 필요하다. 신은 단지 느껴지기만 할 수 있는 존재이므로, 증명할 수 없다고 해서 부정해서도 안 되지만, 반대로 특정 믿음을 외부에서 강요할 수도 없다.

그러나 자연종교와 달리 시민 종교는 '인간'의 종교가 아니다. 그것은 시민들에게 **정치사회의 강제력**을 동원하여 의무적으로 관용을 부과한다. 이를 통해 시민 종교는 한편으로는 광신을 제어하고 다른 한편으로는 광신을 긍정적으로 전유한다.

우선 시민 종교는 어떻게 광신을 제어하는 데 기여하는가? 시민 종교는 "다양한 종교들을 평화롭게 공존하게 하는, 그럼으로써 시민들을 하나의 정치공동체의 일원으로 묶는 일종의 메타 종교"이다.(「루소, 스피노자, 그리고 시민 종교의 문제」, 『정치사상연구』 19-1, 120쪽) 시민 종교가 금지하는 유일한 것, 유일한 "부정적인 교의"는 불관용이다. 다시 말해, 시민 종교가 관용하지 말아야 할 종교는 다른 종교를 관용하지 않는 종교들이다. 이런 조치의 필요성은 종교적 불관용과 정치적 불관용의 연관에 기인한다.("La religion civile, institution de tolérance?" 참조) 디드로, 달랑베르 등 다른 백과전서파 계몽주의자들과 달리, 루소가 보기에 정치적 불관용(intolérance civile)과 신학적 불관용(intolérance théologique)은 서로 분리될 수 없다. 신학적 불관용은 단순히 교회의 제도만이 아니라 '광신'이라는 믿음의 양상과 관련되며 필연적으로 사회적 연대의 해체를 초래한다. "영벌을 받은 자로 간주되는 사람들과 평화롭게 사는 일은 불가능한데, 그들을 사랑하는 일은, 그들을 벌하는 신을 미워하는 것이나 다름없기" 때문이다.(『사회계약론』, 185쪽) 그래서 시민들 각자가 자기 것과는 다른 믿음을 관용해야 할 뿐아니라, 국가 역시 불관용적인 믿음을 금지해야 한다. 더구나 신앙은 이성이 아닌 믿음의 영역에 속하기 때문에 광신의 불관용을 막기 위해서는 공권력을 동원해야 한다. "광신은 오류가 아니라 이성이 결코 만류하지 못하는 맹목적이고 어리석은 격분이다. [⋯] 문제는 논증하거나 설득하는 것이 아니다. 이런 일은 철학에 맡겨 두고, 책을 덮고 칼을 잡고 음흉한 자들을 처벌해야 한다."("Lettre à D'Alembert", *OC V*, 28–29쪽)

그럼에도 시민 종교를 가진 공화국은 신정 체제(그 외 모든 국교 체제)와는 다르다. 시민 종교의 적극적 항목은 종교 교의라기보다는 오직 훌륭한 신민이나 충실한 인민이 되는 데 필수적인 사회성과 관련될 뿐이다. (1) 강하고 총명하며 자비롭고 선견지명이 있어 앞을 대비하는 신의 존재, (2) 내세, (3) 의인들이 누리는 행복, (4) 악인들에 대한 징벌, (5) 사회계약과 법의 신성함—이것들이 긍정적 교의이다. 부정적 교의는 (6) 불관용의 금지이다.(『사회계약론』, 185쪽 참조) 그래서 이를 믿지 않는 사람은 국가에서 추방되지만, 신성모독자로서가 아니라 비사회적인(insociable) 자로서, 법과 정의를 진심으로 사랑하지 않는 자로서이다. 결국 시민 종교는 다른 국교에서처럼 의무를 정초하지는 않으며 **단지 의무를 사랑하도록** 만든다. 그것은 법, 정의, 조국을 신실하게 사랑하게 만들고, 전체의 삶을 위해 자기 삶을 희생할 수 있도록 만든다. 그런 의미에서 시민 종교는 "이성적 종교라기보다는 느낌의 종교(religion of feeling)"(Forst, 275쪽)이다.

다른 한편, 시민 종교는 광신에 대한 적극적 전유이기도 하다.("Tolérance et fanatisme selon Voltaire et Rousseau," 참조) 그리고 이 점에서 루소는 관용을 옹호하는 자유주의 철학자들과 결정적으로 멀어진다. 그에 따르면 광신은 피비린내 나고 잔혹하지만, 인간을 영웅화하는 "위대하고 강한 정념"이다. 그것은 인간에게 자기 개별 이익을 넘어 대의를 향해 "마음을 고양시키고, 죽음을 무시하게 하며, 놀라운 기백을 불어넣어, 잘 이끌기만 하면 가장 숭고한 덕을 끌어낼 수 있다."(*Emile ou de l' éducation*, 4부, "사부아인 보좌신부의 신앙고백," 425쪽, [불어판, 452쪽의 주]) 물론 이성은 불관용과 광신의 예방제이다. 그러나 이성을 신봉하는 무신론자나 논증하는 철학적 정신은 삶과 이익에 집착할 뿐이다. "철학적 무관심은 전제정치하에 있는 국가의 평온함과 흡사하다. 이는 죽음의 평온함이며, 전쟁 자체보다 더 파괴적이다."(같은 곳) 그러므로 "철학은 종교에 비해 어떤 선도 행하지 않으며, 종교는 철학이 하지 못하는 것을 훨씬 많이 한다."(같은 곳)『언어 기원론』에서도 루소는 마호멧의 열렬하고 정열적인 언어에서 고대 로마인들의 조국애와 유사한 것을 발견한다. 그의 언어가 영혼을 상승시키고 정신들을 대의를 향해 불타오르게 하는 힘을 가졌으며, 그의 열광(enthusiasm)이 신도들을 만들어 낸 점을 높이 평가하는 것이다.

이처럼 루소가 광신에서 본 영웅주의는 오늘날 불관용적인 집단(가령 테러리스트)이 발휘하는 매력이 어디에 있는지를, 이와 동시에 관용을 자처하는 소위 자유주의 국가들의 무기력이 어디에 있는지를 시사해 준다. 무엇을 **하지 말아야** 하는지를 말해 주는 관용 윤리보다는 무엇을 통해 각자가 더 **고양되는지**를 말해 주는 관용 윤리를 생각해 볼 필요가 있는 것이다. 이제 살펴볼 존 스튜어트 밀은 이것이 오히려 자유주의 노선을 일관되게 밀어붙임으로써 가능함을 역설할 것이다.

## 4. 자유의 보호와 최대한의 관용—밀의 자유주의 관용론

### 1) 자유롭도록 강제하는 대신, 자유롭도록 내버려 두라

루소에게서 중요한 문제는 상실된 자연 상태의 자유를 회복하되, 개

인적 자아를 집단적 자아로 변환시킴으로써 회복하는 일이었다. 존
스튜어트 밀에게서도 중요한 문제는 개인적 자유의 확보이다. 그러나
이미 관료제가 형성되고 여론의 지배가 시작되던 시대에 그는 이 자
유가 개인성이 성장할 수 있도록 개인적 공간을 마련해 줌으로써만
가능하다고 보았다. 더구나 루소처럼 자연 상태라는 가설적 상태를
사변적으로 설정하고 다소간 유토피아적으로 새로운 상태를 구상하
는 것은 건전한 상식과 합리적 논변을 중시하는 영국식 사고방식에
맞지 않았다. 그래서 밀은 자연 상태까지 거슬러 갈 것 없이 현 상태
에서 '각자에게 각자의 주권을 돌려주자'고 말하고 있는 것이다. 이런
자유의 확대야말로 가속화되는 관료제 및 여론의 압제에 대항하는 유
일한 길이다. 자유의 확대는 자유주의가 지향하는 목표이며 관용의 실
천은 그 목표에 이르는 첩경이다. 이렇게 볼 때 밀은 철학사상 가장 **급
진적인** 내용의 관용을, 그러나 가장 **상식적인** 방식으로 옹호한다고 할
수 있다.

　밀이 제시하는 관용의 원리는 '위해의 원리(harm principle)'이다.
적어도 자기 관련(self-regarding) 행위에 대해서만은 각자가 주권자이
고 불가침의 결정권을 가지므로, 이런 행위는 모두 관용해야 한다는 것
이다. 단순 명쾌하다. 그러나 실질적 내용에서는 그렇지 않다. 단적으
로 '위해'(harm)를 무엇으로 볼 것인가는 매우 논쟁적인 문제로서(대
표적으로 "Toleration, morality and harm" 참조), 궁극에는 각자가 전
제하는 도덕원리에 따라 달라질 수 있기 때문이다.("Autonomy, toler-
ation, and the harm principle", 170쪽) 이 핵심적인 물음 외에도, 이
원리는 오늘날까지도 논란이 되는 두 가지 물음을 안고 있다. 첫째, 개
인의 성장에 방임이 정말로 최선인가? 비단 어린 아이나 정신박약자만
이 아니라 모든 인간은 불완전하며 게으름을 비롯하여 자신에게 도움

이 되지 않는 온갖 악덕에 빠져들 가능성이 다분하다. 그렇다면 국가가 나서서 이를 법으로 막아주거나 사회가 관습이나 여론을 통해 바람직한 행위로 이끌거나 적어도 일탈을 막는 역할을 해야 하지 않을까? 둘째, 설령 자기 관련 행위는 모두 관용하더라도, 타인 관련(other-regarding) 행위에 대해서는 국가가 법을 통해 제재함은 물론이고 사회가 관습과 여론을 통해 도덕적 제재를 가해야 하지 않는가? 만일 그렇다면 이는 여론의 독재에 맞서 개인의 자유를 수호한다는 밀의 기획과 일관될 수 있는가? 이런 물음에 대해 밀은 루소처럼 사변적인 방식이 아니라 구체적 문제를 둘러싸고 아주 구체적으로 답변한다.

『자유론』에서 전개되는 밀의 관용론은 아래 세 가지 현실적 영역에서, 예상되는 구체적 반박들을 재반박하는 방식으로 전개된다. (1) 첫 번째는 생각과 토론의 자유에 대한 옹호이고, (2) 두 번째는 관습 및 대중 여론에 맞선 개인성(individuality)의 옹호이며, (3) 마지막은 개인의 복지를 위한다는 명목으로 법이나 제도를 통해 이루어질 수 있는 사회적 통제에 한계를 긋는 일이다. 여기서 밀은 이미 오늘날 뜨거운 이슈가 되고 있는 문제들을 건드리고 있다. (1) 잘못된 의견에도 자유를 부여해야 하는가? (2) 자기 파괴적으로 살아가는 것처럼 보이는 사람들도 자유롭게 살도록 내버려 두어야 하는가? 혹은 자기 권리는 안중에도 없이 공동체 인습이나 종교 관습에 매어 살기를 원하는 여성 역시 원하는 대로 살도록 내버려 두어야 하는가? (3) 독주 판매나, 도박, 성매매 등 개인의 자유를 구속할 수 있는 관행을 국가가 금지하거나 제한해야 하는가?

이에 대한 밀의 입장을 살펴보기 전에, 루소라면 어떻게 답했을까 추측해 보자. (1)의 경우, 일반의지는 개별 의지의 다양성을 전제하므로 루소 역시 가능한 한 의견의 자유를 존중하자고 하겠지만, 어쨌든 일반

의지가 지배해야 할 것이다. 그러므로 잘못된 의견은 통제되어야 한다. 특히 불관용을 선동하는 자들은 가차 없이 처벌받아야 한다. (2)에는 각자를 "자유롭도록 강제"해야 한다는 그의 유명한 정식으로 답변할 수 있을 것이다. 자연 상태를 벗어난 개인들은 풍습에서든(타인의 시선), 경제에서든(경제적 불평등), 타인의 노예로 살아간다. 그러므로 각자가 평등하게 존엄을 유지하도록, 곧 자유롭도록 국가가 강제해야 한다. (3)의 경우 각자는 자신의 자유를 팔아 버릴 수 있으므로, 이 역시 국가가 개입하여 금지하거나 제한해야 한다. 각자가 자유롭다면, 혹은 아무리 자유롭다고 하더라도, 자신의 자유를 버릴 자유는 없는 것이다.

밀의 입장은 이런 구체적인 문제들을 스스로 제기했다는 점에서만이 아니라 내용상으로도 루소와 정확히 대립되는 듯 보인다. (1) 소수의 의견만이 아니라 명백히 잘못된 의견조차 자유롭게 표현되도록 내버려 두어야 한다. (2) 자기 자신에만 관계되는 한, 각자가 사회에서 용인되지 않는 행위뿐만 아니라 설령 자기 파괴적인 행위를 하더라도 내버려 두어야 한다. 스스로 만족하며 해당 공동체의 관습에 따라 살아가는 개인의 경우는 더 말할 것도 없다. (3) 판매의 자유를 제한하는 것은 구매와 소비의 자유를 제한하는 것이므로 이 역시 바람직하지 않다. 모든 물품의 판매는 가능한 한 시장에 맡겨두어야 한다. 이런 결론들은 오늘날 로버트 노직(Robert Nozick)과 같은 자유 지상주의자들이 주장하는 바와 유사해 보인다. 그러나 밀의 입장의 밑바탕에는 단순한 개인의 권한(entitlement)과는 다른, **개인의 성장과 발전**에 대한 관심이 놓여 있다. 이 점을 염두에 두면서 아래에서는 위의 세 문제에 대해 밀이 구체적으로 어떤 논거를 들어 답했는지 살펴보자.

## 2) 여론과 관습의 독재에 맞서는 자유주의적 관용론

### (1) 잘못된 의견에도 표현의 자유를!

생각과 토론의 자유는 밀의 시대와 달리 오늘날에는 하나의 공리처럼 받아들여지곤 한다. 그러나 인터넷을 통한 혐오 발언의 등장은 물론이고, 표현의 자유라는 이름 아래 사회적으로 열등한 지위에 있는 소수자들에게 가하는 언어 표현의 해악은 심각하다. 오늘날, 자유로운 표현이 초래하는 해악은 표현의 자유에도 한계가 있어야 하지 않느냐는 생각을 하게 만든다. 실제로 나치의 홀로코스트 경험이 있는 유럽은 인종주의적 표현을 법으로 금지하는 정책을 택한다. 그러나 미국은 표현의 자유를 거의 국시(國是) 차원에 두어 무제한적으로 허용하고자 한다. 그리고 이 이념에는 밀의 영향이 없다고 할 수 없을 것이다. 실로 밀이 오늘날의 상황에 처해 있다고 해도, 그는 여전히 표현의 자유를 무제한적으로 허용하자는 입장을 취했을 것 같다. 그가 이런 무제한적 자유를 옹호하는 근거는 무엇인가?

첫째, 무오류적인 절대 진리가 더 이상 불가능해졌다는 자각이다. 이는 오늘날 과학의 역사를 통해 익히 드러난 바이다. 이에 더해 밀은 소크라테스를 처형한 그리스인의 사례, 예수를 살해한 유대인의 사례, 그리고 역사상 가장 현명한 황제였던 아우렐리우스가 초기 기독교도를 박해한 사례를 든다.

둘째, 인정된 의견도 부분적 진리에 불과하며, 잘못된 의견도 진리의 일부를 포함하거나 나머지를 보충한다는 점이다. 가령, 밀이 살던 시대에 기독교 도덕이 도덕적 진리로 통하고 있었지만, 그것은 수동적이고 무기력한 노예적 성격, 나아가 공동체를 위한 의무보다는 자신의 행복만을 중시하는 이기적 성격을 가지고 있다. 기독교 윤리는 그것과 반대로 고매한 용기와 사회적 의무를 강조하는 로마와 이슬람의 도덕으로 보완될 필요가 있다.

셋째, 인정되는 의견이 진리의 전체라도, 논쟁 없이는 근거를 이해할 수도, 진리임을 실감할 수도 없다. "적군이 시야에서 사라지면 가르치는 사람이나 배우는 사람 모두 공부를 집어치우고 낮잠이나 자러 가게 마련이다."(『자유론』, 86쪽) 그래서 심지어 "모든 중요한 진리에서 반대자가 없는 경우, 반대자를 상상해 내어 그에게 가장 노련한 악마의 대변자가 생각해 낼 수 있는 한의 가장 강력한 논증을 제공할 필요가 있다."(『자유론』, 78쪽: 번역은 수정, *On Liberty*, 43쪽)

넷째, 토론 없이는 진리로 인정되는 교설이 갖는 의미의 생생함과 활력을 상실한다. 그러므로 잘못된 의견이라 하더라도 그 표현을 억압하는 것은 잘못된 의견과 옳은 의견을 대비시킴으로써 진리를 더 생생하고 분명하게 드러낼 수 있는 소중한 기회를 놓치는 결과를 초래한다.

이렇게 보면, 가령 특정 의견을 '종북'이라고 비난하는 입장과 이 입장을 레드 콤플렉스에 찌든 '보수꼴통'의 의견이라고 비난하는 입장은 서로에 대해 완전한 거부의 태도가 아닌 한 어떤 의미에서는 서로에게 생생함과 활력을 불어넣는 긍정적 역할을 한다고 볼 수도 있다. 그렇다면 동성애자나 이교도와 같은 소수자와 이들에 반대하는 다수자의 경우는 어떨까? 밀은 독설, 빈정 댐, 인신공격 등 언어폭력에 대한 제약이 다수 의견보다는 오히려 소수 의견을 제약하는 데 쓰이고 있음을 지적하며, 언어폭력을 막아야 한다면 다수자에 대한 공격보다는 소수자에 대한 공격을 차단하는 것이 훨씬 더 시급하다고 말한다. 그렇다고 해서 혐오 발언에 대한 법적 제재를 옹호하는 것은 아니다. "법과 권력이 둘 중 어느 쪽에도 제한을 가해서는 안 된다는 것은 자명한 사실이다. 어쨌든 개별 경우의 상황에 따라 의견이 스스로 평결을 내려야 한다."(『자유론』, 106쪽: 번역은 수정, *On Liberty*, 61쪽) 법적 제재가 아니라 단지 가치 없는 비판만이 다수의 횡포를 제한하기 위해 열려 있는 길이다.

### (2) 자기 파괴나 자기 포기로 보이는 행위에도 자유를!

밀에 따르면 자기 관련 행위에 대해서는 각자의 주권을 인정해야 한다. 왜 그런가? 이에 대해서는 이미 지난 세기 로크가 답한 바 있다. 행복의 문제에 있어서만은 당사자가 가장 관심이 있고, 또 남이 아무리 좋은 길을 알려 주더라도 그 길을 스스로 원하지 않는다면 아무 소용없다. 밀은 여기에 다시 세 가지 근거를 덧붙인다. 첫째, 앞서 보았듯 진리에 대해 어느 누구도 불가오류적일(infallible) 수 없다. 물론 어느 누구도 백지 상태에서 시작하지 않으며 경험의 축적인 관습을 참조할 필요가 있다. 그러나 이 경험이 너무 지엽적인 것이거나 경험자들 자신이 자기 경험을 **잘못 해석**했을 수 있다. 둘째, 각 개인은 환경과 경험의 산물로서 저마다 다르다. 따라서 앞선 경험의 해석이 설령 옳다고 하더라도 이것이 해당 사람에게 **어울리지 않는 것**일 수 있다. 셋째, 표현의 자유에서와 마찬가지로, 가장 중요한 논거는 성장에 대한 관심이다. 관습을 따르더라도 단순히 관습이니까 따르는 것은 좋을 수 없다. 각자의 **성장에 도움이 되지 않기** 때문이다. "가장 좋은 것을 식별하는 데에도, 가장 좋은 것을 욕망하는 데에도 훈련"이 필요하며, "근육과 마찬가지로 정신이나 도덕적 힘도 자꾸 써야만 개선된다."(『자유론』, 114쪽: 번역은 수정, *On Liberty*, 65쪽) 그래서 국가나 사회가 대신 좋은 길을 선택해 주는 것은 효과가 없을 뿐만 아니라 미래에 있을 진보의 가능성까지 박탈하는 것이다.

이 주장의 절실함을 제대로 가늠하려면, 밀이 직면한 시대의 특수성,

곧 여론이 지배하고 평균적 삶이 강요되는 대중 시대의 개막이라는 특수성을 고려해야 한다. "과거에는 서로 다른 계층과 서로 다른 이웃, 서로 다른 직업과 서로 다른 직종이, 말하자면 서로 다른 세계 속에 살았다. 이제 그들은 상당한 정도로 같은 세계에서 살고 있다. 과거와 비교해서 말하자면, 이제 같은 것을 읽고, 같은 것을 보고, 같은 곳에 가며, 같은 대상을 향해 희망과 두려움을 품고, 같은 권리와 자유를 가지며 같은 식으로 그것들을 향유한다."(『자유론』, 137쪽: 번역은 수정, *On Liberty*, 81쪽) 이른바 대중의 시대가 개막되었고, 밀은 '대중 여론의 전제(專制)'를 염두에 두고 있는 것이다.

앞서 스피노자에게서 보았듯, 인간은 누구나 남들이 자기가 바람직하다고 생각하는 방식으로 살기를 원한다는 점에서 폭군적 성향을 가지고 있다. 모두가 서로 유사해지는 대중의 시대에 이런 성향은 평균적이지 않은 방식으로 살아가는 모든 자에 대한 압제가 된다. 밀은 이 메커니즘을 추적하지 않았지만 그 해악에 대해서는 토크빌과 더불어 가장 큰 경종을 울린 철학자일 것이다. 개인성(individuality)의 말살은 사회 진보의 필수 조건인 다양성을 제거할 뿐만 아니라 사회의 진보를 촉발하는 천재성을 말살한다. 이런 결과적 차원 외에, 여론과 관습의 압력이 해로울 수 있는 더 근본적인 이유는 자유가 지닌 가치 때문이다. "누구든 웬만한 정도의 상식과 경험만 있다면, 자기 삶을 자기 방식대로 설계하는 것이 제일 좋다. 그 방식이 그 자체로 제일 좋기 때문이 아니라, 그 자신의 방식이기 때문이다."(『자유론』, 129쪽: 번역은 수정, *On Liberty*, 75쪽) 왜냐하면 "인간은 본성상 모형대로 찍어 내는 기계, 그것을 위해 정해진 작업을 정확히 수행하도록 설계된 기계가 아니라, 그를 생명체로 만들어 주는 내적 힘의 경향성에 따라 사방으로 자라고 스스로 발전해야 하는 나무와 같은 존재"이기 때문이다.(『자유론』, 115쪽: 번역은 수정, *On Liberty*, 66쪽) 그래서 『자유론』 3장에서 밀이 겨냥하는 가장 큰 적은 **이웃을 도덕적이고 사려 깊은 사람으로 만들려는 박애주의자**들이다. 그들은 결국 남들이 자기가 원하는 대로 살기를 바랄 뿐이며, 이는 개인적인 다양성을 질식시킴으로써 결과적으로도 해악을 가져온다.

(3) 타인 관련 행위에 도덕적 제재를 가해야 하는가?

그러나 여론에 의한 도덕적 제재 없이 사회가 유지될 수 있을까? 자기 관련 행위에 대해서는 굳이 도덕적 응징이 필요 없다. 밀에 따르면 자기 파괴적 행위를 저지르는 자는 "자신의 잘못으로 인한 벌을 벌써 받고 있다고 또는 받게 되리라고 생각해도 좋다."(『자유론』, 151쪽) 그래서 이런 행위는 동정이나 혐오의 대상은 될 수 있어도 노여움이나 분노의 대상은 아니다. 정당한 범위 안에서 그를 가장 심하게 대하는 것은 그냥 내버려 두는 것이다. 타인 관련 행위는 경우가 다르다. 타인의 권리를 침해하고, 손해를 끼치고 타격을 입히는 행위, 타인을 거짓으로 대하거나 불공정한 방법으로 이득을 취득하는 행위, 심지어는 다른 사람이 위험에 빠져 있는데 이기적인 마음에서 모르는 척하는 행위, 그 외 잔인한 기질, 질투, 지나친 분노, 요즘말로 '갑질'과 같은 위세 부리기―이 행위들에 대해서는 적어도 여론에 의한 도덕적 징벌을 가할 필요가 있다. 밀은 타인 관련 행위에 대해서만은 앞서 자신이 계속해서 위험을 경고했던 **여론에 의한 응징**을 불러들이고 있는 셈이다.

그러나 이럴 경우 타인 관련 행위의 범위가 무한정 넓어져서 사실상 모든 자기 관련 행위까지 포괄하게 되지 않을까? 또 그렇다면 지금까지 전개된 밀의 주장을 모조리 뒤집는 셈이 되지 않는가? 밀 스스로가 그런 논리를 사례로 제시한다. 도박은 자기 관련 행위로 보일 수 있다. 그러나 누군가 도박을 하여 재산을 탕진한다면, 그는 그 재산으로 직간접적 도움을 받는 사람에게 해를 끼치는 셈이다. 자신의 육체적 정신적 능력을 퇴보시킬 경우도 마찬가지로 자기에게 일정 부분 의지하는 사람의 행복을 망치게 된다. 마지막으로, 잘못되거나 어리석은 행동이 직접적 피해를 주지 않더라도 바람직하지 못한 본보기가 되어 타인에게 피해를 줄 수도 있다. 이런 경우 법이나 아니면 최소한 여론이 경찰 역할을 해야 하지 않는가? 그렇다면 결국 그 어떤 행위도 순수하게 자기 관련 행위일 수 없고, **사실상 모든 행위**가 여론의 규찰 대상이 되어야 하지 않겠는가? 여기서 밀은 자가당착에 빠지지 않는가?

그렇지 않다. 밀이 말하고자 하는 바는 정반대이기 때문이다. 밀에 따르면 첫째, 앞에서 든 타인 관련 행위는 결과 때문에 나쁠 뿐 행위 자체가 나쁜 것은 아니다. 도박을 해서 재산을 잃었든, 전도유망한 사업을 벌였지만 운이 나빠 도산했든, 식솔들에게는 나쁘기는 마찬가지다. 물론 도박하는 부모를 둔 자식과 사업하다 망한 부모를 둔 자식에게 부모가 미치는 영향은 다를 수 있다. 밀이 실제로 강조하고자 하는 것은 이런 우연적이고 가설적인 피해를 감안하여 **사회가 이 악을 미리 예방하도록 정책을 세워서는 안 된다**는 것이다. 대신 타인 관련 행위가 가져오는 "이 정도의 불편은 자유라는 좀 더 큰 목적을 위해 감수할 수밖에 없다."(『자유론』, 156쪽)

더 결정적인 것은 둘째, 간섭이 잘못된 방향으로 일어나기 쉽다는 것이다. 물론 대다수 사람과 직접 관련되는 일의 경우 대중 여론은 가끔 틀리기도 하지만 옳을 경우가 더 많다. 그러나 소수와 관련되는 일의 경우 그렇지 않은 경우가 더 많다. 왜 그럴까? 다수는 단지 자기가 **좋아하지 않는** 행동을 자기에게 **해가 되는** 행동으로 생각하기 때문이다.

불호에서 해악으로 넘어가는 것은 단지 **추정**에 의한 것이다. 더구나 자신의 자유를 보호하고 싶어하는 소수의 욕망과 이 자유가 자신에게 (추정적으로) 해가 된다는 이유로 그것을 빼앗고 싶어하는 다수의 욕망을 동등하게 취급할 수는 없다. 밀은 이런 상황을 지갑을 지키고 싶어 하는 주인의 욕망과 지갑을 훔치고 싶어 하는 도둑의 욕망에 비유한다. 당연히 후자의 욕망은 존중될 수 없다. 스스로의 호오(好惡)에 따라 추정한 타인의 해악을 제거하기 위해 타인을 '올바른' 삶의 길에 들어서게 하려는 이런 자들을 밀은 영국의 청교도주의자들에 비유한다. 그들에게는 주제넘게 남의 일에 간섭하지 말고 당신네 일이나 잘하라고 말할 수밖에 없다.

셋째, 사치 금지법이나 독주 판매 금지법처럼 풍속을 법으로 규제하려는 시도는 어떨까? 이런 시도 역시 자기 관련 행위를 타인 관련 행위로 확장하는 논리에 기대고 있다. 즉 사치나 음주가 사회 풍속을 해침으로써 "나의 사회적 권리를 침해한다"는 것이다. 가령 음주의 경우 사회적 무질서를 초래하여 안전이라는 나의 기본권을 해치며, 불쌍한 사람을 만들어 내어 그들이 내 세금에서 이득을 취하게 하므로 나의 평등권을 해치고, 풍속을 문란하게 함으로써 내가 자유롭게 도덕적, 지적 발전을 도모할 권리를 방해한다는 것이다.(『자유론』, 167쪽) 이쯤 되면 개인의 자유에 대한 어떤 침범도 정당화되지 못할 것이 없다. 일부다처제를 옹호하는 모르몬교도를 말살하려는 '문명보호군'('십자군'에 빗댄 말)의 활동 역시 마찬가지다. 밀은 흔히 이 제도의 희생자라고 여기는 문제의 여자들이 그것을 자발적으로 선택하고 있다는 사실, 그리고 이것이 세상 사람들의 상식과 풍습(어느 누구의 아내도 되지 않는 것보다는 차라리 여러 아내 가운데 한 사람이라도 되는 것이 더 낫다)에 그리 낯선 것이 아니라는 사실을 환기한다. 더구나 그들이 다른 사람들이 살고 있지 않은 사막으로 도주하고 난 후에조차 그들을 따라가 말살하려는 이 '문명인들'의 행위는 앞서 루소가 말한 불관용의 자연적 귀결이 무엇인지를 잘 보여 준다.

'문명보호군'의 이런 악착같은 활동은 사실 근거 없는 **공포**에 기반하고 있다. 야만적 풍습이 되살아나 문화를 정복할까 봐 두려워하는 것이다. 이에 대해 밀은 "자신들이 이미 과거에 정복한 적 앞에서 무너질 수 있는 문명이라면, [적이 나타나기도 전에 이미] 너무 퇴락"했음이 분명할 것이고 "그런 문명이라면 하루 빨리 해고장을 받는 편이 더 낫다."(『자유론』, 173쪽: 번역은 수정, *On Liberty*, 103쪽) 그러면 오히려 "정력적인 야만인들에 의해 파괴된 후 부활할 것이다."(같은 곳)

## 5. 같은 출발, 다른 결론

루소와 밀의 관심은 대중들의 등장과 이들이 가하는 불관용이다. 이 불관용은 어디서 생겨나며, 이 불관용을 어떻게 통제하여 각 개인에게 자유를 돌려줄 것인가라는 문제가 이 두 철학자의 출발점이었다. 루소와 밀은 둘 다 자유주의에서 출발한다. 그러나 도달점은 상반된다. 루소가 각자를 자유롭도록 강제해야 한다고 보았다면, 밀은 각자를 자유롭도록 내버려 두어야 한다고 보았다. 그래서 잘못된 의견의 자유나, 자기 스스로에게 해로운 행위, 그리고 사치, 도박, 독주 판매 등 풍속을 해치는 행위에 대해 밀은 대체로 방임적인 결론을 내린다. 아마도 루소는 밀과는 다른 답변을 내렸을 것이다. 의견의 자유나 히잡 착용에 대한 프랑스와 미국의 상반된 정책은 정확히 루소와 밀의 입장 차이만큼이라 할 수 있을지도 모른다. 그러나 밀은 오늘날의 자유지상주의자와 달리, 그리고 오히려 자유를 획득해야 할 것으로 본 루소와 비슷하게 개인의 자유를 주어진 것으로 보기보다 형성해 가야 할 것으로 보았다. 루소도 비록 그가 "자유롭도록 강제"한다고 말하기는 했지만, 각자가 자유를 "원할" 수 있게 하는 방안을 고민했고 시민 종교는 이를 위한 것이었다. 이 점에서 각각 공화주의와 자유주의를 대변하는 그들의 관용론을 둘 다 더 적극적 의미의 자유를 위한 방편으로 생각해 볼 필요가 있다. (김은주, 이경희)

# 11

# 상호 존중 대 무관심:
## 칸트와 헤겔

## 1. 여성 할례와 양심적 병역 거부

〈여성 할례 금지〉

　미국에서 일부 무슬림 소녀는 방학을 맞으면 할례 시술을 허용하는 외국에 나간다. 주로 아프리카, 중동 등 이슬람 국가에서 이민 온 가정의 딸들이다. 여성 할례는 여성에게 금욕을 요구하는 이슬람 교리에 따라 어린 여성의 성기에서 음핵이나 음순을 제거하는 시술이다. 미국에서는 여성 할례가 은밀하게 이루어지고 있어 2017년 초 미국 연방수사국(FBI)이 단속에 나섰다. FBI는 여성 할례를 인권 침해 범죄로 규정한다.(「미국에서도 '여성 할례' 은밀 성행…FBI 수사 나서」)

〈양심적 병역 거부 처벌〉

　한국에서 양심적 병역 거부를 택하는 이들은 대부분 여호와의 증인 신도들이다. 이 신도들은 어떤 이유로든 인간의 생명을 빼앗는 것은 악이라는 평화주의 종교 신념 때문에 총 들기를 거부한다. 유엔인권이사회의 「양심적 병역 거부에 관한 분석 보고서」(2013)에 따르면 2013년 양심적 병역 거부로 교도소에 갇힌 사람은 전 세계에서 723명이고, 이 중 한국인이 669명, 92.5%다.(「양심적 병역거부 투옥자 92% 한국인 〈유엔보고서〉」) 힌법 재판소는 2004년과 2011년 두 차례 양심적 병역 거부자에 대한 형사 처벌이 합헌이라고 판단했다. 2018년에도 비록 대체 복무제 마련에 대한 사회적 공감대가 형성되었고 2019년 말까지 마련할 것을 단서로 달았지만 형사 처벌을 규정하고 있는 병역법에 대해 세 번째로 합헌이라고 결정했다.

미국이든 한국이든 무슬림 여성의 할례나 양심적 병역 거부는 허용되어야 할까? 네 가지 조합의 대답이 나올 수 있다.

A. 여성 할례도 양심적 병역 거부도 허용되어야 한다.
B. 여성 할례도 양심적 병역 거부도 허용되어서는 안 된다.
C. 여성 할례는 허용되더라도 양심적 병역 거부는 허용되어서는 안 된다.
D. 여성 할례는 허용되어서는 안 되지만 양심적 병역 거부는 허용되어야 한다.

칸트(I. Kant, 1724-1804)와 헤겔(G. Hegel, 1770-1831)에게 물어보면 뭐라고 대답할까? 칸트는 D라고 대답하고 헤겔은 A라고 대답할 듯하다. 그 이유는 칸트와 헤겔의 관용 모델이 다르기 때문이다. 칸트는 관용이 상호 존중이라는 모델을 제시하고 헤겔은 관용이 무관심이라는 모델을 제시한다. 관용이 상호 존중이라면 여성 할례는 무슬림 소

녀의 인권을 존중하는 것이 아니기 때문에 허용되어서는 안 되고 양심
적 병역 거부는 그 사람의 양심을 존중해야 하니까 허용되어야 할 듯하
다. 관용이 무관심이라면 여성 할례든 양심적 병역 거부든 국가는 무관
심해야 하니까 모두 허용되어야 할 듯하다. 그러나 자세히 살펴보면 칸
트의 대답은 D이지만 헤겔의 대답은 A, B, D에 걸쳐 있다.

## 2. 칸트의 관용 정당화 모델: 상호 존중

> "너 자신의 인격에서나 다른 모든 사람의 인격에서 인간성을 단순히 수단으
> 로 사용하지 말고 동시에 목적으로 사용하도록 행위하라."(*Kant's gesam-*
> *melte Schriften*, 『도덕 형이상학 정초』 4권, 429쪽)

이 말은 정언명령의 정식들 중 "목적 자체의 정식"이라 불리는 것이
다. 칸트가 구성한 도덕 철학의 핵심은 보상이나 처벌과 같은 결과를
고려하는 타율적 도덕과 반대로 스스로 정한 법칙을 지키는 자율적 도
덕이다. 정언명령은 우리가 자율적 도덕 능력을 발휘해 스스로에게 부
과하는 법칙이다. 목적 자체의 정식은 칸트의 관용 모델을 담고 있다.

인간성을 수단으로 사용하지 말라는 말이 어떤 것도 수단으로 사용
하지 말라는 뜻은 아니다. 인간은 먹고 사는 목적을 위해 물, 밥, 옷, 집
등 많은 사물을 수단으로 사용할 수 있다. 그러나 한 인간이 다른 인간
을 수단으로 사용해서는 안 된다. 칸트에 따르면 인간이 인간을 수단으
로 사용하는 예는 돈을 갚을 생각이 없으면서도 남에게 돈을 빌리는 것
이다. 남을 돈 빌리는 수단으로 보면 돈 없는 남은 빌린 돈을 갚기는커
녕 쓸모가 없어서 버릴 테니까 인간을 목적 자체로 존중할 수 없다. 칸

트는 자살도 인간을 수단으로 사용하는 예라고 본다. 자살이 어떤 재난을 당해서 생긴 고통 때문이라면 자살하는 사람은 그 고통에서 벗어나기 위한 수단으로 자신의 생명을 사용한다.

칸트에 따르면 인간은 결코 사물이 아니며 다른 어떤 것과도 대체할 수 있는 고유한 가치를 지닌다. 인간은 이성적 존재로서 언제나 목적 자체이며 항상 무엇과도 바꿀 수 없는 존엄성을 지닌다. 그러므로 이런 인간성을 존중해야 한다는 명령이 목적 자체의 정식에 담긴 기본 내용이다.

자율은 강요받지 않고 스스로 선택하는 것을 의미한다. 칸트에 따르면 인간은 모두 스스로 생각과 행동을 선택할 수 있다는 뜻에서 자율성을 지닌다. 인간을 수단이 아니라 목적으로 사용하라는 것은 인간이 지닌 자율성과 스스로 선택한 생각과 행동을 자기 것이든 남의 것이든 존중하라는 뜻이다. 목적 자체의 정식은 남이 자기의 생각과 행동을 자율로 선택하는 것을 내가 제약할 수 없고 설사 나의 생각과 행동과 다르더라도 남의 생각과 행동을 존중해야 한다는 내용을 포함한다. 그리고 개인들의 자율과 이에 따른 생각과 행동을 서로 존중하는 것이 바로 칸트의 관용 개념이다.

관용이 개인들의 상호 존중이라는 칸트의 눈으로 보면 여성 할례와 양심적 병역 거부는 어떻게 평가할 수 있을까? 만일 무슬림 소녀가 자율로 선택할 수 있는 시기에 아무런 강압도 없는 상태에서 여성 할례를 스스로 선택한다면 칸트도 말릴 수 없다. 그러나 무슬림 소녀가 여성 할례를 스스로 선택하지 않고 강요받을 수밖에 없다면 칸트는 무슬림 소녀의 자율이 존중받지 못한다고 보고 여성 할례에 반대할 것이다. 무슬림 소녀는 태어난 때부터 첫 월경까지 여성 할례를 받지만 대부분 4-8세 때 절제술을 받는다. 무슬림 소녀가 자율로 여성 할례를 선택한다고 보기 어려운 이유다. 여성 할례는 무슬림 가정에서 종교 전통에 의해 강제로 시행된다. 따라서 개인의 자율에 대한 존중을 관용으로 보는 칸트는 여성 할례에 반대할 것이다.

양심적 병역 거부는 한국의 경우 군대에 가야 하는 18세 이후의 남성이 선택하는 길이다. 칸트의 눈으로 보면 군 입대가 인간의 자율을 해치는 것이고 군 입대 거부는 오히려 인간의 자율을 지키는 것이다. 또 한국에서 양심적 병역 거부는 적어도 2019년 현재까지는 보상은커녕 투옥이라는 처벌을 받는다. 양심적 병역 거부는 보상이나 처벌과 같은 결과를 고려해 타율로 선택한 행동이 아니라 자율로 선택한 행동이니까 칸트가 더욱 지지할 만하다. 따라서 여성 할례와 양심적 병역 거부에 대한 칸트의 견해는 D(여성 할례는 허용되어서는 안 되지만 양심적 병역 거부는 허용되어야 한다)인 것처럼 보인다.

## 3. 헤겔의 관용 정당화 모델: 무관심

"[퀘이커 교도와 재세례파 교도]와 같은 분파들은 본래 뜻에서 국가가 '관용(Toleranz)'을 수행한 경우다. 왜냐하면 이 분파들은 국가에 대한 의무를 인정하지 않아서 국가의 성원이라는 권리도 요구할 수 없기 때문이다."
(*Grundlinien der Philosophie des Rechts*, 『법철학』, 421쪽)

퀘이커(Quäker)는 17세기에 창시된 기독교 교파이며 노예제도에 반대하고 전쟁 참여를 거부한다. 재세례파(Widertäufer)는 16세기 종교개혁 때 급진 노선을 따른 기독교 교파이고 전쟁과 시민 정부에 참여하는 데 반대한다. 헤겔의 시대인 19세기에는 종교개혁 후 기독교가 퀘이커, 재세례파 뿐 아니라 감리교, 루터교, 칼뱅교, 성공회, 장로교 등 많은 교파로 나뉜다. 또 독일에서 기독교 교파들은 대부분 국가의 법보다 교회의 우선권을 주장하고 교도들에게 교리에 대한 복종을 강조한다.

헤겔은 퀘이커 교도나 재세례파 교도가 전쟁 참여를 거부하는 것을 국가가 억제하기니 탄압하지 않고 허용하는 것이 "관용"이라 말한다. 퀘이커 교도나 재세례파 교도는 전쟁 참여나 행정 참여와 같은 국가에 대한 의무를 거부하기 때문에 국법이 보장하는 국민의 권리도 요구할 수 없다. 그러나 국가는 국가에 대한 의무를 받아들이는 국민과 마찬가지로 퀘이커 교도와 재세례파 교도에게도 국민의 권리를 보장해 준다. 헤겔은 퀘이커 교도와 재세례파 교도에 대한 국가의 태도를 관용이라 부른다.

헤겔의 관용은 교회와 국가의 바람직한 관계를 설명하는 말이다. 바람직한 관계는 국가가 교회 교도들에게 간섭하지 않고 내버려 두는 것, 설사 교회가 국법에 반대하더라도 억압하지 않고 오히려 국법에 따른 권리를 보장해 주는 것이다. 헤겔은 교회에 대한 국가의 바람직한 관계 또는 태도를 관용이라 부르면서 관용을 무관심(Gleichgültigkeit)이라 해석할 만한 예를 든다. 물리학자 라플라스(P. Laplace, 1749-1827)가 격하게 전하는 갈릴레오(G. Galilei, 1564-1642)의 종교재판(1633) 모습이다.

"나 갈릴레오는 내 나이 70세에 스스로 법정에 나와 무릎 꿇고 내 손에 있는 신성한 성서를 보며 정직한 마음과 참된 믿음으로 불합리하고 거짓이며 이단인 지동설을 맹세코 버리고 저주하고 증오합니다."(*Grundlinien der Philosophie des Rechts*, 426쪽)

헤겔은 교회가 갈릴레오에게 행한 것과 같은 일을 국가가 교회나 학문에 행하면 안 된다고 주장한다. 교회가 교리에 어긋나는 학문을 억압하면 안 되듯이 국가도 국법에 반하는 교회나 학문을 탄압하면 안 된다. 헤겔은 학문이 진리 대신 사견으로 전락하고 교회가 국법 대신 종교의 독자성만 앞세워 국가에 맞설 가능성도 생각한다. 헤겔은 이런 사견과 종교에 대해 국가가 두 가지 태도를 취할 수 있다고 주장한다. (*Grundlinien der Philosophie des Rechts*, 420쪽)

첫째, 국가는 개인이 지닌 사견과 종교에 대해 국가의 의무를 관철할 수 있다. 국가의 의무는 국민이 국법을 준수하게 만드는 것이다. 개인이 사견과 종교에 대해 무한정의 자유를 요구하면 국가는 멸망할 수도 있다. 이런 경우 국가는 개인에 대해 국가의 의무를 관철해야 한다.

둘째, 국가는 충분히 강력한 경우 개인이 지닌 사견과 종교에 대해 무관심의 태도를 취할 수 있다. 지동설을 지지하는 갈릴레오에 대해 교회가 취한 태도는 간섭과 불관용이다. 헤겔의 눈으로 보면 갈릴레오에 대한 교회의 바람직한 태도는 불간섭과 관용이다. 마찬가지로 국가도 개인이 지닌 사견이나 종교에 대해 불간섭과 관용의 태도를 취하는 것이 바람직하다.

"따라서 조직을 완비해 강한 국가는 더욱 자유롭게 처신해 국가와 관련되는 개별 사항들을 완전히 무시하고 국가에 대한 직접 의무들을 종교 때문에 인정하지 않는 집단들조차 견딜 수 있다."(*Grundlinien der Philosophie des Rechts*, 420쪽)

헤겔에 따르면 제도와 조직을 완비한 국가는 강한(starke) 국가이고 강한 국가는 개인의 사견이나 종교처럼 국가에 반하는 개별 사항들을 완전히 무시할(übersehen) 수 있으며 국가에 대한 의무를 다하지 않는 집단들도 견딜(aushalten) 수 있다. 이렇게 강한 국가가 국가에 맞서는 개인의 사견이나 종교에 대해 간섭하지 않고 무시하고 견디는 것이 헤겔이 생각한 무관심으로서의 관용을 정당화하는 길이다.(*Grundlinien der Philosophie des Rechts*, 427쪽)

양심적 병역 거부는 허용되어야 할까? 헤겔의 대답은 두 가지다. 강한 국가는 양심적 병역 거부를 허용해야 한다. 강한 국가는 국법에 반하는 단체들조차 무관심이라는 방식으로 관용을 실천해도 멸망하지 않기 때문이다. 그러나 강하지 않은 국가는 양심적 병역 거부에 대해 국법을 관철해야 한다. 강하지 않은 국가는 양심적 병역 거부를 허용하면 멸망할 수도 있고 국가가 멸망하면 관용할 주체도 없어지기 때문이다. 여성 할례는 허용되어야 할까? 이 물음에 대답하려면 헤겔의 견해를 조금 더 들어보아야 한다.

"[유대인]은 우선 '인간'이며 편평한 추상적 성질을 가진 것이 아니라 인정된 시민권을 통해 시민사회에서 스스로 법인격으로 여기는 감정을 가질 수 있다."(*Grundlinien der Philosophie des Rechts*, 421쪽)

헤겔은 반유대주의 운동이 격렬한 19세기 초에 유대인에게 시민권을 허용하자고 주장한다. 그리고 유대인에게 시민권을 허용해야 하는 이유가 유대인도 인간이고 "스스로 법인격으로 여기는 감정"을 가질 수 있기 때문이라고 말한다. 스스로 법인격으로 여기는 감정은 시민사회에서 남들과 동등한 인간으로 취급받고 있다는 도덕적 느낌이다. 헤겔에 따르면 국가가 유대인을 배제해야 한다고 요구하는 것은 어리석다. 이런 요구는 국가에 대한 유대인의 불복종을 정당화할 뿐 아니라 국가가 유대인을 포용할 만큼 강하지 않다는 것도 보여 주기 때문이다.

유대인을 포용할 만큼 강한 국가는 퀘이커, 재세례파, 여호와의 증인처럼 전쟁 참여에 반대하는 양심적 병역 거부를 허용해야 한다. 나아가 강한 국가는 여성 할례를 시행하는 무슬림 집단도 포용해야 한다. 그러나 헤겔이 국가에게 무슬림 집단의 여성 할례를 허용하자고 주장할지는 분명치 않다. 헤겔은 유대인에게 시민권을 허용하듯이 무슬림에게도 시민권을 허용하자고 주장할 것이다. 그 이유는 유대인도 무슬림도 스스로 법인격으로 여기는 감정을 가질 수 있기 때문이다. 그러나 종교 관행에 따라 강제로 할례를 당하는 무슬림 소녀는 신체의 자유를 보장하는 시민권을 보장받지도 못하고 따라서 스스로 법인격으로 여기는 감정을 가질 수도 없다. 그렇다면 헤겔은 무슬림 집단을 관용하면서도 무슬림 소녀에게 시민권을 보장하지 않는 여성 할례에 반대할 가능성이 있다.

여성 할례와 양심적 병역 거부에 대한 헤겔의 견해는 A(여성 할례도 양심적 병역 거부도 허용되어야 한다), B(여성 할례도 양심적 병역 거부도 허용되어서는 안 된다), D(여성 할례는 허용되어서는 안 되지만 양심적 병역 거부는 허용되어야 한다)의 가능성을 모두 가지고 있다. 강한 국가가 국법에 반하는 집단이나 행위도 허용해야 한다는 무관심으로서 관용 모델에 비추어 보면 헤겔은 A를 지지할 가능성이 있다. 그러나 여성 할례는 무슬림 소녀의 법인격 감정을 무시한다는 이유로, 양심적 병역 거부는 강하지 않은 국가가 멸망할 수도 있다는 이유로 헤겔은 B를 지지할 가능성도 있다. 나아가 여성 할례는 같은 이유로, 양심적 병역 거부는 강한 국가를 이유로 헤겔은 D를 지지할 가능성도 있다.

## 4. 칸트의 도덕적 관용과 시민적 관용

관용이 개인들의 상호 존중이라는 칸트의 견해는 종교적 관용을 일반
화한 것이다. 칸트가 살았던 시대에도 현실적으로 가장 뜨거웠던 관용
의 문제는 여전히 종교적 관용이었다. 칸트는 『도덕 철학 강의』(Vor-
lesungen über Moralphilosophie)(1774)에서 종교적 관용을 도덕적 관
용(die moralische Toleranz)과 시민적 관용(die bürgerliche Toleranz)
의 두 측면에서 살핀다.

　칸트에 따르면 시민사회가 형성되기 전 자연 상태에서 인간의 마음
속에는 종교 이전에 도덕이 있다. 그리고 도덕이 인간들을 선한 행위로
인도하기 때문에 종교가 특별히 필요하지 않다. 그러나 인류가 점차 생
산을 늘리고 이익을 차지하려는 욕구가 증가하면 도덕만으로는 더 많
은 이익을 차지하려는 욕구를 억누를 수 없다. 칸트는 이런 상황에서
욕구를 조절하는 상위 장치로 종교가 필요하다고 주장한다. 종교는 내
가 차지해서는 안 되는 이익에 욕심을 부려서는 안 되고 거짓말해서는
안 된다고 가르친다. 도덕은 보상과 처벌이라는 결과를 고려해 행위하
라고 요구하지 않는다. 그러나 도덕이 인간들의 마음속에서 약해지면
종교가 보상과 처벌을 내세운다. 효과도 있다. 종교는 경찰과 같다.(같
은 책, 27권, 73쪽)

　칸트에 따르면 도덕적 관용은 한 인간이 다른 인간에게 지는 기본 의
무다. 인간은 어떤 종교를 믿든 도덕적 관용의 의무를 계속 유지해야
한다. 종교는 인간의 내적 심정과 관련되며 신과 인간의 내면 관계를 통
해 성립한다. 따라서 누가 얼마나 자기 종교를 독실하게 믿는지는 아무
도 판단할 수 없다. 그러니까 남이 다른 종교를 믿더라도 그 사람을 비
난하지 않는 것이 도덕적 관용이자 종교적 관용의 의무다. 또 종교가 없

더라도 도덕은 있을 수 있으니까 자기 종교만이 참된 것이라는 편견에서 벗어나야 한다. 나의 종교만이 참된 것이라 판단하지 않고 남의 종교를 비난하지 않는 것은 인간이 종교 이전에 도덕을 지니기 때문에 가능한 도덕적 관용이다.(같은 책, 27권, 73쪽)

칸트는 다른 종교가 나의 행복과 이익을 크게 해칠 경우 나 자신을 보호할 권리가 있다고 주장한다. 예를 들어 종교로 인한 증오와 복수가 나를 해치면 내가 그 종교를 도덕적으로 관용할 이유는 없다. 그러나 이런 종교는 대체로 미신에서 비롯한 거짓 종교일 가능성이 크다. 그리고 인간의 자연스러운 도덕 감정은 이런 거짓 종교를 거부하거나 바로잡을 것이다.(같은 책, 27권, 74쪽)

한편 시민적 관용은 정부가 다양한 종교를 보호해야 하느냐는 질문에 칸트가 단호하게 긍정으로 대답하는 근거다. 칸트는 현실에서 종교적 관용을 결정하는 사람은 성직자가 아니라 통치자라고 주장한다. 어떤 종교가 참된 종교인지는 성직자가 판단할 수 없다. 오히려 많은 성직자는 다른 종교의 성직자나 신도를 인간이 아니라 악마로 규정해 증오를 불러일으키고 확산한다. 성직자는 자기 종교를 믿고 전파할 자유가 있지만 그 종교를 남에게 강요할 자유는 없다. 마찬가지로 성직자는 남의 종교를 억제하고 탄압할 자유도 없다. 게다가 성직자는 모두 국가의 시민이다. 따라서 종교적 관용은 국가와 시민 전체에 무엇이 유익하고 해로운지를 판단하는 통치자가 결정해야 하고 시민인 성직자는 이 결정을 따라야 한다. 통치자는 국민들이 이미 여러 종교를 믿고 있으면 한 종교로 강제 통일하는 것보다 각자 믿는 종교에 충실하도록 허용하는 것이 사회 전체에 더 큰 이익이라고 판단하고 종교적 관용을 결정해야 한다. 칸트는 16세기에 일찌감치 종교의 자유를 선언한 네덜란드 정부가 전복이나 멸망의 위기에 처한 일이 결코 없었다는 예를 들면서 종교

적 관용을 옹호한다.(*Vorlesungen über Moralphilosophie*, 27권, 75쪽)

도덕적 관용과 시민적 관용의 관점에서 보면 여성 할례와 양심적 병역 거부는 허용되어야 할까? 칸트의 도덕적 관용과 시민적 관용은 모두 종교적 관용을 정당화하는 길이다. 인간은 자기 종교만 옳다고 고집하지 않고 남의 종교를 그르다고 비난하지 않는 도더저 관용을 기본 의무로 지니기 때문에 종교 관용을 받아들여야 한다. 또 통치자는 종교 관용이 국가 전체에 이익이라고 판단하기 때문에 다양한 종교의 자유를 허용하는 결정을 내려야 한다. 여성 할례와 양심적 병역 거부는 남의 종교를 그르다고 비난하지 않는 도덕적 관용에 비추어 보든 다양한 종교의 자유를 허용하는 시민적 관용에 비추어 보든 모두 허용되어야 할 듯하다.

그러나 만일 여성 할례나 양심적 병역 거부가 누군가의 행복과 이익을 크게 해치면 그 사람은 둘 다 받아들이지 않을 권리가 있다. 또 여성 할례나 양심적 병역 거부가 미신에서 비롯한 그릇된 것이라면 인간의 도덕 감정이 거부하거나 바로잡을 것이다. 여성 할례가 여성은 금욕해야 한다는 이슬람 교리에서 비롯하고 양심적 병역 거부가 남의 생명을 해치거나 빼앗으면 안 된다는 여호와의 증인 교리에서 비롯한다면, 이 교리들이 도덕 감정에 의해 거부되거나 바로잡혀야 하는지는 다른 종교를 가진 사람들이 판단할 문제가 아니다. 무슬림이나 여호와의 증인 신도가 판단해야 한다. 여성 할례든 양심적 병역 거부든 일차로는 도덕적 관용의 대상이므로 옳고 그름에 대한 판단은 당사자들에게 맡겨야 한다. 여성 할례는 여전히 많은 무슬림 여성이 시술받고 있지만 이젠 많은 이슬람 국가조차 금지하고 있다. 여호와의 증인 신도는 적어도 한국에서는 여전히 강하게 징집을 거부하고 있다. 칸트가 말하는 시민적 관용에 비추어 보면 국가 또는 정부는 여성 할례도 양심적 병역 거부도 개입해서 막거나 처벌할 수 없어 보인다.

  그렇다면 칸트의 견해는 D(여성 할례는 허용되어서는 안 되지만 양심적 병역 거부는 허용되어야 한다)가 아니라 A(여성 할례도 양심적 병역 거부도 허용되어야 한다)로 바뀐 것처럼 보인다. 개인들이 서로 자율을 존중하는 것이 관용이라면 무슬림 소녀의 자율을 침해하는 여성 할례는 허용되어서는 안 되고 양심적 병역 거부는 허용되어야 한다. 그러나 도덕적 관용은 개인의 도덕 감정에 맡겨야 하고 시민적 관용이 국가가 다양한 종교의 자유를 허용하기를 요구한다면, 무슬림 소녀의 자율을 존중하는 것은 다른 종교를 가진 사람이나 그런 사람이 다수인 국가가 개입할 수 없다. 그렇다면 칸트의 견해는 개인들의 상호 존중으로서 관용 모델에 따르면 여성 할례가 허용되어서는 안 되고 도덕적 관용과 시민적 관용의 모델에 따르면 여성 할례는 허용되어야 한다는 모순에 빠진 것처럼 보인다. 탈출구가 있을까?

## 5. 밀레트 시스템과 칸트의 관용

국가나 정부가 다양한 종교의 자유를 보장하고 칸트가 말하는 시민적 관용을 실천하는 길은 다양한 종교의 전통과 관행에 간섭하지 않는 것이다. 국가가 불간섭 또는 비개입함으로서 관용을 실천했던 역사적 사례 중 하나는 밀레트(Millet) 시스템이다. 밀레트는 오스만제국(1299–1922)이 세 개의 비무슬림 소수 집단, 즉 그리스 정교회, 아르메니아 정교회, 유대교에 대해 공식으로 인정한 자치 공동체다. 오스만제국은 밀레트 안에서 비무슬림들의 종교 전통과 관행을 허용하고 존중했다. 그러나 제국은 밀레트의 자치를 보장하면서도 엄격한 제한을 가했다.

비무슬림들은 서로 다른 색깔 등으로 표시가 나는 옷을 입어야 했고 제국의 허락을 받은 곳에만 교회를 세울 수 있었으며 제국에 군사 세금을 내야 했다.

밀레트 시스템은 넓은 의미에서 종교적 관용의 모델이었다. 무슬림 국가가 비무슬림 공동체들의 자치를 보장한 것은 밀레트 시스템이 보인 종교적 관용의 한 실천 방식이었다. 그러나 무슬림과 비무슬림은 각자 밀레트 안에서는 개인의 자유를 허용하지 않았다. 세 자치 공동체는 두 정교회의 주교와 유대교의 최고 랍비가 수장이었고, 각 공동체 안에서 개인은 표현의 자유도 없었고 개종의 자유도 없었다.("Two Models of Pluralism and Tolerance", 83-90쪽)

칸트의 시민적 관용은 밀레트 시스템과 양립할 수 없는 것으로 보인다. 시민적 관용은 도덕적 관용을 전제하기 때문이다. 칸트는 어떤 종교가 도둑질하고 증오하라고 가르치면 인간의 자연스러운 도덕 감정이 악행을 거부하거나 교정할 것이고 이런 사악한 종교는 관용의 대상에 포함되지 않으며 이런 종교를 믿을 자유도 보장되지 않는다고 주장한다. 그리고 이런 도덕 감정이 바로 도덕적 관용의 바탕이다. 도덕적 관용은 인간이 종교 이전에 도덕 감정으로 자기 견해만 옳다고 판단하거나 남의 견해를 그르다고 비난하지 않는 것이다. 따라서 시민적 관용이 종교의 자유를 보장하더라도 전제 요건은 도덕적 관용을 실천하는 종교가 시민적 관용의 대상이라는 것이다.

칸트는 밀레트 시스템이 각 자치 공동체 안에서 개인에게 표현의 자유도, 개종의 자유도 보장하지 않는 것이 도덕적 관용에 어긋난다고 비판할 것이다. 칸트의 표현으로는 밀레트들은 도덕적 관용을 실천하지 않는 공동체들이므로 시민적 관용의 대상이 될 수 없다. 여성 할례도 마찬가지다. 칸트의 눈으로 보면 여성 할례는 무슬림 소녀의 신체 자유를 침해하고 인간의 행복과 이익을 해치는 행위이므로 도덕적 관용에 어긋나는 행위다. 따라서 도덕적 관용을 실천하지 않는 여성 할례를 허용하는 공동체는 시민적 관용의 대상에서 제외된다.

반면 남의 종교적 견해를 그르다고 판단하지 않는 것이 도덕적 관용이라면 종교적 신념에 따른 양심적인 병역 거부는 허용되어야 한다. 또 표현의 자유를 허용하는 종교 공동체의 자유를 보장하는 것이 시민적 관용이라면 양심적 병역 거부를 선택하는 종교 집단이나 그 신도도 불이익이나 처벌을 받지 않아야 한다. 따라서 여성 할례와 양심적 병역 거부에 대한 칸트의 견해는 A(여성 할례도 양심적 병역 거부도 허용되어야 한다)가 아니라 D(여성 할례는 허용되어서는 안 되지만 양심적 병역 거부는 허용되어야 한다)라고 볼 수 있다.


## 6. 헤겔의 관용과 시민사회

밀레트 시스템이 보여 주는 종교적 관용은 서로 다른 종교를 가진 집단들이 서로 개입하거나 간섭하지 않고 각각의 종교 전통과 관행을 허용한다는 뜻에서 관용의 한 형태이나 이 때의 관용은 '무관심으로서의 관용'이다. 그리고 헤겔에 따르면 강한 국가는 국법에 반하는 종교 집단도 무관심과 불간섭으로 내버려 두는 관용을 실천해야 한다. 그러나 헤겔이 말하는 무관심으로서 관용은 밀레트 시스템과 결정적으로 다른 면이 있다. 헤겔의 무관심으로서 관용은 밀레트 시스템과 달리 집단 안에서 개인의 자유를 무시하지 않고 보장한다. 무관심으로서 관용의 주체인 강한 국가는 개인의 자유와 권리를 보장하는 시민사회가 충분히 발달해야 성립할 수 있기 때문이다.

헤겔에 따르면 강한 국가는 인류를 완성한 단계의 공동체다. 호네트
(A. Honneth)는 헤겔이 예나 시기(1801-1807)에 쓴 저작들에서 인정
투쟁 프로그램을 발견한다.(『인정 투쟁』, 63쪽) 헤겔의 인정 투쟁 프로
그램은 개인들이 서로 인정받으려는 투쟁을 가족, 시민사회, 국가 등
세 단계의 인류 공동체가 성립하는 동력으로 확립하려는 계획이다. 호
네트에 따르면 헤겔은 가족의 사랑, 시민사회의 법 권리, 국가의 민족
연대를 포괄하는 인정 투쟁 속에서 개인과 공동체의 통일을 의미하는
인류가 완성되어 간다고 본다.

개인은 가족의 사랑이라는 감정 관계 속에서 감정적 인격을 인정받
는다. 또 개인은 시민사회의 법 권리 관계 속에서 이성적 인격을 인정
받는다. 그리고 개인은 국가의 공동 이익 관계 속에서 자의식의 주체로
인정받는다. 강한 국가가 되기 위해서는 가족, 시민사회, 국가 등 인류
의 실현 단계마다 인정을 거쳐야 한다. 헤겔이 말하는 강한 국가가 무
관심으로서의 관용을 실천하기 위해서는 인류를 실현하는 단계들마다
거치는 인정 과정이 꼭 필요하다.

특히 강한 국가는 시민사회의 발달을 충분히 거쳐야 성립한다. 헤겔
에 따르면 시민사회의 자유 시장은 개인의 사적 이익만이 난무하는 곳이
아니다. 자유 시장에서 개인이 사적 이익을 추구하려면 남의 사적 이익
도 고려해야 한다. 자유 시장에서 개인이 자기의 사적 이익만을 맹목으
로 추구하면 시민사회는 무너진다. 시민사회가 유지되려면 자유 시장에
서 시민들 사이의 동등한 인정이 필요하다. 시민들 사이의 동등한 인정
이 실현되는 데는 공동 이익을 추구하는 다양한 조합들과 이 조합들의
활동을 규제하는 법체계가 필요하다. 헤겔의 눈으로 보면 시민사회는 개
인들의 사적 이익만이 난무하는 비윤리 공간이 아니라 사적 이익을 추구
하기 위해 동등한 상호 인정을 모색하는 인류의 공간이 될 수 있다.

헤겔에 따르면 국가는 시민사회가 이룩한 인륜, 즉 개인의 인격과 사적 이익의 권리를 충분히 보장한다. 국가는 공동 이익만을 추구하지도 않고 개인의 사적 이익을 무시하지도 않는다. 국가는 개인의 사적 이익을 공동 이익으로 바꾼다. 국가에서 개인은 사적 이익만을 추구하지 않고 공동 이익을 의식하고 공동 이익을 목적으로 삼아 행동한다. 개인이 사적 이익을 추구하면서도 공동 이익을 목적으로 행동하는 국가가 국가의 이상, 곧 강한 국가다.(*Grundlinien der Philosophie des Rechts*, 406-407쪽)

강한 국가는 국법에 반하는 집단도 억압하지 않고 관용한다. 강한 국가는 여성 할례가 개인의 신체 자유 권리를 침해하기 때문에 국법에 반하더라도 무슬림 집단을 억압하지 않고 내버려 둘 수 있다. 또 강한 국가는 양심적 병역 거부가 국법에 반하더라도 내버려 둘 수 있다. 그러나 강한 국가는 이미 시민사회의 단계를 거쳤기 때문에 강한 국가에서 개인들은 사적 이익만을 추구하지 않고 남의 사적 이익도 고려할 줄 안다. 또 강한 국가에서 개인들은 사적 이익을 추구하면서도 공동 이익을 목적으로 행동할 줄 안다.

만일 여성 할례가 무슬림 소녀의 기본권을 침해하는 것이고 양심적 병역 거부가 공동 이익에 반하는 것이라면 충분히 발달한 시민사회나 강한 국가에서는 일어나지 않는다. 개인은 이미 남의 사적 이익도 고려하고 공동 이익도 고려할 줄 알기 때문에 남의 신체에 해를 가하지 않고 국가의 방위에 피해를 주지도 않으면서 행동할 수 있기 때문이다. 그러니까 여성 할례와 양심적 병역 거부에 대한 헤겔의 견해는 국가가 둘 다 무관심하게 관용하는 A(여성 할례도 양심적 병역 거부도 허용되어야 한다)에 가깝다. 그렇지만 현실에서는 개인의 신체 자유라는 사적 이익을 침해하지 않기 위해서라도 여성 할례가 허용되어서는 안 되며, 양심적 병역 거부도 국가의 방위라는 공동 이익을 침해하지 않기 위해서라도 허용될 필요가 없다.


## 7. 인정과 상호 존중

헤겔의 관용은 인정의 성격을 지닌다. 강한 국가가 국법에 반하는 행동을 무관심하게 관용하려면 가족과 시민사회의 발달을 충분히 거쳐야 하고 가족과 시민사회는 각 단계의 인정이 실현되어야 충분히 발달할 수 있다. 헤겔에 따르면 인정은 가족, 시민사회, 국가가 개인과 공동체의 이익을 통일하는 인륜을 실현하기 위해 반드시 거쳐야 하는 과정이다. 그러니까 강한 국가가 실천하는 관용도 인정을 통한 인륜의 실현 없이는 성립할 수 없다.

인정은 무엇일까? 헤겔은 『정신 현상학』(*Phänomenologie des Geistes*)(1806)에서 주인과 노예의 관계라는 유명한 인정 모델을 제시한다. 주인과 노예의 관계는 두 자의식이 서로 자립성을 인정받으려는 동기에서 출발한다. 두 자의식은 자기의 자립성을 인정받으려고 "생사를 건 투쟁"을 벌인다. 이 투쟁에서 목숨이 아까워 자립성을 인정받기를 포기한 자의식이 노예의 자의식이고 노예가 자립성을 인정하는 자의식이 주인의 자의식이다. 생사를 건 투쟁은 노예와 주인의 관계를 낳는다.

그러나 노예와 주인의 관계는 반전이 일어난다. 헤겔은 주인이 노예에게 받는 인정이 일방이고 부등한 것인 반면 노예 의식이 진짜 자립하는 자의식이라고 보기 때문이다.(같은 책, 152쪽) 주인이 받는 인정이 일방인 까닭은 주인은 인정받기만 하고 남을 인정하지 않기 때문이다. 주인이 받는 인정이 부등한 까닭은 아무도 주인을 부정하지 않기 때문이다. 헤겔은 부정이 없는 인정은 참된 인정이 아니라고 본다. 노예는 생사를 건 투쟁에서 자기 생명을 구하기 위해 자의식의 자립성을 스스로 부정한다. 노예는 먹고 살기 위한 노동을 통해 사물의 자립성을 부정하려 하지만 사물의 자립성을 없애지 못하고 가공하면서 사물의 자립성을 유지하고 새로 형성한다. 노예는 자신이 노동을 통해 유지하고 새로 형성하는 사물의 자립성을 보면서 자기의 자립성을 직관한다. 인정은 자의식이 자립성을 부정하면서도 유지하고 새로 형성하는 과정이다.

관용은 관용하는 자와 관용 받는 자가 있다. 그리고 관용하는 자와 관용 받는 자 사이에는 힘의 불균형이 있다. 관용하는 자가 더 강하고 관용 받는 자가 더 약하다. 그러나 관용이 성립하려면 강한 자가 약한 자를 억압하지 않아야 한다. 노예가 자기보다 약한 사물의 자립성을 없애려 하지만 없애지 못하고 유지하고 새로 형성하듯이, 관용도 강한 자가 약한 자를 억압하지 않고 보존하고 새로 형성해야 성립한다. 관용은 헤겔의 인정과 같은 논리를 지닌다.

칸트의 관용도 인정의 논리를 갖추고 있다. 인간을 수단으로 사용하지 말고 목적으로 사용하라는 것은 주인이 자기의 자립성을 인정받는 수단으로 노예를 사용하지 말고 노예의 자립성을 인정하라는 뜻이다. 주인이 자기의 자립성을 인정받기 위해 노예의 목숨을 희생하는 것은 도덕 감정이 거부하거나 교정할 수 있으니까 도덕적 관용은 주인과 노예의 상호 인정을 요구한다. 시민적 관용은 도덕적 관용을 실천하는 집단들에 대해 국가가 동등한 자유를 보장하는 것이니까, 개인들이 서로 법 권리를 인정하는 시민사회를 충분히 거친 국가가 다양한 종교의 자유를 보장하는 것과 같다. 칸트의 상호 존중으로서 관용은 헤겔의 인정과 만난다.

## 8. 인정과 울타리

칸트가 본 상호 존중으로서의 관용 정당화 모델과 헤겔이 본 무관심으
로서의 관용 정당화 모델은 현대 관용 담론에서도 새 모습으로 등장할
뿐 아니라 서로 대립하기도 한다. 현대 관용 담론에서 유력한 정당화
모델 가운데 하나는 관용을 인정으로 이해하는 것이다. 갈레오티(A.
Galeotti)는 공적 영역에서 관용 문제를 해결하기 위해 인정으로서의
관용을 주장한다.("Toleration as Recognition", 111-112쪽) 전통적으
로 관용은 사적 영역과 공적 영역을 나누고 사적 영역에서의 관용은 국
가 권력으로부터의 자유라는 의미로 이해되었다. 그러나 현대사회에서
관용 문제는 공적 영역에서 일어나고 있다. 양심적 병역 거부는 군대라
는 공적 영역에서 일어난다. 여성 할례는 가정이라는 사적 영역에서 은
밀하게 일어나지만 시술의 불법성과 부작용, 시술을 위한 해외여행 등
이 연루되는 한 공적 영역에서도 문제가 된다.

  갈레오티의 인정으로서 관용의 핵심 내용은 공적 영역에서 소수 집
단의 정체와 행동을 인정하는 것이다. 양심적 병역 거부자가 군대에 가
지 않거나 대체 복무를 할 수 있게 허용하는 것이 공적 영역에서 소수
집단의 정체와 행동을 인정하는 것이다. 여성 할례의 경우 공적 영역에
서 인정하는 길은 무슬림 소녀들이 떳떳하게 시술을 받게 하는 것이 아
니다. 공적 영역에서 인정한다는 것은 공적 토론의 장에서 합의를 거친
다는 뜻이다. 그렇다면 양심적 병역 거부는 종교의 자유를 보장한다는
점에서 허용하기로 합의할 수 있지만 여성 할례는 오히려 무슬림 소녀
의 신체 자유를 억압한다는 점에서 허용하지 않기로 합의할 가능성이
크다.

  갈레오티의 인정으로서의 관용은 칸트의 상호 존중으로서의 관용의

현대판이다. 서로 다른 종교나 가치관을 가진 사람들이 서로 인정하고 존중하려면 상대의 종교나 가치관을 조금이나마 이해해야 한다. 여호와의 증인의 양심적 병역 거부를 인정하고 존중하려면 여호와의 증인에서 평화주의 교리를 어느 정도 이해해야 한다. 무슬림의 여성 할례도 인정하고 존중하려면 여성에게 금욕을 요구하는 이슬람 교리를 어느 정도 이해해야 한다. 이해 없이 인정과 존중이 가능할 수도 있다. 그러나 이해 없는 인정과 존중은 공적 토론을 통한 합의를 거치지 않은 관용과 같다. 이해 없는 인정과 존중, 공적 토론을 통한 합의가 없는 관용은 속으론 '왜 저래? 바보 같이'라고 생각하면서 겉으론 "괜찮아"라고 말하는 립 서비스다.

그러나 인정으로서의 관용은 문제가 있다. 첫째, 인정으로서의 관용은 실현하기 어려운 헛된 꿈일 수 있다. 여성 할례가 잘못이라고 생각하는 사람은 아무리 이슬람 교리를 이해하려고 해도 쉽지 않다. 우리는 대부분 현실에서 어떤 종교나 가치관이 옳다고 생각하면 다른 종교나 가치관이 눈에 보이지 않는다.("Is There Logical Space on the Moral Map for Toleration?", 308쪽) 둘째, 인정으로서의 관용은 심리 효과만 있고 현실 효과는 없을 수 있다. 양심적 병역 거부자는 소수 집단의 종교와 정체를 인정받아 병역을 면제받거나 대체하더라도 사회 생활에서 군 면제 또는 대체 복무를 이유로 좋은 파트너로 대접받지 못하는 등 불이익을 당할 수도 있다.

그렇다면 대안은 무엇일까? 대안은 '울타리로서의 관용(Toleration as murality)'이다. 뉴이(G. Newey)는 국가가 국민을 외부의 공격자들로부터 보호하는 지대를 울타리라 표현하고 국가의 관용은 울타리를 쳐 주는 것이라고 주장한다.("Toleration, Politics, and the Role of Murality", 374-385쪽) 뉴이는 서로 다른 종교나 가치관을 가지고 갈등하는 사람들이 서로 어느 정도 이해하는 것을 전제하는 인정 또는 상호 존중으로서 관용을 실현하는 것은 공상이라고 보기 때문에 울타리로서의 관용을 대안으로 제시한다. 울타리로서의 관용은 인정이나 존중에 필요한 상호 이해를 요구하지 않는다. 국가는 울타리 안에서 일어나는 일을 소극적으로 허용함으로써 관용을 실천한다. 울타리로서 관용은 밀레트 시스템의 현대판이다.

헤겔의 무관심으로서의 관용은 뉴이의 울타리로서의 관용과 다르다. 울타리로서의 관용을 실천하려면 국가는 양심적 병역 거부자를 처벌하지 않아야 하고 여성 할례도 막지 않아야 한다. 국가는 서로 다른 종교를 가진 집단들에게 울타리 안에서 각 종교 관행을 허용해야 한다. 그러나 헤겔의 무관심으로서 관용을 실현하려면 시민사회의 발달을 충분히 거친 이상적인 강한 국가는 개인의 권리와 집단의 자유를 충분히 보장해야 한다.

여성 할례는 밀레트 시스템이나 뉴이의 울타리로서 관용에 비추어 보면 허용될 수 있다. 그러나 여성 할례는 칸트의 상호 존중으로서 관용, 헤겔의 무관심으로서 관용, 갈레오티의 인정으로서 관용에 비추어 보면 허용될 수 없다. 양심적 병역 거부는 칸트, 헤겔, 갈레오티의 관용뿐 아니라 뉴이의 울타리로서 관용에 비추어 보더라도 허용되어야 한다. 밀레트 시스템에서 양심적 병역 거부를 주장한 비무슬림 공동체는 없었다. 그러나 밀레트 시스템에서 비무슬림 공동체들은 오스만제국에 군사 세금을 내야 했다. 오스만제국이 국방과 안전을 책임지는 대가였다. 한국에서 양심적 병역 거부자들도 군 복무 기간 또는 그 이상을 사회 복지 시설 등에서 근무하는 대체 복무를 주장하고 있다. (김성환, 김성호)

# 12

## 자유주의적 관용에 대한 비판: 니체와 마르쿠제

### 1. 니체와 마르쿠제의 만남

니체가 비판하는 관용은 약자의 관용이다. 물론 여기서 약자가 곧장 마르쿠제가 말하는 피지배자를 지칭한다고 볼 수는 없다. 그럼에도 니체가 비판하는 관용은 약자들이 강자의 입장, 내지 견해를 억지로 받아들이면서도, 자신들의 그런 태도를 관용이라는 이름으로 그럴싸하게 변명하거나, 포장하는 사태를 나타내고 있다는 점은 비교적 분명하다. 더 나아가 니체는 약자의 관용을 넘어서, 그에 대한 대안으로 위대한 관용을 주장한다. 위대한 관용이란 강자의 여유와 힘에서 나오는 풍모로서, 자신과 대립되는 견해나, 세력 역시 자신을 위해 기꺼이 이용할 수 있는 능력을 갖춘 자들이 발휘하는 덕목이다.

거칠게 표현해, 우선, 니체가 말하는 약자의 관용을 구체적인 정치적 맥락으로 옮기면, 마르쿠제가 비판하는 '억압적 관용(repressive tolerance)'과 일치한다고 할 수 있다. 즉 마르쿠제의 억압적 관용 역시 내용상, 권력자가 베푸는 시혜적 관용이라는 외피 아래 은폐되어 있는 약자 자신의 무지, 내지 무력함으로 인해, 기성의 지배 질서와 체제를 어쩔 수 없는 받아들이는 수동적 관용이기 때문이다. 다음으로, 니체가 새롭게 제안하고 있는 위대한 관용은 방금 언급한 내용에도 불구하고 여전히 모호한 개념이다. 즉 과연 어떻게 그러한 관용에 이를 수 있는가?, 혹은 어쩔 수 없이 수동적으로 관용하는 약자에서, 기꺼이 능동적으로 관용하는 강자로 과연 어떻게 변화할 수 있는가? 니체는 이 같은 물음에 대해 명확한 입장을 내놓지 않는다. 바로 이 지점에서 중요한 역할을 할 수 있는 개념이 마르쿠제가 제안하는 억압적 체제 자체에 대한 무관용이다. 마르쿠제는 기존의 억압적 체제에 대한 혁명적 무관용을 통해서만, 관용의 수동적 주체라는 상태에서 벗어날 수 있다고 여긴다. 니체가 위대한 관용이라는 모호한 개념만 제안하는 데 그쳤다면, 마르쿠제는 위대한 관용을 할 수 있는 구체적 방법론을 제시하고 있는 셈이다.

결국 니체와 마르쿠제는 자유주의적 관용에 대해 비판적으로 진단하고, 분석한 뒤, 대안을 구상하는 과정에서, 서로 유사한 노선을 걷고 있다고 할 수 있다. 단지 둘의 차이는 전자가 개인주의적이고, 탈정치적인 경향으로 인해, 정치적 삶의 차원에서 가능한 대안을 적시하지 않았던 반면, 후자는 그러한 정치적 삶의 차원으로 관용 논의를 확대했다는 점이라고 볼 수 있을 듯싶다.

## 2. 니체의 관용 비판

니체는 관용을 몇 가지 측면에서 비판하고 있다. 이것은 자신이 목표로

하고 있었던 새로운 유럽의 비전이, 단순히 소박한 의미의 통상적 관용을 통해서는 결코 성취될 수 없다는 점을 누구보다 잘 알고 있었기 때문이다. 그렇다면 소박한 관용이 무용하게 될 수밖에 없는 구체적인 이유는 무엇인가? 그것은 변화된 상황 때문이다. 즉 니체에 의하면, 모든 문화가 더 이상 자립적이지 않게 되고, 비교되는 상황에 직면해, 각각의 고유한 문화는 각자의 입장에서, 자신의 고유한 척도에 따라, 다른 문화를 관용하기도 하지만, 다른 문화와 경쟁에 돌입하기도 한다. 그런데 이러한 경쟁을 통해, 사적인 도덕으로서 관용은 이제 효력을 잃게 되며, 새로운 관용이 요청된다. 즉 모든 인간은 공통된 이성의 틀 안에서 행위 한다는 사실에서 출발했던 낡은 도덕을 대체할 새로운 도덕으로서의 관용이 요청된다. 따라서 니체의 관용 비판은, 자신이 목도하고 있던 세속화의 결과로 등장하는 세계 사회 속에서, 인간의 공통된 이성에 근거하여, 관용이 전 세계적으로 문제없이 통용될 수 있을 것이라는 순진한 기대를, 관용의 자기 제한, 내지 자기비판으로 대체한 것이라 할 수 있다. 요컨대 니체의 관용 비판을 요약하면 다음과 같다. 인간의 공통된 이성을 전제로 한 소박한 차원의 "관용은 충분치 못하며, 스스로 계몽을 필요로 한다."("Nietzsches Kritik der Toleranz", 198쪽) 물론 관용에 대한 이 같은 종류의 비판이 니체에게 처음 발견되는 것은 아니다. 하지만 최근 벌어진 영국의 브렉시트처럼, 유럽연합을 둘러싸고, 유럽이 현재 직면하고 있는 통합 및 갈등의 복잡한 역학관계와 관련시켜 볼 때, 우리와 비교적 근접한 시대에 살았던 니체의 관용 비판에 대해 주목하는 것은 충분히 의미 있다.

첫째, 니체는 무조건 맹목적으로 통용되는 관용의 실상을 고발하고 있다. 가령, 『비극의 탄생』 이후 첫 번째 저술 『반시대적 고찰』에서 니체는 다음과 같이 언급하고 있다. "일반적으로 과거의 것을 크게 강조하지 않은 채, 혐오를 표현하지 않고 설명하는 경우, 대부분의 사람들은 경험이 일천한 사람이 (그들의 행위를) 정의의 덕으로 해석할 것이라고 영리하게 가정함으로써, 과거의 것을 관용하고,…호의적으로 적당히 얼버무리게 된다."(괄호 안은 필자의 첨가)(*Unzeitgemäße Betrachtungen* II, KSA 1, 288-289쪽) 니체는 여기서 이미 일어난 과거의 사태에 대해, 제대로 묻지도, 따지지도 않고, 스스로 분명한 입장을 표명하지 않은 채, 그냥 내버려 두는 무책임한 태도를 관용으로 포장, 내지 강변하려는 세태를 꼬집고 있다. 예컨대, 친일파의 과거 행적에 대해, 당시의 불가피한 상황 논리로 변호하면서, 과거의 그 잘못을 따지지 말고, 무조건 관용하자는 따위의 태도가 바로 이에 해당하지 않을까 싶다.

둘째, 유행처럼 번진 관용에 대한 니체의 이 같은 비판적 입장이 조금 더 진전된 모습은 도덕 비판의 서곡 *Morgenröte*(아침놀)에서 확인할 수 있다. "정신적인 자유는 온전히 보존하면서도, 실제로는 관습에 굴복하는 것, 모든 사람처럼 관습을 따르면서도, 관습과 다른 의견을 갖는 것을 보상하려는 듯, 모든 사람에게 점잖게 행동하고, 친절을 다하는 것, 자유롭게 생각하는 상당히 많은 인간들은 이러한 행동 방식들이 문제되지 않을 뿐만 아니라, '정직하고', '인간적이며', '관용적이고', '세세한 일에 얽매이지 않는' 행위라고 간주하고, 지적인 양심이 잠들게 하는 아름다운 말들을 사용해 평가한다. 어떤 사람은 자식으로 하여금 교회에서 세례를 받게 하면서도, 무신론자이고, 어떤 사람은 민족들 간의 증오를 극렬히 비난하면서도, 모든 세상 사람과 똑같이 병역의 의무를 다한다. 또 다른 어떤 사람은, 자신이 결혼하게 될 여성의 친척들이 신심이 깊다는 이유로, 그 여성과 교회에서 결혼하며, 부끄러움도 없이 성직자 앞에서 서약한다."(*Morgenröte*, KSA 3, 141쪽) 니체는 여기서 자명한 덕목으로 여겨지는 관용이, 실제로는 자신의 이론과 믿음에 충실한 행위를 가능하게 하는 지적 양심을 잠들게 만든다는 점을 지적하고 있다. 다시 말해 니체는 관용이 마치 전가의 보도처럼, 새로운 시대를 위한 근대의 이념으로 환기되고, 도덕적으로 인정되며, 정치적으로 통용되는 사태가 초래할 수밖에 없는 지적 나태함을 질타하고, 일깨운다. 가령, 자신의 이론적 입장은 무정부주의이지만, 현실 속에서 나름대로 살아가기 위해서, 정부의 요직을 맡고 있는 사람이, 이론과 실천이 불일치하는 자신의 행태를 인간적이고, 세세한 일에 얽매이지 않는 관용이라고 간주하는 식이다.

셋째, 니체는 "관용이란 자신의 고유한 이상(理想)에 대한 불신을 증명하는 것"(*Nachlaß*, KSA 9, 477쪽)이라는 명제를 통해, 관용의 부작용을 지적한다. 즉 관용은 자신이 원래 갖고 있던 고유한 이상을 불신하고, 타인이 가진 이상을 승인하게 만드는 행위로서, 결과적으로 그러한 타성에 젖으면, 타인의 입장을 기계적으로 추종하게 되는 잘못된 습관을 가져올 수도 있다는 것이다. 뿐만 아니라 고유한 이상 대신, 타인의 이상을 무조건 추종한다는 것은 상대적으로 자신의 이상이 약하거나, 심지어 아예 결여되어 있다는 사실을 드러내 준다고도 할 수 있다. "관용이란 무엇인가! 그리고 타인의 이상에 대한 승인이란 무엇인가! 자신의 고유한 이상을 전적으로 깊이, 그리고 강하게 보호하는 사람은 타인의 이상을, 즉 자기보다 더 약한 자들의 이상을 경멸적으로 판단한 뒤에야, 그것을 인정할 수 있다. 우리 척도의 절대적 높이는 바로 이상에 대한 믿음이다. 이로써 역사적 의미에서 소위 정의라 불리는 관용은, 고유한 이상에 대한 불신을 증명하는 것이거나, 혹은 고유한 이상의 결여를 보여 주는 것이다."(*Nachlaß*, KSA 9, 476-477쪽) 이 같은 상황은 예컨대, 상대편과 토론할 때, 상대편의 의견이 아무리 그럴싸해도, 그것을 비판적으로 검토하지 않은 채, 무조건 그의 의견을 추종하면서, 그런 수용을 관용이라고 미화하는 경우에 발생한다고 할 수 있다. 통상적 의미의 관용이란 먼저, "발생하는 갈등과 어떤 수준에서 관련되어 있는 것으로 보이는 어떤 믿음"("Toleration and Liberal Commitments", 215쪽), 즉 정설(orthodoxy)이라 칭할 수 있는 명확한 자신의 입장을, 가진 상황에서만 발생할 수 있다고 본다면, 니체의 이런 비판은 엄밀하게 관용을 적중시키는 비판인지 다소 의문의 여지가 있다.

넷째, 니체는 관용을 통한 약자의 자기 정당화 논리가 지닌 커다란 위험 역시 경고한다. 한 마디로 그 위험이란 스스로 고유한 이상을 지니지 못한 채, 타인의 이상을 맹목적으로 따르는 관용을 설교하는 자들은, 자기 이성의 약함에 의존할 수밖에 없으며, 이는 누구와 무엇을 어떻게 관용할지를 결정하는 요인이, 바로 자신의 취향에 불과하게 된다는 것을 뜻한다. 이런 식으로 "관용하는 자는 자신의 이성, 즉 자기 이성의 약함에 의존할 수밖에 없다! 더구나 증명과 반박들에 귀를 기울이고, 결정하는 당사자는 이러한 이성조차도 아니다. 그것은 **취향**의 호오(好惡)이다. 박해자들은 분명 자유사상가만큼 **논리적이다**."(*Nachlaß*, KSA 9, 480쪽)(강조는 니체 자신의 것임) 니체가 마지막 구절에서 지적하듯이, 이런 측면에서 합리적 판단이나, 논리 없이 자기 취향을 내세워, 타인을 불관용하고, 박해하는 자나, 이성적 확신의 결여로 인해, 자기 취향대로 타인의 견해를 관용하는 자는 별반 큰 차이가 없다고 할 수 있다. 그리고 이로써 이제 합리적이고, 이성적인 근거를 통해 생겨나는 관용, 즉 엄격한 의미의 관용은 존재하지 않게 된다. 왜냐하면 "인간의 취향으로 인해 생기는 다양한 형태의 불관용이 존재하게 될 뿐이기 때문이다."(*Toleration in Conflict*, 444쪽) 다시 말해, 자기 취향에 따라 멋대로, 타인의 견해를 관용하는 자는 정반대로 그런 취향에 의해, 자기 취향과 맞지 않는 견해를 불관용할 가능성을 이미 항상 지니고 있기 때문에, 결국 노골적으로 불관용하는 자와, 겉으로는 관용하지만, 항상 언제든 불관용으로 전락할 가능성을 함축하고 있는 자만 존재하게 될 뿐이다.

다섯째, 니체의 관용 비판은 무관심의 차원과 관련된 독특한 방향으로 진행된다. 이 지점에서 니체가 비판하는 개념은 저급한 관용(Tiefe Toleranz)이다. 이것은 관용할 때, 발생할 수 있는 미묘한 곤경을 회피하기 위해, 사람들이 취하는 태도라고 규정할 수 있다. 니체는 이 같은 저급한 관용을 종교적 문제의 반박들에 더 이상 끔쩍도 하지 않는 자들, 즉 종교학자들에게서 발견한다. "그가 그 안에서 태어나고 교육받은 종교적 일에 대한 현실적 무관심은, 그에게 종교적 인간과 일에 대한 관여를 꺼리는 신중함과 순수함으로 승화되곤 한다. 관용을 하는 행위 자체가 수반하는 미묘한 곤경 앞에서, 그를 모면하게 만들어 준다고 할 수 있는 것은 바로 그의 관용과 인간성의 저급함이다."(*Jenseits von Gut und Böse*, KSA 5, 77쪽) 니체가 이 구절에서 겨냥하고 있는 핵심은 자신들의 무관심을, 관용이라는 미명하에 감추려는 종교학자들이다. 니체는 이러한 학자들이 단순히 확신하고 있는 관용이라는 양심과, 이를 통해 생겨나는 믿음, 즉 스스로 우월하다는 믿음이란 유치하고, 무한히 어리석은 소박함이라고 진단한다. 그래서 그런 자들은 종교적 인간(종교적 문제에 관여하는 사람)을 자신들보다 낮은 저질 인간으로 취급하며, 자신들은 그 상태를 넘어서 있다고 여긴다. 하지만 니체가 보기에 오히려 그러한 인간들이야말로 바로 근대적 이념의 추종자로서, "왜소하고 오만한 난장이이자 천민"(같은 책, KSA 5, 77쪽)(괄호 안은 필자의 첨가)일 뿐이다. 예를 들어, 전지전능하고, 지극히 선한 신이 창조한 이 세상에 왜 악이 존재하는지 하는 악의 문제와 관련하여, 종교학자들은 신의 존재에 대한 그러한 치명적 반박에 대해 관여하지 않고, 무관심한 태도를 보이면서, 그것을 관용으로 포장하지만, 실제로 그들의 관용은 악의 문제와 관련하여 관용의 태도를 취할 때, 발생할지도 모르는 곤란함을 피하려는 낮은 수준의 저급한 관용이다.

그런데 저급한 관용은 또 다른 의미의 부정적 관용, 즉 자신에 대한 관용으로 이어진다. 여기서 자신에 대한 관용이란 스스로 한 가지 확신을 가지는 것이 아니라, 여러 가지 확신을 자신에게 허용하는 것을 말한다. 그리고 그러한 여러 가지 확신을 가진 사람들은 서로 충돌하지 않고, 타협적으로 공존한다. 왜냐하면 그들은 "오늘날 모든 세계가 그렇듯이, 위험에 내맡겨지지 않도록 조심하기 때문이다."(*Götzen-Dämmerung*, KSA 6, 122쪽) 이에 반해 스스로 확신을 갖고, 일관성을 지킴으로써, 정직하고자 할 때, 사람들은 위험에 빠질지도 모른다. 결국 저급한 관용과 자신에 대한 관용은 앞서도 니체가 비판했던 지적 양심의 소멸과 유사한 사태를 초래한다. 니체는 이 같은 문제 상황을 근대성과 연결시켜 바라보고 있다. "이런 근대성으로 인해 우리는 병들어 있다. 즉 나태한 평화, 비겁한 타협, 근대적인 긍정과 부정이 지닌 유덕한 불결함 전체로 인해 우리는 병들어 있다. 모든 것을 이해하기 때문에, 모든 것을 용서하는 이러한 관용과 심장의 크기는 우리에게 열풍이다. 근대의 덕 및 다른 남풍들 아래서 사는 것보다는 차라리 얼음 속에서 사는 편이 낫다!"(*Der Antichrist*, KSA 6, 169쪽)

## 3. 마르쿠제의 관용 비판

서구의 자유주의를 지탱해 온 자유주의적 관용 개념에 대해 가장 신랄하게 공격한 비판적 관점 가운데 하나를 꼽으라면, 그것은 웬디 브라운(Wendy Brown)의 관점이다. 웬디 브라운에 의하면, 관용은 많은 사람들이 기대하듯이, 의견의 자유를 통해 변화를 도모하고, 실질적 평등을 보장하는 긍정적 기능을 하는 것이 아니라, 갈등과 불평등을 그럴싸하게 포장하고, 관리하는 다문화주의 시대 제국의 통치 전략에 불과하다. 그런데 웬디 브라운의 이러한 관용 비판에다 큰 자극을 준 것은 바로 마르쿠제(Herbert Marcuse, 1898-1979)의 입장이다. 마르쿠제는 이미 1960년대 저술한 『억압적 관용』("Repressive Tolerance")이라는 짧은 에세이에서, 자유주의적 관용의 본질을 억압적 관용으로 폭로하고, 그에 대한 나름의 대안으로 억압적 관용 자체에 대한 억압, 내지 무관용(zero tolerance)을 주장하고 있다.

68혁명 당시 신좌파의 아버지로도 불린 마르쿠제는 1960년대 미국 사회를 다음과 같이 진단한다. 즉 미국은 대량생산과 소비의 효율성만을 중요시하는 도구적 합리성이 지배하는 곳이며, 문화 산업이 양산하는 오락물로 인해, 대중들의 비판 의식이 실종되어 버린 사회이다. 그래서 마르쿠제는 『일차원적 인간: 선진 산업 사회의 이데올로기 연구』(1964)에서 이처럼 비판적 사유 능력이 마비된 사회를, 일차원적 사회라고 규정하고 있으며, 그런 사회에 묵묵히 굴종하는 인간을, 일차원적 인간으로 정의한다. 더 나아가 그는 이 같은 상황에서 혁명적 노동자 계급을 대신할 변혁의 주체가 누구인지 묻고 있으며, 부정적 사유 능력의 회복 가능성을 타진한다. 마르쿠제는 진정한 자유와 행복을 실현할 수 있는 이차원적 사회에 도달하기 위해서는, 부정적 사유 능력을 통한

위대한 거부가 필요하다고 역설한다.(「마르쿠제의 유토피아적 인간해
방」, 206-207쪽 참조) 겉보기에 그럴 듯한 자유주의적 관용에 일차원
적으로 현혹됨으로써, 기존의 억압적 체제를 수동적으로 관용하는 태
도를 신랄하게 비판하면서("Herbert Marcuse"), 마르쿠제가 억압적
체제 자체에 대한 기부와 무관용을 내세우는 것은 바로 이 같은 맥락에
서다.

　아도르노와 호르크하이머가『계몽의 변증법』에서 계몽의 결과로 인
류가 기대했던 것과 정반대로, 지구상에는 오히려 야만이 창궐하고 있
다는 비관적인 진단을 내리고 있는 방식과 아주 유사하게, 마르쿠제는
당시 자유주의의 핵심 가치인 관용으로 선언되고, 실천되고 있는 것은
해방이 아니라, 사실상 억압의 원인에 봉사하고 있다고 지적한다. 다시
말해 경제적이고, 정치적인 과정이 지배적 관심과 일치하는 효율적 관
리에 종속됨으로써, 경제 및 사회의 구조와 관용의 이론 및 실천 사이
에 객관적 모순이 생겨나며, 이런 식으로 이견에 대한 실질적 관용은
약화되고, 체제 질서에 대한 관용은 확대된다는 것이다. "관용 자체는
사회의 질적 변화를 증진시키기보다는, 그런 변화를 제한하는 데 봉사
한다."("Repressive Tolerance", 116쪽) 그래서 마르쿠제는 진정한 "관
용의 목적을 실현하는 것은 지배적인 정책, 태도, 의견에 대한 무관용
및 억압 내지 금지된 정책, 태도 및 의견에 대한 관용의 확대를 요구할
것"(같은 책, 81쪽)이라고 주장한다. 마르쿠제는 현재 벌어지고 있는
억압적 관용의 실상을 아래와 같이 고발함으로써 이 같은 결론에 도달
한다.

　마르쿠제에 의하면, 자유주의의 영향이 커지고, 자유주의가 자본주
의와 점점 더 많이 결탁하게 됨에 따라, 관용이 억압의 통로를 제공했
던 소위 선진 산업 사회의 민주주의 정부나, 권위주의 정부 양쪽 경우

모두, 억압과 폭력은 전복에 대항한 경찰 행위나, 핵전쟁에 대한 억제책, 혹은 신식민지 대량학살에 대한 해법, 내지 공산주의에 대항한 싸움의 기술적 원조 등으로 광범위하게 실행되고 있다. 그리고 이런 정부에 종속된 사람들은 그런 억압과 폭력의 실천을, 현상 유지에 필요한 것으로 존속시키도록 교육받는다. 바로 여기서 관용해서는 결코 안 되는 정책, 조건, 행위 양식 등에 대한 관용이 생겨난다. "이런 종류의 관용은 진정한 자유주의자들이 저항했던 다수의 독재를 강화한다."(같은 책, 82쪽) 이처럼 기존 정책과 관련하여, 강제적 행위가 되어 버린 관용은 능동적 상태에서 수동적 상태로 변화하며, 실천에서 방임(laissez-faire)으로 바뀐다. "정부를 관용하는 것은 사람들이며, 그런 정부는 다시 합법적 권위에 의해 정해진 틀 내에서 반대파를 관용한다."(같은 책, 83쪽) 그래서 관용에 대한 마르쿠제의 비판적 논의에서 주된 비판 대상은 극단주의자나, 소수에 대한 관용이라기보다는, 다수 혹은 여론 등에 대한 수동적 관용이다. "수동적 관용은 권력을 가진 집단들이나, 그들의 정책에 대해 기대되는 관용을 가리킨다."("Herbert Marcuse's 'Repressive Tolerance' and his critics", 2쪽)

그런데 이 같은 수동적 관용과 한 짝을 이루는 것은, 국가나 정부가 선전하고 내세우는 능동적 관용, 혹은 공식적 관용이다. 이런 관용은 좌파나 우파 모두를 용인하는 불편부당한 관용으로 공표되며, 마르쿠제는 이를 '순수 관용(pure tolerance)', 혹은 추상적 관용으로 규정한다. 물론 이 같은 순수 관용, 혹은 추상적 관용은 그 외관과는 달리, 실제로는 기존의 차별 메커니즘을 보호하는 역할을 한다. 그렇다면 왜 이런 사태가 벌어지게 되는가? 관용 자체를 목표로 삼을 수 있게 하는 보편적 관용이 통용되지 못하게 만드는 현실적 조건은 무엇인가? 그것은 겉으로는 분명 합법적 평등과 일치하는 제도화된 불평등, 다시 말해 사회의 계급구조이며, "이런 사회에서 관용은 사실상 합법적인 폭력이나, 억압(경찰, 무장 군대, 모든 종류의 경비대)과, 지배계급의 이익 및 그 이익의 결합에 의해 지탱되는 특권적 지위라는 이중적 한계로 인해 제한"(같은 책, 85쪽)된다. 더 나아가 이런 한계는 국가 안전에 대한 위협이나, 종교적 이단처럼 관용을 명시적으로 제한하는 한계보다 선행한다. 요컨대 문제는 사회의 계급 구조에 의해 부과된 이 같은 배경적 한계에 의존하여, 관용이 실천되고 있음에도 불구하고, 많은 사람들에게는 이른바 공식적 관용이 실행되고 있는 것으로 보인다는 점이다. 마르쿠제가 비판하는 공식적 관용이자, "자유주의적 관용은 자본주의적으로 조직된 사회에서, 자연스럽게 발생하는 사회 경제적 위계와, 구축된 계급 체계의 산출을 절대적으로 무시한다."("From Tolerance to Repression and Back", 4쪽)

결국 마르쿠제가 지적하고 있는 관용의 배경적 한계, 즉 합법적 폭력과, 그것에 의해 보호되는 지배계급의 특권적 지위는, 선진 산업 사회가 공표하는 불편부당한 순수 관용이 보편적 관용이 될 수 없게 만든다. 더 나아가 그런 한계로 인해, 자유주의적 관용의 가장 기본적인 전제 조건이 제대로 갖추어지지 못하게 된다. 즉 자유주의적 관용은 사람들이 스스로 듣고, 보고, 느끼기를 배울 수 있고, 기존의 권위와 의견에 대항해서도 그들 자신의 사고를 발전시킬 수 있는 자율적 개인들이라는 사실을 전제 조건으로 삼고 있으며, 이것이 "자유로운 표현과 결사의 근거"("Repressive Tolerance", 90쪽)이기도 하다. 그런데 지배자의 의견을 앵무새처럼 따라하고, 타율이 자율처럼 되어 버린 현대사회의 개인들은 결코 더 이상 독립적이고, 자율적인 사고를 할 수 없으며, 이런 개인들에게 주어지는 관용은 결코 건강한 사회 개혁을 위한 동력으로 작용하는 것이 아니라, 지배 체제의 온존을 위한 구실로 전락할 수밖에 없다. "그래서 마르쿠제에 의하면, 지배적인 관점과 이해관계를 지지하는 것은 그와 반대되는 관점과 정책들에 대한 불편부당성을 지닌 무차별적 관용이었다. 겉보기에 불편부당한 방식으로 대안을 제시하는 것은 관용의 외관을 보여 주기 위해 사회적으로 작동했다. 그러나 이는 책략이다. 왜냐하면 국가에 의해 요구된 대안들이 미리 결정되었기 때문이다."("Herbert Marcuse's Exercise in Social Epistemology", 109쪽) 예컨대, 마르쿠제의 입장에서 보면, 자본주의 체제하에서 관용되는 모든 합법적 노동운동은 그것이 아무리 급진적인 조직과 형태를 띤다고 해도, 자본주의 체제가 스스로 기꺼이 허용하는 것일 뿐이며, 결국 자본주의 체제 자체에 대한 수동적 관용을 정당화할 수밖에 없다.

## 4. 강함에서 나오는 위대한 관용

니체는 위대한 관용을, 고유한 삶에 대한 사랑에서 나오는 귀결로 파악하고 있는 듯이 보인다. 즉 각자 살아가는 고유한 삶에서는, 각자 스스로 생각해 낸 것이 가장 중요하며, 이러한 사실은 우리 자신들의 견해가 타인들에게 허용되기를 바라는 것과 꼭 마찬가지로, 우리 역시 타인들의 견해를 허용해야 한다는 점을 뜻한다. "각자가 어떤 것을 생각해 내든 간에, 타인은 그것이 통용되게 허용해야 할 것이며, 그에 대한 새롭고, 위대한 관용을 체득해야 할 것이다. 각 개인이 고유한 삶에서 실제로 기쁨을 증가시킨다면, 그것이 비록 자신의 취미와 반하더라도 말이다!"(*Nachlaß*, KSA 9, 512쪽) 그런데 이런 식으로 위대한 관용을 체득한 사람은 반대로 타인의 삶에 대해 불관용하는 불평분자를 관용해서는 안 될 것이다. 물론 이러한 무관용은 위대한 관용과 마찬가지로 삶에 대한 사랑으로부터 나오는 것이며, 삶에서 기쁨을 느끼기 위한 수 단일 뿐이다.

그런데 관용을 이런 방식으로 파악하면, 불관용은 타인에게서 발견해야 하는 문제기 이니리, 관용할 수 있는 힘괴 능력을 결어한 자신외 문제가 된다. 그래서 니체가 지향하고 있는 위대한 관용에서는 타인과의 관계가 관건이 아니라, 자신과의 관계가 중심이 될 수밖에 없다. 결국 니체의 입장을 충실히 따르는 상태에서, 관용을 열린사회의 규범으로 만들려고 한다면, 관용이란 단순히 관용할 힘과 능력을 갖지 못한 타인들이 아니라, 각자 모두에게 요구해야 하는 규범이 된다. 그런데 관용할 수 있는 힘과 능력은 각자 상황에 따라, 달리 발휘될 수밖에 없으므로, 관용을 어떻게 실천해야 하는지 그 방법론은 보편화될 수 없다. 관용의 힘과 능력을 기르는 것은 오로지 각자의 몫인 셈이다. 또 관용은 관용을 발휘할 수 없는 사람들 사이에서는, 그런 사람들의 불관용을 관용하게 되는 역설에 이를 수밖에 없으므로, 그런 역설을 완전히 피하기 위해서는 그런 사람들을, 더 나아가 불관용의 가능성을 조금이라도 지닌 사람들 자체를 배제해야 할 것이다. 니체의 수수께끼 같은 다음 아포리즘은 바로 위대한 관용에 대한 이런 해석을 뒷받침할 수 있을지 모른다. "은둔자(隱遁者)만이 위대한 관용을 알고 있다. 동물들에 대한 사랑. 모든 시대에 사람들은 이 사랑에서 은둔자를 알아차렸다."(*Nachlaß*, KSA 13, 545쪽) 요컨대 위대한 관용의 내용이 보여 주는 것은, 관용이란 관용의 혜택을 수동적으로 받는 사람들의 관점에서가 아니라, 관용을 능동적으로 발휘하는 사람들의 관점에서 판단해야만, 비로소 온전한 상태에 도달할 수 있다는 사실이다. 그리고 이런 점에서 관용 비판의 대안으로 니체가 제안한 위대한 관용은 "자기 자신에 대한 태도로서, 가령 다양한 질병에 직면해서 나타나는 위엄 있는 자기통제와 같은 미덕으로서 스토아적인 관용(tolerantia) 개념"(*Toleration in Conflict*, 385쪽)과도 그리 멀지 않다고 할 수 있다.

니체가 말하는 위대한 관용의 구체적 사례를 제시하기는 쉽지 않다. 그 실체가 모호하기 짝이 없기 때문이다. 그럼에도 위대한 관용이란 타인의 견해를 관용함으로써, 오히려 자신의 입장을 더 굳건하게 만드는 능력이라는 점에만 초점을 맞추어, 그런 능력을 발휘하는 사람의 예를 들어 보자. 예컨대 다른 사람들과 어떤 주제에 대해 토론을 할 때, 상대편의 의견을 충분히 경청하고, 자신의 의견을 기꺼이 수정할 수 있는 용기와 아량을 지닌 사람이 그런 사람이 아닐까 싶다. 물론 그런 사람은 충분히 열린 마음을 갖고 있음에도 불구하고, 여전히 결정은 자신의 몫으로 여기는 자이며, 결국 다른 이들의 어떤 견해든, 자신을 위해 충분히 이용할 수 있는 힘을 지닌 자라고 규정할 수 있을 듯싶다. 더 나아가 니체의 위대한 관용 개념을 종교적 관용의 영역으로 확대하면, 이는 "이슬람이 다른 종교에 대해서 관용적으로 되고, 존중하게 되려면, 그것은 이슬람의 진리를 포기하거나, 상대화한 결과로서가 아니라, 이슬람의 진리 내에서 나온 발전의 결과로서 그래야 한다."("Toleration and Liberal Commitments", 270쪽)는 식이 될 것이다.

## 5. 억압적 관용에 대한 무관용

마르쿠제는 억압적 관용을 억압하기 위해, 다시 말해 진정한 민주주의를 유지하기 위해, 비민주적 수단이 필요함을 역설한다. 여기서 비민주적 수단이란 폭력 등을 통한 무관용, 내지 관용의 철회를 말한다. 무관용이나, 관용 철회의 대상은 반동적 그룹이나, 억압적 운동에서 나오는 표현, 정책 등이다. 즉 마르쿠제가 염두에 둔 그런 대상은 "공격적 정책, 무장, 쇼비니즘, 인종이나 종교를 근거로 차별을 부추기는 그룹이나 운동, 혹은 공공 서비스, 사회 안전망, 의료보험의 확대에 반대하는 그룹이나 운동"("Repressive Tolerance", 100쪽)이다. 뿐만 아니라 사상의 자유를 회복하기 위해서, 교육제도 안에서 기존 체제에 봉사하는 가르침과 실천에 대한 엄격한 제한을 요구할 수 있다. "마르쿠제를 비판하는 자들의 분노를 일으킨 것은 특히 이런 입장이었다."(「마르쿠제의 '억압적 관용'과 그에 대한 비판자들」, 3쪽) 마르쿠제는 억압적 정책, 혹은 운동에 대한 무관용, 내지 관용 철회의 중요성을 아우슈비츠와, 세계 2차대전의 예를 통해 보여 준다. "미래의 지도자들이 그들의 캠페인을 시작했을 때, 민주주의적 관용이 철회되었더라면, 인류는 아우슈비츠와 세계대전을 피할 기회를 얻을 수 있었을 것이다."(같은 책, 109쪽) 관용이 가진 본래의 해방적인 본성 역시 "자유주의적 관용의 억압적 특징 자체가 억압되는 경우에만"(From Tolerance to Repression and Back, 14쪽) 비로소 실현될 수 있을 것이다. 우리 현실에서 일베나 소위 태극기 부대에 대한 민주주의적 관용이 바람직하냐고 묻는다면, 마르쿠제는 당연히 그러한 불관용 세력에 대해 관용을 철회하고, 무관용해야 한다고 답할 가능성이 크다.

그런데 중요한 사실은 억압적 운동에 대한 무관용이나, 관용의 철회가 기존 체제에 대한 단순한 개혁이나, 수정이 아니라 "총체적 혁명(total revolution)"("Repressive Tolerance", 102쪽)을 요구한다는 점이다. 왜냐하면 그런 억압적 운동이나, 정책은 억압적인 선진 산업 사회가 절대적으로 의존하고 있는 기본 바탕이기 때문이다.

마르쿠제가 염두에 둔 총체적 혁명의 수단은 폭력이다. 마르쿠제는 역사적 기능의 측면에서, 억압된 자들의 혁명적 폭력과, 억압하는 자들의 반동적 폭력을 구분할 수 있다고 주장한다. 두 가지 폭력 모두 윤리적 기준을 통해서 볼 때는 나쁘다. 하지만 역사는 결코 윤리적 기준에 맞게 만들어지지 않았다. 그래서 마르쿠제에 의하면, "억압받는 자가 억압하는 자에 대해 반항하는 지점에서, 가지지 못한 자가 가진 자에 대해 반항하는 지점에서, 그런 윤리적 기준을 들이대기 시작하는 것은 현실적 폭력에 대한 저항을 약화시킴으로써, 현실적 폭력의 원인에 봉사하는 것이다."("Repressive Tolerance", 103쪽)

억압적 관용에 대한 억압을 주장하는 마르쿠제의 입장이 설득력을 갖기 위해서는, 해방적인 운동과 억압적인 운동, 혁명적 폭력과 반동적 폭력을 구분할 수 있는 명확한 기준이 존재해야 할 것이다. 마르쿠제는 이런 구분이 경험적인 근거에 의해 합리적으로 이루어질 수 있다고 주장한다. "참된 관용과 거짓된 관용, 진보와 퇴행 사이의 구분은 경험적 근거에 의해 합리적으로 할 수 있다."(같은 책, 105쪽) 물론 이에 대해 더 이상의 설명은 없다. 단지 마르쿠제는 역사적 사례를 통해, 정치적 폭력의 종류를 구분할 수 있다고 주장하고 있다. 가령, 영국 시민혁명이나 프랑스혁명에서 볼 수 있는 것처럼, 피지배계급의 폭력은 역사의 진보를 가져온 폭력이었던 반면, 로마 제국의 몰락을 초래한 지배계급의 폭력은 반동적이었다는 것이다. 이 같은 폭력의 기능 구분은 곧장 마르쿠제가 말하는 당파적 관용으로 이어진다. "해방적 관용은 우파 운동에 대한 무관용과 좌파 운동에 대한 관용을 의미할 것이다."(같은 책, 109쪽) 이러한 차별 정책이 '다른 쪽'을 위한 신성한 자유주의적 평등 원리와 위배된다는 악의적 비난에 대해, 마르쿠제는 형식주의적 의미 외에는 더 이상 다른 쪽은 존재하지 않거나, 그 다른 쪽이 명백히 억압적이며, 인간 조건의 가능한 진보를 위협하는 문제들이 있다고 여긴다. "비인간성을 위한 선전 선동을 관용하는 것은 자유주의뿐만 아니라, 모든 진보적 정치철학의 목표를 훼손하는 일이다."(같은 책, 120쪽)

## 6. 비판과 반박

### 1) 니체에 대한 비판과 반박

우선, 니체가 하는 관용 비판의 요지는, 관용이 약자나, 희생자의 도덕으로 전락하는 사태를 막고, 강함에서 나오는 위대한 관용을 참된 관용으로 수용하자는 것이다. 하지만 이런 주장의 이면에 놓여 있는 전제는 이미 강자와 약자 사이에는 넘어설 수 없는 간극이, 니체 자신의 표현대로 하면 거리의 파토스(Pathos der Distanz), 즉 거리감이 존재할 수밖에 없다는 사실이다. 이러한 상태는 각자 강함에서 나오는 관용과 약함에서 나오는 관용을 발휘할 수 있는 출발점이기는 하다. 그렇지만 그러한 상태에 도달하는 길은 어찌되었든 각자에게 맡겨진 것일 뿐이다. 요컨대 관용에 대한 니체의 견해는 약함에서 비롯하는 관용을 비판하고, 그것을 넘어서서 강함에서 나오는 위대한 관용을 적극적으로 옹호하고 있기는 하지만, 약함에서 나오는 관용에서 벗어나, 강함에서 나오는 위대한 관용으로 나갈 수 있는 구체적 방법론에 대해서는 전혀 알려 주는 바가 없다.

둘째, 다음으로 문제 삼을 수 있는 것은 니체가 궁극적 대안으로 제시하고 있는 강함에서 나오는 위대한 관용의 내용 자체가 매우 애매모호하다는 점이다. 물론 니체는 그러한 관용의 가장 직접적 예로 괴테를 꼽고 있다. 니체는 괴테가 구상하고 있었던 이상(ideal)을 디오니소스

(Dionysos)라고 명명함으로써 자신이 할 수 있는 최고의 찬사를 바치고 있다. "괴테는 강하고, 고도로 도야되고, 모든 육체적인 일에 능숙하며, 자기 자신을 억누르고, 자기 자신에게 경외심을 품는 인간을 구상했다. 자연의 전 범위와 풍요로움 전체를 자신에게 감히 허용해도 되는 인간, 이런 자유를 누릴 만큼 충분히 강한 인간, 평균적인 것을 몰락시키는 것을 자신에게는 이점으로 사용할 줄 알기 때문에, 약해서가 아니라 강해서 관용적인 인간. 악덕이라고 불리든, 미덕이라고 불리든 이런 허약성만을 제외하고는 더 이상 아무것도 금지되지 않는 인간을.… 자유로워진 그런 정신은 즐겁고도, 신뢰할 만한 숙명론을 지닌 채 우주한 가운데 서 있다. 오직 개별적으로 있는 것만 비난받아 마땅하며, 전체 속에서는 모든 것이 구원되고 긍정될 수 있다는 믿음을 가지고. 그는 더 이상 부정하지 않는다.…그러나 그런 믿음은 가능한 믿음 중에서 가장 최고의 믿음이다. 나는 그 믿음에 디오니소스라는 이름으로 세례를 주었다."(*Götzen-Dämmerung*, KSA 6, 151–152쪽) 그러나 괴테라는 인물만으로 강함에서 나오는 위대한 관용이 과연 어떤 것인지 분명한 윤곽을 그리기는 어렵다.

니체가 염두에 두고 있는 강함에서 나오는 위대한 관용의 애매모호함을 지적하는 이러한 두 번째 비판에 대해 니체 식으로 대응할 수 있는 한 가지 방법은 니체가 제시한 입장이란 최종적 결론이 아니라 출발점이라는 것이다. 즉 미래의 철학자로서 니체는 자신의 글을 읽고, 자신과 함께 사유하는 독자들이 확립된 의견을 그냥 무비판적이고, 수동적으로 수용하기를 바라지 않았다. 오히려 자신의 견해를 비판적으로 지양하기를 원했기 때문에, 정답이 아니라 하나의 과제를 부여했다 할 수 있다.

2) 마르쿠제에 대한 비판과 반박

마르쿠제의 관용론에 대한 첫 번째 비판은 그의 입장이 비일관적이라는 점이다. 즉 마르쿠제가 제안한 관용의 철회, 내지 무관용은 스스로 반대했던 바로 그 불관용을 옹호하게 된다는 것이다. 다시 말해 "어떤 집단, 믿음 그리고 행위에 대한 무관용을 주장하는 가운데, 마르쿠제는 그가 비난했던 바로 그 억압을 용서하고 있는 셈이다."("Herbert Marcuse's 'Repressive Tolerance' and his critics")

이에 대한 반박은 다음과 같다. 마르쿠제는 분명 특정 집단이나 행위, 믿음에 대한 무관용을 주장하고 있지만, 그런 집단이나 행위, 믿음 등은 민주주의와 그 기반으로 자유나 평화, 정의 등 민주주의적 가치를 심대하게 위협하는 것들이다. 반면 마르쿠제가 관용을 요구하는 대상은 관용 정책의 표피적 외관 아래서 불관용을 겪고 있는 소수파나, 소수파의 견해들이다. 따라서 마르쿠제의 입장이 단순히 모순적이고 비일관적이라고 비판하는 것은, 맥락에 따른 그의 진단을 도외시함으로써, 요점을 놓치는 것이다. "마르쿠제의 입장은 허공에서 주장된 것이 아니다."(같은 책)

마르쿠제의 관용론에 대한 두 번째 비판은, 대중이 갖지 못한 혁명적 통찰을 갖고 있고, 관용을 가장하고 있는 불관용적 국가의 현행 행태들을 폭로하는 새로운 엘리트에 대한 마르쿠제의 제안이 갖는 "반(反)민주주의적이고 불관용적인 함축"(같은 책, 3쪽)이다. 한 마디로 그의 입장이 엘리트주의로 여겨지기 때문에 비판을 받는 것이다. 마르쿠제의 입장이 엘리트주의라는 사실을 부인하기는 어렵다. "나는 해방적 관용을 실천에 옮길 수 있는 어떤 권력, 권위, 정부도 현재 존재하지 않는다는 점을 완전히 의식하고 있지만, 유토피아적 가능성이 되어 버린 것처럼 보이는 역사적 가능성을 상기하고, 보존하는 것이 지성인의 임무이자, 의무이며, 사회의 현재 상태를 있는 그대로 깨달을 수 있는 정신적 공간을 열기 위해서, 억압의 구체성을 분쇄하는 것이 지성인의 임무라는 점을 믿고 있다."("Repressive Tolerance", 81-82쪽)

마르쿠제는 자신의 입장이 엘리트주의라고 비난받는 점을 충분히 알고 있었다. 그리고 그에 대해 다음과 같이 대응한다. 즉 "기존의 준(準)민주주의적 과정에 대한 대안은 아무리 지적이라도 독재나 엘리트가 아니라, 실질적 민주주의를 위한 투쟁이다. 그리고 이런 투쟁의 일부가 불평등과 차별의 현 상태에 대한 보존을 실제로 옹호하고, 강화하는 관용 이데올로기에 대항한 싸움이다. 이런 싸움을 위해 나는 차별적 관용을 제안했다."(같은 책, 123쪽) 그러나 이러한 대응은 스스로 엘리트주의가 아니라는 입장을 표명하는 것이 아니다. 오히려 마르쿠제의 의도는 엘리트주의냐, 아니냐는 실제로 중요하지 않다는 식으로 초점을 변경시키는 것이다. 결국 참다운 민주주의를 지향하고 있는 마르쿠제의 관용론이 엘리트주의를 함축할 수밖에 없다는 역설은 여전히 해소되지 않은 채 남아 있다.

마르쿠제의 관용론에 대한 세 번째 비판은 폭력에 관한 그의 비일관적 입장에 초점을 맞춘다. 한 마디로, 마르쿠제는 기존 사회의 폭력에 대해서는 반대하면서도, 그런 사회를 전복시키는 폭력은 지지한다는 것이다.

이런 비판에 대해서도 첫 번째 비판과 유사한 방식으로 대응할 수 있어 보인다. 즉 마르쿠제가 폭력을 비판할 때, 그 폭력은 자유로운 표현의 권리로 간주된 것을 억압하는 폭력, 국가에 의해 뒷받침되는 제도화된 폭력이며, 억압하는 자의 폭력이고, 반대로 그가 필요하다고 주장하는 폭력은, 억압당한 자들이 그러한 억압을 분쇄하기 위해, 반드시 사용할 수밖에 없는 폭력이다. "마르쿠제는 폭력을 맥락화하고 있는 것이다."('Herbert Marcuse's 'Repressive Tolerance' and his critics")
그런 의미에서 폭력에 관한 마르쿠제의 비일관성을 비판하는 자들은,
두 가지 폭력을 구분하는 것처럼 보이지만, 실제로는 마르쿠제가 하고
있는 맥락에 따른 섬세한 구분을 놓치고 있다고 보아야 할 것이다. 더
나아가 마르쿠제가 폭력이 폭력을 낳는다는 엄연한 사실을 인정하고
있음에도 불구하고, 억압당한 자들의 폭력을 지지한 이유는 그런 폭력
이 없다면, 억압자들의 현실적 폭력을 막을 수 있는 방법이 없기 때문
이다. 따라서 억압당한 자들에게 무조건 폭력을 금지하는 것은 "현실
적 폭력에 대한 저항을 약화시키는 것"('Repressive Tolerance", 103
쪽)과 같다. 마르쿠제의 이러한 입장에 대해서는 십분 이해할 수 있지
만, 그래도 여전히 수단으로서 폭력의 정당성 문제는 남는다. 아무리
목적 자체가 억압의 분쇄를 통한 인간 해방의 실현이라고 하더라도,
그러한 목적에 도달하기 위한 수단으로서 과연 폭력 자체가 정당화될
수 있는지 여부는 또 다른 차원의 해명을 필요로 하는 어려운 문제이기
때문이다. (임건태)

# 4

관용과 20-21세기의
쟁점들

13

---

# 관용과 국가
# 중립성의 문제

## 1. 국가, 중립, 관용, 개입

프랑스는 2004년부터 복장 금지법을 시행하고 있다. 이 법에 따르면
공립학교에 다니는 학생들은 십자가, 히잡, 키파(유대인 모자) 등 종교
상징물을 착용할 수 없다. 그리고 2011년에는 공공장소에서도 종교 상
징물을 착용할 수 없는 법을 만들었다. 2017년 유럽 연합(EU)의 최고
법원인 유럽사법재판소(ECJ)는 직장에서 모든 종교 상징물을 일괄 규
제하면 무슬림의 히잡 착용을 금지하는 것은 차별이 아니라고 판결했
다.(「유럽사법재판소, "직장서 히잡 금지 차별 아니다"」) 이처럼 종교
에 대한 국가의 중립을 명분으로 모든 종교 상징물의 착용을 금지하는
프랑스에서는 여전히 종교 상징물의 착용 금지가 무슬림에 대한 차별
이라는 반발이 끊이지 않자 2013년 프랑스 교육부 장관이 말한다. "종
교전쟁 발발 가능성에 대비해 학교들이 내규로 히잡 착용을 금지할 수
있다."(「커가는 '히잡' 논란… 억압인가 종교문화인가」) '종교전쟁 발

발 가능성'은 1517년 종교개혁 이래 300여 년 동안 종교 탄압, 박해, 전쟁을 거치며 많은 사람이 죽은 유럽의 역사를 고려한 말이다. 그러나 무슬림의 반발은 여전하고 프란체스코 교황도 거든다. "국가는 세속적이어야 하고 특정 종파에 휘둘려서는 안 되지만 프랑스의 정교 분리 정책은 과도한 게 아닌가 한다. … 가톨릭 신자들이 십자가를 걸듯, 무슬림 여성들도 원할 경우 히잡을 두를 수 있어야 한다."(「가톨릭 신자 십자가처럼… 무슬림에 히잡 허용돼야」)

프랑스는 국가의 중립을 주장하고 프란체스코 교황은 국가의 관용을 주장한다. 국가의 중립은 서로 다른 종교나 가치관을 가진 집단이나 개인에 대해 국가가 어느 한 쪽을 편들지 않는 것을 의미한다. 국가의 관용은 특정 종교나 가치관을 가진 집단이나 개인에 대해 국가가 억압하지 않는 것을 의미한다. 무슬림의 히잡 착용 금지는 국가가 모든 종교 집단이나 개인에 대해 중립을 지키고 특정 종교 집단이나 개인을 억압하지 않는 것처럼 보인다. 그러나 한 국가를 구성하는 여러 집단이 다수와 소수로 나뉘어 있을 경우 유럽에서 소수인 무슬림은 국가의 중립을 국가의 억압으로 받아들일 수도 있다.

프랑스에서 무슬림의 히잡 착용 금지는 관용과 관련해 세 가지 문제를 던진다. 첫째, 국가가 관용의 주체가 될 수 있을까? 프랑스는 국가가 중립의 주체가 될 수 있지만 관용의 주체가 될 수 없다는 것을 보여주는 듯하다. 그러나 프란체스코 교황은 국가가 무슬림에게 관용을 실천해야 한다고 주장한다. 둘째, 국가의 관용은 국가의 중립과 양립할수 있을까? 프랑스에서 히잡 착용 금지는 국가의 중립을 명분으로 삼기 때문에 국가의 중립이 국가의 관용과 양립할 수 없다는 것을 보여주는 듯하다. 그러나 프랑스가 모든 종교 상징물의 착용을 관용한다면 국가의 관용은 국가의 중립을 훼손하지 않을 수 있다. 셋째, 국가의 관

용은 무엇일까? 프랑스는 공공장소에서는 종교 상징물의 착용에 개입
하지만 각 종교 집단 안에서는 개입하지 않는다. 국가의 관용은 개입과
불개입의 두 길이 있다. 어느 길이 더 좋을까?


## 2. 국가는 관용의 주체가 될 수 있을까?

### 1) 국가는 관용의 주체가 될 수 없다는 견해

국가는 관용의 주체가 될 수 없다고 주장하는 견해는 관용의 세 가지
특징을 근거로 든다.("Is Toleration a Political Virtue?", 183-189쪽)
첫째, 관용은 정의나 의무를 넘어서 있다. 프랑스는 무슬림의 히잡 착
용이 종교전쟁을 일으킬 수도 있다고 판단하면 히잡 착용을 허용하지
않는 것이 정당하다. 정의는 국가의 질서를 무너뜨릴 수 있는 행동을
법으로 규제할 것을 요구하고 국가는 정의를 구현하는 것이 의무다. 프
란체스코 교황은 프랑스가 무슬림의 히잡 착용을 관용하라고 요구한
다. 그러나 관용은 국가가 정의나 의무의 관점에서는 반드시 해야 할
필요가 없다. 관용은 법을 통한 정의나 의무를 넘어선 도덕의 관점에서
바람직한 태도나 행동이다. 프랑스에서 십자가든 히잡이든 착용할 수
있는 것이 착용할 수 없는 것보다 도덕 면에서는 더 좋다. 그러나 사회
적 안정과 법적 정의 실현의 관점에서는 착용을 관용하지 않는 것이 더
나을 수 있다.

둘째, 관용은 행위와 행위자를 구별한다. "죄는 미워하되 죄인은 미
워하지 말라"는 탈무드의 가르침도 행위와 행위자를 구별하고, 죄의
행위는 처벌하되 그 행위자는 관용하라는 뜻이다. 그러나 국가가 행위
와 행위자를 구별해서 처벌할 길은 없다. 프랑스는 무슬림의 히잡 착용

이 복장 금지법을 위반하면 행위와 행위자를 함께 처벌할 수밖에 없다. 그렇다면 국가는 관용의 주체가 될 수 없다. 행위와 행위자를 심리적으로 엄격하게 구별할 수 있는 인간만이 관용의 주체가 될 수 있다.

셋째, 관용은 인내와 감수 같은 심리적인 노력이 필요하다. 관용은 좋아하는 것이 아니라 싫어하는 것이 대상이다. 무슬림의 히잡 착용을 무슬림이 허용하는 것은 관용이 아니다. 무슬림의 히잡 착용을 싫어하는 비무슬림이 허용하는 것이 관용이다. 관용은 싫어하는 것을 참고 견디는 심리적 노력이 필요하다. 국가는 심리적 노력을 가질 수 없으므로 관용의 주체가 될 수 없다. 역시 인간만이 관용의 주체가 될 수 있다.

관용의 세 가지 특징에 비추어 보면 국가는 관용의 주체가 아니다. 국가가 관용의 주체가 아니라고 보는 중요한 배경은 관용이 국가의 태도나 행위가 아니라 인간의 태도나 행위라는 점이다. 관용은 예를 들어 자선, 봉사, 사랑 등 도덕으로 칭찬할 만한 태도나 행위와 관련되어 있다. 프랑스에서 무슬림의 히잡 착용도 국가가 아니라 프랑스의 비무슬림 국민이 어떻게 보느냐는 것이 관용의 문제다. 프랑스의 비무슬림 국민은 무슬림의 히잡 착용을 관용할 수도 있고 관용하지 않을 수도 있다. 그렇다면 관용의 주체는 국가가 아니라 인간이다.

## 2) 국가는 관용의 주체가 될 수 있다는 견해

첫째, 국가가 관용의 주체가 될 수 있다고 보는 중요한 이유는 소수자 문제 때문이다. 국가가 관용의 주체가 아니라면 종교뿐 아니라 성, 인종, 종족, 성 취향 등의 소수자 문제에서 관용은 개인에게 맡길 수밖에 없다. 프랑스에서 무슬림의 히잡 착용 여부의 문제를 개인에게 맡기면 공공장소에서 허용하라는 요구가 나올 수도 있지만 무슬림 집단 안에서조차 허용하지 말라는 요구가 나올 수도 있다.

한국은 동남아시아 이주민의 문제를 거의 방치하고 있다. 이주민 여성은 한국 남성과 결혼해 가정 폭력에 시달리고, 다문화 가정 자녀는 학교에서 "깜둥이 자식"이라고 놀림 받고, 이주 노동자는 수도 시설도 없는 비닐하우스에서 높은 월세를 내고 살면서 사업주의 동의 없이는 사업장을 옮길 수도 없다. 우리나라에는 아직 성, 인종, 종족, 성 취향 등과 관련해 어떤 종류의 차별 금지법도 없다.

차별은 증오, 폭언, 폭행, 심지어 살인을 동반하는 불관용(intolerance) 행위이고 차별을 금지하는 것은 관용 행위이다. 소수에 대한 다수의 불관용은 다수나 개인에게 맡겨둘 수 없고 국가가 인권을 보호하고 공동체를 유지하기 위해 개입해야 할 문제다. 국가는 관용의 이름으로 차별 금지법을 제정해 소수자에게 가해지는 불관용 행위를 막아야 한다. 그런 점에서 국가는 소수자 문제를 해결하는 관용의 주체가 될 수 있다. 1964년 미국 시민권법과 1965년 미국 선거권법은 국가가 소수자에 대해 관용의 주체가 될 수 있다는 사실을 보여 준다.("Forbearant and Engaged Toleration", 200쪽) 미국 시민권법은 인종, 종족, 출신 국가, 종교, 여성의 차별을 불법화했고, 미국 선거권법은 투표에 관한 차별을 금지했다. 미국 시민권법과 선거권법은 차별의 불관용에 맞서 관용을 법제화한 정부 조례다.

둘째, 국가는 기관과 제도의 집합만이 아니라 인간 행위자들로 구성되어 있다. 대통령부터 환경미화원까지 공무원은 국가의 주요 구성원이다. 공무원은 관용의 주체가 될 수 있다. 대통령은 예를 들어 교통법규 위반자나 운전면허 정지 처분자 등에 대해 특별사면을 실행할 수 있다. 환경미화원은 불법이 아니라면 반려견의 배설을 눈감아 줄 수 있다.

국가를 구성하는 인간 행위자들은 행위와 행위자를 구별할 수도 있고 싶지만 참을 수 있는 마음의 노력을 기울일 수도 있다. 대통령은 이미 처벌 받고 정상 생활에 복귀한 행위자의 경우 그의 범죄행위를 사면할 수 있다. 환경미화원은 주인 대신 반려견의 배설물을 치워야 하는 심리적인 거부감과 신체적인 노력을 부담할 수 있다. 프랑스는 법으로 공공장소에서 히잡 착용을 금지하지만 경찰은 공공장소에서 히잡을 착용한 무슬림을 연행하지 않고 계도할 수 있다. 국가는 구성원들의 재량을 통해 관용을 실천할 수 있다.

국가가 관용의 주체가 될 수 있느냐는 문제에서 한 가지 쟁점은 관용이 법을 넘어 도덕의 영역에 속하느냐는 것이다. 만일 관용이 법을 넘어 도덕의 영역에 속한다면 국가는 관용의 주체가 될 수 없다. 프랑스에서 아무리 비무슬림 국민이 무슬림의 히잡 착용을 관용하라고 요구해도 국가는 복장 금지법을 관철할 수밖에 없다. 그러나 관용이 법의 영역에도 관여한다면 국가는 관용의 주체가 될 수 있다. 프랑스가 정교분리 원칙을 공공장소에서 종교 상징물을 착용하는 데까지 적용하는 것이 지나치다는 프란체스코 교황이나 비무슬림 국민의 의견을 받아들이면 복장 금지법을 폐지하고 소수인 무슬림을 관용하는 정책을 시행할 수 있다.

관용은 법을 넘어선 도덕의 영역에만 속한다고 볼 수 없다. 다문화 가정의 자녀가 "깜둥이 자식"이라고 놀림 받고 이주 노동자가 수도 시설 없는 비닐하우스에 살며 월세를 뜯기는 것은 우리나라에서 아직 불법이 아니다. 관용이 도덕의 영역에만 속한다면 불법이 아닌 행위를 하지 말라고 호소하는 수밖에 없다. 관용이 법의 영역에도 관여해야 아직 불법이 아닌 행위를 불법으로 처벌하는 차별 금지법을 만들라고 목소리를 높일 수 있다. 관용이 법의 영역에도 관여해 소수의 차별 문제를 부각하면 국가는 차별에 반대하는 관용을 법으로 제도화함으로써 관용의 주체가 될 수 있다.


## 3. 국가의 중립과 국가의 관용은 양립할 수 있을까?


### 1) 국가의 중립과 국가의 관용은 양립할 수 없다는 견해

국가가 관용의 주체가 될 수 있느냐는 문제는 한 걸음 더 들어가면 국가의 관용과 국가의 중립이 양립할 수 있느냐는 문제가 된다. 프랑스가 종교에 대해 중립을 취하면 모든 종교 상징물의 착용을 관용하지 않을 수 있지만 모든 종교 상징물의 착용을 관용할 수도 있다. 종교에 대한 국가의 중립은 국가가 특정 종교 상징물의 착용만을 허용해 그 종교를 편들지 않는 것이기 때문이다. 국가는 모든 종교 상징물의 착용을 금지하든, 허용하든 특정 종교를 편들지 않는다. 그렇다면 국가의 중립은 국가의 관용과 양립할 수 없는 듯도 하고 양립할 수 있는 듯도 하다.

첫째, 국가의 중립과 국가의 관용이 양립할 수 없다고 보는 견해는 다원주의 사회를 근거로 삼는다. 현대 국가는 국민이 옳다고 믿는 종교나 가치관이 여럿인 다원주의 사회다. 다원주의 사회에서 국가가 여러 종교나 가치관 가운데 하나를 지지하는 것은 다른 종교나 가치관을 가진 사람들에게 불이익을 줄 수 있다. 다원주의 사회에서 국가는 여러 종교나 가치관 가운데 하나를 지지하지 말고 중립을 지키는 것이 낫다.

국가가 중립을 지키면 관용의 여지는 없다. 관용은 특정 종교나 가치관이 그르다고 믿는 동시에 참는 것이 좋다고 믿는 것이다. 그러나 국가가 여러 종교나 가치관 사이에서 중립을 지키면 그르다고 믿는 동시에 참는 것이 좋다고 믿을 만한 종교나 가치관도 없다. 프랑스가 유대교, 기독교, 이슬람교 사이에서 중립을 지키면 프랑스가 그르다고 믿는 동시에 참는 것이 좋다고 믿는 종교도 있을 수 없다. 따라서 프랑스가 특정 종교를 관용할 여지도 없다.

둘째, 국가의 관용과 국가의 중립은 서로 갈등한다. 국가의 중립은 특정 종교나 가치관을 편들지 않는 것이고 국가의 관용은 특정 종교나 가치관을 그르다고 믿으면서 동시에 참고 견디는 것이 좋다고 믿는 것이다. 국가가 특정 종교나 가치관을 편들지 않는 중립의 태도를 가지면 그르다고 믿으면서 동시에 참고 견디는 것이 좋다고 믿을 만한 특정 종교나 가치관이 있을 수 없다. 국가가 중립의 태도를 가지면 특정 종교나 가치관을 편들 이유가 없으니까 특정 종교를 옳거나 그르다고 믿을 이유도 없기 때문이다. 국가는 특정 종교나 가치관에 대해 중립의 태도와 관용의 태도를 동시에 가질 수 없다.

국가의 중립과 국가의 관용이 양립할 수 없다는 견해는 국가가 관용을 포기하더라도 중립을 지켜야 한다는 국가 중립주의를 귀결로 낳는다. 다원주의 사회에서 모든 사람이 옳다고 믿는 종교나 가치관은 있을 수 없다. 다원주의 사회에서 국가는 언제나 여러 종교나 가치관을 대면한다. 이 때 국가가 관용을 실현하려면 특정 종교나 가치관을 참고 용인해야 한다. 국가가 특정 종교나 가치관을 참고 용인하려면 그 종교나 가치관을 편들어야 하니까 중립을 지킬 수 없다. 다원주의 사회에서 국가가 중립을 지키지 않는 것은 여러 종교나 가치관 사이의 갈등을 부추길 수 있다. 따라서 국가가 관용을 포기하더라도 중립만은 지켜야 한다는 국가 중립주의가 성립한다.

## 2) 국가의 중립과 국가의 관용은 양립할 수 있다는 견해

첫째, 국가의 중립과 국가의 관용이 양립할 수 있다고 보는 견해도 다원주의 사회를 출발점으로 삼는다.(『정치적 자유주의』, 156-157쪽,

320-323쪽 참조) 다원주의 사회는 부당한 종교나 가치관도 있지만 합당한(reasonable) 종교나 가치관도 여럿이다. 여기서 '합당하다'는 것은 합리적(rational)으로 사적 이익을 추구하는 것과는 달리 공적으로 나와 남이 서로 다르지만 받아들일 수 있는 그 어떤 대상에 붙일 수 있는 이름이다.

다원주의 사회에서 합당한 종교나 가치관이 여럿이라는 사실은 국가의 중립과 관용에 근거를 제공한다. 합당한 종교나 가치관이 여럿인 상황에서 사람들은 자신의 종교나 가치관을 참으로 여기고 남의 종교나 가치관을 거짓으로 여기더라도 둘 다 합당한 것으로 여길 수 있다. 그러면 사람들은 국가에 대해 특정 종교나 가치관을 편들지 않는 중립을 요구하는 데 합의할 수 있다. 또 사람들은 자신의 종교나 가치관이 참이라고 믿더라도 남의 합당한 종교나 가치관에 대해 국가 권력의 사용을 제한하는 관용에 합의할 수 있다. 그렇다면 국가의 중립과 국가의 관용은 양립할 수 있다.

프랑스는 국가의 중립을 명분으로 모든 종교 상징물의 착용을 금지한다. 그러나 제각기 종교 상징물을 착용하는 것은 서로 다른 종교를 가진 사람들이 서로 받아들일 만한 합당한 것으로 여길 수 있다. 그러면 사람들은 설사 자신의 종교가 옳다고 믿더라도 국가에 대해 기독교, 이슬람교, 유대교 가운데 어느 한쪽을 편들지 않은 중립과 국가 권력을 사용해 종교 상징물의 착용을 억압하지 않는 관용을 함께 요구할 수 있다. 프랑스는 국가의 중립을 훼손하지 않고도 모든 종교 상징물의 착용을 허용하는 관용을 실천할 수 있다.

둘째, 국가가 관용을 포기하더라도 중립을 지켜야 한다는 국가 중립주의는 국가와 개인이 분열하고 시민과 개인이 분열해 영혼의 빈곤을 낳는다.("Toleration and Liberal Commitments", 259-270쪽) 국가는

중립을 지켜야 하니까 특정 종교나 가치관을 지지할 수 없지만 개인은
특정 종교나 가치관을 지지한다. 따라서 국가 중립주의는 국가와 개인
을 분열시킨다.

또 국가 중립주의는 국민에게 시민으로서 중립을 지킬 것을 요구한
다. 프랑스가 국가의 중립을 명분으로 모든 종교 상징물의 착용을 금지
하는 것도 프랑스 국민에게 공공장소에서는 시민으로서 중립을 지키라
고 요구하는 것이다. 그러나 국민은 개인으로서 특정 종교나 가치관에
따라 행동할 수 있다. 프랑스에서 기독교인이나 무슬림은 학교나 공공
장소에서도 개인으로서는 십자가를 달거나 히잡을 쓰고 싶지만 시민으
로서는 십자가나 히잡을 착용할 수 없다. 따라서 국가 중립주의는 시민
과 개인을 분열시킨다.

국가 중립주의 때문에 국가와 개인이 분열되고 시민과 개인이 분열
되면 사람들은 영혼이 빈곤해진다. 기독교인이나 무슬림은 시민으로서
중립을 지켜야 하니까 자신이 믿는 신앙을 떳떳이 밝힐 수 없다. 사람
들은 시민으로서 자신의 종교를 숨기는 법을 배우고 남들도 마찬가지
로 은폐 기술을 습득한다. 그러면 사람들은 제각기 남들이 말하고 행동
하는 방식을 기만이라고 의심할 수밖에 없다. 신앙을 떳떳이 밝힐 수
없고 은폐 기술을 익히며 남들을 의심하는 영혼은 빈곤하다. 영혼의 빈
곤을 치유하려면 사람들이 개인으로서든 시민으로서든 자신의 종교나
가치관을 떳떳이 밝히면서도 남들의 종교나 가치관을 관용할 수 있어
야 한다.

그러나 국가의 중립과 국가의 관용이 양립할 수 있다는 견해는 헛된
꿈이라는 반론도 강하다.("Toleration, Politics, and the Role of Mu-
rality", 378쪽) 국가의 중립과 국가의 관용이 양립하려면 합당한 종교
나 가치관을 가진 사람들이 국가에 대해 어느 한쪽을 편들지 말라는 중

립과 강압 권력을 사용하지 말라는 관용을 요구하는 데 합의해야 한다. 그러나 합의가 쉽지 않다. 합의는 자신의 이익만 생각하지 않고 공동의 이익을 생각하는 이성이 필요하고, 합의로 풀어야 할 갈등은 이미 합의할 수 없는 성격을 지니고 있는 경우가 많기 때문이다. 프랑스에서 서로 다른 종교를 가진 국민들이 설사 모든 종교 상징물을 자유롭게 착용하는 데 합의하더라도 여성의 성기 중 일부를 제거하는 무슬림의 여성 할례를 허용하거나 금지하는 데 합의할 수 있을까?

게다가 사람들이 자신의 종교나 가치관을 떳떳이 밝히는 것은 심리 효과만 있을 뿐 실속이 없다는 반론도 있다.("Commentary: Liberal Toleration, Recognition, and Same-Sex Marriage", 141-145쪽) 프랑스에서 무슬림 여성이 공공장소에서 히잡을 쓰고 종교 정체를 떳떳이 밝히는 것은 심리 만족을 줄 뿐 아니라 무슬림을 비하하는 공적 태도에 맞서는 데 도움을 줄 수도 있다. 그러나 무슬림이 자신에 대한 거부감을 지우지 못하는 비무슬림 프랑스인들과 어울려 생활하는 데 어려움을 줄 수도 있다. 프랑스에서 무슬림은 종교 정체를 떳떳이 밝히지 못하더라도 원만한 학교생활이나 사회생활을 유지하는 것이 차선이지 않을까?

## 4. 국가의 관용: 개입과 불개입

오스만제국(1299-1922)의 밀레트(Millet) 시스템은 국가가 집단에 개입하지 않고 관용을 실천한 모델이다.("Two Models of Pluralism and Tolerance", 83-90쪽) 오스만제국은 무슬림들이 중동, 북아프리카, 그리스, 동유럽을 정복한 국가다. 밀레트는 오스만제국에서 세 비무슬림

소수 종교, 즉 그리스 정교, 아르메니아 정교, 유대교가 공식으로 인정
받은 자치 공동체다. 세 자치 공동체의 수장은 두 정교의 주교와 유대
교의 최고 랍비다. 제국은 밀레트들의 법 전통과 관행을 억압하지 않고
관용했다. 그러나 무슬림들과 비무슬림들은 각 집단 안에서는 개인에
게 자유를 허용하지 않고 이단과 배교를 탄압했다.

밀레트 시스템의 관용을 현대 프랑스에 적용하면 무슬림은 집단 안
에서 히잡 착용 뿐 아니라 여성 할례도 허용 받아야 한다. 프랑스가 공
공장소에서 히잡 착용을 금지하는 것은 오스만제국의 밀레트 시스템과
다르지 않다. 오스만제국도 공공장소에서 비무슬림들이 표 나는 옷을
입게 강제했다. 프랑스는 공공장소에서 무슬림이 표 나는 종교 상징물
을 착용하지 못하게 강제하지만 국가가 공공장소에서 국민을 강제한다
는 점에서 오스만제국과 같다.

그러나 만일 프랑스에서 무슬림이 여성 할례를 시술하면 국가가 개
입해 처벌한다. 여성 할례는 1970년대부터 전 세계에서 금지하려는 노
력이 있었지만 유엔아동기금(UNICEF)의 조사에 따르면 2016년 기준
으로 여성 할례를 받은 전 세계 생존 여성은 약 2억 명이다.("Female
Genital Mutilation/Cutting: A Global Concern") 2017년 미국에서 연
방수사국(FBI)은 은밀하게 이루어지는 여성 할례를 단속했고, 일부 이
슬람 소녀는 방학 기간 동안 단속을 피해 여성 할례를 허용하는 외국으
로 나가기도 했다.

국가가 무슬림 집단에 개입해 여성 할례를 막고 처벌하는 것은 개입
으로서 관용의 한 모습이다. 관용의 눈으로 보면 여성 할례는 여성의
몸에 상처를 입히는 일종의 폭력, 즉 불관용이다. 여성 할례를 막고 처
벌하는 국가는 불관용을 관용하지 않는 무관용(zero-tolerance)을 통
해 여성의 몸을 보호하는 관용을 실천한다.

국가가 관용을 실천하는 방법은 불개입의 길도 있고 개입의 길도 있다. 프랑스는 무슬림 집단에 개입하지 않음으로써 무슬림 집단 안에서 여성이 히잡을 착용할 수 있게 관용한다. 프랑스는 무슬림 집단에 개입함으로써 무슬림 집단 안에서 여성 할례를 막고 처벌해 무슬림 소녀의 몸을 보호하는 관용을 실천한다. 그렇다면 국가의 관용에서 불개입의 길과 개입의 길은 옳고 그름을 가릴 수 없고 경우에 따라 달리 적용해야 하는 것처럼 보인다.

그러나 국가가 개입으로서 관용을 실천하는 것보다 불개입으로서 관용을 실천하는 것이 더 이상적일 수 있다. 밀레트 시스템이나 여성 할례는 집단 안에서 개인의 자유와 권리가 침해당한다. 그래도 밀레트 시스템은 제국이 집단에 개입하지 않는 관용의 길을 선택했지만, 현대사회라면 여성 할례처럼 인권이 침해당하는 경우 국가가 집단에 개입하는 관용의 길이 더 일반적 선택이다. 그러나 만일 집단 안에서 개인의 자유와 권리가 충분히 보장되어 있다면 국가가 집단에 개입할 필요도 없다. 이 때 국가는 집단에 개입하지 않고 집단의 자율을 보장하는 일종의 울타리 또는 벽(murality)으로서 관용을 실천한다. 개입보다 불개입으로서 국가의 관용이 궁극적으로 더 낫다. (김성환)

# 14

## 관용과 상호성 그리고
## 정체성의 문제

### 1. 관용과 상호성의 문제

상식적인 차원에서도 상호성(reciprocity 또는 mutuality)이 관용의 중요한 논거로 작용함은 충분히 이해된다. 기본적으로 내가 찬성하거나 시인하지 않는 상대방의 행위를 허용하는 것으로 정의되는 관용은 곧 내가 상대방의 행위나 의견을 존중한다는 것을 의미하며, 나 또한 상대방으로부터 그런 대우를 받는다는 점을 함축하기 때문이다. 실제로 상호 존중으로서의 상호성은 관용의 개념이 등장한 근대 초부터 관용을 옹호하는 가장 중요한 근거로 자주 언급되었다. 대표적으로 벨(Pierre Bayle)은 이교도나 다른 종파에 대한 박해와 탄압을 정당화하는 성서적 근거로 흔히 인용되었던, 『성서 중 루카의 복음서 14장 23절, "사람들을 억지로라도 데려다가 내 집을 채우도록 하여라."라는 말씀에 대한 철학적 주석』의 여러 대목에서 이 문구를 박해의 명령으로 해석한다면 다양한 기독교 교파들이 다른 교파나 이교도들을 박해해야 한다는 종교적 의무를 느낄 것이라고 주장한다. 그리고 이런 의무의 실행은 곧 내전과 반란, 심지어 기독교도의 몰살이라는 참혹한 결과를 낳으리라고 예상한다.(『철학적 주석』, 413-19쪽, 507-11쪽) 상호 박해가 낳는 해악이 이토록 크다면 이런 해악을 피하기 위해서라도 우리는 상호 존중에 근거한 관용을 실천해야만 한다. 그렇다면 이런 벨의 주장 배후에 놓여 있는 논거는 '만일 내가 어떤 자유나 권리를 상대방에게 주장하거나 실행하는 일이 나쁜 결과를 낳는다면 나는 그런 주장이나 실행을 포기해야 한다'는 것으로 요약된다. 벨의 이런 논거는 상호성을 상호 존중으로 해석하면서 이를 관용을 옹호하는 근거로 삼는 대표적 시도에 해당한다. 이런 벨의 견해는 이후 여러 근대철학자들, 예를 들면 칸트(Kant)나 밀(J. S. Mill)로 이어지면서 관용을 지지하는 기반으로 응용되었다.

최근 관용의 실천이 현대사회의 첨예한 갈등과 대립을 해결할 수 있는 중요한 요소로 부각되면서 관용 개념 자체에 대한 다양한 접근과 분석이 시도되는 데 상호성 또한 관용을 구성하는 핵심 개념 중 하나로 여겨지면서 관심의 대상이 된다. 여기서는 특히 크레펠이 제시한 상호성의 개념과 그것에 대한 비판적 논의를 검토하려 한다. 이를 통해 전통적인 상호 존중으로서의 상호성 개념이 현대에 어떤 방식으로 재해석되는지를 추적하고, 관용 개념 자체와는 어떤 관계를 유지하는지를 살펴보려 한다.

## 1) 크레펠이 주장한 관용과 상호성의 관계

크레펠(Ingrid Creppell)은 최근 발표한 논문 「관용, 정치 그리고 상호성의 역할("Toleration, Politics, and the Role of Murality")」에서 특히 관용이 일종의 관계를 규정한다는 점을 강조하면서 관용 개념이 지닌 관계적 특성에 주목한다. 그녀는 지금까지 관용에 대한 표준적 정의로 (a) 상대방의 행위나 신념에 대해 동의하지 않거나 이를 부인하면서도, (b) 이에 대해 반발하거나 어떤 반응을 보이는 일을 자제하는 것이 통용되어 왔는데 이것만으로는 부족하다고 지적하면서 (c) 우리와 대립하는 상대방이나 집단과 계속 어떤 관계를 유지하려 한다는 점이 반드시 첨가되어야 한다고 주장한다. 곧 상대방에 대한 부인과 거부가 상대방과의 관계를 완전히 단절하여 더 이상 어떤 상호 관계도 이루어지지 않고, 상대방을 마치 보이지 않는 존재처럼 무시하고 외면하는 결과를 낳을 경우 이를 관용 행위로 부르지 않는다는 것이다. 예를 들면 과거에는 종교적 다수파가 소수파에게 적극적인 박해를 가하지는 않지만 관계를 단절하고 방치하는 것을 일종의 관용으로 받아들였지만 평등의 원리가 적용되는 현대사회에서 이런 식의 관용은 매우 부적합하고 불충분한 것으로 드러난다. 사회적 대립과 갈등에 대한 과거의 해결책이 공적인 중립성을 바탕으로 한 허용과 방치였다면 인정과 상호작용을 중요시하는 현대사회에서 이런 해결책은 더 이상 효력을 지니지 못한다. 따라서 의견을 달리하는 상대방에 대해 어떤 적극적인 반응을 보이지 않는 자기통제로서의 관용은 이제 특수한 유형의 정치-사회적 관계를 규정하는 관용으로 대체되어야 하는데 이런 관계의 핵심은 상호 관계의 유지라고 할 수 있다. 개념사의 관점에서 보아도 관용은 항상 사람들 사이에 성립하는 평등이나 개인이 지닌 양심의 자유 등을 기초로 삼아 전개되었는데, 자유와 평등의 요구는 곧 사회적 관계의 구조를 변경하라는 요구로 이어졌으므로 관용이 상호 관계를 핵심적인 요소로 포함한다는 점을 알 수 있다.("Toleration, Politics, and the Role of Murality", 317-18쪽)

   그렇다면 관용의 중요한 요소로 작용하는 상호 관계를 맺으려는 의지의 근원은 무엇인가? 이런 의지는 도덕적 사고나 추론에 의존하는가 아니면 다른 어떤 근거에서 등장하는가? 이 질문에 대해 크레펠은 우리가 우리와는 다른 개인이나 집단이 보이는 차이에 직면했을 때 상대방과 상호작용을 주고받음으로써 차이를 이해하려 하는 원초적 태도에서 이런 의지가 등장한다고 생각한다. 그녀는 어쩌면 우리의 모든 정치, 사회적 관계가 '차이에 직면해 상호작용을 주고받으려는 의지'에 기초하는지도 모른다고 주장한다. 서로 다른 두 집단이 인접하게 될 경우 항상 더욱 강한 집단과 약한 집단으로 구별되기 마련이다. 강한 집단은 약한 집단을 지배하려는 충동을 드러내며, 약한 집단은 비록 지배를 받더라도 자신들의 특성을 완전히 상실하지는 않으려 한다. 이런 두 조건이 결합하여 두 집단 사이의 상호작용이 이루어지며 설령 두 집단이 힘의 균형을 형성하지 못하더라도 최소한 상호 이해의 수준에 이르게 된다. 이런 관점에서 정치는 두 집단의 정체성을 확인하는 것인 동시에 둘 사이의 일방적인 관계를 변형함으로써 공존의 가능성을 모색하는 것이라 할 수 있다. 그리고 정치가 이런 관계의 변형을 포함하지 않는다면 관용은 아예 필요도 없을 것이며 성립하지도 않을 것이다.

이를 바탕으로 크레펠은 현실의 정치사회에서 이런 형태의 상호성을 반드시 인정해야 하며, 이것이 현재의 대립과 갈등을 해결하는 데 크게 기여하리라고 주장한다. 그녀는 자신이 생각하는 관용 개념의 특성으로서의 상호성을 '우리가 부인하거나 차이를 인정하는 관행을 지닌 다른 사람들에 대해 그들이 그런 차이를 지닐 권리를 인정하고, 그들을 우리의 대화 상대자로 인정하는 규범적 성향'으로 정의한다.(같은 논문, 332) 더 나아가 그녀는 사회의 모든 집단이 이런 상호성을 받아들여 상호의존적 권리를 인정하는 것이 이상적이라고 생각한다. 관용이 장기적으로 바람직한 사회를 인도하는 특성이 되려면 관용은 상호성에 의해 지지되어야 하며, 이를 통해 이견을 허용하지 않는 동의를 기대하기보다는 사회 내부의 대립과 갈등을 지속적으로 조정하고 절충하는 역할을 수행해야 한다. 크레펠은 자신의 상호성 개념이 개방성을 유지하는 행위와 정책, 다른 사람들의 차이를 존중하는 태도, 모든 시민들을 공정하고 평등하게 대우하는 규범 등을 모두 포함하는 상위 개념으로 작용하며, 이를 통해 특히 상호 관계로서의 관용을 강조함으로써 정치 영역에서 상호 교류와 논의, 조정과 절충으로 대표되는 활발한 참여를 유도한다고 주장한다. 이렇게 상호성으로서의 관용은 시민들의 적극적인 참여와 관여를 장려하고 공적인 삶의 영역에 큰 가치를 부여한다. 그리고 공적인 삶의 핵심은 서로 공유할 수 있는 관점을 발견하려는 의지, 곧 공통의 세계를 의식적으로 인정하려는 의지이며 이는 관용의 실천이 낳을 수 있는 가장 큰 미덕이기도 하다.

크레펠은 오늘날 관용이 처한 위치를 두 개의 커다란 바위 사이에 낀 모습에 비유한다. 하나의 바위는 다양한 도덕적 논의와 근거이며, 다른 하나의 바위는 전쟁과 같은 수단을 사용하려 하는 정치이다. 하지만 관용이 두 바위 사이에 끼여 질식해서는 안 된다. 두 바위 사이에 끼어 있음은 곧 관용이 두 바위 사이에서 두 바위의 직접 충돌을 막는 완충의 역할을 할 수도 있음을 의미한다. 곧 관용은 순전히 추상적인 도덕적 추론과 사고에 기초해서도 안 되며 또한 오직 자기 이익을 추구하는 힘의 반영이어서도 안 된다. 이렇게 중간에 끼어 있는 위치가 관용을 모순적이고, 유지될 수 없는, 위선적 개념으로 만드는 것은 결코 아니다. 상호성으로서의 관용은 오히려 도덕적 근거를 흡수하고 이를 바탕으로 정치를 변형시키는 적극적인 역할을 수행함으로써 자신의 위치를 스스로 확인해야 한다.(같은 논문, 351-52)

## 2) 상호성으로서의 관용에 대한 비판적 관점

위와 같이 관용 개념의 본질을 상호성으로 해석한 크레펠의 시도에 대해 뉴이(Glen Newey)는 여러 측면에서 비판을 시도하면서 자신이 생각하는 특유한 관용 개념을 제시한다. 우선 뉴이는 크레펠이 강조하는 '상호성' 개념이 관용의 역사적-계보하저인 면에서 중요한 역할을 한다는 점을 인정한다. 하지만 상호성이 관용의 본질적 요소, 곧 그것이 없이는 관용 개념을 생각할 수 없으며, 그것 아래서가 아니면 관용 개념에 접근할 수 없는 요소라는 점은 부정한다.(Toleration, Politics, and the Role of Murality, 363쪽) 뉴이에 따르면 크레펠의 상호성 개념은 그녀가 주장한 관용의 세 번째 요소, 앞에서 소개한 바와 같이 '우리와 대립하는 상대방이나 집단과 계속 어떤 관계를 유지하려 한다는 점'으로부터 도출되므로 '관계하려는 의지'(will to relationship)에 의존한다. 하지만 단순히 이런 의지 자체가 상호성을 반드시 함축하지는 않는 듯이 보인다. 또한 크레펠은 관용에 반대되는 것으로 모든 관계의 단절을 의미하는 사회적 배척을 지적하지만 뉴이는 관계를 유지하면서도 관용과 정반대되는 태도로, 예를 들면 모욕과 굴욕, 경멸 등으로 상대방을 대할 수도 있음을 지적한다. 따라서 뉴이는 관계의 의지만으로는 관용의 규범적 구조를 정당화할 수 없다고 주장한다.

또한 뉴이는 크레펠이 관용하는 집단과 관용 받는 집단이 공유하는 '공통의 세계'를 자주 언급한다는 점을 지적하면서 이 또한 문제가 있다고 주장한다. 이는 마치 관용과 관련되는 두 집단이 인접해 있어 서로 영향을 주고받는 공동의 영역을 공유한다는 듯한 인상을 주는데 과거에는 이런 영역을 설정할 수 있었을지 몰라도 이미 초국경과 탈경계의 물결이 휩쓸고 지나간 현재의 시점에서는 이런 영역의 설정이 거의 무의미하다. 우리는 모두 같은 행성인 지구에 살고 있다는 사실만으로도 이미 공통의 세계를 공유한다고 말할 수 있으며, 거의 모든 국가, 거의 모든 지역의 사람들과 관용의 관계를 맺을 수밖에 없는 상황에 놓여 있다. 따라서 크레펠이 말하는 상호성은 관용을 특징짓는 본질이 아니라 관용의 전제 조건에 해당한다.

　그렇다면 이런 비판을 바탕으로 뉴이 자신이 내세우는 관용의 개념은 어떤 것인가? 그는 상호성으로서의 관용 대신 울타리(murality)로서의 관용을 주장한다. (뉴이는 크레펠의 상호성(mutuality)이라는 용어에 대응해 벽화를 의미하는 단어 mural로부터 murality라는 신조어를 만들어 사용한다. 그가 murality로서의 관용이 울타리(wall)의 역할을 하며, 이 울타리는 규범적인 무언가를 상징한다기보다 문자 그대로 울타리의 의미에 더욱 가깝다고 말하므로 murality를 울타리로 번역했다.("Toleration, Politics, and the Role of Murality", 374-75쪽 참조) 뉴이의 주장에 따르면 현실의 울타리가 어떤 지역의 공간을 구획 짓는 것과 마찬가지로 관용과 관련해서 울타리는 대립과 충돌이 예상되는 현실적인 영역을 경계 짓는 역할을 실제로 수행한다. 이 영역은 가정이나 이상에 기초한 비현실적인 것이 아니라 명확한 현실의 영역이다. 예를 들면 미국 정부와 알카에다(Al-Qaeda)나 하마스(Hamas)가 상호성에 기초해 공통의 영역을 형성하고 어떤 관계를 맺는 일은 현실적으로 불가능하다. 이들이 공유하는 공통의 영역에서 발생할 수 있는 일은 극단적인 무력 충돌을 동반한 전쟁뿐이며, 이는 현실 상황이 증명해 주는 바이기도 하다. 이런 현실에 비추어 볼 때 울타리로서의 관용이 수행하는 핵심 역할은 바로 안전보장, 곧 서로 다른 집단과 개인의 평화로운 공존이라 할 수 있다. 이런 의미에서 울타리는 관용을 포함한 모든 종류의 선과 가치들을 가능하게 하는 전제의 역할을 한다. 뉴이는 울타리로서의 관용이 매우 평화롭고 조용하지는 않지만 전쟁과 살인과 같은 극단적인 상황은 일어나지 않는 공존을 추구한다고 말하면서 이런 관용이 가장 현실적이고 실현 가능한 것임을 역설한다.

상호성을 둘러싼 크레펠과 뉴이 사이의 서로 다른 해석은 관용의 개념이 그것을 정의하는 문제에서 뿐만 아니라 현실에 적용하는 문제에서도 다양한 위상을 드러낼 수 있음을 보여 주는 좋은 예로 생각된다.

## 2. 관용과 정체성의 문제

관용과 관련된 현대의 논의에서 중요한 위치를 차지하는 개념 중 하나는 정체성(identity)이다. 어떤 개인이나 집단이 소유한, 자신의 존재와 관련된 쉽게 변하지 않는 본질적 성질을 의미하는 정체성이 관용과 관련된 논의에 자주 등장하고 중요한 요소로 부각되는 까닭은 무엇인가? 관용에 대한 전통적인 정의에서 등장하듯이 관용은 항상 '차이'를 전제한다. 우리와 차이를 보이는 다른 개인이나 집단이 존재하지 않는다면 관용을 적용할 대상이 없을 것이기 때문이다. 그런데 이 차이는 과연 무엇이 다르다는 것을 의미하는가? 관용 개념이 본격적으로 등장하고 논의되기 시작한 서양 근대 이후 이 차이는 주로 종교적 신앙과 이에 따른 가치관 또는 행동 양식의 차이였지만 현대에는 이 차이가 거의 '정체성'의 차이로 드러나는 양상을 보인다. 그런데 일반적으로 정체성의 차이와 가장 밀접하게 연관되는 용어는 관용이 아니라 '인정'(recognition)인 듯하다. 헤겔(Hegel)로부터 시작되어 호네트(Axel Honneth)의 저서 『인정투쟁』을 통해 널리 알려진 인정 개념에서 인정의 대상이 되는 것이 바로 개인의 정체성이기 때문에 정체성은 인정과 더욱 밀접하게 관련되어 논의된다. 하지만 최근 이탈리아 출신의 여성

학자 갈레오티(Anna Elisabetta Galeotti)는 『인정으로서의 관용』 (*Toleration as Recognition*)이라는 제목의 저술을 출판해 이전의 전통적인 관용 개념을 비판하고 관용과 인정 및 정체성을 연결 지으려는 시도를 함으로써 크게 주목 받았다. 따라서 관용과 정체성의 관계를 탐구하려는 이 절에서는 갈레오티가 제시한 관용 개념을 분석하고 비판적으로 검토하려 한다.

### 1) 관용에 대한 갈레오티의 견해

갈레오티는 위의 저서 중 처음 세 장에 걸쳐 우선 관용을 옹호하는 전통적 견해인 자유주의 관용 이론을 소개하고 이것이 지닌 한계를 나름대로 지적한다. 그리고 이를 바탕으로 자신이 주장하는 인정으로서의 관용 개념을 제시하는 방식을 선택하므로 이런 순서에 따라 관용에 대한 갈레오티의 특징적인 견해를 요약하려 한다.

갈레오티는 자유주의가 관용 개념에 잘 구축된 형식적 구조와 상당히 세련된 규범적 의미를 부여함으로써 이 개념의 등장과 전개에 큰 역할을 했음을 인정한다. 16-7세기에 걸쳐 여러 나라는 종교적 대립에 대한 해결책으로 종교의 자유를 허용하는 형태로 관용의 원칙을 도입했으며 이 원칙은 현대의 민주주의 국가에서 사람들의 다양한 가치관과 삶의 방식 사이의 조화를 추구하는 적절한 수단으로 받아들여졌다. 현대의 전체주의 또는 권위주의 국가에서 국가의 정책과 다른 가치관이나 삶의 방식을 국가에 대한 도전으로 여겨 철저히 박해하고 탄압했던 사실에 비추어 보면 자유주의 국가의 관용 원칙이 도덕적, 정치적으로 우위를 차지한다는 점이 충분히 드러난다.

하지만 갈레오티는 자유주의가 가치, 종교, 삶의 방식과 같은 개인이 선택할 수 있는 요소들을 불일치와 대립의 근원으로 본다는 점에서 한계를 드러낸다고 주장한다. 자유주의는 이런 요소들에 대해 엄밀한 도덕적 판단이 불가능하다고 여기면서 관용을 통한 정치적 해결책으로 개인의 자유를 인정하고, 다양성을 있는 그대로 용인하는 것을 선택한다. 이런 요소들과 관련해서 일치를 추구하는 것은 불가능할 뿐만 아니라 불필요하고 바람직하지도 않은 것으로 여긴다. 따라서 관용은 각가의 시민들이 종교적, 도덕적, 개인적 삶의 방식을 자유롭게 선택할 권리를 보장하는 것으로 규정된다. 이에 대해 갈리오티는 현재 관용이 요구되는 진정한 영역은 자유주의가 주장하는 개인들 사이의 차이가 아니라 서로 다른 집단들 사이의 차이라는 점을 지적한다. 그런데 한 개인이 어떤 집단에 속하는지는 개인이 선택할 수 있는 문제가 아니므로 자유주의 관용 이론은 명백한 한계에 직면한다. 더욱이 관용과 관련되는 집단은 어떤 사회에서 완전한 자유나 권리, 자격을 누리지 못하는 집단일 경우가 많기 때문에 개인의 자유에 근거한 자유주의 관용 이론은 더 큰 문제점을 드러낸다. 이런 문제에 직면해 현대 자유주의가 선택한 대표적인 해법은 관용을 '분배'로 환원하는 것이다. 곧 공적인 영역에서 불평등한 대우를 받는다고 여겨지는 특정 집단이나 소수자들에게 분배를 통해 보상을 제공하는 방식을 관용의 구체적인 실천으로 여기려 한다. 하지만 갈레오티는 이런 환원은 결코 바람직하지 않으며 현실적으로는 오히려 사회적 불이익으로 이어진다고 단언한다. 이런 해법은 '차이'를 정상적인 것으로 보는 관점을 철저히 무시하고, '차이'가 차별로 이어지는 관점을 용인하면서 단지 이런 차별을 경제적 보상을 통해 무마하려는 시도에 지나지 않는다.(*Toleration as Recognition*, 7-8쪽)

이렇게 자유주의 관용 이론의 한계와 문제점을 지적하고 난 후 갈레오티는 관용의 개념을 지금까지와는 전혀 달리 재해석해야 한다고 주장하면서 '인정으로서의 관용' 개념을 구체적으로 제시한다. 그에 따르면 현재 관용이 요구되는 상황은 개인이 마음대로 선택할 수 없고 거의 태어남과 동시에 속할 수밖에 없는 서로 다른 집단들이 사회적 지위나 정치적 권리 등의 공적인 측면에서 불평등한 위치에 놓여 있는 상황이다. 이런 상황에서 여러 집단은 다수파와 소수파로 나뉘는데 다수파는 자신들의 행동 방식과 습관, 관행 등을 '정상적인' 것으로 규정하고 이와는 다른 소수파의 행동 방식을 표준적인 행동 방식에 어긋나는 것으로 배제하려 든다. 이런 상황에서 갈레오티는 '차이'를 허용하고 옹호하는 형태의 관용이 필요하며, 이런 관용은 무관심성이나 공존 가능성, 중립성에 기초한 것이 아니라 '정의'(justice)에 기초해야 한다고 주장한다. 공적 영역에서 소수파가 보이는 차이를 배제하려는 것은 불공정하며, 다수파와 소수파를 서로 다르게 대우하는 것은 정의롭지 못한 일이다. 따라서 관용은 오직 정의에 기초할 경우에만 온전히 작동할 수 있는데 다시 정의로서의 관용에 기초를 제공하는 것은 바로 '인정'이다. 인정은 소수파의 정체성을 인정하는 것이며, 소수파의 정체성을 배제하거나 무시하거나 억압하지 않는 것을 의미한다.(같은 책, 11)

더 나아가 갈레오티는 인정으로서의 관용이 확장되어 인정의 정치, 정체성의 정치에 이를 수 있어야 한다고 주장한다. 이를 통해 우리는 다수파와 소수파 모두가 공적 영역에서 자신의 정체성을 인정받고, 자신이 속한 집단의 정체성을 유지하면서 자신의 목소리를 낼 수 있는 정치체제를 목표 삼아야 한다. 이런 체제는 현재와 같은 다문화사회가 현실적으로 추구할 수 있는 가장 이상적인 체제이며, 서로 다른 다양한 집단의 공존과 자유로운 상호작용을 보장할 수 있는 체제이기도 하다. 물론 갈레오티가 주장한 인정으로서의 관용에 대해서도 많은 문제점을, 예를 들면 인정의 개념을 너무 폭넓게 사용해 엄밀성이 떨어진다든지, 인정과 관용 사이의 연결점이 다소 불분명해 인정과 관용을 동시에 실천하기가 어렵다는 점 등을 지적할 수 있다. 하지만 그녀의 주장이 현실 사회에 구체적으로 적용 가능한 관용 모델을 제시했으며, 관용에 대한 논의의 폭과 깊이를 크게 넓혔다는 점은 부정할 수 없을 듯하다. (김성호)

# 관용에 대한 두 비판적 사유:
## 계보학과 해체론

관용에 대한 현대적 논의에서 흥미로운 것은 관용을 어떻게 정당화할 것인가보다는 관용이 과연 정당화될 수 있는 덕목인가를 묻는 비판적 논의의 등장이다. 대표적으로 웬디 브라운은 관용에 대한 마르크스주의적 비판의 목소리를 대표함은 물론 푸코식의 계보학적 비판을 수행하며, 해체론자 데리다는 관용 개념의 역사적 배경을 들어 그것이 갖는 한계를 비판하고 그보다 더 근본적인 환대 개념을 내세운다. 브라운이 관용 담론을 계보학적으로 고찰하여 그것을 탈정치화하려는 정치적 의도를 고발하고 그것을 다시 정치적 맥락에 놓기를 제안한다면, 데리다는 관용 담론을 더 윤리화할 것을 주장하고 모든 법적, 정치적 실천의 바탕에 있는 윤리적 아포리(aporie)와 그것이 개방하는 책임을 떠안을 것을 제안한다. 이제 이 두 사람을 중심으로 관용에 대한 비판적 사유의 근거를 밝혀 보자.

## 1. 관용: 신자유주의 통치성의 위기와 "절망의 기획"

웬디 브라운(Wendy Brown : 1955-)은 마르크스, 니체, 푸코를 이론적 자원으로 삼아, 현대 자유주의 정치의 한계를 분석하는 동시에, 다문화주의를 배경으로 좌파들이 주장하는 차이와 정체성의 정치 역시 비판해 온 학자이다. 홍세화 씨가 소개한 프랑스의 '톨레랑스'에서 우리가 받은 인상과 달리, 미국 마르크스주의 지식인들에게 관용은 그다지 긍정적인 덕목이 아니었다. "1970년대까지 인종적 관용은 좌파나 자유주의자에게는 조롱거리에 불과했으며, 종교적 관용은 자유주의 질서의 기본으로 여겨져서 논의나 도전의 대상조차 되지 않았다. 이 당시 배제된 피억압자들은, 관용보다는 자유와 평등을 자신들의 정의 기획(justice project)의 슬로건으로 내걸었다."(『관용. 다문화제국의 새로운 통치 전략』, 18쪽) 이 점을 고려하면, 1980년대 중반 이후 미국을 비롯한 서구에서 관용 담론이 부상한 것은 오히려 놀라운 일이다. 실제로 관용은 종교전쟁 이래 사람들 간의 갈등을 조절하게 해 준 자유주의 덕목이지만, 자유와 평등, 박애와는 달리 다양한 이데올로기 진영에서 보편적으로 옹호되어 온 덕목은 아니다. 그렇다면 오늘날 '관용 르네상스'라 할 만큼 많은 사람들이 관용을 외치는 이유는 무엇일까?

웬디 브라운은 이처럼, "관용이란 무엇인가"가 아니라 "왜 관용인가?", 그리고 "지금 왜 관용인가"를 묻는다. 이와 같은 물음의 방식을 브라운은 푸코(Michel Foucault)에게서 가져온다. 『성의 역사』에서 푸코는 빌헬름 라이히처럼 성이 억압되어 있다고 폭로하는 대신, 왜 사람들이 성이 억압되어 있다고 그토록 지칠 줄 모르고 말하는가라고 묻는다. 같은 방법으로, 웬디 브라운은 관용을 개념이나 덕목으로보다는 담론적 실천으로 보고, 오늘날 왜 그토록 많은 사람들이 도처에서 관용을 외치는지 묻는다. 첫째, 왜 평등이 아니라 관용인가? 다른 인종이나 여성, 성소수자 등의 평등한 권리를 인정하고 보호해야 한다고 말하기보다, '관용'해야 한다고 말하는 이유는 무엇인가? 둘째, 오늘날 자유주의 체제에서 관용이 다시 중요한 담론으로 떠오른 이유는 무엇인가?

### 1) 관용; 차이의 자연화, 존재론화, 탈정치화

브라운은 우선 개인 윤리로서의 관용과 정치적 담론으로서의 관용을 구별한다. 친구의 불쾌한 목소리나 거슬리는 복장, 낯선 이의 불쾌한 냄새, 동료의 종교적 열정 등, 내 마음에 들지 않는 타인의 취향을 용인할 줄 아는 개인 윤리로서의 관용은 대개 좋은 것이다. 그러나 다양성과 정체성, 시민적 공존과 관련되는 정치적 담론으로서의 관용은 다른 문제이다. 권력의 문제가 포함되기 때문이다. 관용이 "이질적인 것을 견디거나, 허락하거나, 수용하는 것"을 의미한다면, 정치적 담론으로서의 관용에는 차이 나는 것들 간의 **위계 관계**가 함축되어 있다. 그 이전에, 차이를 고정된 것으로 보고 나아가 **본질화**하는 작업이 함축되어 있다. 브라운에 따르면, 관용은 "정치적 갈등을 자연화(naturalization)하고, 정치적으로 생산된 정체성들을 존재론화(ontologization)한다"(『관용. 다문화제국의 새로운 통치 전략』, 40쪽)

우리는 자본가와 노동자가 서로의 계급 차이를 관용해야 한다고 하지는 않는다. 왜 그럴까? 적어도 원리상, 차이가 고정되어 있지도 않고, 가치 위계를 함축하지도 않기 때문이다. 자본가가 어느 날 파산하여 노동자가 될 수도 있고, 노동자가 성공하여 자본가가 될 수도 있다. 어쨌든 형식적으로나마 모두에게 기회는 평등하다. 더구나 자본가가 노동자보다 더 높은 지위에 있는 것도 아니다. 둘은 적어도 법적으로는 평등한 계약 관계에 있다. 노동자는 자본가에게 자신의 형편을 관용해 달라고 요구하기보다 자신의 제반 권리를 보장해 줄 것을 요구한다. 관용의 대상이 되는 차이는 이와 다르다. 오늘날 주된 관용의 대상은 '존재'이다. 종교적 신념이 관용의 대상이 되었던 과거와도 달리, 오늘날 관용의 대상은 개인 자신이 선택했다고 보기는 어려운 종교적 관습 일체, 인종, 성적 취향, 성별과 같은 생물학적 차이이다. 나아가 이 차이에는 암묵적 서열이 있다. 주로 서구 사회에서 관용의 대상으로 논의되는 종교적 관행은 아랍에서 온 이주민의 종교, 그래서 대개는 가난한 자들의 종교인 이슬람교이다. 그밖에 흑인을 비롯한 유색인종이, 전체 인구에서 소수를 차지하는 동성애자가, 그리고 여러 가지 생물학적 취약성을 지닌 여성이 관용의 대상이 된다. 다시 말해 오늘날의 관용 담론이 겨냥하는 것은 생물학적 차이처럼 고정된 것이고, 가치 위계상 더 낮은 데 있는 것이다.

이런 이질적인 것을 지양하거나 정화하거나 통합하는 대신 '관용한다'는 것은 무엇을 뜻하는가? 이는 관용의 대상이 되는 요소를 지배 질서에 편입시키기는 하되, 그 대상의 이타성(異他性, alterity) 또는 타자성(otherness)은 계속 유지한다는 뜻이다. 브라운은 이를 푸코의 '생권력'(biopower) 개념과 연관시킨다. 죽음을 통해, 죽음의 위협을 통해 힘을 행사했던 과거의 권력과 달리, 근대의 권력은 죽음, 고통, 범죄와 같은 악을 있을 수 있는 것으로 보고 다만 적절한 한계를 넘지 않도록 관리하고 조절하는 방식으로 운용된다. 같은 방식으로 관용은 이타성을 관리, 조절하는 권력 메커니즘이다. 실제로 관용은 숙주(기존 권력, 다수 집단 등)가 오류나 오염, 독성 등을 무사히 흡수할 수 있는 정도, 곧 포용력을 의미한다. 술에 대한 '내성(tolerance)', 통계학적 추론에서 오류의 '허용한계(tolerance)'라는 말처럼. 관용은 비대칭적 권력 관계를 얼마간 함축하고 있음을 의미한다. 한 사회의 헤게모니 집단이 다른 개인이나 집단을 관용하는 것이지, 그 역은 아니다. 그러므로 관용은 또한 해당 사회나 개인이 가진 힘의 사실적 지표이기도 하다. 관용은 낯설고 위험한 요소가 자신의 주인 혹은 숙주(host)를 파괴하지 않는 선에서 공존 가능한 한계를 나타낸다. 집단이든 개인이든, 강하고 안전한 자들은 관용적일 수 있으며, 타자성을 두려움 없이 포용할 수 있는 것이다.

그렇다면 오늘날 서구 사회 도처에서 관용을 갑자기 사회 유지에 필수적인 덕목으로 소리 높여 외치는 이유는 무엇일까? 그것은 냉전의 종식 이후 형성된 자유주의 헤게모니의 위기를 나타내는 징후가 아닐까? 나아가 이 담론이 누렸던 과거의 영광하에 이런 위기를 은폐하고 관리하는 탁월한 정치적 제스처가 아닌가? 이렇게 브라운은 '관용 르네상스'를 자유주의 정치적 담론의 위기와 관련하여 분석한다. 자유주의의 어떤 위기인가?

### 2) 자유주의 통치성의 위기와 평등의 대리 보충으로서의 관용

브라운에 따르면, 관용 르네상스는 평등한 시민권을 바탕으로 하는 자유주의 통치성의 위기를 나타내며, 자유주의가 내세워 왔던 평등의 대리 보충으로 기능한다. 우선 '통치성'(gouvernementalité) 개념부터 잠깐 살펴보자. 통치성이란 모든 통치에 그 나름의 합리성이 있으며, 특정한 전략과 전술, 테크닉과 지식이 결합되어 있음을 뜻하는 푸코의 신조어이다. 권력을 법과 주권의 견지에서가 아니라, 거시적 차원에서부터 미시적 차원에 이르는 전략적 실천으로 보는 푸코식 권력 개념의 결정판으로까지 볼 수 있다. 푸코에 따르면, 통치한다는 것, 사물이 아닌 인간을 통치한다는 발상은 생각만큼 당연한 것이 아니다. 인간이 통치될 수 있다는 발상은 흔히 서구 정치의 원류로 보는 그리스의 전통에

서 보면 낯선 것이다. 고대 그리스 도시국가 폴리스는 서로 동등한 자
유인들 간의 우애에 기초하고 있기 때문이다. '인간의 통치'라는 발상
은 신과의 관계에서 가능한 것으로, 히브리 전통으로 거슬러 올라간다.
이후 그것은 중세 기독교 교회 제도와 결합되어 '사목 권력'으로 구체
화된다. '사목' 곧 '양치기'가 양을 치듯이, 이 권력은 움직이는 대상,
움직이는 무리에 적용된다. 그것은 강력한 힘을 화려하게 과시하기보
다는 양들이 길을 잃지 않도록 배려하는 권력이며, 전체적 규범을 강요
하기보다 하나하나 개별화된 방식으로 접근하는 권력이다. 이렇게 하
여 고대 그리스 민주정에서 17세기 사회계약론의 주권 국가론으로 이
어지는 계보 대신, 히브리 신정에서부터 18세기 '국가 이성'(Raison
d'État)으로 이어지는 계보가 수립된다.

자유주의 덕목인 관용과 관련하여 중요한 점은 푸코가 자유주의를
바로 이 후자의 계보에 놓고 통치성의 관점에서 분석한다는 점이다. 자
유주의란 단지 개인을 마음대로 하도록 내버려 두는 것, 자유롭게 방임
하는 것이 아니다. 자유주의에도 통치술이 있다. 중요한 것은 법을 준
수하거나 위반하는 법적 관계보다도, 자유주의에 맞는 품행을 시민들
스스로가 산출하게 하는 것, 시민들이 자신의 품행을 스스로 인도하는
것, 즉 시민들의 자기-통치가 자유주의 이념에 따라 이루어지도록 하
는 것이다. 이를 바탕으로 웬디 브라운은 관용 담론을 자유주의 통치성
의 관점에서 분석한다.

역사적으로 볼 때 관용은 도덕적 확신에서 나왔다기보다는 해결 불
가능한 사태를 해결하기 위한 실용적 해결책으로 요구되어 온 면이 크
다. 현재의 관용 개념은 유럽과 미국에 존재하던 두 가지 관용 모델의
혼종으로 볼 수 있다. 하나는 헤게모니 집단이 하위 공동체를 승인하는
방식(오스만 투르크 제국의 밀레트 시스템), 곧 하위 집단에 대한 관용

모델이고, 다른 하나는 종교를 개인의 선택에 맡기는 로크식 모델, 곧 개인 인정 모델이다. 이 두 모델이 경쟁하다가 근대는 후자의 우위로 끝났지만, 오늘날 다시 전자의 모델이 부활하게 된다. 이 모델에서 관용 담론이 작동하는 방식은 두 가지로 나누어 볼 수 있다. 우선, 형식적 평등이 이미 존재하는 경우이다. 이 경우, 특정 집단을 대상으로 한 관용은 그 집단을 주변화해 온 규범의 헤게모니를 손상시키지 않은 채, 주변 집단을 내부화하고 그들의 요구를 관리하기 위한 도구로 활용된다. 다른 한편, 형식적 평등주의가 일정 정도 제한되거나(9·11 이후 아랍계 미국인의 검거) 특정 집단의 자유가 억압되는 경우, 혹은 (동성결혼 금지처럼) 특정 집단이 완전한 평등을 얻기에는 부적절하다고 표지되는 경우이다. 이 경우 관용은 자유와 평등의 대리 보충으로 호출된다.

   이런 변화의 이유는 무엇인가? 관용 담론의 대중적 확산은 한편으로, 해방적 좌파적 정치 기획의 좌절과 인간에 대한 보편주의적이고 계몽주의적 관념의 퇴조에 기인한다. 다른 한편 그것은 기존의 다양한 소수 공동체를 해체하고 배제하면서 동질적 힘들의 질서 속에 포섭하고자 했던 근대 국가의 위기와도 관련된다. 달리 말해, 과거의 관용 담론이 자유주의 국가가 내거는 이런 중립성의 이상과 연관되었다면, 현재의 관용 담론은 이런 이상이 맞이한 위기의 산물이다. 첫째, 자유주의 국가는 '절차적 정당성'이라는 규범 외에 스스로에게서 문화적 규범을 제거했고, 그 결과 현 헤게모니 세력에 반대하는(이하 반反 헤게모니) 사회운동 및 근본주의의 공격에 취약해졌다. 둘째, 자유주의 국가는 중립성의 외관하에 은밀하게 '서구 개인주의 문화'라는 특정 문화와 특별한 연관을 유지해 왔으나 이제 이런 관계들을 은폐하는 데 실패하고 있다. 이런 상황에서 국가는 관용 담론을 통해 반 헤게모니 사회운동 및 근본주의를 시민들에게 관용하도록 요구함으로써 국가 자신은 관용하지 않을 수 있는 여지를 확보하게 된다. 여기서 관용은 자유주의의 정당성 위기(자유주의적 평등의 피상성과 자유주의적 보편성의 편파성이 드러날 수 있는 위기)를 제어하는 능동적인 정치적 역할을 수행한다.

그래서 오늘날의 관용 담론은 과거의 관용 담론과 두 가지 점에서 차이를 보인다. 우선 관용의 대상이다. 16-17세기에 관용의 대상은 종교적 믿음과 의견이었다. 이런 의미의 관용은 자유 및 평등과 긴밀히 연관되어 있었다. 반면 오늘날 관용의 주된 대상은 개인의 믿음이나 의견보다는 인종, 성적 정체성, 민족 등이 되었다. 종교적 믿음은 개인의 선택과 분별에 따른 것이라고 여겨지는 반면, 인종이나 성, 민족은 주어진 것, 그리고 정체성 자체를 구성하는 것으로 여겨진다. 주체의 믿음 및 행위도 신념이나 교육에서 비롯되는 것이 아니라 개인이 기반한 물질성에서 비롯되는 것으로 간주되고, 그 결과 인종적, 종족적, 젠더적 속성이 주체 설명의 결정적 지표가 되는 것이다. 요컨대 관용의 대상은 '믿음'의 대상에서 '존재'의 대상으로 이동했다.

둘째, 이전에 관용의 주체는 국가였고 주권적 권력의 구성 요소였다. 반면 오늘날 관용의 주된 주체는 시민이고 관용은 통치성의 구성 요소가 되었다. 가령 동성결혼의 경우 국가는 관용하지 않고 기존의 젠더 경제를 그대로 유지하면서 시민들에게 동성애자를 관용하도록 요구한다. 이슬람에 대해서도 미국의 경우 시민들에게는 무슬림에 대한 관용을 요구하면서 대외적으로는 대아랍 전쟁을, 대내적으로는 테러와의 전쟁을 수행했다. 결국 행정 당국은 차이를 보면서 시민들은 보지 말도록 요구하는 셈인데, 이는 국가가 불평등을 유지하면서 정당성을 확보하는 방식이기도 하다. 요컨대, 관용은 냉전 종식 이후 형성된 자유주의 헤게모니의 위기를 나타내는 징후이자, 나아가 이 담론이 누렸던 과거의 영광하에 이런 위기를 은폐하고 관리하는 탁월한 정치적 제스처이다.

이런 맥락에서 관용 담론은 첫째, 차이를 자연화, 개인화(privatization), 존재론화하는 결과를 낳는다. 차이의 장소를 사적 영역에 한정함으로써 공적 차원에서 차이를 대면하지 못하도록 가로막고, 차이를 구성하는 사회 권력을 은폐한다. 이는 차이를 탈정치화하고 정치적 변화의 가능성을 봉쇄함을 뜻한다. 둘째, 관용 담론은 연대와 공통성을 포기하고, 분리와 고립에 만족하게 한다. 관용을 강조하는 것은 정치를 갈등이 생산적으로 발화되고 논의되는 장으로 보지 않겠다는 것이다. 이런 의미에서 관용의 기획은 자유와 평등 기획에 어떤 한계를 인정하고 제도적 개선을 포기하는 "절망의 기획"이다. 이런 맥락에서 브라운은 "나는 꿈이 있습니다"라는 마틴 루터 킹의 야심찬 평등의 이상과 "모두 사이좋게 지낼 수 없는 건가요?"라는 로드니 킹(LA 인종 갈등 시 흑인 구타 사건의 피해자)의 절망적인 반문을 대비시킨다.(『관용, 다문화제국의 새로운 통치전략』, 150쪽 참조)

### 3) 관용과 문명 담론의 결합

오늘날 관용 담론이 과거에 비해 갖는 또 다른 특징은 문명 담론과 결합되어 유통된다는 점이다. 이전에 관용은 **세계시민주의**를 이상으로 지향했다. 그러나 이제 관용은 **서구 문명**의 독자적 상징이 되어 불관용적인 아랍 등과 차별화하는 요소가 되었다. 대표적 논자로 정치적 갈등을 문화적 충돌로 이해한 헌팅턴 이래, 다음 저자들을 들 수 있다.

(1) 우선 수잔 오킨(Susan Okin)에 따르면, 비자유주의 사회는 '문화'로 집약된다. 문화는 자유주의적이지 않고 세속적이지 않은 삶의

방식을 일컫는 개념으로 특히 여성에게 선택의 자유를 남겨 주지 않
는다. "대부분의 문화는 남성에 의한 여성의 통제를 그 기본적인 목적
으로 한다."("The End of Tolerance: Engaging Cultural Difference,"
13쪽)

(2) 마이클 이그나티에프(Michael Ignatieff)에 따르면, 인종주의와
민족주의는 '집단 정체성'에 사로잡힌 결과로, 이를 치유하기 위해서
는 개인의 삶에 대한 추구, 특히 성공을 향한 개인적 경로를 활성화할
필요가 있다. "개인주의 문화야말로 집단 정체성과 그것이 수반하는
인종주의에 대한 유일한 해결책"이며, "관용 교육은 사람들이 스스로
와 타인을 한 명의 '개인'으로 바라보게 만드는 것"("Nationalism and
Toleration," 85쪽)을 목표로 한다.

(3) 이그나티에프가 경제적 곤경에 처한 이들이 자신의 우월성을 유
지하기 위한 최후의 수단으로 인종적 혹은 종족적 민족주의로 경도되
지 않을까 염려한다면, 버나드 윌리암스(Bernard Williams)와 조셉 라
즈(Joseph Raz)는 시장경제가 그 자체로 광적인 열정과 근본주의를 경
감시키는 경향이 있다고 본다. 라즈에 따르면 시장경제는 필연적으로
자유민주주의를 수반하며, 이를 통해 차이에 대한 주장을 완화시키고
공통의 (초문화적인) 정치적, 경제적 삶을 창출해 내므로, 세계화로 인
한 다문화적 환경 속에서 문화의 영향력을 약화시키는 경향이 있다.
(*Ethics in the Public Domain*, 172쪽) 나아가 윌리암스에 따르면, 시장
경제는 도덕원리보다 효용을 우선시하므로, 자유민주주의를 경유할 필
요도 없이 그 자체로, 도덕원리에 입각한 불관용을 줄여나간다.("Tol-
eration: An Impossible Virtue?," 26쪽) 이런 관점은 다원주의의 성취
와 같은 야심찬 꿈을 품고 있지 않다. 오히려 그것은 홉스, 몽테스큐,
콩스탕의 보수적 자유주의 전통이 구체화해 온 '공포의 자유주의'(쥬

디스 슈클라Judith Shklar가 개념화한 것으로, 천부인권 등의 형이상학적 개념에 의거하는 권리의 자유주의와 달리, 최고의 악덕인 인간에 대한 폭력과 잔혹함을 최소화하려는 자유주의 기획)에 의거해 있다.

(4) 끝으로, 윌 킴리카(Will Kymlicka)는 관용이 비자유주의 세계에 이식될 수 있다는 주장에 더 조심스러운 입장을 취하되, 개인의 자율성을 기본 원리로 삼지 않는 소수 문화는 절대 관용해서는 안 된다고 주장한다.("Two Models of Pluralism and Toleration") 이로써 그는 관용 자체가 문화적 혹은 정치적으로 중립적 가치가 아님을 보여 준다.

이 모든 논의에서 관용은 포스트–식민주의적, 자유주의적, 신자유주의적 논리와 결합되어 문명 담론이 된다는 공통점이 있다. 이 문명 담론은 개인의 자율성을 거의 인류의 존재론적 차원의 문제인 양 끌어올리고, 문화와 종교에 의한 지배와 개인의 자율성을 극적으로 대비시킴으로써 서구 자유주의의 우월성을 세 가지 점에서 재확인한다. 첫째, 우리(서구인)는 문화를 '소유'하지만 그들(아랍인)은 문화에 '지배' 당한다. 둘째, 개인에 의해 선택된 문화는 관용의 대상이 되는 반면, 강제된 문화는 관용의 대상이 아니다. 셋째, 강제된 문화의 경우 문화나 종교가 아닌 '사회적인' 것이 되는데, 가령 아랍의 여성 할례의 전통이 그렇다.

이런 생각들에는 문화가 주체를 구성하는 것이라기보다 주체가 선택하는 대상이라는 전제가 깔려 있다. 그러나 인간은 대개 그 자신이 선택하지 않은 문화적 배경 속에 태어나며, 서구 개인주의나 자유주의도 인류가 보편적으로 지향해야 할 바람직한 문화라기보다는 그렇게 주어진 특수 문화에 불과할 수 있다. 그뿐만 아니다. 여기서 자유주의 관용 담론은 자유주의가 기독교 및 부르주아 문화와 맺는 동맹관계 및 비자유주의 문화에 대해 갖는 문화적 쇼비니즘을 은폐하는 기능을 한다. 그

증거로 브라운은 몇몇 이슬람 사회에서의 강제적인 히잡 착용과 미국 십대 소녀들의 반(半)강제적인 노출을 대비시킨다. 그러면서 브라운은 이렇게 묻는다. "시장과 세속적 규범에 의한 의상(및 여성성) 규제가 국가나 종교법에 의한 규제보다 더 '자유로운' 것으로 만드는 요소는 무엇인가?"(『관용, 다문화제국의 새로운 통치전략』, 302쪽) 실제로 여성의 몸을 가리는 것보다 여성의 몸을 노출하는 것이 더 바람직한 이유는 무엇인가? 바디우(A. Badiou)가 지적하듯, 노출이 더 나은 이유는 자본주의적 상품화의 규범, "순전한 자본주의적 법"("The Law on the Islamic Headscarf," 103쪽)에 따라서가 아닌가? 이 점에서 볼 때, 수잔 오킨을 비롯하여, 여성을 통제하는 비자유주의 사회의 '문화'를 비판하는 논자들이 미국의 10대 소녀들에게 만연한 섭식 장애나 미국 여성들의 항우울증 치료, 혹은 제 3세계 여성에 대한 전지구적 자본주의의 영향에 대해 함구한다는 것은 의미심장하다. 더 근본적으로 볼 때, 품행에 대한 시장의 비가시적 규제를 간과하고, 서구 사회 여성들의 '선택'을 강제에서 해방된 자유로운 행위로 보는 생각은 권력을 단지 법과 주권의 문제로 보는 권력에 대한 순진한 이해에서 비롯되는 것은 아닌가? 나아가 서구인은 자신의 우월한 정체성 구성을 위해, 그 자신을 자유로운 주체로 표상하기 위해, 근본주의를 필요로 하는 것은 아닌가?

## 4) 새로운 담론적 실천의 필요성

웬디 브라운은 이처럼 관용을 자유주의 통치성의 위기 해소를 위한 자유-평등의 대리 보충으로 이해하고, 이것이 신자유주의적 제국주의 및 포스트식민주의 담론과 결탁하는 양상을 분석한다. 이를 통해 그녀가 말하려는 것은 관용보다 불관용이 낫다는 것도, "원하지 않는 것과

함께 살아가려는 노력의 상징"인 관용 자체를 폐기 처분해야 한다는
것도 아니다. 그녀가 주장하는 것은 오늘날 관용이라는 담론의 작동 방
식과, 관용이 유통시키는 존재론, 정서, 에토스를 분석하고 이해할 필
요가 있다는 것이다. 그리고 관용 '개념' 자체의 문제점보다는 바로 이
런 '권력 효과' 때문에 관용을 미래에 지향해야 할 도덕적 지주로 삼을
수는 없다는 것이며, 관용이 유통시키는 反정치적 언어에 맞서, 권력과
사회적 힘, 정의와 같은 언어를 되살리자는 것이다. 가령, 종족적 혹은
종교적 갈등을 존재론화하는 대신, 권력의 문법으로 번역할 필요가 있
다. 곧 차이를 '문제'로 만드는 물질적 힘의 작용을, 차이가 차별로 변
형되는 구조적, 제도적 원인을 밝혀 내고 이를 개선하는 데, 즉 개인의
자유와 평등을 실질적으로 보장하는 데 힘을 쏟자는 것이다. 결론의
수용 여부를 떠나, 관용을 하나의 담론적 실천으로 보고 권력 효과를
분석한 점은 오늘날 관용 논의에서 반드시 고려해야 할 참조점으로 보
인다.

　그러나 이상의 논의에 아쉬운 점이 없는 것은 아니다. 여기서는 차이
에 대한 사유, 타자에 대한 사유가 사라진다. 반면 우리가 우리와 인종
만이 아니라 다른 문화, 다른 언어를 가진 이방인을 대면하고 있다는
것은 사실이다. 우리는 그들에 대해 어떤 태도를 취해야 하는가? 우리
는 그들을 어떻게 맞이해야 하는가? 그 이전에, 타자를 맞이한다는 것
이 과연 무엇이며, 이는 가능한 일인가? 더 현실적으로, 현재의 주권
체제에서 그들 모두를 맞아들일 수 있는가? 이처럼 형이상학적이면서
도 현실적인 물음을 묻게 하는 것은 데리다이다.

## 2. 관용이 아닌 환대: 자크 데리다

데리다(J. Derrida, 1930-2004)는 1967년 『목소리와 현상』을 시작으로 『그라마톨로지』, 『기록과 차이』 등의 저서에서 텍스트에 대한 면밀한 독해를 통해 서구 로고스 중심주의를 해체하는 데 주력했다. 그러니 그 자신의 부인에도 불구하고, 흔히들 그의 후기 철학을 "정치적 전회", "윤리적 전회"라 부를 만큼, 1980년대부터 2004년 사망에 이르기까지 그의 작업은 윤리학과 정치철학을 중심으로 이루어진다. 그가 다룬 주제들은 법과 정의(『법의 힘』), 마르크스주의(『마르크스의 유령들』), 종교와 기술의 관계(『신앙과 지식』), 민주주의(*Politiques de l'amitié*(우애의 정치))에서부터, 테러리즘(『테러시대의 철학』)이나 세계화와 이주민 문제 같은 당면의 실천적인 문제를 포괄한다. 이 모든 저작들에서 그는 담론이나 텍스트 분석을 통해 아포리에 직면하게 하는 이전의 해체적 방법을 고수하면서도, 바로 이 아포리로부터 윤리의 고유한 가능성을 도출한다.

관용, 더 정확히 말해 환대 역시 이런 구조를 띠고 있다. 이런 해체적 결론 때문인지 관용에 대한 논의에서 데리다가 다루어지는 경우는 드물다. 그러나 데리다의 논의는 여타 주류 논의에서 찾아볼 수 없는 특별한 장점을 가지고 있다. 이전까지 살펴본 논의들에서 문제는 우리 자신을 중심에 놓고 타자에 대한 관용의 '문턱'이 과연 어디까지일 수 있는지 측정하는 것이었다. 반면 데리다는 **받아들임** 자체를 중심에 놓고 타자를 수용한다는 것이 과연 무엇인가를 근본적인 수준에서 사유해 본다. 달리 말해, 데리다는 우리가 어디까지 견딜 수 있느냐를 묻는 것이 아니라, 타자와의 윤리적 관계란 과연 무엇이며, 이를 (불)가능하게 하는 조건은 무엇인가를 묻고 있다. 이 점에서 데리다는 관용에 대한 가장 근본적인 비판가 중 하나이지만, 또한 관용의 이념 그 자체를 가장 근본적으로 사유한 철학자로 볼 수 있다.

## 1) 환대란 무엇인가? – 아테네 전통과 유대 전통

왜 관용이 아닌 환대인가? 웬디 브라운은 원래 종교적 믿음에 대한 태도를 가리켰던 관용이 오늘날은 인종적, 성적 차이 등 자연적 차이를 체현한 주체를 대상으로 한다는 점에 대해 비판한 바 있다. 반면에 데리다는 관용을 근본적으로 종교전쟁 시대의 잔재로, 기독교적인 개념으로 본다. 실제로 관용 담론의 회귀는 종교의 회귀와 연관되어 있다. 세계화가 가져온 다양한 이중적 결과, 곧 자본주의의 확장과 경제적 불평등의 심화, 원격통신기술의 발달과 고향 상실 등은 '종교의 회귀', 곧 근본주의 종교의 부상(浮上)을 낳았다. 관용은 바로 이런 맥락에서 서구 국가들이 이들 근본주의 세력 앞에 취하고자 하는 덕목이다. 관용은 초역사적인 덕목이 아니라 특정 배경을, 특히 종족적 한계와도 무관하지 않은 종교적 배경을 뒤로 하고 있다. 이 점이 데리다가 관용에 대한 긍정적 평가를 유보하는 일차적 이유이다. 물론 관용은 교조적 박해보다는 낫다. 기독교적 색채를 띨지언정 미국이 무슬림에 대해 관용을 표방하는 편이 불관용적인 것보다는 낫다. 더구나 관용은 18세기 이래의 풍요로운 사례와 분석, 오늘날 여전히 되새겨 볼만한 원칙을 담고 있다. 그러나 그것은 또한 아주 많은 물음들을 요구한다. 관용은 교조적 박해에 맞세울 수 있는 충분한 덕목인가? 그렇지 않다. 관용은 기독교적 개념일 뿐만 아니라 강자의, 강자를 위한 윤리이기 때문이다. "관용의 문턱"이라는 말이 이를 대표한다. 다시 말해, 관용이 담고 있는 타자와의 윤리적 관계는 정의상 제한적일 수밖에 없다.

관용은 늘 '최강자의 논거' 편에 있습니다. 관용은 주권의 대리 보충적 흔적이죠. 주권은 오만하게 내려다보면서 타자에게 이렇게 말하죠. 네가 살아가게 내버려 두마, 넌 참을 수 없는 정도는 아니야, 내 집에 네 자리를 마련해 두마, 그러나 이게 내 집이라는 건 잊지 마… 관용은 바로 이와 같은 주권의 선한 얼굴입니다.(『테러 시대의 철학』, 232쪽)

관용 대신 데리다는 '환대'(hospitalité)라는 개념을 제안한다. 환대란 무엇인가? 관용이 종교전쟁 시대로 거슬러 올라간다면, '환대'는 고대로, 게다가 아테네와 예루살렘 양쪽 모두로 거슬러 올라간다. 데리다는 전자의 경우로 소크라테스와 오이디푸스를, 후자의 경우로 성경(창세기와 사사기)의 에피소드를 제시한다. 이 에피소드들을 중심으로 그의 환대 개념을 살펴보자. 데리다 윤리학의 특징은 동등한 관계가 아니라 동등하지 않은 관계, 적어도 비대칭적인 관계를 상정한다는 점이다. 선물을 주는 자와 받는 자(Donner le temps), 용서하는 자와 용서받는 자(Le siècle et pardon), 환대의 경우 주인과 손님(De l'hospitalité)의 관계에서 한 항이 다른 항보다 더 우월한 위치에 있다. 누가 더 우월한 위치에 있는가? 주인인가, 손님인가? 답변은 양의적인데, 이는 영어 'host'와 달리 프랑스어 'hôte'가 주인과 손님을 동시에 가리킨다는 사실과도 관련된다.

(1) 처음 보기에 우위에 있는 것은 주인이다. 손님을 맞이하는 것은 주인이며, 손님은 주인집의 규칙을 따라야 한다. 주인(host), 받아들이는 자는 또한 명령한다. 이제는 우리에게 익숙한 연쇄에 따라(hosti-pet-s potis, potest, ipse, etc.), 권력의 주권성, 주인의 권능(potestas)과 소유는 여전히 가장(pater familias)의 것이다.(De l'hospitalité, 41쪽)

외국인의 경우 무엇보다도 해당 문화의 언어를 따라야 한다.『변명』
과『크리톤』에 나오는 소크라테스의 사례를 보자. 소크라테스는 자기
변론을 하기에 앞서 동료 시민들에게 "나를 이방인처럼 대해 달라"고
부탁한다. 그는 70세로 이미 늙었다. 특히 소피스트처럼 수사술에 능하
지 않다는 의미에서이기는 하지만, 어쨌든 그는 언어를 잘 구사하지 못
한다. 이런 언급은 당시에 이방인을 환대해야 한다는 의무와 환대의 규
칙이 있었음을 함축한다. 이방인도 법정에 설 수 있고 자신을 변론할
수 있었으며 더구나 토착민보다 더 관대하게 대우받았던 것이다. 그런
데 환대의 의무와 규칙은 이방인으로부터가 아니라 아테네인들 자신
이, 무엇보다도 그들 자신의 언어로 수립한 것이다. 아테네인들—가
장, 집주인, 왕, 영주, 권력, 민족, 국가, 아버지 등—은 이방인에게 그
들 자신의 언어로 번역된 것을 부과한다. 이방인이 환대를 요구할 수
있다고 하더라도, 그는 정의상 자신의 것이 아닌 언어로 환대를 요구해
야 한다. 이방인이 자신을 방어하기 위해 사용해야 하는 언어는 모국어
가 아니라 외국어인 것이다. 이것이 이방인에게 가하는 일차적 폭력이
다. 이 나라의 언어를 사용할 줄 모른다면, 자신을 방어할 수 없을 것이
기 때문이다. 반대로 만일 이 나라의 언어를 모국어처럼 사용할 줄 안
다면, 그 사람은 더 이상 이방인이 아닐 것이다. 이처럼 손님이 주인의
규칙에 맞추어야 하는 한, 주인이 우위에 있다.

　더욱이 아무나 환대의 대상이 되는 것은 아니다. 그리스 다른 도시에
서 온 자만이 환대의 대상이고 그리스 바깥의 사람들, 곧 '야만
인'(barbaroi)을 환대할 필요는 없다. 실제로 우리는 아무나 환대하지
는 않는다. 누군가가 우리 집에 왔을 때 우리가 제일 먼저 하는 일은 신
원 확인이다. 당신의 이름은? 아테네에서도 "환대의 권리는 애초부터
어떤 가문 혹은 종족을 받아들이는 집, 가계, 가족, 가문 혹은 종족과

연루"(De l'hospitalité, 27쪽)되어 있고, "손님이 자신의 이름으로 불릴 가능성, 이름을 가질 가능성, 권리의 주체가 되고, 호명되고 처벌 가능해지고, 책임을 물을 수 있는 가능성"(같은 곳)과 관련되어 있다. "고유명이 순전히 개인적인 경우는 결코 없다."(같은 곳) 사람들은 익명으로 오는 자는 환대하지 않는다. 그는 이방인이 아니라 단지 야만인일 뿐이다. 우리가 절대적 타자를 환대하는 것은 아니다. 이런 의미에서 '이방인'(xenos)은 '계약'(xenia)의 질서 안에 기입되어 있다.

(2) 그러나 이것이 과연 환대일까? "이름을 먼저 묻는 것이 환대인가? 아니면 묻지 않고 맞아들이는 것이 환대인가? 주체를—신원이 확인되는—환대하는가? 아니면 환대가 타자에게(그가 신원 확인이 되기 전에) 주어지는가/바쳐지는가?" "우리는 이방인에게 그를 우리 집에 맞아들일 수 있기 전에, 그리고 그러기 위해, 우리를 이해하라고, 우리 언어로 말하라고 요구해야 하는가?"(De l'hospitalité, 21쪽) 만일 우리가 우리 규칙에 맞게, 우리 상황에 맞게, 그리고 우리가 원하는 자를 받아들이는 것이라면, 이것은 초대(invitation)이지 환대가 아니다. 문자 그대로의 환대는 신원이 확인되지 않는, 그리고 우리와 언어를 공유하지 않는 절대적 타자(아테네의 경우 '야만인')에 대해 이루어져야 한다. 또한 그것은 우리 상황과 형편에 따라 우리가 원하는 대로 이루어지는 것일 수 없다.

데리다는 이처럼 환대가 정의상 무조건적이어야 한다고 본다. 관용은 환대에 대립되거나 기껏해야 조건적 환대에 불과하다. "관용은 환대와 정반대입니다. 아니면 적어도 환대의 한계입니다. […] [관용은] 이방인, 타자, 외래 물체를 어떤 지점까지는 받아들인다는 것, 즉 아주 제한적인 조건하에서 받아들인다는 것이죠. 관용은 조건적이고 주의

깊고 신중한 환대입니다."(「자가-면역, 실재적이고 상징적인 자살」, 232-233쪽) 무조건적 환대가 어떤 것인지를 보기 위해 이번에는 그가 인용하는 성경 이야기를 들어보자.

소돔과 고모라에서 의인 10명만 찾아내면 이 도시들을 멸망시키지 않겠다고 신이 아브라함과 협상한 이후, 천사들이 롯이 살고 있는 소돔에 도착한다. 롯은 이들에게 자기 집에서 묵어가도록 간절히 권하고 환대한다. 밤이 되자 다른 동포들이 집으로 들이닥쳐 손님을 내놓으라고 요구한다. "우리가 그 남자들과 상관 좀 해야 하겠소."(창세기 19:5) 이 말은 그들을 성폭행하겠다는 것이다. 롯은 손님 대신 자기 딸을 내놓으면서까지 손님을 보호하려 한다. "여보게들, 제발 이러지 말게. 이건 악한 짓일세. 이것 보게, 나에게 남자를 알지 못하는 두 딸이 있네. 그 아이들을 자네들에게 줄 터이니, 그 아이들을 자네들 좋을 대로 하게. 그러나 이 남자들은 나의 집에 보호받으러 온 손님들이니까, 그들에게는 아무 일도 저지르지 말게."(창세기 19:7-8) 후일 도덕적인 거짓말이 있을 수 있는지를 둘러 싼 콩스탕-칸트 논쟁의 사례로 쓰이기도 한 이 이야기는 무조건 환대의 요소들을 잘 보여 준다. 우선 롯은 손님의 신원을 확인하지도 않고, 자신의 상황도 따지지 않은 채, 손님을 환대한다. 다음으로 그는 손님을 보호하기 위해 심지어 자기 자신의 소중한 것을 희생하기도 한다.

이번에는 롯 이야기와 비슷하지만 결말이 다소 다른 어느 레위인 이야기를 보자. 레위인은 자기 첩과 집으로 돌아가는 길에 어두워져 어느 이방 마을에 머무르게 되고 한 노인이 그들을 환대한다. 마찬가지로 불량배들이 나타나 주인에게 레위인 남자를 내놓으라고 한다. "우리가 그 사람하고 관계를 좀 해야겠소."(사사기 19:22) 이 역시 성폭행을 해야겠다는 말이다. 노인은 그런 수치스러운 일을 하지 말라고 만류하다가 이번에는 레위인 자신이 자기 첩을 그들에게 내놓는다. 그들은 그 여자를 밤새 윤간한 뒤 새벽에 동틀 때에야 비로소 놓아 준다. 여자는 그 노인의 집으로 돌아와 문에서 쓰러져 죽는다.

이 이야기들에서 주인과 손님의 우열은 뒤바뀌는 듯 보인다. 롯 이야기의 경우, 주인은 손님을 보호하기 위해 심지어 자기 것을 빼앗긴다. 그뿐만 아니라 애초에 주인은 손님에게 환대받을 것을 간청하며, 여기에는 어떤 조건도 없다. 그는 손님의 신원도 확인하지 않고, 자신의 형편도 따져 보지 않는다. 만일 내가 손님의 자격을 묻고 내가 원하는 사람만 받아들인다면, 그리고 내 사정과 형편을 고려하여 나에게 맞는 때에만 받아들인다면, 이는 정의상 환대가 아니다. 환대는 오직 무조건적일 경우에만 환대이다. 그러므로 또한 우리가 초대한 손님(우리는 그의 신원을 알고 있고, 우리 형편에 맞춰 초대한다)이 아니라, 예기치 않게 온 손님에 대한 환대야말로 고유한 의미의 환대이다. 이렇게 보면 주인(host)은 이미 손님의 볼모(otage)이다. 그는 신원을 모르는 타자의 부름에 응답해야 하며, 타자가 집안에 들어오면 그의 안녕에 신경을 써야 한다. 그에게는 책임이 있다. 그는 더 이상 자유롭지 않다.

(3) 무조건적 환대에서 주인은 더 이상 주인의 자리에 있지 않다. 그 것은 위험하다. 롯 이야기에서 방문자는 천사이지만, 정반대로 적 (hostis)일 수도 있다. 손님은 우리를 죽일 수도 있다. 이런 의미에서 무조건적 환대는 또한 불가능하다. 신원을 모르는 타자의 예고 없는 방문을 우리는 과연 '환대' 할 수 있을까? 무조건적 환대가 불가능한 이유는 우리 자신이 취약한 존재이기 때문이다. 우리는 취약한 존재이기에 아무나 환대할 수는 없고, 따라서 환대 자체를 할 수 없는 것이다. 더구나 누군가를 환대하려면, 일단 내가 내 집의 주인이어야 한다. 나는

"내 집에"(chez moi) 있어야 한다. 롯은 손님에 대해서는 볼모일지 몰라도, 자기 집의 질서와 관련해서는 가부장적 주인이다. 롯은 마을 사람들에게 손님 대신 자기 딸을 내어 준다. 조건적 환대를 특징짓는 환대의 법칙은 무엇보다도 팔루스(phallus) 중심적이다. 다른 한편, 그가 자기 것을 내어 줄 수밖에 없었던 이유는 롯 자신이 자기 집의 온전한 주인은 아니기 때문이다. 롯 자신이 사실 이방인이며, 롯이 당한 폭력은 일정 정도 이 점에 기인한다. 마을 사람들은 이방인이 데려온 이방인에게 폭력을 가한 것이다. 악한 짓을 만류하는 롯에게 마을 사람들은 이렇게 말한다. "이 사람이, 자기도 나그네살이를 하는 주제에 우리에게 재판관 행세를 하려고 하는구나, 어디 그들보다 당신이 먼저 혼 좀 나 보시오."(창세기 19:9)

이렇게 해서 환대는 아포리에 이른다. 환대가 초대와 다른 한에서, 환대는 무조건적이어야 하며, 환대는 가문이나 종족 간의 계약 관계를 넘어선다. 우리가 누군가를 환대하려면 우리는 심지어 그의 신원을 묻지도 말아야 하며, 우리 언어를 부과하지도 말아야 한다. 다른 한편, 환대를 할 수 있으려면, 나 자신이 일단 내 집의 주인이어야 한다. 곧 내 정체성이 확고해야 하며, 나의 언어가 있어야 하며, 손님 앞에서 내 신변의 보호도 가능해야 한다. 따라서 나는 손님의 정체를 확인해야 하고 결국 내가 초대한 손님만 받아들일 수 있다.

이 아포리를 통해 데리다는 무엇을 보여 주고자 하는가? 한편으로, 비록 불가능할지라도 무조건적 환대, 환대 그 자체(계산 불가능한 것)를 최소한 사유라도 해 보지 않고서는, (계산 가능한 것으로서의) 환대 일반의 개념을 갖지 못하리라는 것이다. 무조건적 환대의 관념을 통해 비로소 우리가 실행하는 환대가 단지 조건적인 것에 불과함을 인정할 수 있다. 그러나 다른 한편, 무조건적 환대의 추구, 일체의 계산과 타협, 조정에서 벗어난 순수 정치는 더 나쁜 것을 불러올 수 있다. 이렇게 해서 다시 우리는 어느 쪽도 선택할 수 없는 이중 구속에 처한다. 데리다는 이런 구속을 의식하는 가운데 비로소 명실상부한 윤리적 책임이 가능하다고 본다. 그러나 좀 더 근본적인 물음을 물을 필요가 있다. 우리는 왜 환대해야 하는가?

## 3. 환대의 아포리와 윤리

진정한 환대란 무조건적 환대이나, 현실적 환대는 조건적 환대일 수밖에 없다. 순수한 의미의 환대는 불가능한 것이다. 데리다는 바로 이 아포리에서 윤리적 행위의 가능성을 도출한다. 한편으로, 어떤 매개나 타협 없는 무조건적 환대는 환대 자체를 불가능하게 하므로, 현실적 환대는 순수할 수 없고 이방인에 대한 어떤 폭력을 수반할 수밖에 없다. 환대하려면 주인이 제 집에 있어야 하고 안도감을 가져야 하기 때문이다. 이런 **타협의 필연성**을 인정하지 않을 때 더 큰 재앙을 맞이할 우려가 있다. 그러나 이 폭력의 폭력성을 자각하는 것 역시 중요하다. 실상 환대의 아포리는 두 가지 의미를 내포한다. 하나는 현실에서의 환대 혹은 관용이 **단지 타협에 불과한 것이기에** 늘 실패하기 마련이라는 것이며, 다른 하나는 그래서 환대하거나 관용하는 주체의 지속적 책임이 요구된다는 것이다. 이민자에게 개방적인 좌파적 성향의 정부에서 이민국 장관이었던 로카르(Michel Rocard)는 프랑스가 세상의 모든 불행을 다 받아들일 수는 없다고 말한 적이 있다. 세계 어느 나라도 내전이 벌어진 나라의 모든 난민을, 경제적 파국을 겪고 있는 모든 경제적 이주민을 받아들일 수는 없을 것이다. 그러나 이 조건부 환대가 진정한 환대는 아님을 알고, 그래서 지속적 책임을 느끼는 것은 중요한 문제이다. 그리고 이런 의미에서 윤리는 늘 미래로부터 도래한다. 중요한 것은 윤리적 주체가 결정 불가능한 것의 시험을 거치면서 어떤 식으로든 현실의 긴급성에 응답하고, 그러면서도 자신의 실패에 지속적 책임을 느끼는 것이다.

웬디 브라운이 푸코의 계보학적 방식을 통해 관용에 대한 비판적 접근을 가능하게 했다면, 데리다는 이처럼 환대의 아포리를 분석해 들어감으로써 관용 혹은 환대가 어떤 의미에서 윤리적 행위인지, 나아가 윤리적 행위 자체가 무엇인지 생각해 보게 한다. (김은주)

# 16

## 새로운 종교적 불관용

마사 누스바움(Martha C. Nussbaum; 1947-)은 학문적 관심 영역의 폭이 매우 넓은 철학자이다. 그리스·로마 고전철학을 토대로 정치철학, 법학, 윤리학, 문학, 등 여러 분야에 걸친 저술 활동과 교육 경력은 그녀가 세계적인 학자로 평가받기에 충분했다. 2008년 한국을 방문하여 몇몇 대학에서 강연을 한 그녀는 한국 방문 이후 2010년에 출판된 『학교는 시장이 아니다』(Not For Profit)의 서문에서 한국 교육에 대해 비교적 우호적인 평가를 내리고 있다. 교육의 올바른 방향을 이야기할 때 한국의 예를 든다는 설명까지 하고 있다. 이 책 이외에 그녀의 여러 작품들이 우리말로 번역되어 있다. 『시적 정의(*Poetic Justice*)』, 『혐오에서 인류애로(*From Disgust to Humanity*)』, 『혐오와 수치심(*Hiding from Humanity: Disgust, Shame, and the Law*)』, 『역량의 창조(*Creating Capabilities*)』 등이 있다.

누스바움은 전통적인 자유주의 정치철학의 흐름에서 볼 때 자유주의 주류에 속한 사람으로 보기는 어렵다. 관용의 덕목이 주로 자유주의 전통에서 논의되어 온 주제라면 누스바움의 불관용론은 이 흐름에 속하지 않는다. 이렇게 판단할 수 있는 근거는 두 가지가 있는데, 하나는 누스바움 자신이 관용에 대해 적극적으로 옹호하거나 논증하는 글을 쓰지 않았다는 점이고, 다른 하나는 자유주의 진영에서 발전시킨 관용의 윤리에 대해 비판적 태도를 갖고 있다는 점이다. 누스바움은 헌 상태니 사회적 위계질서를 유지하는 일과 관용이 양립할 수 있어야 한다는 자유주의적 태도를 비판하고 있다. 그녀는 미국의 헌법이 영미법적 전통에 서 있다며 그 기초를 세운 초기 시대의 사례를 하나 들고 있다.(*The New Religious Intolerance*, 70쪽) 건국 초기에 새로운 미국 헌법의 기초자들은 새로운 세상(미국이라는 신세계)에 맞는 법체계를 세울 때 기존의 위계질서(자신들이 피해 온 유럽의 법체계)를 피하고 모든 인간이 본질적으로 평등하다는 자연권의 원리를 토대로 삼고자 했다. 그러나 관용의 태도는 그대로 견지하고자 했다. 누스바움은 관용의 덕목보다는 자연법이 보장하는 평등권을 통해 불관용의 문제 등을 해결할 수 있는 해법을 찾고자 한다. 자유주의 덕목인 관용의 한계를 지적하고 있지만 누스바움이 혐오주의의 극복, 인간성의 발견과 회복, 불관용의 극복 등을 다루고 있는 여러 저술을 통해 관용의 덕목을 간접적인 방식으로 서술하고 있다는 사실에 주목한다면 그녀 또한 자유주의 진영 밖에 서서 관용을 말하는 관용주의자로 평가하는 일은 역시 가능하다.

2012년에 출판된 *The New Religious Intolerance: overcoming the Politics of Fear in an Anxious Age*(새로운 종교적 불관용: 불안시대에 공포의 정치를 극복하기)는 그녀의 관용론이라 하기에 충분하다. 이 책은 불관용의 문제, 특히 이슬람에 대한 종교적 불관용과 공포의 정치학을 다루고 있으며, 이런 불관용적 태도를 극복하기 위한 세 가지 원리를 제시하고 있다. 이 원리들은 2010년에 출판된 『학교는 시장이 아

니다』(*Not for Profit*)에서 제시하고 있는 교육의 세 가지 핵심 역량들
—비판적 사고 능력, 세계 시민적 안목, 공감적 상상력—과 동일선상
에 있다. 후자의 책은 주로 교육 문제를 다루고 있는데, 교육을 통해 관
용의 정신을 함양하고 불관용을 극복할 수 있는 태도를 배양할 것을 제
안하고 있다. 따라서 이 두 권의 책은 상호 보완적인 관계에 놓여 있다.


## 1. 조용한 위기와 명백한 위기

마사 누스바움의『새로운 종교적 불관용』은 '불안시대에 공포의 정치
를 극복하기'라는 부제목이 달려 있다. 불안의 시대라는 규정은 현대
사회의 특징을 말하며 전 지구적인 현상으로 확대 적용해도 틀림이 없
지만 누스바움은 특히 현대 미국 사회를 논의의 중심으로 놓고 있다.
누스바움이 말하고 있는 '불안의 시대'라는 용어는 불확실성의 시대나
예측 불가능성이라는 말보다 훨씬 염려스럽고 긴박하며, 명백한 현재
의 불안감과 위기의식이 함축되어 있는 말이다. 그녀가 말하는 불안은
현재 미국과 유럽인들이 직면하고 있고 경험하고 있는 불안이다. 문 밖
에만 나가면 바로 길거리에서 맞닥뜨릴 수 있는 증오, 혐오, 테러와 폭
력의 위험으로부터 오는 불안이다. 그 중심에는 종교적 불관용과 인종
주의가 자리 잡고 있다.

 이런 불안의 시대를 부추기거나 강화하거나 악용하려는 세력들이 사
용하고 있는 전략에 '공포의 정치(the politics of fear)'가 숨어 있다는
것을 폭로하려는 것이 누스바움이 부제목을 붙인 이유로 보인다. 강준
만교수가 말하는 증오 상업주의가 "명분, 영향력, 이익의 실현이나 확
대를 위해 증오를 주요 콘텐츠로 삼는 정치적 의식과 행태를 뜻"(『증오

상업주의』, 7쪽)하는 것이라면 증오 상업주의자들의 정치적 전략과 '공포의 정치'가 노리는 불안 조장 전략은 동일한 목표를 지향하고 있다. 또 누스바움이 말하고 있는 '공포의 정치'라는 용어 역시 과거 군사 독재 시절의 정치 행태와 같은 물리적이고 직접적인 공포감을 통치의 수단으로 삼는 일차원적 공포가 아니다. 그녀가 주목하고 있는 공포의 감정은 철학적이고 심리학적 뿌리를 갖고 있는 자기애적 감정(narcissistic emotion)이다. 이 공포의 감정은 줄어가고 있는 것이 아니라 오히려 현대사회에서 점차 확대 재생산 과정에 있다는 것을 그녀는 이 책에서 보여 주고 있다.

누스바움은 『학교는 시장이 아니다』의 1장에다 '조용한 위기(the silent crisis)'라는 제목을 붙이고 있다. 그리고 여기서 말하는 조용한 위기는 예측도 가능하고 위기 대처 방향이나 전략도 수립할 수 있는 그런 위기들이 아니라, 눈에 잘 보이지는 않지만 그리고 위기라고 느낄 수조차 없는 동안에도 지속적으로 진행되고 있는 교육에서의 위기를 말한다. "민주적 자치라는 미래에 장기적으로 훨씬 더 큰 해악을 가할 가능성이 높은 위기이며 교육에서의 전 세계적 위기"이다.(『학교는 시장이 아니다』, 23-24쪽)

이 조용한 위기가 전 지구적인 확장성을 갖고 있는 위기라는 그녀의 말에 우리가 조금 더 쉽게 공감할 수 있는 것은 한국 교육의 현장에서 우리가 매일 이 위기를 경험하고 있기 때문일 것이다. 인문 교양과 예술 교육이 초, 중등학교뿐만 아니라 대학교육에서도 '잘려 나가고' 있는 현상이 위기의 원인이라는 그녀의 지적은 옳다.(같은 책, 24쪽) 우리나라 교육 현장에서도 이와 같은 현상이 그대로 목격되고 있기 때문이다.

이 교육의 위기를 '조용한 위기'로 표현한 것과 대비해서 우리가 최근 많은 부분(인종, 성, 이념, 종교, 다문화 등)에서 경험하고 있는 혐오주의와 불관용적 분위기의 확산을 '명백한 위기(the explicit crisis)'라 이름 붙이고 이 문제에 접근하고자 한다. 누스바움이 『새로운 종교적 불관용』에서 명백한 위기라는 말을 사용하고 있지는 않지만 그녀 역시 새로운 형태의 종교적 불관용은 이제 명백한 위기이자 현실 문제라는 사실을 직시하고 있다. 미국에서는 이슬람법(샤리아법)과 미국 헌법 사이에 가치 충돌이 빈번히 일어나는 문화 전쟁(cultural war)의 형태를 띠기 시작했다는 사실을 지적하며 누스바움은 새로운 종교적 불관용의 문제가 명백한 위기라고 인식하고 있다. 그 위기의 중심에 이슬람의 문화와 종교가 있다. 이런 절박한 현실 인식을 토대로 누스바움은 『새로운 종교적 불관용』을 시작하고 있다. 종교적 불관용에 '새로운'이라는 형용사를 붙인 이유도 바로 종래의 종교적 불관용과는 다른 형태의 불관용이 이슬람을 둘러싼 주변에서 일어나고 있다는 사실을 강조하기 위해서일 것이다. 9 · 11 사건 이후 미국과 유럽에서 이슬람 공포증(Islam phobia)은 확산되었고 무슬림을 대상으로 하는 증오 범죄는 지난 3년 사이 6배 증가했다고 한다.(세계일보, 2017년 5월 14일 기사 참조) 2017년 6월 18일 영국 런던에서는 라마단 시기에 기도회를 마치고 나오는 무슬림을 향해 자동차로 돌진하여 사상자를 낸 테러 행위가 발생했다. 이슬람 공포증의 폭력적인 표시로 인식되고 있으며, 런던 시장은 이번 사건을 '우리가 공유하고 있는 관용, 자유와 존중의 가치에 대한 공격'이라고 규탄하고 있다.

　미국이나 유럽에서처럼 이슬람 문화와 종교가 현실적이고 명백한 위기로 인식되고 있는 것과는 달리 우리나라의 경우는 아직 이 문제를 다루고 대처할 시간적 여유가 있는 것으로 생각할 수 있다. 그러나 우리는 이런 판단에 동의하지 않는다. 종교적 불관용을 포함해서 여러 부분에 걸쳐 이미 우리 사회는 조용한 위기를 넘어 명백한 위기의 시대로 들어섰다고 본다. 이런 이슬람 공포증은 비단 유럽과 미국의 경우에만 해당되지 않는다. 이슬람과 무슬림에 대한 우리의 인식 수준을 성찰해 보면 우리가 이들에 대해 얼마나 배타적이고 편견과 오해로 가득 차 있는지를 알 수 있다. 이슬람에 대한 막연한 오해와 잘못된 정보는 무슬림에 대한 공포를 낳고 이 공포는 혐오와 배척 그리고 불관용과 폭력을 낳는다.

"한국의 무슬림은 사회적 무관심과 차별 속에서 숨죽이고 있다. 공식 통계도 없어 국내 무슬림은 약 15만 명으로 추산될 뿐이다. 무슬림 숫자가 집계되지 않는 이유 중 하나로 한국 종교사회가 가진 배타성에 있으며, 주류 종교가 비주류인 이슬람교를 폄하하고 비하하는 것이 세계에서 가장 심각한 수준"이라는 것은 분명하다. 또 "세계적으로 무슬림이 급증세를 보이자 세계 각국은 무슬림 관광객 유치, 할랄(이슬람 율법에 맞는 식품)산업 육성화 등 노력을 기울이는데도 한국만은 예외다."(세계일보, 2017년 5월 14일 기사 참조)

우리나라에 들어와 있는 동남아 이주 노동자들 가운데는 다수가 무슬림이다. 이들이 겪는 인종적 차별은 물론이고 종교적 차별은 거의 박해 수준이라는 것이 이들 이주 노동자들의 증언이다. '기계 도는 시간에 기도한다고 미워해요.' '라마단을 단식이나 태업으로 오해해요.' 등 이슬람 종교에 대한 몰이해는 노동 현장에서 긴장과 갈등의 단초가 되고 있다. 또 결혼 이주자의 2세들이 겪어 내야 할 문화적, 인종적, 언어적 혼란은 결코 그들만의 고통으로 끝날 수 없는 문제가 되고 있다. 이민자들, 특히 무슬림에 대한 종교적 불관용과 동일성에 대한 불관용적 요구는 우리 현실 앞에 놓여 있는 문제이며 머지않은 미래에는 현재의 유럽과 미국에서와 같은 심각하고 명백한 위기로 등장할 것이 예측된다. 다음 세대를 위해 관용 교육의 중요성이 더욱 강조되는 이유도 여기에 있다.


## 2. 공포의 발견술

누스바움은 『새로운 종교적 불관용』 2장에다 '공포: 자기애적 감정(narcissistic emotion)' 이라는 제목을 붙이고 있다. 종교적 불관용의 문제와 공포의 감정 사이에 어떤 관련이 있는가? 불관용은 어떤 대상에 대해 싫어하고 미워하는 감정이 전제되어 있는데, 이런 감정을 일으키는 근원적인 작동 원리를 누스바움도 공포의 감정으로 보고 있다. 그런 점에서 공포는 '원시적 감정(primitive emotion)' 이라 불리며, 인간을 포함해서 척추동물의 뇌에서 일어나는 심리적 활동의 결과라 분석하고 있다.(The New Religious Intolerance, 55쪽) 또 원시적이라는 말은, 분노(anger)나 공감(compassion)처럼 보다 정교한 논리적, 인과적 사고가 개입되는 것과는 달리 공포나 깜짝 놀람(startle)처럼 인지나 반성적 사고, 자기의식 같은 것이 요구되지 않는 본능적 반응에 가깝다는 의미이다.

  누스바움은 아리스토텔레스가 『수사학』에서 내리고 있는 공포에 대한 정의를 인용하고 있는데 다음과 같다: 공포란 "파괴적이고 고통스러운 임박한 나쁜 사태를 상상할 때 나오는 일종의 고통 또는 혼란스러운 느낌이다. 통제 가능하거나 해롭지 않은 것, 또는 멀리 떨어져 있는 위험 등에 대해서는 공포를 느끼지 않는다." (『수사학』 1382a21-22) 공포는 자신의 생존이나 안전에 직접적으로 위협을 느낄 때나 그런 위협에 대해 어찌 해 볼 수 있는 힘이 내게 없다고 느낄 때 강하게 발생하는 감정이다. 이런 점에서 공포는 자기(생명)보존과 관련되어 있는 자기애의 감정이라 할 수 있다.

공포의 감정이 이처럼 본능에 가까운 감정이며 인간의 원초적 행위, 즉 죽음을 피하고 자기보호를 위한 행위와 직접 관련되어 있다면, 공포가 어떻게, 어떤 행위를 촉발할 것인가 하는 문제가 제기된다(누스바움은 혐오감이나 수치심이 어떻게 법을 제정하고 집행하는 과정과 관련될 수 있는지에 대해 『혐오와 수치심』 그리고 『혐오에서 인류애』라는 자신의 두 작품에서 자세하게 다루고 있다). 그녀는 '혐오 감정과 공포의 감정이 아주 가깝게 연결되어 있다'는 점을 언급하고 있는데,(The New Religious Intolerance, 36쪽) 이 두 감정이 공통적으로 가지고 있는 감정의 이중성, 즉 이중 효과에 주목하고 있다.

누스바움에 의하면, 혐오 감정은 원초적 혐오(primitive disgust)와 투사적 혐오(projective disgust)가 있는데, 이 두 가지 혐오 감정은 긍정적 기능과 부정적 기능을 가지고 있다. 긍정적 기능이란 혐오감이 생존을 위한 방어기제의 기능을 하는 경우이고, 부정적 기능이란 싫어하는 대상에 대해 공격적 성향(투사적 혐오감)을 강화시키는 경우이다. 앞의 예로는 독을 잔뜩 머금은 뱀을 보고 피하도록 만드는 혐오감이고, 뒤의 예로는 소수자나 약자를 향해 가하는 폭력과 사회적 낙인 등에 동원되는 혐오감 같은 것이다. 혐한(嫌韓)시위자들의 갖는 재일 한국인에 대한 심리적 거부감 같은 것이 그것이다.

혐오감과 마찬가지로 공포의 감정 역시 긍정적 기능과 부정적 기능을 모두 갖고 있다. 위에서 정의한 공포의 감정을 다시 상기해 보자. 공포란 자기 생명을 위협하는 임박한 위험에 대한 고통의 감정이다. 이 공포감은 우리에게 그 위험으로부터 벗어나게 만들 수도 있고, 아니면 그 공포감에 질려 아무것도 못하거나 잘못된 판단과 행동을 하게 만들 수도 있다. '공포가 없다면 우리 모두는 죽게 될 것이다.' 라는 퓌론의 말을 누스바움은 인용하고 있다. 공포의 감정이 없다면 실제로 임박한 위험을 자각하지 못하고 위험 대상에 둔감하도록 만들 수도 있다. 반대로 공포 감정은 자신과 다른 사람을 임박한 현실적 위험으로부터 대비하고 보호할 수 있게 만들기도 한다. 자신이 탄 배가 망망대해에서 머지않아 침몰한다고 할 때 어떤 행동을 할 것인가? 공포감에 사로잡힌 사람은 우왕좌왕할 것이며, 생명을 구하는 적절한 판단과 행동을 하지 못하게 된다. 그러나 반대로 공포감은 살아남기 위한 바른 판단과 행동을 하게도 만든다.

누스바움이 '공포'의 감정을 설명하면서 생물학적 성향, 문화와 수사학적 산물 이외에 세 번째로 동원한 개념은 '발견술과 편견'이라는 용어이다. 그녀가 '공포의 발견술(heuristics of fear)'이라는 용어를 사용하면서 한스 요나스의 이름을 거론하지는 않았지만 환경 위기와 같은 최근의 시급한 문제를 발견하는 데 공포의 발견술이 명백하게 유용하다는 점은 언급하고 있다. 대신 미국의 '러브 커넬(Love Canal)' 사건과 식물 성장 촉진제를 사과에 사용했을 때 암 발생 위험도 증가에 대한 공포감 등을 언급하면서 이런 위험들이 과대평가되어 다른 더 심각한 위험이 평가절하될 수 있다는 경고를 하고 있다. 예를 들면 잠정적 테러리스트로 무슬림에만 집중하는 것은 다른 테러리스트를 간과하게 만든다는 것이다. 즉 다른 폭력 집단(신나치주의, 환경테러리스트, 극우테러리스트 등)에 무관심하게 만들 수도 있다.(*The New Religious Intolerance*, 42쪽)

여기서 말하는 '다른 더 심각한 위험'이란 종교적 불관용의 배후에 숨어 있으면서 공포를 만들어 내는 또 다른 편견들(biases)을 말한다. 발견술을 통해 그녀가 찾아낸 공포에 숨겨진 편견을 그녀는 소위 '작

은 폭포'를 의미하는 '캐스케이드(cascade)'라 불렀는데, 사전적 의미
만으로는 그 뜻이 잘 전달되지 않는다. 따라서 캐스케이드란 "사람들
이 마치 떼로 몰려 달려감으로써 다른 사람의 행위에 반응하는 것을 말
한다."(위의 책, 35쪽)는 그녀의 부연 설명을 참고할 때 한자어 부화뇌
동(附和雷同)으로 번역하는 것이 적절하다고 판단된다.

   부화뇌동은 편견을 가지고 맹목적으로 추종하는 일이며, 그 편견 안
에는 공포의 감정을 부추기는 기제가 숨어 있다는 것이 누스바움의 설
명이다. 그녀는 이런 편견의 두 진원지로 '명성의 부화뇌동(reputa-
tional cascade)'과 '정보의 부화뇌동(informational cascade)' 두 가지
를 지적하고 있다. '명성의 부화뇌동'은 어떤 영향력이 있는 사람의 명
성에 근거해서 그의 말과 행동에 부화뇌동하여 동참하는 것을 의미한
다. 선동가(orator)나 대중적 인기가 높은 정치인들의 주장에 대해 맹
목적으로 추종하거나 열정적 지지를 보내는 행위는 합리적이고 비판적
관점에서 사태나 문제를 바라보는 일을 어렵게 만들고 조작된 편견에
사로잡히기 쉽다. '권위에 의한 논증(Argumentum ad Verecundiam)'
이 잘못되거나 무관한 권위에 근거해서 주장을 하는 것으로 오류이듯
명성의 부화뇌동 역시 이름값이나 인지도에 근거해서 다른 사람의 말
에 신뢰를 보내는 것은 잘못될 위험이 매우 높다. 논증의 실패에 그치
는 것이 아니라 듣는 청중에게 왜곡된 편견을 낳게 만들고 그 편견을
토대로 미워하는 상대방을 혐오와 공포의 대상으로 인식하도록 유도한
다는 데 더 큰 위험이 있다.

   '정보의 부화뇌동'은 다른 사람이 제공하는 새로운 정보에 맹목적으
로 동의하고 추종하는 행위를 말한다. 문제는 이 새로운 정보가 거짓
(fake)이거나 사실 왜곡(distorted)이거나 편견(biased)을 조장하는 것
이라면 그런 정보들에 쉽게 노출되고 믿어 버리고 동의하는 대중들은

조작되기 쉽다. 대중들의 편견은 이렇게 만들어지고 이런 편견들이 싫어하고 미워하는 대상들에 대해 공포감을 증폭시키는 촉매제 역할을 한다. 자기만 아는 정보를 가지고 위기가 임박했다는 판단을 하고(사실은 위기가 아닌 경우가 대부분이다) 그런 상황 설정을 통해 공포감을 조장함으로써 정치적 반대자들이나 국민들의 저항을 피하려는 정략적 행위를 '자기 충족적 예견(self sufficient prophesy)'이라 하는데 이것 역시 정보의 부화뇌동의 일종이라 할 수 있다.

불관용적 행위의 배후에 놓여 있는 공포의 감정을 극복하는 일은 매우 중요하다. 그리고 이 공포의 감정을 부추기는 편견들의 두 진원지인 부화뇌동을 피하는 길 역시 불관용과 관련해서 중요하다. 누스바움은 뉴욕의 블룸버그 시장의 사례를 들어 공포의 발견술이 긍정적으로 작동한 경우를 소개하고 있지만 동시에 스위스에서 모스크 첨탑 건설에 반대하는 사람들이 최대한 활용하고 있는 공포의 감정 부추기기나 노르웨이에서 일어난 집단 학살 사건(브레이비크 사건)을 이슬람 테러와 동일하게 보게 만드는 언론의 여론 조작(정보의 부화뇌동)의 경우를 소개하고 있다.(*The New Religious Intolerance*, 40-45쪽) 초대형 허리케인 아이린이 뉴욕으로 접근할 때 블룸버그 시장은 공포감을 지속적으로 부추김으로써 재난을 피하도록 하는 효과를 낳았다. 허리케인 공포는 임박한 위험에 경각심을 불러일으키고 피해를 최소화하는 긍정적 기능으로 작동하였다. 그러나 스위스에서 모스크 첨탑 건설을 둘러싼 국민투표 과정에서 반대 진영에 있던 사람들이 'Minaret Attack(첨탑 공격)'이라는 온라인 게임을 통해 공포감을 증폭시킨 것은 반 이슬람 정서를 부추겨 반대표를 던지도록 했다. 모스크의 첨탑 건설이 스위스의 가치와 전통을 파괴할지도 모른다는 공포를 심어 주었고, 스위스 국민의 안전에 위협적이라는 주장을 했다. 또 첨탑의 모양이 남성의 성기

를 상징하기 때문에 이는 여성주의에 대한 도전이자 남성 지배 문화의
확산을 초래할 것이라는 왜곡과 편견도 만들어 냈다. 이런 변장된 정보
의 부화뇌동은 이슬람문화와 무슬림에 대한 불관용적 태도를 강화하도
록 만들었다.


## 3. 세 가지 원리

정치인들은 종종 당파적 전략 차원에서 적을 설정하고 위협 대상을 지
목함으로써 공포감을 조장한다. 주적(主敵)논란이나, 종북, 좌빨 세력
같은 정치적 상징주의(political symbolism)의 활용은 정치적 선전에서
감정을 부추기기에 가장 효과적인 방법 중의 하나이다. 어느 나라, 어
느 사회를 막론하고 '우리' 그룹을 만들어 내고 '우리가 남이가'로 그
외연을 확장하고 그 울타리 밖에 있는 소수자나 예외자를 배제하는 정
치 공학은 발견되고 있다. 편견을 만들어 내고 공포감을 부추기고 불관
용을 정당화하려는 시도들은 어디에서나 발견되고 있다.

　누스바움은 현대사회의 이런 '공포의 정치학'적 환경을 어떻게 최선
의 상태로 바꿀 수 있을 것인가에 대해 자문하고 있다. 오늘 날 종교적
차이와 그 차이가 만들어 내는 불안 등에 대해 현대 정치철학은 무엇을
말해야만 하는가? 라는 질문을 던지고 있다. 그리고 이 질문에 대해 그
녀는『새로운 종교적 불관용』에서 세 가지 원리를 제안하는 것으로 대
답을 하고 있다. 이 원리들이야말로 자기애적 성향의 공포를 수정하고
공포가 만들어 내는 편파성을 교정하는 일에 기여할 것이라 확신하고
있다. 그녀가 제안하고 있는 세 가지 원리란 '양심에 대한 평등한 존중
(equal respect for conscience)', '불편부당함과 반성적 삶(impartiality

and the examined life)' 그리고 '내면의 눈 계발(cultivation of the in-
ner eyes)' 이다. 이 세 가지 원리들을 보면 누스바움이 관용주의자라는
사실을 더욱 분명하게 알 수 있다. 그녀가 불관용의 공포를 극복하기
위해 제안하는 이 원리들은 사실상 관용의 정당화 과정에서 주장되어
온 원리들과 다를 바가 없기 때문이다. 『관용과 열린사회』 7장은 관용
교육의 전략적 가치 세 가지를 제안하고 있는데, 그것은 '타자 존중의
가치', '충서의 가치' 그리고 '도덕적 공감' 이다. 누스바움이 말하는 '양
심에 대한 평등한 존중' 은 타자 존중의 원리와, '불편부당함과 반성적
삶' 은 역지사지(易地思之)를 말하고 있는 충서(忠恕)의 가치와 그리고
'내면의 눈 계발' 은 도덕적 공감력 계발과 그대로 일치하고 있다. 누스
바움은 공포의 발견술을 통해 불관용의 위험성을 폭로하는 전략을 사
용하고 있지만 그 추구하는 목표는 불관용 사회의 경고를 넘어 관용의
사회를 지향하고 있음은 명백하다.

### 1) 양심에 대한 평등한 존중

서구 및 미국 사회에서 이슬람 문화에 대한 편견과 차별은 여전히 심
각하고 명백한 위기 상황 수준이다. 그녀는 불관용을 극복할 수 있는
제일원리로 인종과 종교를 넘어 모든 사람이 평등하다는 원리를 제안
하고 있다. 이 평등성의 구체적 내용은 종교적 자유의 평등, 양심의 평
등한 소유, 그리고 존중받을 수 있는 권리의 평등을 의미한다. 그녀는
'종교에 관한 한 평등한 자유를 우리는 소유하고 있는가? 국가는 종교
적 다원주의를 지지하기 위해 노력하고 있는가? 종교적 활동에 제한을
둔다면 그 한계는 어디까지인가?' 등의 질문을 던지고 있다.

선언적인 의미에서 종교의 자유를 법률적으로 보장하는 일은 자유주
의 국가 법체계 안에서는 그리 어렵지 않다. 그러나 소수 종교를 믿을

수 있는 자유는 현실에서 많은 한계를 가지고 있다. 따라서 자유에 토대를 두고 종교적 관용을 정당화하는 일에도 한계가 있다는 것을 누스바움은 출발부터 인식하고 있다. 그녀가 자유주의 전통에서 벗어나 있다는 것도 사실 관용을 정당화하는 일보다는 불관용을 극복하는 일에 논의의 초점을 두고 있기 때문이기도 하다. 자유나 관용보다는 더 큰 원리 위에 불관용 극복의 당위성을 마련하고자 했다. 원리가 원리로서 제대로 작동하기 위해서는 개별성과 특수성을 가능한 한 벗어나야 하는 것은 당연하다.

누스바움은 자유보다는 평등에 더 무게 중심을 두고 있다는 점에서 평등주의자라 부르는 것이 더 정확하다 할 수 있다. 모든 사람이 평등하게 존중 받아야 하는 마땅한 이유는 인간이 '보편적 자유'를 가지고 있다는 사실보다는 모든 사람이 '양심'을 가지고 있다는 사실에 있다. 양심에 대한 해석에서도 누스바움은 전통적으로 스토아주의나 기독교 윤리학에서 이해하고 있는 것처럼 도덕적 행위의 기준으로만 보는 것을 넘어서고 있다. 그녀는 추리력이나 판단력이 없는 백치, 어린아이, 지적, 신체적 장애인, 의식이 없는 식물인간을 포함해서 어떤 조건에 놓여 있는 인간이라도 존중받을 수 있는 양심의 존엄성을 동일하게 가지고 있다는 데까지 확장하고 있다.

자유는 강자와 다수가 소유하기는 쉬워도 약자와 소수자는 그 만큼 향유하는 데 한계가 있다. 또 자유를 보장하는 법률도 대부분 강자와 다수자의 이익을 대변하는 것이라는 사실도 현실에서 쉽게 확인될 수 있다. 여기서 누스바움은 흥미롭게도 존 로크(John Locke: 1632-1704)와 로저 윌리암스(Roger Williams: 1603-1683)를 비교하면서 종교적 자유에 관한 자신의 입장을 밝히고 있다. 잘 알려진 바대로 로크는 자유주의자이고 관용주의자이다. 그러나 동시대인인 로저 윌리암스는 자

유주의자라기보다는 확장된 타협주의자(accommodationist, 수용주의
자라고도 번역할 수 있다)의 입장을 보여 주고 있다. 로저 윌리암스는
'아메리카 인디언들이 기독교의 근본 원리를 공유하지는 못하더라도
그들의 도덕의식은 유럽인들 못지않거나 더 신뢰할 수 있다'(*The New
Religious Intolerance*, 75쪽)고 주장하고 있다. 이는 유럽 중심적 사고
를 비판하며, 유럽식의 자유보다 '양심'의 보편성을 강조하는 것이라
할 수 있다. 로크와 윌리암스의 입장 차이를 잘 드러내는 사례를 하나
들어보자. 종교적 자유를 옹호한다는 점에서 두 사람은 동일하다. 그러
나 여호와의 증인이나 일부 퀘이커교도들처럼 자신들의 종교적 신념에
근거해서 병역을 거부한다고 할 때 로크는 아무리 종교적 자유가 존중
되어야 한다 하더라도 국가의 안전과 공공의 이익을 위해서 그런 종교
적 자유는 제한될 수 있다고 주장한다. 법이 다수의 이익을 대변하기
때문에 사실 다수는 자신들에게 허용되는 자유보다 더 많은 자유를 원
할 수 있고, 또 법을 통해 소수자의 자유를 제한할 수 있는 자유까지도
획득 가능하다고 믿기 때문이다.

한편 윌리암스의 타협주의는 소수자의 자유가 직면하는 이런 한계를
보면서 자유 이상의 원리가 필요하다는 점을 강조한다. 양심에 대한 평
등한 존중이 그것이다. 양심은 강자나 다수자의 이익을 대변하는 것이
아니기 때문에 강자와 약자 사이에 법률적 이해 충돌이 생겼을 때 양심
에 따른 호소와 존중이 더 우선해야 공정할 수 있다는 것이다. 양심적
병역 거부자의 사례를 보면서 윌리암스는 일단 양심에 따른 병역의무
거부를 존중해야 한다고 옹호한다. 누스바움은 윌리암스의 견해에 동
의하며, 이런 "타협주의 원리가 로크의 자유주의 원리보다 더 우월하
다고 믿고 있다. 그 이유는 이런 타협주의가 다수 지배의 민주주의 사
회에 만연되어 있는 미묘한 형태의 차별 문제까지 다루기에 용이하기

때문이다."(*The New Religious Intolerance*, 87쪽)

　물론 누스바움은 이런 타협주의가 몇 가지 실질적인 문제에 직면할 수 있다는 점을 잊지 않고 있다. 타협주의는 개별화된 예외적인 사례를 적극적으로 존중할 것을 요구하는 원리인데 이 원리와 법률적 원칙 사이에서 절충할 때의 어려움이 충분히 예상된다는 점이다. 재판관들은 예외와 원칙 사이에서 혼란을 겪게 될 것이다. 다른 하나는 이 타협주의가 종교적인 문제에 대해서는 우호적이지만 다른 문제 영역에서는 수용되기 어렵다는 문제점이다. 현재 미국의 경우 로크의 입장과 윌리암스의 입장 사이에는 여전히 강한 논쟁들이 존재하며, 어느 한쪽이 완전 승리했다고 할 수는 없다. 누스바움의 결론은 다음과 같이 잠정적으로 내릴 수 있을 것으로 보인다. '모든 사람을 위한 평등한 자유와 존엄성에 대한 평등한 존중을 말하는 로저 윌리암스의 주장과 평화와 안전을 확보하기 위해 자유를 제한해야 한다는 로크식의 주장 사이에는 타협의 여지가 존재하며, 이 두 주장 사이에 양립이 가능하다는 신념이 필요하다.' (같은 책, 90쪽)

## 2) 불편부당함과 반성적 사고; 내 형제의 눈 안에 있는 티

　불관용의 공포를 극복할 수 있는 두 번째 원리를 제안하면서 누스바움은 플라톤의 대화편 『에우튀프론』(Euthyphro)을 소개하고 있다. 소크라테스와 에우튀프론의 대화를 통해 다루고 있는 주제는 '경건'에 관한 것이었지만 누스바움이 보여 주고자 했던 것은 에우튀프론이 경건에 대해 성급하게 내리고 있는 정의가 잘못되고 일관성이 없다는 사실을 지적하는 것이었다. 적어도 에우튀프론은 경건에 대해 세 번의 각기 다른 정의(『에우튀프론』 5e, 6d, 9e)를 내리고 있다. 소크라테스는 그 특유의 대화법으로 각각의 정의에 대해 문제점을 드러내고 에우튀

프론이 자신의 무지를 자각하여 반성하게 만든다. 누스바움이 에우튀
프론의 이야기를 소개하는 목적은 경건을 정의하는 데 있어서 일관성
의 결여는 반성적 사고의 결핍에서 비롯되었고 이런 결핍이 타자에 대
해 불관용을 낳는다는 사실을 강조하는 데 있다.

　우리말에 '귀에 걸면 귀걸이, 코에 걸면 코걸이(耳縣鈴, 鼻懸鈴)'라
는 말이 있다. 일관된 원칙이 없이 이렇게도 저렇게도 해석될 수 있는
상황을 비유적으로 말할 때 사용되는 말이다. 특히 법이나 규칙을 적용
할 때 자신에게 유리한 쪽으로 해석하면서, 자기만을 예외로 인정할 것
으로 요구하는 경우가 그러하다. 이럴 경우도 다른 사람에게는 엄격하
게 법과 규칙을 적용해야 한다고 말하기 쉽다. 사람들은 자기 이익과
자기 보존에 유리한 쪽으로 사태를 파악하려는 성향을 가지고 있다. 이
런 성향은 사태의 본질을 왜곡하고 편견을 갖게 만들기 쉽다. 마치 에
우튀프론이 경건에 대해 심사숙고하거나 엄밀한 반성적 검토를 거치지
않고 성급하게 정의를 내리는 것과 마찬가지이다.

　이런 비일관성은 "비판과 다른 사람의 공정한 요구를 회피하고 자신
을 방어하기 위해 오만이나 자기애적 욕망과 쉽게 결탁한다."고 누스
바움은 말하고 있다.(같은 책, 100쪽) 그래서 그녀는 이것을 '이기적인
비일관성'이라고도 이름 붙였다. 요즘 흔히들 하는 말로 '내로남불(내
가 하면 로맨스이나 남이 하면 불륜)'도 같은 심리라 할 수 있다. 그렇
다면 이런 비일관성의 위험(자기애적 공포, 반성적 삶의 결핍, 편견과
왜곡에 뿌리를 둔 타자에 대한 불관용 등)을 피할 수 있는 방법은 무엇
일까? 누스바움이 강조하고 있는 것은 두 가지가 있는데 하나는 성서
에서 말하는 황금률을 실천하는 것이고, 다른 하나는 소크라테스적인
반성적 삶을 실천하는 일이다.

　모두 아는 바와 같이 복음의 황금률이란 다음과 같다: "남이 너에게

해 주기를 바라는 그대로 너희도 남에게 해 주어라."(마태복음, 7:12) 이 말을 달리 표현하면 "자기가 하기 싫은 일은 남에게도 시키지 마라.(己所不欲, 勿施於人)"라는 공자가 강조한 실천 덕목과도 같다. 내가 하기 싫은 일은 다른 사람도 싫어할 것이 분명하니 나만을 예외로 대접받고자 하는 것은 일관성을 잃는 행위와 다름없다. 종교적 불관용과 관련해서 이 황금률을 적용해 보자. 이슬람이나 유대교에 대해 서구의 기독교가 보여 왔던 일반적인 태도를 반성해 보자. 다수 종교인 가톨릭으로부터 종교적 자유를 얻기 위해 투쟁해 왔던 개신교 역사를 기억한다면, 이제 개신교를 포함해서 기독교 전체가 이슬람이나 유대교 등 타종교에 대해 얼마만큼의 종교적 자유를 허용하고 있는가? 자신에게는 관대하고 타자에 대해서는 엄격한 비일관성의 태도를 보여 오지는 않았는지 반성해 보자는 것이 누스바움의 논지이다. 소수 종교에 대해 관용적 태도를 가져야 한다는 요구가 아니라, (내가 속한) 다수자가 향유하는 만큼의 자유를 그들도 가질 권리가 있기 때문에 그들의 종교를 불관용할 근거가 없다는 주장이다. 평등한 존중이라는 첫 번째 원리와 만나는 지점도 여기이다.

둘째, 소크라테스적인 반성적 삶을 실천한다는 것은 무엇을 의미하는가? 유럽과 미국 내에서 그리고 예외 없이 우리나라에서도 이슬람을 포함한 다양한 소수 종교에 대한 편견과 왜곡된 정보 등은 타자에 대한 반성적 검토의 과정이 없이 속단하는 '정보의 부화뇌동' 때문에 생산되는 경우가 많다. 여기서 말하는 반성적 검토의 주체는 다수에 속한 사람만은 아니다. 물론 불관용의 대상(소수 종교)보다는 불관용의 주체인 다수에게 더 강하게 요구되는 일이지만 사실은 인간이라면 누구나가 자기 점검, 자기반성의 의무를 다하도록 요구된다. 그것이 바람직한 삶의 조건이기 때문이다. "검토(반성)되지 않은 삶은 살 만한 가치가 없다.(The unexamined life is not worth living.)"(『변명』 38a5-6)
는 소크라테스의 진술도 게으른 아테네 청년들만 들으라 하는 말이 아
니다. 소크라테스 자신의 행위에 대해 불관용하고 추방령을 제안하는
공정함과 일관성을 잃은 재판관들에게도 던지는 충고였다.

부화뇌동은 반성적 삶과 실천을 방해하는 가장 큰 장애물이다. 성서
에 나오는 '간음하다 잡힌 여자'의 이야기는 부화뇌동과 반성적 삶의
관계를 잘 보여 주는 일화이다. 간음하다 잡힌 여자를 끌고 온 사람들
은 당시 명성이 높았고 최고의 지식인 계급이었던 율법학자들과 바리
사이들이었다. 이들의 명성과 정보의 부화뇌동에 휩쓸린 군중들은 간
음한 여자를 율법에 따라 돌로 쳐 죽여야 한다는 요구를 한다. 그렇지
만 "너희 가운데 죄 없는 자가 먼저 저 여자에게 돌을 던져라."라는 예
수의 이 한마디에 "나이 많은 자들부터 시작하여 하나씩 하나씩 떠나
갔다."(요한복음 8:1-11) 이 순간이 바로 부화뇌동에서 반성적 삶으로
전환되는 시점이다. 흥미롭게도 나이 많은 자들부터 먼저 자기반성의
회복이 이루어지고 있다.

그렇다면 검토와 반성의 대상은 무엇인가? 누스바움은 '비일관성,
무반성적 성향 같은 인간의 내면 가장 깊은 곳에 자리 잡고 있는 윤리
적 결함과 이로 인해 생기는 자기애적 욕망'이 그 대상이라 지적하고
있다.(The New Religious Intolerance, 102쪽) 자기애적 욕망이란 나와
타자가 평등한 존재라는 사실을 인정하지 않고 '나 또는 우리' 우선주
의에 서서 사실의 세계를 왜곡, 변장, 은폐시키려는 충동을 의미한다.
예를 들면 부르카나 니캅 등 무슬림 여성들이 얼굴을 가리는 행위에 대
해 금지해야 한다고 주장하는 사람들이 내 세우는 판단의 근거가 취약
하다는 사실을 보면 알 수 있다. 누스바움은 다섯 가지 잘못된 근거가
편견과 오해를 불러일으키고 그것이 결국 자기애적 공포의 감정을 부

추긴다는 사실을 지적하고 있다. 얼굴과 온 몸을 가린 모습이 피상적으로 혐오감 또는 공포감을 준다는 느낌도 학습된 것일 수 있다. 사회적 안전과 투명성을 위해 금지해야 한다는 논리부터 건강이나 위생적 관점에서도 금지해야 한다는 논리까지 반이슬람 정서를 부추기는 논리들은 모두 반성과 자기비판의 대상들이다. 그녀는 부르카 착용 반대론자들의 논리적 문제점을 '자기애적 비일관성(inconsistency of narcissism)'이라 불렀고, 이는 타자에 대해서는 엄격하면서도 자기 자신에 대해서는 예외로 취급받으려는 경향이라고 지적하고 있다.

이런 내면의 성향을 치유, 극복하기 위해서는 어떻게 할 것인가? 자기애적 비일관성이 문제라면 '비자기애적 일관성(non-narcissistic consistency)'을 유지하도록 노력하는 수밖에 없을 것이다. 불교 선종에서 제안하는 회광반조(廻光反照)의 정신, 아담 스미스가 『도덕감정론』에서 제안하는 '상상에 의한 입장의 전환(imaginary change of situation)', 흄 철학의 핵심 키워드인 '공감(sympathy)의 윤리학'(『관용과 다문화사회의 교육』, 7장 참고) 그리고 롤즈가 말하는 '무지의 베일 안에서 원초적 입장에 서기' 등의 회복이야말로 자기애적 비일관성이 초래하는 편견과 왜곡, 불평등과 불공정의 오류를 범하지 않을 수 있는 실질적인 치유의 방법이 될 것이다.

"너는 어찌하여 형제의 눈 속에 있는 티(mote)는 보면서 네 눈 속에 있는 들보(plank)는 깨닫지 못하느냐? 네 눈 속에 들보가 있는데 어떻게 형제에게 '가만 네 눈 속에 있는 티를 빼내주겠다'고 말할 수 있느냐?"(마태복음, 7:3-4)

### 3) 내면의 눈: 존경과 공감적 상상력 계발

종교적 불관용을 극복하고 자기애적 공포의 감정을 치유하기 위한 세 번째 원리는 '내면의 눈'을 계발하는 일이다. 누스바움은 『새로운 종교적 불관용』의 5장에서 이 원리를 설명하며 랄프 엘리슨의 소설 『투명인간』을 인용하고 있다. "내가 보이지 않는 것은 내 피부에 생긴 생화학적 사고 때문이 아니다. 내가 투명인간인 것은 내가 접촉하는 사람들이 가지고 있는 눈(시각)의 독특한 성향 때문에 생기는 것이다."(*The New Religious Intolerance*, 139쪽) 여기서 말하는 투명인간은 유령 같은 존재를 말하는 것이 아니라 현대사회에서 아무도 돌아보지 않고 관심도 기울이지 않는 그래서 존재 자체가 인식되지 못하는 사람들을 의미한다. 현대 대중사회에서 고독한 군중의 특징을 말할 때 사용하는 존재의 익명성이 '자발적인 잊혀짐'이라면 존재의 투명성은 '비자발적인 잊혀짐'이라 할 수 있다. 존재의 실재성을 부정당하는 소수자를 누스바움은 투명인간이라 불렀다. 이들은 특별한 사람들이 아니다. 옆집에 누가 사는지 전혀 모르거나 관심을 보이지 않을 때 그 사람은 이미 나에게 투명인간이다. 아버지와 자녀들 사이에 소통이 단절된 가족의 경우 아버지는 자녀들에 의해 투명인간 취급받는다. 우리 사회 내에 분명 존재하고 있는데도 마치 없는 존재처럼 여겨지는 모든 종류의 소수자들은 다수의 눈에 의해 투명인간으로 취급되는 존재들이다. 우리 주위에는 동성애자들, 미혼모, 탈북 주민들, 이주결혼 가족, 양심적인 병역거부자, 에이즈 환자, 성범죄 경력으로 전자발찌를 달고 있는 사람, 소수 종파의 종교인 등 수없이 많은 소수자들이 숨죽이며 마치 존재하지 않는 것처럼 살고 있다. 그리고 우리는 애써 이들이 우리 곁에 같이 살고 있다는 사실조차 인정하고 싶어 하지 않는다.

　모든 사람은 감각기관으로서 신체적인 눈과 심리적인 내면의 눈을 가지고 세상을 바라본다. 내면의 눈이란 흔히 말하는 심안(心眼)이라 할 수 있으며, 이 심안은 수양과 계발을 통해 깊어질 수 있다. 예루살렘에서 예리코로 가는 길에 강도를 만나 초주검이 되었을 때 그 광경을 눈으로 본 사제나 레위 사람과 사마리아 사람은 동일한 장면을 목격했다. 그러나 이 세 사람이 갖고 있는 내면의 눈은 각기 달랐다. 앞의 두 사람은 그냥 지나쳤지만 당시에 이방인이라고 무시당하던 사마리아 사람은 가엾은 마음이 들어 그를 도와주었다. 이처럼 내면의 눈의 계발 수준에 따라 사람들은 다른 행위를 한다. 누스바움처럼 랄프 엘리슨의 『투명인간』을 자신의 책 『혐오사회』에서 인용하고 있는 카롤린 엠케는 타자를 "지우고 없는 존재로 만드는 것은 바라보는 이들의 시력이나 생리적인 문제가 아니라 그들의 마음가짐"이라고 지적하고 있다.(『혐오사회』, 31-32쪽) 여기서 엠케가 말하는 '마음 가짐'이란 누스바움이 말하는 '내면의 눈'을 가지는 일과 다를 바 없다.

누스바움은 이 내면의 눈을 '참여적 상상력(participatory imagination)' '공감적 상상력(sympathetic imagination)' 또는 '감정이입(empathy)'이라고도 불렀다. 이 참여적, 또는 공감적 상상력은 타자를 바라보는 태도의 변화를 불러일으킨다. 마치 연극배우가 연기를 할 때 대본의 주인공에 감정이입이 되어야 감정 선이 살아나고 그래야 자신이 그 극의 주인공이 된 것처럼 연기를 가장 잘할 수 있는 것과 유사하다. 감정이입이나 공감은 상상력이라는 내면의 눈이 없이는 잘 이루어지지 않는다. 누스바움이 흄을 전혀 언급하고 있지 않지만 공감적 상상력을 설명하는 용어는 그대로 『인성론』에서 흄이 하는 것과 거의 동일하다.

공감적 상상력으로 계발된 내면의 눈은 행동에 어떤 변화를 가져오는가? 투명인간처럼 보이지 않던 타자가 그 실재의 모습을 드러내도록 만드는 것은 그 타자 자신이 아니라 내면의 눈을 소유한 사람이다. 자기애적 관점에서만 바라보던 타자를 타자의 관점에서 바라보고 이해할 때 타자가 제대로 보인다. 계발된 내면의 눈은 입장 바꿔 생각해 보는

역지사지(易地思之)의 태도를 갖게 만든다. 누스바움은 이렇게 말 한
다: "공감적 상상력은 공포감이 주는 상상과는 반대 방향으로 움직이
게 만든다. 공포감 때문에 사람들의 관심은 축소되고 자신의 안전에만
집중하게 만든다. 그러나 감정이입은 자기를 벗어나 타자의 다른 입장
으로 마음을 움직이게 하고 이런 방향 전환이야말로 공포의 자기도취
에서 깨어나게 하는 해독제처럼 가치 있는 일이다."(*The New Religious
Intolerance*, 146쪽)

다양한 집단들이 공존해야 하는 한 사회 내에서 모두가 동일성과 동
질성을 요구받는 것은 폭력에 가깝고 실제로도 불가능하다. 이런 사실
이 보일 때 이미 그의 내면의 눈은 계발된 것으로 보인다. 또 반대로 유
대인들이 선택한 분리주의(separatism)와 비동화(non-assimilation)정
책은 유럽에서 오랜 동안 유대인들을 향한 차별과 반유대주의를 낳았
다. 그렇다면 각종 소수자들을 바라볼 때 어떤 내면의 눈으로 보아야
할 것인가? 누스바움은 G. E. 레싱(Lessing)의 희곡 『현자 나탄』(*Na-
than the Wise*)에서 유대인 상인 나탄의 눈으로 볼 것을 모델로 추천하
고 있다. "그리스도교, 이슬람 그리고 유대교 중 어느 종교가 진실한
가?"라는 술탄의 물음을 받고 '반지의 비유'로 대답하는 나탄은 이미
깊은 내면의 눈을 소유한 사람이었다. 세 개의 반지(그 중 하나는 원본
이고 다른 두 개는 모조품이지만 이들 사이에 진위를 가릴 수는 없을
만큼 정교하게 복제되었다)를 각각 물려받은 아들 셋은 유대교, 기독
교 그리고 이슬람으로 상징된다. 이들은 상호 존중하며 서로 진품 반지
의 소유자가 되기 위해 선의의 경쟁을 한다는 교훈이 이 희곡의 메시지
이다.

레싱의 희곡 『현자 나탄』을 소개하면서 누스바움이 말하고자 하는
바는 타종교에 대한 불관용적 태도가 잘못되었다는 점을 드러내는 일

이었다. 왜냐하면 불관용의 판단 근거가 자기애적 감정, 공포, 편견 등을 토대로 이루어진 것이기 때문이다. 따라서 비록 누스바움이 관용의 정당화나 필요성을 적극적으로 강조하지는 않았지만 불관용을 극복하는 일이 곧 관용을 실천하는 것보다 더 우선하며, 관용의 한계를 넘어서는 일과 같다는 점은 분명하다. (김용환)

: 참고문헌

**머리말**

간바라 하지메, 『노 헤이트 스피치』, 홍상현 옮김, 나름북스, 2016.

김용환, 『관용과 다문화사회의 교육』, 철학과 현실사, 2016.

유네스코한국위원회, 『관용: 평화의 시작-평화, 인권, 민주주의의 교육을 위한 교수-학습 지침서』, 1995.

카롤린 엠케, 『혐오사회』, 정지민 옮김, 나남, 2008.


**1장**

간바라 하지메, 『노 헤이트 스피치』, 홍상현 옮김, 나름북스, 2016.

강준만, 『증오 상업주의』, 인물과 사상사, 2013.

누스바움 M., 『혐오에서 인류애로』, 강동혁 옮김, 뿌리와 이파리, 2016.

데카르트, 『정념론』, 김선영 옮김, 문예출판사, 2013.

모로오카 야스코, 『증오하는 입: 혐오주의란 무엇인가』, 조승미, 이혜진 옮김, 오월의 봄, 2015.

오찬호, 『우리는 차별에 찬성합니다』, 개마고원, 2015.

윤종빈, 조진만, 가상준, 유성진, "한국사회의 관용 수준과 혐오집단", 세계지역연
　　구논총 29집 3호, 2011.

장 라플랑쉬외, 『정신분석사전』, 임진수 옮김, 열린책들, 2006.

홍성수 외, 『혐오 표현 실태조사 및 규제방안 연구』, 국가인권위원, 2016.

Artistotle, *The Art of Rhetoric* (『수사학』), The Loeb Classical Library, XXII,
　　Harvard Univ. Press, 1975.

Hobbes T., *Leviathan*(『리바이어던』), ed. C.B. Macpherson), Penguin Books,
　　1985.

Hume D., *A Treatise of Human Nature* (『인성론』, 2권 『정념에 관하여』, 이준호
　　옮김, 서광사, 1996.)

Spinoza B., *Ethics*(『에티카』), tr., Andrew Boyle, Heron Books, 1970.

## 2장

간바라 하지메, 『노 헤이트 스피치』, 홍상현 옮김, 나름북스, 2016.

강준만, 『증오 상업주의』, 인물과 사상사, 2013.

김종철, 「민주공화국과 정당해산제도-통합진보당 해산심판청구를 소재로」, 『공법
　　학연구』 15(1), 2014, 35-66쪽.

박가분, 『혐오의 미러링』, 바다출판사, 2016.

박상훈, 『만들어진 현실-한국의 지역주의 무엇이 문제이고, 무엇이 문제가 아닌
　　가』, 후마니타스, 2009.

서병훈, 『포퓰리즘: 현대 민주주의의 위기와 선택』, 책세상, 2011.

스피노자, 『에티카』, 강영계 옮김, 서광사, 1990.

윤광일, 「지역주의와 제18대 대선」, 『분쟁해결연구』 11(1), 2013, 99-131쪽.

임지봉, 「헌법재판소의 통합진보당 해산결정에 대한 분석과 평가」, 『법학논총』
　　2015, 33, 369-387쪽.

정준표, 「대통령 선거를 통해 본 지역주의의 시작과 그 변화 양상」, 『한국정치연구』 24(2), 2015, 83-119쪽.

존 주디스, 『포퓰리즘의 세계화』, 오공훈 옮김, 메디치미디어, 2017.

주디스 버틀러, 『혐오발언』, 유민석 옮김, 알렙, 2016.

최영진, 「한국 지역주의와 민주주의의 위기: 대표성, 통치능력, 안정성을 중심으로」, 『국가전략』 2002, 8(2), 5-28쪽.

최장집, 「이데올로기로서의 지역감정」, 『한국민주주의의 조건과 전망』, 나남출판, 1998, 387-409쪽.

_____, 「한국의 헌법재판소와 민주주의- 헌재의 정당해산 결정에 대한 하나의 비판」, 2015. http://openlectures.naver.com/contents?contentsId=79421&rid=253

폴 로버츠, 『근시사회』, 김선영 옮김, 민음사, 2016.

한상희, 「통합진보당 해산 결정, 이래서 문제다」, 『시민과 세계』 26, 2015, 74-83쪽.

홍성수, 『말이 칼이 될 때』, 어크로스, 2018.

홍성수 외, 『혐오 표현 실태조사 및 규제방안 연구』, 국가인권위원회, 2016.

## 3장

권희경, 「2017년 학교폭력 실태조사 주요 결과」, 한국교육개발원, 『교육정책포럼』 239호, 2017.

길현주, 「중고등학생의 관용성 분석과 관용 교육 개선에 관한 연구」, 『시민교육연구』 제39권, 2호, 2007, 23-61쪽.

나장함, 「다문화주의 패러다임에 대한 종합분석:패러다임과 Banks 접근법과의 관계성을 중심으로」, 『아시아교육연구』 11(3), 2010, 21-41쪽.

박명호, 오완근, 이영섭, 한상범, 「지표를 활용한 한국의 경제사회발전 연구:

OECD 회원국과의 비교분석」, 『경제학 연구』 제61집 제4호, 2014, 5-35쪽.

양모듬, 「다문화 가정 자녀 37%가 왕따… "엄마, 학교엔 제발 오지마"」, 『조선일
　　보』, 2012. 1. 10.

이상진, 「관용 교육의 도덕 교육적 의의」, 『윤리철학교육』 13집, 2010, 41-63쪽.

이찬욱, 강진구, 노자은, 『한국사회와 다문화』, 경진출판, 2014.

장진혜, 「다문화 교육의 실상과 미래」, 『혐오를 넘어 관용으로, 우리 시대의 과제』,
　　한국연구재단지원, 공동연구팀 콜로키움 (2017년 8월 26일) 자료집, 2017,
　　35-59쪽.

킴리카, 윌, 『현대 정치철학의 이해』, 장동진 외 번역, 동명사, 2008.

황규정, 「"살인도 좋은 경험^^"이라던 학폭 가해자 재조사 촉구하는 청와대 청원
　　글 나왔다」, 『인사이트』, 2017. 9. 15.

Fraser, Nancy, "Recognition without ethics?", in *The culture of toleration in
　　diverse societies. Reasonable tolerance*, ed. by Catroina McKinnon,
　　Dario Castiglione, Manchester and New York: Manchester University
　　Press, 2013, p. 86-108.

Vogt, W., *Tolerance and Education*, London: SAGE Publications, 1997.

## 4장

김일우, 남은주, "사랑하니 반대? '동성애 혐오' 신고 대구 모인 '레알 러브 버스'",
　　한겨레, (http://v.media.daum.net/v/20180624200617471, 2018. 06.)

노라 칼린, 콜린 윌슨, 『동성애 혐오의 원인과 해방의 전망』, 이승민, 이진화 옮김,
　　책갈피, 2016.

리사 두건, 『평등의 몰락』, 한우리 외 옮김, 현실문화, 2017.

바른성문화를위한국민연합 편집, 『동성애에 대한 불편한 진실』, 밝은생각, 2013.

애너매리 야고스, 『퀴어이론 입문』, 박이은실 옮김, 여이연, 2012.

음란방송 EBS 까칠남녀 중단하라-전학연, 동반연 국회 개입 요구, GMW연합 (http://blog.naver.com/PostView.nhn?blogId=dreamteller&logNo= 221185091173)

이나영, 백조연, 「〈성과학연구협회〉를 중심으로 본 '개신교' 동성애 '혐오담론'」, 부산대학교 여성연구소 편, 『여성학연구』 27권 1호, 2017, 67-108쪽.

장서연 외, 『성적지향, 성별정체성에 따른 차별실태조사』, 국가인권위원회, 2014.

한채윤, 『동성애와 동성애 혐오 사이에는 무엇이 있는가』, 서강대학교 생명문화연 구소 편, 『생명연구』 30집, 2013, 17-38쪽.

홍성수 외, 『혐오 표현 실태조사 및 규제방안 연구』, 국가인권위원회, 2016.

Galeotti, A. E., *Toleration as Recognition*, Cambridge Univ. Press, 2012.


## 5장

S. Rayan, 「문명의 전환과 종교의 새로운 비전」, 종교 간의 대화 30주년 기념대화 모임, 1995. 10. 18-20, 1-22쪽.

강원용, 「기독교와 타종교와의 대화 어디까지 진전되었나? - 한국의 상황」, 다원종 교사회에서의 기독교와 타종교와의 대화: 한국사회와 기독교의 입장에서, 1991. 5. 18, 1-4쪽.

길희성, 「예수, 보살, 자비의 하느님-불교적 관점에서 본 그리스도론」, 제22회 토 착화 연구 발표회·신관의 토착화 8, 1992. 10. 26, 62-111쪽.

김용환, 『관용과 열린사회』, 철학과 현실사, 1997.

김용환 외, 『관용주의자들』, 교우미디어, 2016.

김효성, 「종교의 오래된 새길-가톨릭 입장에서」, 2007. 10. 18, 1-3쪽.

보라도리 지오반나, 『테러시대의 철학』, 손철성 외 옮김, 문학과지성사, 2004.

볼테르, 『관용론』, 송기형, 임미경 옮김, 한길사, 2001.

성염 외, 『종교다원주의 시대의 기독교와 종교적 관용』, 민지사, 2001.

유네스코한국위원회, 「관용의 원칙에 관한 선언」, 1995.

이은선, 「유교와 기독교, 그 만남의 필요성과 의미에 대하여」, 『신학사상』 82집, 1993년 가을, 220-250쪽.

이정배, 「지구화시대에서의 종교 간 대화, 그 현실과 과제– 종교 간 대화 40년을 회고하며」, 대화아카데미와 종교 간 대화 40주년 오래된 새길을 찾아서, 2005. 10. 18-19, 1-12쪽. 최준식, 「한국에서 종교 간 대화를 한다는 것」, 대화문화아카데미 종교 간 대화 40주년 오래된 새길을 찾아서, 2005. 10. 18-19, 1-13쪽.

틱낫한, 「살아계신 부처님, 살아계신 그리스도」, 평화운동을 위한 종교 간 대화모임: 틱낫한 스님을 모시고, 1995. 4. 21, 1-4쪽.

한국종교인평화회의 20년사편찬위원회, 『한국종교인평화회의 20년사』(비매품), 2006. 10. 24, 1-325쪽.

Hume D., *The Natural History of Religion*, in *The Philosophical Works of D. Hume*, vol. IV, Scientia Verlag aalen, 1964.

Voltaire, *Philosophical Dictionary*, Penguin Books, 1972.

## 6장

길현주, '중·고등학생의 관용성 분석과 관용 교육 개선에 관한 연구', 시민교육연구 39권 2호, 2007.

김광기, 『이방인의 사회학』, 글항아리, 2014.

김남준, '다문화시대의 도덕원리 논쟁: 관용과 인정', 철학논총(새한철학회) 54집 제4권, 2008.

김용환, 「공감과 연민의 감정의 도덕적 함의」, 철학 제76집, 2003.

문태운, '통일 독일의 사회통합의 장애요인: 정치적 쟁점을 중심으로', 인문사회과학연구 40집, 2013.

보라도리 지오반나, 『테러시대의 철학』, 손철성외 옮김, 문학과 지성사, 2004.

월쩌 마이클, 『관용에 대하여』, 송재우 옮김, 미토, 1997.

유네스코 한국위원회, 『관용: 평화의 시작; 평화, 인권, 민주주의의 교육을 위한 교수/학습 지침서』, 1995.

통일부, 『통일백서』, 2017.

Sara Bullard, *Teaching Tolerance*, A Main Street Book, 1996.

Vogt, W. *Tolerance and Education*, London : SAGE Publications, 1997.


## 7장

임건태, 「니체의 몽테뉴 회의주의 수용과 변형」, 『니체연구』 27집, 2015, 167-203쪽.

황설중, 『인간의 삶에서 회의주의의 역할은 무엇인가?』, 『헤겔연구』 17, 2005, 229-57쪽.

Bayle, Pierre, *Historical and Critical Dictionary : Selections*, translated, with an introduction and notes, by Richard H. Popkin and with the assistance of Craig Brush. Indianapolis : Hackette Pub. Co. 1999.

_____, *Various Thoughts on the Occasion of a Comet*, translated with notes and an interpretive essay by Robert C. Bartlett. Albany : State University of New York Press. 2000.

_____, *A Philosophical Commentary on These Words of the Gospel, Luke 14. 23 : "Compel Them to Come In, That My House May Be Full"*, edited, with an introduction, by John Kilcullen and Chandran Kukathas. Indianapolis : Liberty Fund, 2005.

Creppell, I., "Montaigne: The Embodiment of Identity as Grounds for Toleration", in *Res Publica*, 7, 2001, pp. 247-271.

Foglia, Marc, "Michel de Montaigne", The Stanford Encyclopedia of Philosophy(Spring 2014 Edition), Edward N. Zalta (ed.), URL = ⟨http://plato.stanford.edu/archives/spr2014/entries/montaigne/⟩, 2014.

Hartle, Ann, "Montaigne and Skepticism", in: *The Cambridge Companion to Montaigne*, New York: Cambridge University Press, 2005.

Laursen, J. C., "Skepticism against Reason in Pierre Bayle's Theory of Toleration" in D. E. Machuca (ed.), *Pyrrhonism in Ancient, Modern, and Contemporary Philosophy*, Dortrecht: Springer, 2011.

Levine, A., "Skepticism, Self, and Toleration in Montaigne's Political Thought", in: *Early Modern Skepticism and the Origins of Toleration*, New York: Lexington Books, 1999, p. 51-75.

Montaigne, M., Essays, trans. by M. A. Screech, New York: Penguin Classics. 2003.

Mercer, M., "Grounds of Liberal Toleration", in: *The Journal of Value Inquiry*, 1999, p. 33, 319-334.

Şahin, B., *Toleration: The Liberal Virtue*, New York: Lexington Book. 2010.


## 8장

김광채, 『근세·현대 교회사』, 기독교문서선교회, 1990.
김용환 외, 『관용주의자들』, 교우미디어, 2016.
노다 마타오, 『로크의 삶과 철학』, 정달현 옮김, 대구: 이문출판사, 1998.
로크, 존, 『관용에 관한 편지』, 공진성 옮김, 책세상, 2009.
_____, 『통치론』, 강정인·문지영 옮김, 까치, 1996.
_____, 『인간지성론 1, 2』, 정병훈·이재영·양선숙 옮김, 한길사, 2014.

서양근대철학회, 『서양근대종교철학』, ㈜ 창비, 2015.

송규범, 『존 로크의 정치사상』, 아카넷, 2015.

우노 시게키, 『서양 정치사상사 산책』, 신정원 옮김, 교유서가, 2014.

정달현, 『로크의 정치 철학』, 영남대학교 출판부, 2007.

채프먼, 마크, 『성공회 신학』, 노철래 옮김, 비아, 2017.

켈리, 폴, 『로크의 통치론 입문』, 김성호 옮김, 서광사, 2018.

Hobbes, T., *Leviathan*, Penguin Books, 1980.

Leo Strauss, *The Political Philosophy of Hobbes*, Chicago Univ. Press, 1963.

Locke, J., *Two Tracts on Government*, ed. by P. Abrams. Cambridge: Cambridge University Press, 1967.

_____, *Questions concerning the Law of Nature*, ed. and trans. by R. Horwitz, J. S. Clay, and D. Clay. Ithaca: Cornell University Press, 1990.

_____, *An Essay concerning Toleration*, Oxford University Press(1667, 2006)

Martinich, A. P., *A Hobbes Dictionary*, Blackwell, 1995.

Yolton, J. W., *A Locke Dictionary*, Oxford: Blackwell Publishers, 1993.


## 9장

김문정, 「다문화사회와 관용, 그리고 '비지배자유'」, 『철학논총』 제83집, 새한철학회, 2016.

김용환, 『관용과 열린 사회』, 철학과현실사, 1999.

데카르트, 『성찰』, 전2권. 원석영 옮김. 나남, 2012.

_____, 『정념론』, 김선영 옮김, 문예출판사, 2013.

로버트 L. 애링턴, 『서양 윤리학사』, 김성호 옮김, 서광사, 2003.

브라운 웬디, 『관용』, 이승철 옮김, 갈무리, 2010.

서양근대철학회, 『서양근대윤리학』, (주)창비, 2010.

스피노자, 『에티카』, 개정판, 강영계 옮김, 서광사, 2007.

아리스토텔레스, 『니코마코스 윤리학』, 이창우 외 옮김, 이제이북스, 2006.

이경희, 「나, 내 생각, 내 마음 그리고 자연의 빛: 근대인 데카르트의 자화상 그리기」, 『철학논총』 제38집, 새한철학회, 2004.

____, 「데카르트 도덕론에서 관대함과 사랑의 문제」, 『가톨릭철학』, 가톨릭철학회, 2010.

____, 「데카르트의 도덕적 입장」, 『동서철학연구』 제49호, 한국동서철학회, 2008.

이근세, 「데카르트와 코기토 논쟁」, 『철학논총』 제85집, 새한철학회, 2016.

이재환, 「데카르트의 '임시도덕(morale par provision)'과 '최종도덕'의 관계」, 서양근대철학회 6월 발표 논문, (미출간), 2016.

Castiglione, Dario & McKinnon, Catriona ed., *Toleration, Neutrality and Democracy*, Dordrecht: Kluwer Academic Publishers, 2003.

Curley, E. M. *Behind the Geometrical Method: A Reading of Spinoza's Ethics*. Princeton: Princeton University Press, 1984.

Dees, R. H. *Trust and Toleration*. London: Routledge, 2004.

Descartes, René, CSM: *The Philosophical Writings of Descartes I, II*, Cottingham J., Stoothoff R., Murdoch D. trans., Cambridge: Cambridge University Press, 1984.

____, CSMK: The Correspondence: *The Philosophical Writings of Descartes III*, Kenny Anthony 외 trans., Cambridge: Cambridge University Press, 1997.

____, AT: *ŒUVRES de DESCARTES*, publiées par ADAM Charles & TANNERY Paul, Paris: Vrin. (1964), 1974.

Fitzmaurice, D. "Autonomy as a Good: Liberalism, Autonomy and Toleration", *The Journal of Political Philosophy*, 1, 1993.

Gerson Moreno-Riaño ed, *Tolerance in the Twenty-First Century*, Oxford: Lexington Books, 2006.

G. H. R. Parkinson, (ed. and trans.), *Ethics*, Oxford: Oxford Univ. Press, 2000.

Horton, J. "Toleration as a Virtue" in D. Heyd (ed.), *Toleration: An Elusive Virtue*, Princeton: Princeton Univ. Press, 1996.

Kambouchner, Denis, *Descartes et la philosophie morale*, Paris: Hermann, 2008.

Laursen, J. C. "Spinoza on Toleration" in C. J. Nederman (ed.), *Difference and Dissent: Theories of Tolerance in Medieval and Early Modern Europe*. Lanham: Rowman & Littlefield, 1996.

Rosenthal, M. A. "Spinoza's Republican Argument for Toleration", *The Journal of Political Philosophy*, 2003.

_____, "Tolerance as a Virtue in Spinoza's Ethics", *Journal of the History of Philosophy*, 2001.

Spinoza, *Spinoza Opera*, (ed.), C. Gebhardt, Heidelberg: Carl Winters Verlag, 1925.

_____, *Theological-Political Treatise*, (ed.), J. Israel, Cambridge: Cambridge Univ. Press, 2007.

Williams, Melissa S.,& Waldron, Jeremy, ed., *Toleration and its limits*, New York: New York University Press, 2008.

Wolfson, H. A. *The Philosophy of Spinoza*. 1, 2권. New York: Schocken Books, 1969.

# 10장

공진성, 루소, 스피노자, 그리고 시민 종교의 문제, 『정치사상연구』 19-1, 2013, 109-142쪽.

루소, 장 자크, 『에밀』, 정봉구 옮김, 범우사, 1984.

_____, 『언어 기원에 관한 시론』, 주경복, 고봉만 옮김, 책세상, 2002

_____, 『사회계약론』, 김중현 옮김, 펭귄 클래식 코리아, 2010.

_____, 『루소, 장 자크를 심판하다-대화』, 진인혜 옮김, 책세상, 2012.

밀, 존 스튜어트, 『자유론』, 서병훈 옮김, 책세상, 2010.

정영근 외, 『윤리적 자아와 행복한 삶』, 문음사, 2014.

진인혜, 「루소 번역에 있어서 개념어의 문제: amour de soi와 amour-propre의 경우」, 『인문과학』 96, 2012, 117-139쪽.

Bernardi, Bruno, "La religion civile, institution de tolérance?", in Mostefai & Scott (ed.), 2009, pp. 153-172.

Bernardi, Bruno, et al., *Philosophie de Rousseau*. Paris: Classiques Garnier, 2014.

Dent, Nicolas, "Rousseau and respect for others," in Susan Mendus (ed.), *Justifying Toleration*. New York: Cambridge University Press, 1988, pp. 115-135.

Forst, Rainer, *Toleration in Conflict-Past and Present*, Cambridge University Press, 2011, pp. 274-286.

Horton, John, "Toleration, morality and harm," in John Horton & Susan Mendus (ed.), *Aspects of Toleration. Philosophical Studies*, London; New York: Methuen, 1988, pp. 113-135.

Mill, John Stuart, *On Liberty and Other Essays*, John Gray (ed.), Oxford; New York: Oxford University Press, 1991.

O. Mostefai & J. T. Scott, *Rousseau and L'infâme, Religion, Toleration, and Fanaticism in the Age of Enlightenment*, Amsterdam · New York: Rodapi, 2009.

Raz, Joseph, "Autonomy, toleration, and the harm principle," in Susan Mendus (ed.), *Justifying Toleration*. New York: Cambridge University Press, 1988, pp. 155-175.

Rousseau, Jean Jacques, *Œuvres complètes*, Paris: Gallimard, 1995.

_____, *Emile ou de l'éducation*, ed. par André Charrak. Paris: GF Flammarion, 2009.

_____, "Discours sur l'origine et les fondements de l'inégalité," in *OEuvres complètes*, III, Paris: Gallimard, 1995, pp. 109-223.

_____, "Les rêveries du promeneur solitaire," in OEuvres complètes, I, Paris: Gallimard, 1995, pp. 993-1099.

Trousson, Raymond, "Tolérance et fanatisme selon Voltaire et Rousseau," in Mostefai & Scott (ed.), 2009, pp. 23-64.

Villardverde, Maria José, "Rousseau, A False Apostle of Tolerance,", in John Christian Laursen and Maria José Villardverde ed. *Paradoxes of Religious Toleration in Early Modern Political Thought*. Lanham · Boulder · New York · Toronto · Plymouth, U.K.: Lexington Books, 2012.

## 11장

김동규, 「양심적 병역거부 투옥자 92% 한국인 〈유엔보고서〉」, 연합뉴스, 2013. 7. 15.

김성환, 「헤겔의 예나 시기 철학에서 인정 투쟁 모델의 진화」, 『근대철학』 제2권 제2호, 2007, 39-56쪽,

김종우, 「미국에서도 '여성 할례' 은밀 성행…FBI 수사 나서」, 연합뉴스, 2017. 3. 29.

조부연, 「아프리카 여성 할례와 인권문제」, 『아프리카학회지』, 2005.

호네트, 악셀, 『인정 투쟁』, 문성훈, 이현재 옮김, 동녘, 1996.

Alexander, L., "Is There Logical Space on the Moral Map for Toleration? A Brief Comment on Smith, Morgan, and Forst", in M. Williams and J. Waldron (eds.), *Toleration and Its Limits*, New York: New York University Press, 2008, pp. 300-312.

Galeotti, A. E., "Toleration as Recognition: The Case for Same-Sex Marriage," in I. Creppell, R. Hardin, and S. Macedo (eds.), *Toleration on Trial*, Lanham: Lexington Books, 2008, pp. 111-133.

Hegel, G., *G. W. F. Hegel Werke in zwanzig Bänden*, Bd. 3, *Phänomenologie des Geistes*, Frankfurt am Main: Suhrkamp Verlag, 1970.

_____, *G. W. F. Hegel Werke in zwanzig Bänden*, Bd. 7, *Grundlinien der Philosophie des Rechts*, Frankfurt am Main: Suhrkamp Verlag, 1970.

Kant, I., *Kant's gesammelte Schriften*, Akademie Ausgabe Bd. 4, *Grundlegung zur Metaphysik der Sitten*, Berlin: Walter de Gruyter, 1900.

_____, *Kant's gesammelte Schriften*, Akademie Ausgabe Bd. 27, *Vorlesungen über Moralphilosophie*, Berlin: Walter de Gruyter, 1974.

Kymlicka, W., "Two Models of Pluralism and Tolerance," in D. Heyd ed., *Toleration: An Elusive Virtue*, Princeton: Princeton University Press, 1996, pp. 81-105.

Newey, G., "Toleration, Politics, and the Role of Murality," in M. Williams and J. Waldron (eds.), *Toleration and Its Limits*, New York: New York University Press, 2008, pp. 360-391.

## 12장

마르쿠제, 『에로스와 문명』, 김인환 옮김, 나남출판, 1999.

임경석, 「마르쿠제의 유토피아적 인간 해방」, 『시민인문학』 28호, 경기대학교 인문학연구소, 2015, 190-223쪽.

Farr, Arnold, "Herbert Marcuse", The Stanford Encyclopedia of Philosophy (Summer 2017 minor correction), Edward N. Zalta (ed.), URL = ⟨https://plato.stanford.edu/archives/sum2017/entries/marcuse/⟩.

Fopp, Rodney, "Repressive tolerance": Herbert Marcuse's Exercise in Social Epistemology, *Social Epistemology* 24:2, 2010, pp. 105-122.

_____, "Herbert Marcuse's 'Repressive Tolerance' and his critics", horderlands e-Journal, volume 6, number 1, 2007.

Forst, R., *Toleration in Conflict: Past and Present*, trans. by Ciaran Cronn, New York: Cambridge University Press, 2011.

Marcuse, Herbert, "Repressive Tolerance", *A Critique of Pure Tolerance*, Robert Paul Wolff, Barrington Moore, Jr., Herbert Marcuse, Boston: Beacon Press, 1965, pp. 81-123.

Nietzsche, F., *Friedrich Nietzsche: Sämtliche Werke Kritische Studienausgabe in 15 Bänden*, Bd. 1, Unzeitgemäße Betrachtungen II, München: Deutscher Taschenbuch Verlag, 1999.

_____, Bd. 3, *Morgenröte*, KSA 3.

_____, Bd. 3, *Die Frohliche Wissenschaft*, KSA 3.

_____, Bd. 5, *Zur Genealogie der Moral*, KSA 5.

_____, Bd. 5, *Jenseits von Gut und Böse*, KSA 5.

_____, Bd. 6, *Götzen-Dämmerung*, KSA 6.

_____, Bd. 6, *Der Antichrist*, KSA 6.

_____, Bd. 9, *Nachlaß* 1880-1882, KSA 9.

_____, Bd. 12, *Nachlaß* 1885-1887, KSA 12.

_____, Bd. 13, *Nachlaß* 1887-1889, KSA 13.

Şahin, B., *Toleration: The Liberal Virtue*, New York: Lexington Books, 2010.

Shipley, Morgan, "From Tolerance to Repression and Back", http://socj. journals.yorku.ca/index.php/socj/article/download/30978/28416, 1-20.

Smith, Steven, D., "Toleration and Liberal Commitments", *Toleration and its Limits*, ed., by Melissa S. Williams and Jeremy Waldron, New York and London, 2008, pp. 243-280.

Stegmaier, W., "Nietzsches Kritik der Toleranz", in: *Toleranz als Ordnungsprinzip? Die moderne Bürgergesellschaft zwischen Offenheit und Selbstaufgabe*, Paderborn, 2007, pp. 195-206.

## 13장

김미나, 「유럽사법재판소, "직장서 히잡 금지 차별 아니다"」, 국민일보, 2017. 03. 14.

롤즈, 존, 『정치적 자유주의』, 장동진 옮김, 동명사, 2016.

송태복, 「커가는 '히잡' 논란… 억압인가 종교문화인가」, 뉴스천지, 2014. 10. 28.

정지섭, 「가톨릭 신자 십자가처럼… 무슬림에 히잡 허용돼야」, 조선일보, 2016. 05. 23.

Abrams, K., "Forbearant and Engaged Toleration: A Comment on David Heyd", in M. Williams and J. Waldron (eds.), *Toleration and Its Limits*, New York: New York University Press, 2008, pp. 195-219.

Heyd, D., "Is Toleration a Political Virtue?" in M. Williams and J. Waldron (eds.), *Toleration and Its Limits*, New York: New York University Press, 2008, pp. 171-194.

Klosko, G., "Commentary: Liberal Toleration, Recognition, and Same-Sex Marriage: A Response to Richard H. Dees and Anna Elisabetta Galeotti," in Ingrid Creppell, Russell Hardin, and Stephen Macedo eds. *Toleration on Trial*, Lanham: Lexington Books, 2008, pp. 135-15.

Kymlicka, W., "Two Models of Pluralism and Tolerance," in David Heyd ed., *Toleration: An Elusive Virtue*, Princeton: Princeton University Press, 1996, pp. 81-105.

Newey, G., "Toleration, Politics, and the Role of Murality," in in M. Williams and J. Waldron (eds.), *Toleration and Its Limits*, New York: New York University Press, 2008, pp. 360-391.

Smith, S., "Toleration and Liberal Commitments" in M. Williams and J. Waldron (eds.), *Toleration and Its Limits*, New York: New York University Press, 2008, pp. 243-280.

United Nations Children's Fund, "Female Genital Mutilation/Cutting: A Global Concern", New York, 2016.

## 14장

김성환, "관용, 개입과 비개입", 『철학 사상 문화』 24호, 2017, 219-39쪽.

Creppell, I., "Toleration, Politics, and the Role of Mutuality," in M. Williams and J. Waldron (eds.), *Toleration and Its Limits*, New York: New York University Press, 2008, pp. 315-59.

Creppell, I., Hardin, R. and Macedo, S. (eds.), *Toleration on Trial*, Lanham: Lexington Books, 2008.

Galeotti, A. E., *Toleration as Recognition*, Cambridge: Cambridge Univ. Press, 2012.

_____, "The Range of Toleration: From Toleration as Recognition back to Disrespectful Tolerance," *Philosophy and Social Criticism* vol. 41, 2015, pp. 93-110.

_____, "Cultural Conflicts: a Deflationary Approach," *Critical Review of International Social and Political Philosophy* vol. 20, 2017, pp. 537-55.

Kilcullen, J., "Reciprocity Argument for Toleration," in *Sincerity and Truth : Essays on Arnauld, Bayle, and Toleration* (Oxford: Clarendon Press), 1988, pp. 106-35.

Newey, G., "Toleration, Politics, and the Role of Murality," in M. Williams and J. Waldron (eds.), *Toleration and Its Limits*, New York: New York University Press, 2008, pp. 360-91.

## 15장

브라운, 웬디, 『관용. 다문화제국의 새로운 통치 전략』, 이승철 옮김, 갈무리, 2010. (원제: *Regulating Aversion. Tolerance in the Age of Identity and Empire*, Princeton: Princeton University Press, 2006.)

대한성서공회, 『한영대조성경』, 표준새번역 개정판, Korean Bible Society, 2003.

데리다, 자크, 『아듀 레비나스』, 문성원 옮김, 문학과 지성사, 2016. (원전: Jacques Derrida, *Adieu à Emmanuel Levinas*, Galilée, 1997.)

_____, 『신앙과 지식. 세기와 용서』, 신정아, 최용호 옮김, 아카넷, 2016. (원전: Jacques Derrida, *Foi et savoir. Les deux sources de la 'religion' aux limites de la simple raison, suivi de Le Siècle et Pardon*, Seuil, 1996/ 2001.)

_____, 「자가-면역, 실재적이고 상징적인 자살」, in 지오바나 보라도리, 『테러 시대의 철학』, 손철성, 김은주, 박준성 옮김, 문학과 지성사, 2005, 155-248쪽.

_____, 『법의 힘』, 진태원 옮김, 문학과 지성사, 2004.

_____, 『마르크스의 유령들』, 진태원 옮김, 그린비, 2014.

칸트, 임마누엘, 『영구 평화론』, 개정판, 이한구 옮김, 서광사, 2008.

Badiou, Alain, "The Law on the Islamic Headscarf," in *Polemis*, trans. and introduction by Steve Cocoran, London, New York: Verso, 2006, pp. 98-110.

Custer, O., "Making Sense of Derrida's aporetic hospitality," in Jacques Derrida, *Critical Assessments of Leading Philosophers*, ed. Zeynep Dierek & Leonard Lawlor, Routledge, 2002, pp. 199-219.

Derrida, Jacques, *Politiques de l'amitié*, Galilée, 1994.

_____, *De l'hospitalité*, Anne Dufourmantelle invite, Calmann-Lévy, 2003.

_____, Voyous. *Deux essais sur la raison*, Galilée, 2003.

Direk, Zeynep, "Revisiting Derrida on Levinas: the double logic of experience," in *Jacques Derrida, Critical Assessments of Leading Philosophers*, ed. Zeynep Dierek & Leonard Lawlor, Routledge, 2002, pp. 220-250.

Heyd, David. ed., *Toleration. An Elusive Virtue*. Princeton: Princeton University Press, 1996.

Ignatieff, Michael, "Nationalism and Toleration," in *The Politics of Toleration in Modern Life*, ed. Susan Mendus, Durham, NC: Duke University Press, 1999.

Kymlicka, Will. "Two Models of Pluralism and Toleration," in *Toleration: An Elusive Virtue*, ed. David Heyd. Princeton: Princeton University Press,

1996, pp. 81-105.

Okin, Susan. "The End of Tolerance: Engaging Cultural Difference.", *Is Multiculturalism Bad for Women?*, ed. Joshua Cohen, Mattew Howard, and Martha Nussbaum. Princeton: Princeton University Press, 1999.

Raz, Joseph. *Ethics in the Public Domain*, Oxford: Clarendon Press, 1984.

Williams, Bernard, "Toleration: An Impossible Virtue?" in *Toleration: An Elusive Virtue*, ed. David Heyd. Princeton: Princeton University Press, 1996, pp. 18-27.

## 16장

강준만, 『증오 상업주의』, 인물과 사상사, 2015.

마사 누스바움, 『학교는 시장이 아니다』, 궁리, 2016.

카롤린 엠케, 『혐오사회』, 정지인 옮김, 다산초당, 2016.

Artistotle, *The Art of Rhetoric*, The Loeb Classical Library, XXII, Harvard Univ. Press, 1975.

Martha C. Nussbaum, *The New Religious Intolerance*, Belknap Press of Harvard Univ. Press, 2012.

Platon, *Euthyphro*, The Loeb Classical Library, XXII, Harvard Univ. Press, 1971.

_____, *Apology*, The Loeb Classical Library, XXII, Harvard Univ. Press, 1971.